Dicionário
ÁRABE

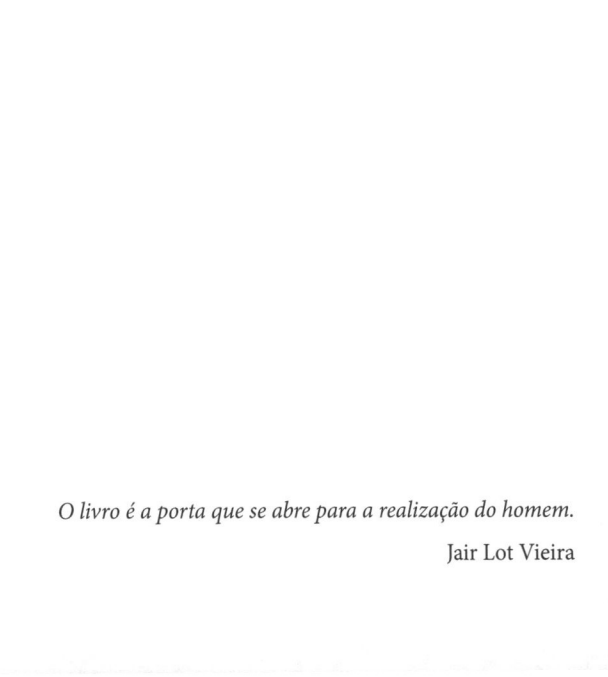

O livro é a porta que se abre para a realização do homem.

Jair Lot Vieira

Dicionário ÁRABE

PORTUGUÊS/ÁRABE
ÁRABE/PORTUGUÊS

TERMOS COLOQUIAIS

3ª edição ampliada

Omar Fayad

edipro

Copyright desta edição © 2019 by Edipro Edições Profissionais Ltda.

Todos os direitos reservados. Nenhuma parte deste livro poderá ser reproduzida ou transmitida de qualquer forma ou por quaisquer meios, eletrônicos ou mecânicos, incluindo fotocópia, gravação ou qualquer sistema de armazenamento e recuperação de informações, sem permissão por escrito do editor.

Grafia conforme o novo Acordo Ortográfico da Língua Portuguesa.

3ª edição, 2019.

Editores: Jair Lot Vieira e Maíra Lot Vieira Micales
Coordenação editorial: Fernanda Godoy Tarcinalli
Revisão do português: Brendha Rodrigues Barreto
Diagramação e Arte: Karina Tenório e Karine Moreto de Almeida
Imagens de capa: Palácio do Príncipe Fakhr El Dine II – Deir El Qamar – Líbano (arquivo pessoal do autor)

Dados Internacionais de Catalogação na Publicação (CIP)
(Câmara Brasileira do Livro, SP, Brasil)

Fayad, Omar

    Dicionário português/árabe : árabe/português : termos coloquiais / Omar Fayad – 3. ed. – São Paulo : Edipro, 2019.

    ISBN 978-85-521-0058-4

    1. Árabe – Dicionários – Português 2. Português – Dicionários – Árabe I. Título.

10-03317   CDD-492.7369

Índices para catálogo sistemático:
1. Árabe : Português : Dicionários : 492.7369
2. Português : Árabe : Dicionários : 492.7369

ABDR
EDITORA AFILIADA

edipro

São Paulo: (11) 3107-4788 • Bauru: (14) 3234-4121
www.edipro.com.br • edipro@edipro.com.br
@editoraedipro   @editoraedipro

Aos meus pais, Salim e Rahme.
Aos meus netos, Ana Luisa, João e Pedro.

"Mais caro que seu filho é o filho de seu filho."
(provérbio popular árabe)

*Agradecimento especial à sra. Najwa Safar Seif,
professora da língua árabe em Belo Horizonte,
pela colaboração e atenção dispensadas
para a realização desta obra;*

*ao professor Masaad Kalim Massad,
pela preciosa e importante colaboração nesta obra;*

*à sra. Amira Said Haddad,
pelos ensinamentos e pela importante colaboração
durante meu aprendizado da língua árabe.*

**Mensagem da Sra. Najwa Safar Saif,
quando da primeira edição deste dicionário:**

Olá, irmão Omar,

Meu nome é Najwa e leciono a língua árabe em Belo Horizonte. Vi seu dicionário com um dos meus alunos e achei bom, tanto que comprei 30 exemplares para meus alunos da época.
Quero parabenizá-lo por este gesto bom e útil para muitos.
Já vi muitos dicionários em árabe aqui no Brasil, e comprei todos, mas não fiquei convencida de sua qualidade.
Pessoalmente uso o dicionário do Prof. Monsenhor Alphonse Nagib Sabbagh (Dicionário de Árabe Gramático), mas ainda não tem a versão árabe-português.
Espero continuar em contato e estou à disposição para qualquer auxílio.

Atenciosamente,

Najwa

Sumário

Apresentação	13
Estrutura da obra	15
1. Formato	15
2. Transliteração	16
3. Divisão das letras	18
4. Pronomes possessivos	19
5. Conjugações verbais	21
a) Verbos regulares	21
b) Verbos irregulares	25
Abreviaturas	27
DICIONÁRIO PORTUGUÊS/ÁRABE	29
Expressões populares	161
Busca rápida	165

DICIONÁRIO ÁRABE/PORTUGUÊS
(Vide segunda metade desta edição)

Apresentação

A necessidade de um dicionário que me auxiliasse no aprendizado da língua árabe (coloquial) foi o incentivo para a realização deste trabalho. Quando iniciei meus estudos e conheci as obras *Árabe Coloquial*, de autoria do professor Chafic Elia Said, e o *Dicionário Português Árabe* (gramático), do professor Alphonse Nagib Sabbag, além de livros de outros autores, senti a necessidade de compilar verbetes coloquiais que me auxiliassem durante minha estada no Líbano, ao mesmo tempo em que aprendia a falar, ler e escrever o árabe.

Com este trabalho, minha única pretensão é compartilhar mais um recurso facilitador com os que desejam, como eu, aprender a falar e escrever a língua árabe de nossos pais e avós.

Nesta edição, além dos novos verbetes, incluímos também algumas relações para pesquisa rápida de números, dias da semana, meses, estações do ano, pronomes possessivos e algumas noções sobre conjugação verbal, esperando facilitar ainda mais a sua consulta e o seu aprendizado.

Omar Fayad
omar_fayad@yahoo.com.br

Estrutura da obra

Na organização deste Dicionário foram empregados alguns recursos com o objetivo de facilitar aos leitores o acesso aos seus conteúdos, de maneira didática. Para melhor compreensão, apresentamos a seguir as necessárias considerações.

1. FORMATO

Este Dicionário foi composto em duas partes:

PORTUGUÊS-ÁRABE

Nesta primeira parte encontram-se os verbetes em português, acompanhados da sua classificação gramatical (vide lista de **Abreviaturas** à p. 27), seguidos pelo seu correspondente em árabe, também acompanhado de sua classificação gramatical, e da sua transliteração para o alfabeto latino.

Os **verbos** são apresentados primeiramente no tempo presente, na 1ª pessoa do singular; e posteriormente no tempo passado, na 3ª pessoa do singular.

Os **substantivos** e **adjetivos** são apresentados primeiramente no masculino ou no feminino singular; posteriormente no plural; e, em alguns casos, acompanhados finalmente por sinônimos.

É importante ressaltar que os substantivos em árabe diferem, em gênero, dos substantivos em português. Por essa razão, estão sempre identificados com a devida classificação gramatical.

Os **advérbios** são apresentados primeiramente no singular; posteriormente no plural; e, em alguns casos, acompanhados finalmente por sinônimos.

Os **pronomes** são apresentados primeiramente no masculino ou no feminino singular; e posteriormente no plural.

ÁRABE-PORTUGUÊS

Respeitando a direção de leitura da língua árabe, o Dicionário Árabe/Português escontra-se na segunda parte desta edição, disposto no sentido inverso ao da primeira parte. Tendo a linha de leitura da língua árabe posicionada da direita para a esquerda.

Os verbetes em árabe, sempre que necessário, estão acompanhados da sua classificação gramatical em português (vide lista de **Abreviaturas** à p. 27), seguidos pelo seu correspondente em português, também acompanhado de sua classificação gramatical.

2. TRANSLITERAÇÃO

A transliteração foi feita levando-se em conta a pronúncia exata das palavras em árabe, obedecendo às regras de junção das palavras e das letras solares e lunares.

Quando se juntam duas palavras e a primeira delas termina em vogal, acrescenta-se a letra "t" (te) ao final da mesma. Exemplo: "Um copo de água": *kibêie mái*, como a palavra *kibêie* (copo) termina em vogal, acrescenta-se a letra "t" e pronuncia-se *kibêiet mái*.

Para a transliteração tivemos, necessariamente, que utilizar algumas letras diferenciadas para podermos distinguir as letras do alfabeto árabe que não possuem correspondentes no alfabeto português, assim como procurar descrever sua pronúncia, como poderão ver na sequência.

Alfabeto Árabe	Português	Transliteração	Pronúncia
ا	Alêf	a	A
ب	Bê	b	B
ت	Tê	t	T
ث	Thê	Ṯ	TH (inglês, interdental surdo)
ج	Jín	j	J

Alfabeto Árabe	Português	Transliteração	Pronúncia
ح	Hé	7	H (aspirado e surdo, emitido pela laringe)
خ	Khé	KH	J (espanhol, gutural)
د	Dál	d	D
ذ	Dhál	TH	TH (inglês, interdental sonoro)
ر	Rê	r	R
ز	Záin	z	Z
س	Sin	s-ss	S
ش	Xín-chín	Ch	CH
ص	Sád	S – SS	S (enfático, pronunciado contra o palato)
ض	Dhád	D	D (enfático, pronunciado contra o palato)
ط	Táh	TT	T (enfático, pronunciado contra o palato)
ظ	Zháh	Z	Z (enfático, sonoro e palatal)
ع	Áin	3	(Som levemente aspirado e sonoro, emitido com a laringe comprimida)
غ	Gháin	GH	GH (gutural sonoro)
ف	Fê	f	F

Alfabeto Árabe	Português	Transliteração	Pronúncia
ق	Qâf	q	Q (gutural oclusivo)
ك	Káf	k	K
ل	Lam	l	L
م	Mim	m	M
ن	Nún	n	N
ه	He	H	H (H aspirado)
و	Uáu	u	U
ي	Yíe	i-y	I

3. DIVISÃO DAS LETRAS

As 28 letras do alfabeto árabe são divididas em dois grupos com 14 letras cada, denominadas de letras solares e letras lunares.

Grupo das letras solares: são as que fazem parte do grupo da letra CHIN, que inicia a palavra CHÂMS = شَمس (Sol). São elas:

ت ث د ذ ر ز س

ش ص ض ط ظ ل ن

Grupo das letras lunares: são as que fazem parte do grupo da letra QÂF, que inicia a palavra QÂMAR = قَمَر (Lua). São elas:

ا ب ج ح خ ع غ

ف ق ك م ه و ي

As letras **solares**, quando precedidas do artigo AL, duplicam-se foneticamente, e a letra LAM do artigo perde seu valor assimilando-se à letra solar. Exemplo:

Mesa = طَاؤُلة – <u>TT</u>áule

A mesa = الطَّاوِلة – escreve-se al <u>TT</u>áule,
mas pronuncia-se a<u>TT TT</u>áule

Nas letras **lunares**, o LAM do artigo é pronunciado e não se assimila à letra posterior. Exemplo:

Cidade = بَلَد – bálad

A cidade = اَلبَلَد – ál bálad

Na transliteração deste dicionário, utilizamos a regra das letras solares e lunares. Exemplo:

Igualmente, *adv.* → <u>TH</u>ét ech chíe – ذات الشي

Ingrato, *adj.* → nêker al jamíl – نكرّ ألجَميل

4. PRONOMES POSSESSIVOS

Na língua árabe, o possessivo vem ligado à palavra como um sufixo, diferente de outras línguas ou idiomas, como veremos a seguir:

Possessivos	المِلكيات
meu ou minha	I
seu ou sua (*dirigido para homem*)	..........AK
seu ou sua (*dirigido para mulher*)	...........IK
dele	............U
dela	............A
nosso, nossa	..........NA
seus, suas	.......KUM
deles, delas	..........UN

Exemplos	máTala	مَثلا
pátria	uaTTan	وَطَن
minha pátria	uaTTani	وَطَني
sua pátria (masc.)	uaTTanak	وَطَنَك
sua pátria (fem.)	uaTTanik	وَطَنِك
pátria dele	uaTTanu	وَطَنو
pátria dela	uaTTana	وَطَنا
nossa pátria	uaTTanna	وَطَنّا
vossa pátria	uaTTankum	وَطَنكُم
pátria deles	uaTTanun	وَطَنون

Exceção: quando a palavra ou o substantivo terminar em vogal, ao se usar o possessivo substitui-se a vogal por um **t** e junta-se o possessivo. Exemplo:

família	3áila	عائلة أو عيلة
minha família	3áilti	عيلتي
sua família (masc.)	3áiltak	عيلتَك
sua família (fem.)	3áiltik	عيلتِك
família dele	3áiltu	عيلتو
família dela	3áilta	عيلتا
nossa família	3áiltna	عيلتنا
vossa família	3áiltkum	عيتكُم
família deles	3áiltun	عيلتون

Na língua árabe, os possessivos também são usados com as preposições:

com	má3	مَع
comigo	má3i	مَعي
com você (masc.)	má3ak	مَعَك
com você (fem.)	má3ik	مَعِك
com ele	má3u	مَعو
com ela	má3a	مَعا
conosco	má3na	مَعنا
com vocês	má3kum	مَعكُم
com eles	má3un	مَعون

5. CONJUGAÇÕES VERBAIS
A) VERBOS REGULARES الأفعال القياسات

Na língua árabe, os verbos regulares obedecem regras definidas aplicadas em todos eles, com modificações no início ou no final, diferindo para os tempos presente e passado. Exemplo:

Presente		حاضِر
Eu	ana	B................
Tu (masc.)	ent ou intá	BT..............
Tu (fem.)	ente	BT............E
Ele	Húe	BI..............
Ela	Híe	BT..............
Nós	ne7na	MN............
Vós	entum	BT...........U
Eles	Hênne	BI..........U

Verbo beber	fá3l echráb	فَعِل اشرَب
Eu bebo	ána bchráb	أنا بشرَب
Tu bebes (masc.)	ent btchráb	انت بتشرَب
Tu bebes (fem.)	ente btchrábe	انتِ بتشرَبي
Ele bebe	Húe biechráb	هوّ بيَشرَب
Ela bebe	Híe btchráb	هيّ بتشرَب
Nós bebemos	ne7na mnchráb	نحنا منشرَب
Vós bebeis	entúm btchrábu	انتُم بتشرَبوا
Eles bebem	Henne biechrábú	هِنّي بيَشرَبوا

Quando usamos dois verbos seguidos (composto), a regra do primeiro verbo continua a mesma, já para o segundo suprimimos a primeira letra da regra. Exemplo:

		1º v.	2º v.
Eu	ana	B.....	.....
Tu (masc.)	ent ou intá	BT...	T...
Tu (fem.)	ente	BT...E	T...E
Ele	Húe	BI....	I....
Ela	Híe	BT...	T....
Nós	ne7na	MN...	N...
Vós	entum	BT...U	T...U
Eles	Hênne	BI...U	I...U

Exemplo	fa3léin	فَعلِين
Verbos *gostar* e *comer*	7êbb u ekol	حِب و اكِل
Eu gosto de comer	ana b7êb ekol	أنا بحِب اكُل
Você gosta de comer (masc.)	ent bt7êb tekol	انت بنحِب تاكُل

Exemplo	fa3léin	فَعِلين
Você gosta de comer (fem.)	ente **bt**7êbe tekole	انتِ بتحِبي تاكُل
Ele gosta de comer	Húe **bi**7êb iêkol	هوّ بيحِب ياكُل
Ela gosta de comer	Híe **bt**7êb têkol	هيّ بتحِب تاكُل
Nós gostamos de comer	ne7na **mn**7êb nêkol	نحنا منحِب ناكُل
Vós gostais de comer	entúm **bt**7êbú têklu	انتُم بتحِبوا تاكُلوا
Eles gostam de comer	Hênne **bi**7êb iêkol	هِنّي بيحِبوا ياكُلوا

Para a conjugação dos verbos regulares no passado, usamos as seguintes regras aplicadas sempre no final do verbo:

Passado	máDi	ماضي
Eu	ana	............t
Tu (masc.)	ent ou intá	............t
Tu (fem.)	ente	..........te
Ele	Húe	....
Ela	Híe	..........át
Nós	ne7na	.........na
Vós	entum	..........tu
Eles	Hênne	............u

Exemplo	máTal	مثل
Verbo *estudar*	fá3l dárass	فَعِل دَرَس
Eu estudei	ena darásst	أنا دَرَست
Tu estudaste (masc.)	ent darásst	انت دَرَست

Exemplo	máTal	مثل
Tu estudaste (fem.)	ente darásste	انتِ دَرَستي
Ele estudou	Húe dárass	هوّ دَرَس
Ela estudou	Híe darássat	هيّ دَرَسات
Nós estudamos	ne7na darassná	نِحنا دَرَسنا
Vocês estudaram	entúm darásstu	انتُم دَرَستوا
Eles estudaram	Hênne darássú	هِنّي دّرّسوا

Alguns verbos, mesmo regulares, quando no passado necessitam de uma partícula auxiliar (ei) (بِ) na primeira e segunda pessoa, tanto do plural como do singular, para serem conjugados, e trazem essa anotação na transliteração. Esses verbos vêm acompanhados da partícula (ei) no dicionário. Exemplo:

Exemplo	máTal	مِثِل
Verbo *gostar*	fá3l 7êb	فَعِل حِب
Eu gostei	ana 7abéit	أنا حَبَيت
Você gostou (masc.)	ent 7abéit	انت حَبَيت
Você gostou (fem.)	ente 7abéite	انتِ حَبَيتي
Ele gostou	Húe 7áb	هوّ حَب
Ela gostou	Híe 7ábat	هيّ حَبات
Nós gostamos	ne7na 7abéina	نِحنا حَبَينا
Vocês gostaram	entúm 7abéitu	انتُم حَبَيتوا
Eles gostaram	Hênne 7ábu	هِنّي حَبوا

B) VERBOS IRREGULARES الأفعال الشاذات

Na língua árabe, os verbos considerados como irregulares são apenas quatro:

Querer	bád	بَدّ
Ter	3ênd	عِند
Precisar	lézem	لِزِم
Ser/poder	fi	في

Os verbos a seguir não obedecem às regras anteriores, e são conjugados utilizando-se o possessivo no final. Exemplo:

Verbo querer	fá3l – bád	فِعل – بَدّ
Eu quero	ána bádd**i**	أنا بَدي
Você quer (masc.)	ent bádd**ak**	انت بَدَك
Você quer (fem.)	ente bádd**ik**	انتِ بَدِك
Ele quer	Húe bádd**u**	هوّ بَدو
Ela quer	Híe bádd**a**	هيّ بّدا
Nós queremos	ne7na bádd**na**	نَحنا بَدنا
Vocês querem	entúm bádd**kum**	انتُم بَدكُم
Eles querem	Hênne bádd**un**	هِنّي بَدون

Abreviaturas

adj.	adjetivo
adj. pl.	adjetivo plural
adj.f.	adjetivo feminino
adj.m.	adjetivo masculino
adv.	advérbio
art.	artigo
art. def. fem.	artigo definido feminino
art. def. masc.	artigo definido masculino
conj.	conjunção
exp.	expressão
interj.	interjeição
loc. adj.	locução adjetiva
loc. adv.	locução adverbial
loc. conj.	locução conjuntiva
loc. prep.	locução prepositiva
loc. pron.	locução pronominal
loc. subst.	locução substantiva
loc. subst. pl.	locução substantiva plural
n. próp.	nome próprio
num.	numeral
pref.	prefixo
prep.	preposição
pron.	pronome
pron. dem.	pronome demonstrativo
pron. ind.	pronome indefinido
pron. indef. pl.	pronome indefinido plural

pron. interrog.	pronome interrogativo
pron. pes.	pronome pessoal
pron. pl.	pronome plural
s.f.	substantivo feminino
s.f.pl.	substantivo feminino plural
s.m.	substantivo masculino
s.m.f.	substantivo masculino/feminino
s.m.pl.	substantivo masculino plural
v.	verbo

Dicionário

PORTUGUÊS/ÁRABE

A

a – *art.* : أَل – al, el
a – *prep.* : إِلى – íla
aba – *s.f.* : شَط (*s.m.*) – cháTT
abacaxi – *s.m.* : أَنَاس (*s.m.*) – ananás
abafado – *adj.* : مَسْتور – mastúr, مَسْتورة – mastúra
abafado – *adj.* : خَانِق – KHáneq
abafar – *v.* : خْنَقّ – KHáneq, خْنَقّ – KHánaq
abaixar – *v.* : خَفَّض – KHáfeD, خَفَض – KHáfaD
abaixar – *v.* : وَطِّي – uáTTe, يـ نَهى – uáTTa (ei)
abaixo – *adv.* : أدْنى – adná
abaixo de – *loc. prep.* : تَحْت – ta7t
abajur – *s.m.* : مِصْباح (*s.m.*) – meSSbá7
abalado – *adj.* : مُتْزَأزَل – mutzálzal, – mutzálzala
abalar – *v.* : زَلْزَل – zálzel, زَلْزَل – zálzal
abalo – *s.m.* : ارْتِجاج – ertijéj, زَلْزَلة (*s.m.*) – zálzala, زَلازِل – zalázel
abandonado – *adj.* : مَتْروك – matrúk, مَتْروكة – matrúka
abandonar – *v.* : اتْرُك – étrok, تَرَك – tárak
abandono – *s.m.* : تَرْك (*s.m.*) – tárk
abastecer – *v.* : زَوِّد – zauuêd, زَوَّد – zauuád
abastecido – *adj.* : مَلَان – mallên, مَلَانة – mallêna
abastecimento – *s.m.* : تْزويد (*s.m.*) – tzuíd
abate – *s.m.* : ذَبْح (*s.m.*) – THáb7
abater – *v.* : ذْبِح – THábe7, ذَبَح – THába7
abatido – *adj.* : مَذبوح – máTHbu7, مَذبوحة – máTHbu7a

abdicar – *v.* : اتْنازَل – etnêzal, تَنازَل – tanázal
abdômen – *s.m.* : بَطِّن (*s.m.*) – baTTen
abelha – *s.f.* : نَحْلة (*s.f.*) – ná7le, نَحِل – ná7el
aberto – *adj.* : مَفْتوح – maftú7, مَفْتوحة – maftú7a
abertura – *s.f.* : فَتْحة (*s.f.*) – fát7a
abismado – *adj.* : مَدهوش – madHúch, مَدهوشة – madHúcha
abismar – *v.* : أَدهَش – edHách, دَهَش – dáHach
abobrinha – *s.f.* : كوساية (*s.f.*) – kucêia, kucêie
aborrecer – *v.* : ازعَل – ez3al, زعَل – z3al
aborrecido – *adj.* : زَعلان – za3lên, ضَجِر – Dájer
abraçar – *v.* : أُعبُط – ô3boTT, عَبَط – 3abaTT
abraço – *s.m.* : عَبْطة (*s.f.*) – 3ábTTa
abrigado – *adj.* : مَحْمي – ma7mi, مَحْمية – ma7mia
abrigar – *v.* : احْمي – ê7me, يـ حَمى – 7áma (ei)
abrigo – *s.m.* : مَلْجأ (*s.m.*) – maljá'
abril – *s.m.* : نيسان (*s.m.*) – nissên
abrir – *v.* : افْتَح – êfta7, فَتَح – fáta7
absolutamente – *adv.* : أَبَداً – abadã, اطلاقاً – eTTlaqã
absoluto – *adj.* : مطَاق – mTTáq
absurdo – *adj.* : غَير مَعقول – GHáir ma3qúl
abundante – *adj.* : وافِر – uáfer
abusivo – *adj.* : مُسْرِف – mússref, مُسْرِفة – mússrefa
abuso – *s.m.* : اسْراف (*s.m.*) – essráf
acabado – *adj.* : مُتْمَّم – mutmmâm, مُكَمَّل – mukammal
acabamento – *s.m.* : اتْمام (*s.m.*) – etmâm
acabar – *v.* : انْهى – ênHa, يـ نَهى – náHa (ei)

acabar/adiantar

acabar – v. : خَلَّص – KHálleSS, – خَلَّص – KHállaSS

ação – s.f. : عَمَل (s.m.) – 3ámal

acaso – s.m. : صُدْفة (s.f.) – Súdfa

aceitar – v. : اقْبَل – êqbal, قِبِل – qêbel

aceito – adj. : مَقْبول – maqbúl, مَقْبولين – maqbúlin

acelga – s.f. : سِلق (s.m.) – sêleq

acender (fogo) – v. : شَعَّل – chá3el, شَعَّل – chá3al

acender (fogo) – v. : وَلِّع – uálle3, وَلَّع – uálla3

acender (luz) – v. : ضَوِّ – Dáuue, ضَوِّ يِ – Dáuua (ei)

aceno – s.m. : إِشارة (s.f.) – ichára

acento – s.m. : إِشارة (s.f.) – ichára, شَكْل – chákl

acentuação – s.f. : تَشْكيل (s.m.) – tachkíl

acentuado – adj. : مُشَكَّل – muchkkál

acentuar – v. : شَكَل – chákel, شَكَّل – chákal

acertado – adj. : مَضْبوط – maDbúTT

acertar – v. : ضَبَّط – DábbeTT, ضَبَّط – DábbaTT

aceso – adj. : مُشْعَل – much3ál, مُشْعَلة – much3ála

acesso – s.m. : دُخول (s.m.) – duKHúl

acesso – s.m. : مَدْخَل (s.m.) – madKHál

achar – v. : لَقي – láqe, لَقى يِ – láqa (ei)

acidentalmente – adv. : صِدفة – Sedfâ, مُصادَفةً – muSSádafâ

acidente – s.m. : حادِث (s.m.) – 7ádeT, عارِث – 3áreD,

acidez – s.f. : حُموضة (s.f.) – 7umúDa

ácido úrico – loc. subst. : حامِض نَولي (s.m.) – 7ámeD náuli

ácido – adj. : حامِض – 7ámeD

ácido – s.m. : حَمْض (s.m.) – 7ámD

acima – adv. : فَوق – fáuq

aço – s.m. : بولاذ (s.m.) – búleTH, فولاذ – fúleTH

acolchoado – s.m./adj. : لْحاف (s.m.) – l7âf

acomodação – s.f. : تَكْيُف (s.m.) – takíuf, تَكييفات – takíifat, تَكييف – tákiif

acomodar – v. : كيِّف – kíief, كيَّف – kiáf

acompanhado – adj. : صاحب – Sá7eb, صاحْبة – Sa7ba

acompanhante – s.m.f. : مُصاحِب (s.m.) – muSSá7eb

acompanhar – v. : صاحِب – Sá7eb, صاحَب – Sá7ab

acontecido – adj. : حادِث – 7ádeT, أحْداث – á7dáT

acontecimento – s.m. : حادث (s.m.) – 7ádeT, أحْداث – á7dáT

acordado – adj. : موافِق – muáfeq, موافِقة – muáfeqa

acordado – adj. : فايَق – fáieq, فايَقة – fáieqa

acordar – v. : فِيق – fíq, فاق – fáq

acordo – s.m. : اتِفاق (s.m.) – etifáq, اتِفاقات – etifaqát

acostumado – adj. : مْعَوَّد – m3auuad

acostumar – v. : اتْعَوَّد – et3áuad, تْعَوَّد – t3áuad

açougueiro – s.m. : لَحّام (s.m.) – la77ám

acreditar – v. : صَدِّق – Saddêq, صَدَّق – Saddáq

açúcar – s.m. : سُكَّر (s.m.) – súkkar

acumulado – adj. : مُجَمِّع – mujáma3, مُجمعة – mujám3a

acumular – v. : اجْمع – êjma3, جَمع – jáma3

acumular – v. : صَمِّد – Samêd, صَمَّد – Samád

acusado – adj. : مُتْهَم – mutHám

adaptação – s.f. : تَكييف (s.m.) – takíif, تَكييفات – takíifat

adaptar – v. : كيِّف – kíief, كيَّف – kiáf

adestrado – s.m./s.f. : أليف (s.m.) – álif, أليفة – álife

adiantar – v. : سِبِّق – sebbeq, سَبَّق – sebbaq

adição/afirmativa

adição – s.f. : إِضافة (s.f.) – iDáfe
adicionado – adj. : مُضاف – muDáf
adicional – adj. : إِضافي – iDáfi
adicionar – v. : أَضيف – uDif, أَضاف – aDáf
adivinhar – v. : اِحْزُر – ê7zor, حَزَر – 7ázar
adjetivo – s.m. : صِفة (s.f.) – Sifa, صِفات – Sifát
administração – s.f. : إدارة (s.f.) – idára
administrado – adj. : مُدار – mudár, مُدارة – mudára
administrador – s.m. : مُدير – mudír, مُديرة – mudíra
administrar – v. : أُدير – udir, أَدار – ádar
admirado – adj. : مُتَعَجِّب – mut3ajjeb
admirar – v. : اِتْعَجَّب – et3ájjab, تَعَجَّب – t3ájjab
admirável – adj. : مَعقول – ma3qúl
admitir – v. : اِقْبِل – eqbal, قَبَل – qabal
adoentado – adj. : مَريض – maríD
adolescente – s.m.f./adj. : مُراهِق (s.m.) – muráHeq
adorado – adj. : مَعبود – ma3bud, مَعبودة – ma3buda
adorar – v. : اِعبَد – ê3bad, عِبد – 3êbed
adormecer – v. : نام – nâm, كان نام – ken nâm
adormecido – adj. : نائِم – náaem
adotado – adj. : مِتَبني – matábnna
adotar – v. : اِتبَنّى – etbânna, تْبَنّى – tbânna
adquirido – adj. : مُكْتَسَب – muktassáb
adquirir – v. : اِشْتَرى دِ – echtêre, اِشْتِري – echtára (ei)
aduana – s.f. : جُمْرُك (s.m.) – jumrúk, جَمارِك – jamárek
adubo – s.m. : سَماد كيماوي (s.m.) – samád kimáue
adulterado – adj. : مُزَوَّر – muzáuar, مُزَوَّرة – muzáuara
adulterar – v. : زَوِّر – záuer, زَوَّر – záuar
adulto – adj./s.m. : بالِغ – báleGH, بالغين – baleGHín

adulto – adj./s.m. : كَبير (s.m.) – kbir, كْبار – kbár
advérbio – s.m. : ظَرف (s.m.) – Zárf, ظروف – Zurúf
adversário – s.m. : ضِدّ (s.m.) – Dêd, مُعارِض – mu3áreD
adverso – adj. : عَكِس – 3ákess, مُعاكِس – mu3ákess
advogado – s.m. : مُحامي (s.m.) – mu7âmi, مُحامية – mu7âmia
aéreo – s.m./adj. : طَيَران (s.m.) – TTayarán
aeromoça – s.f. : مُضيفة طَيارة (s.f.) – moDífa TTayára
aeronáutica – s.f. : عِلم الطَيَران (s.m.) – 3elm eTT TTayarãn
aeronáutico – adj. : طَيَراني – TTayaráni
aeroporto – s.m. : مَطار (s.m.) – maTTar, مطارات – maTTarát
afago – s.m. : مُلاطَفة (s.f.) – muláTTafa
afastado – adj. : بَعيد – bá3id, بَعيدين – ba3idín
afastar – v. : اِبعُد – eb3ôd, بَعَد – ba3ád
Afeganistão – n.próp. : أَفغانِستان – afeGHánistan
afegão – s.m./adj. : أَفْغانيّ (s.m.) – afGHáni
afeição – s.f. : مَحَبّة (s.f.) – ma7ábbe
afetuoso – adj. : مُحِب – mu7êb, مُحِبين – mu7ebín
afilhada – s.f. : إِبنا بالمعمودية – íbna bil m3ámudia
afilhado – s.m. : إِبن بالمعمودية – íbn bil m3ámudia
afim – adj. : مُتْجانِس – mutjáness
afinal – adv. : أَخيراً – aKHírã
afinidade – s.f. : تْجانُس – tjánuss
afirmação – s.f. : تأكيد (s.m.) – takíid
afirmar – v. : أَكِّد – ákked, أَكَّد – ákkad
afirmativa – s.f. : تأكيد (s.m.) – takíid

33

afirmativo – adj. : تَأْكِيدِيّ – takíidi
aflito – s.m./adj. : مَهْموم (s.m.) – maHmúm
afobação – s.f. : هَوَج (s.m.) – Háuaj
afobado – adj. : أهْوَج – áHuaj
afogado – adj. : غَرِيق – GHáriq
afogamento – s.m. : غَرَق (s.m.) – GHáraq
afogar – v. : اغْرَق – êGHraq, غِرِق – GHéreq
África – n.próp. : أَفْرِيقيا (s.f.) – afriqía
africano – s.m./adj. : أَفْرِيقيّ (s.m.) – afriqí
agachado – adj. : مُقَرْفَص – muqárfaSS, مُقَرْفَصة – muqárfaSSa
agachar (se) – v. : قَرْفَض – qárfeD, قَرْفَض – qárfaD
ágil – adj. : رَشيق – rachíq, ماهِر – máHer
agilidade – s.f. : رَشاقة (s.f.) – ráchaqa
ágio – s.m. : فَرْق السِّعر (s.m.) – farq es-sê3r
ágio – s.m. : رِبَع الصَرْف (s.m.) – ríba3 aS-Sárf
agiota – adj. : صَرّاف – Sarráf, صَرافين – Sarráfín
agitado – adj. : مُحَرَّك – mu7árrek, مُحَرَّكة – mu7arreka
agitar – v. : حَرِّك – 7arrêk, حَرَّك – 7arrák
agora – adv. : إسّى – yssa, هَلَّق – Hállaq
agosto – s.m. : آب (s.m.) – áb
agradar – v. : إرْضِي – êrDe, رَضى – ráDa
agradar – v. : سَرّ – sar, سَرّ – sara
agradável – adj. : مَقْبول – maqbúl, مَقْبولِين – maqbúlín
agradável – adj. : مُنَعِش – muná3ich, مُنَعِشين – muná3ichín
agradecer – v. : اشْكُر – êchkur, شَكَر – chakar
agradecer – v. : اتْشَكَّر – etchákar, تْشَكَّر – tchákar
agradecido – adj. : مُتْشاكِّر – mutcháker, مَمْنون – mamnún
agradecimento – s.m. – adj. : شُكْر – chukr, شُكور – chukúr

agradeço – adj. : مَمْنون – mamnún
agredido – adj. : مُهاجَم – muHájam
agressão – s.f. : تَهَجُّم (s.m.) – taHjjúm
agressor – s.m. : مُتْهَجِم (s.m.) – mutHájem
agressor – s.m./adj. : مُعتَد (s.m.) – mua3tád, مَعتَدي – me3tade
agrião – s.m. : حُرْف (s.m.) – 7urf
agrícola – adj. : زِراعي – zirá3i
agricultor – s.m. : مُزارِع (s.m.) – muzêre3
agricultura – s.f. : زَراعة (s.f.) – zirá3a
agrônomo – s.m. : مْهَنِدِس زِراعي (s.m.) – mHándes zirá3i
agrupado – adj. : مُجَمَّع – mujama3
agrupar – v. : جَمَعة – jáme3, جَمَعة – jám3a
água – s.f. : مَي (s.m.) – maie
aguardar – v. : انْتَظِر – entâZer, انْتَظَر – entâZar
aguçado – adj. : ماضي – máDDi
agudo – adj. : ماضي – máDDi
águia – s.f. : نِسر (s.m.) – nísser
agulha – s.f. : إبْرة (s.f.) – íbre
aí – adv. : هُنا – Huna
ainda – adv. : بَعد – bá3d
ajuda – s.f. : مُساعدة – mussá3ada
ajudante – s.m. : مُساعِد (s.m.) – mussá3ed
ajudar – v. : ساعَد – sê3ad, ساعَد – sá3ad
ajuizado – adj. : عاقِل – 3áqel
ajuntar – v. : آجْمع – êjma3, جَمع – jáma3
ajuntar – v. : صَمِّد – Samêd, صَمَّد – Samád
ajustado – adj. : مَضْبوط – maDbúTT, مُكَيَّف – mukíaf
ajustar – v. : كِيِّف – kíief, كَيَّف – kíiaf
ajuste – s.m. : تكْييف (s.m.) – takíif, تَكييفات – takíifat
ajuste – s.m. : تسوية – tissueíe, ضَبْط (s.m.) – DábTT
alargado – adj. : مُعَرَض – mua3ráD
alargar – v. : عَرَض – 3areD, عَرَض – 3araD
alarme – s.m. : جَرَس (s.m.) – járass

albergue/amarrar

albergue – s.m. : نُزُل (s.m.) – núzul
álcool – s.m. : سْبِيرْتو (s.m.) – spírto
álcool (bebida) – s.m. : كُحول (s.m.) – ku7úl
aldeia – s.f. : ضَيْعَة (s.f.) – Dáy3a, قَرية – qaria
alegrar-se – v. : سَرّ, سَرَّ – sar, sara
alegre – adj. : فَرْحان, فَرْحانين – far7ân, far7anín
alegria – s.f. : اِنْبَساط (s.m.) – enbássaTT, فَرَح – Fára7, سَعادة (s.f.) – sa3áda
aleijado – adj. : أَعْرَج – á3raj, كَسِيح – kassí7
além – adv. : هُنِيك – Hunik, Hauníik
além – s.m. : الغَيْب (s.m.) – al GHáiib
além disso – loc. adv. : عدا عَن هيك – 3ada 3an Héik
alemão – s.m./adj. : أَلْماني (s.m.) – almáni
alergia – s.f. : حَساسية (s.m.) – 7assássie
alérgico – adj. : حاساسي – 7assássa
alerta – adj. : حَذِر – 7áTHer
alerta – adj./adv./interj. : حَذِّر – 7áTHer
alfabeto – s.m. : أَبْجَدية – ábjadia, الاَحْرُف (s.f.) – al á7rof, اللُّغَة – al loGHa
alface – s.f. : خَسّ (s.m.) – KHáss
alfaiate – s.m. : خَيّاط (s.m.) – KHayáTT
alfândega – s.f. : أَمِن عام (s.m.) – amên 3am, جُمْرُك – júmruk
alfinete – s.m. : دَبّوس (s.m.) – dabbús
algarismo – s.m. : أرقام – arqám, رَقْم (s.m.) – ráqm
álgebra – s.f. : الجَبَر (s.m.) – aljáber
algodão – s.m. : قُطْن (s.m.) – qúTTon
alguém – pron. : حَداً – 7ada
algum – pron. : شي – chí
alguns – pron. pl. : بَعَد – ba3d, عِدة – 3edde
alheio – adj. : غَرِيب – GHaríb
alho – s.m. : توم, ثوم (s.m.) – Túmm
aliado – adj. : حَلِيف – 7alíf
aliás – adv. : وَيلا – uaílla
alimentação – s.f. : تَغْذية (s.f.) – tâGH-THía
alimento – s.m. : غَذاء (s.m.) – GHaTHá'

alinhado com – adj. + prep. : مُنْسَجِم مَع – munssajím ma3
aliviado – adj. : مَخْفَف – maKHfáf
alívio – s.m. : تَخْفيف (s.m.) – taKHfíf
alma – s.f. : جَنان (s.m.) – janán
almoçar – v. : اتْغَدى – etGHádda, يـ تْغَدى – tGHádda (ei)
almoço – s.m. : غَداء (s.m.) – GHáda'
alojado – adj. : ساكِن – sáken
alojamento – s.m. : إسْكان (s.m.) – isskán
alterado – adj. : تَغَيَّرَت – tGHáirat, مْغَيار – mGHáier, مْغَيارين – mGHáierín
alterar – v. : غَيَّر – GHáier, غَيِّر – GHáiar
alternado – adj. : مُتَناوِب – mutanáueb
alternativa – s.f. : بَديل (s.m.) – badíl, مَناص – manáSS
alto – adj. : عالي – 3áli
alto – adj. : طَويل – TTauíl, طَويلة – TTauíle
alugado – adj. : مُأْجَر – mu-ajar, مُأْجِرة – mu-ajara
alugar – v. : اسْتَأْجِر – está'jer, اسْتَأْجَر – está'jar
aluna – s.f. : تِلْميذة (s.f.) – telmiTHa, تَلاميذ – talámiTH
aluno – s.m. : تِلْميذ (s.m.) – telmiTH, تَلاميذ – talámiTH
alvo – s.m. : بَسِيط – bassíTT, هَدَف (s.m.) – Hádaf, أَهْداف – áHdaf
alvorada – s.f. : فَجْر (s.m.) – fájjr
amabilidade – s.f. : لُطْف (s.m.) – lúTTf
amanhã – adv. : بوكْرة – búcra
amar – v. : حَبّ – 7êbb, يـ حَبّ – 7abb (ei)
amarelo (a) – s.m./adj. : أَصْفَر – áSSfar, صَفرة – Sáfra, صُفُر – Súfor
amargo – adj. : مُرّ – múrr, مُرّين – murrín
amargurado – adj. : مَرارة – marára
amarrado – adj. : مَرْبوط – marbuTT, مَرْبوطة – marbúTTa
amarrar – v. : اِرْبُط – êrbuTT, رَبَط – rábaTT

amassado – *adj.* : مْجَعَلَك – mjá3lak, مْجَعَلَكة – mjá3lake
amável – *adj.* : لَطيف – laTTíf, لَطيفة – laTTífe
ambição – *s.f.* : طَمَع (*s.m.*) – TTámma3
ambicioso – *adj.* : طامِع – TTámi3
ambiente – *s.m.* : بيقة (*s.m.*) – bíqa, جَوّ – jáuu, مُحيط – mu7íTT
âmbito – *s.m.* : مَجال (*s.m.*) – majál
ambos – *num.* : كُلا – kulla
ambulância – *s.f.* : سَيارة اسْعاف (*s.f.*) – sayarát ess3áf
ameixa – *s.f.* : خَوْخ (*s.m.*) – KHáuKH
amêndoa – *s.f.* : لَوز (*s.m.*) – láuz
ameno – *adj.* : لَطيف – laTTíf, لَطيفة – laTTífa
americano – *s.m./adj.* : أَمريكي (*s.m.*) – amirikí
amiga – *s.f.* : صَديقة (*s.f.*) – Sadíqa, صَديقات – Sadíqat
amigo – *s.m.* : صاحِب (*s.m.*) – Sá7eb, أَصْحاب – áSS7ab
amigo – *s.m.* : صَديق (*s.m.*) – Sadíq, أَصْديقاء – aSSdiqá'
amizade – *s.f.* : صَداقة (*s.m.*) – Sádaqa, صَداقات – Sadaqát
amolecer – *v.* : ارْتَخَى دِ ارْتِخْي – ertéKHe, ertáKHa (ei)
amontoado – *adj.* : مُكَدَّس – mukáddas
amor – *s.m.* : حِبّ (*s.m.*) – 7êbb, حَبيب – 7abíb
amor (meu) – *adj.f.* : حَبيبْتي – 7abíbti, حَبيبات – 7abibát
amor (meu) – *adj.m.* : حَبيبي – 7abíbi, حَبايبي – 7abéibe
amora – *s.f.* : كَبوش (*s.m.*) – kbúch
amoreira – *s.f.* : توت (*s.m.*) – tút

amoroso – *adj.* : حَبّوب – 7abbúb, حَبّوبين – 7abbubín
amoroso – *adj.* : حَنون – 7anún, حَنايّن – 7anêien
amostra – *s.f.* : عَيّنة (*s.f.*) – 3áina, مَسْطَرة – másTTara
amparo – *s.m.* : سَنَد (*s.m.*) – sánad
amplo – *adj.* : رَحْب – rá7b
ampola – *s.f.* : انْبوب دَواء (*s.m.*) – enbúb dáua
amuado – *adj.* : حَرْدان – 7ardán
analfabeto – *adj./s.m.* : أُمي – aúmi
analisado – *adj.* : مُحَلَّل – mu7álal, مُحَلَّلة – mu7álala
analisar – *v.* : حَلَّل – 7álel, حَلَّل – 7álal
análise – *s.f.* : تَحْليل (*s.m.*) – ta7líl
ancestral – *adj.* : سَلَفي – sálafi, أَسْلاف – asslâf
ancião – *adj.* : شائِخ – cháiKH
andar – *v.* : امْشي – êmche, مِشي – meche
andar (pavimento) – *s.m.* : طابِق (*s.m.*) – TTábeq, طَوابِق – TTauábeq
anel – *s.m.* : خاتِم – KHátem, خَواتِم – KHauátem
anestesia – *s.f.* : بَنْج (*s.m.*) – bânj
anexado – *adj.* : تابَع (*s.m.*) – tába3
ângulo – *s.m.* : زاوية (*s.f.*) – zéuia, زَوايا – zeuáia
anil – *s.m.* : نيل (*s.m.*) – níl
animado – *adj.* : مُتَحَرِك – muta7arek
animal – *s.m.* : حَيَوان (*s.m.*) – 7aiuân, حَيوانات – 7aiuanát
anis – *s.m.* : يانْسون (*s.m.*) – íanssun
aniversário – *s.m.* : عيد سِنة (*s.m.*) – 3eid sine, عيد ميلاد – 3eid miléd
anjo – *s.m.* : مَلاك (*s.m.*) – malák
ano – *s.m.* : سِنة (*s.f.*) – síne, سْنين – snín
ano passado – *loc. subst.* : سنة الماضية (*s.f.*) – sint al máDia

ano que vem – *loc. subst.* : سِنة الجاي (*s.f.*) – sint al jei

anormal – *adj.* : غَير مَعقول – GHáir ma3qúl

anseio – *s.m.* : رَغْبة (*s.f.*) – ráGHba

ansioso – *adj.* : حَريص – 7aríiS

anteontem – *adv.* : أوَّل امْبارِح – áual embêre7

antepassados – *s.m.pl.* : الأَسْلاف (*s.m.*) – al assláf

anterior – *adj.* : سالِف – sálef

antes – *adv.* : قَبِل – qábel

antiácido – *s.m.* : مُضاد الحُموضة (*s.m.*) – muDád al 7umúDa

antialérgico – *s.m.* : مُضاد الحَساسية (*s.m.*) – muDád al 7assássía

antibiótico – *s.m.* : مُضاد حَيَوي (*s.m.*) – muDád 7aiaui

antigamente – *adv.* : قَديماً – qadímā

antigo – *adj.* : عَتيق – 3atiq, عِتاق – 3etaq

antigo – *adj.* : سالِف – sálef, قَديم – qadím

antiguidade – *s.f.* : آثار (*s.m.*) – aTár, آثار ات – aTárat

antisséptico – *s.m.* : مُعقَّم (*s.m.*) – mu3qám

anulado – *adj.* : مُلْغى – mulGHá, مُلْغي – mulGHi

anular – *v.* : بَطِّل – báTTel, بَطَّل – báTTal

anular – *v.* : الْغي – êlGHe, لَغى يِ – láGHa (ei)

anunciar – *v.* : خَبَّر – KHábber, خَبَّر – KHábbar

anúncio – *s.m.* : اعلان (*s.m.*) – e3lên, اعلانات – e3lanêt

ao lado de – *loc. prep.* : عجَنَب – 3a jânab

ao longo de – *loc. adv.* : عطول – 3a TTúl

apagado – *adj.* : مَمْحية – mam7i, مَمْحية – mam7ia

apagar (lousa) – *v.* : امْحي – êm7e, مَحى يِ – má7a (ei)

apagar (luz) – *v.* : اطْفي – êTTfe, طَفى يِ – TTáffa (ei)

aparecer – *v.* : بَيِّن – báyen, بَيَّن – báyan

apartamento – *s.m.* : شِقة (*s.f.*) – chêqa, شِقات – cheqát

apavorado – *adj.* : مُرْعَب – mur3ab

apenas – *adv.* : فَقَط – fáqaTT

apertado – *adj.* : ضَيِّق – Daiiêq, ضَيقين – Daiqin

apertar – *v.* : شِدّ – chídd, شَدّ يِ – chádd (ei)

apesar de – *loc. adv.* : غَير أَن – GHaír ann

apetite – *s.m.* : شَهيّة (*s.f.*) – chaHíe

ápice – *s.m.* : رَأْس – ra'ás

apimentado – *adj.* : حار – 7ár

apitar – *v.* : صَفِر – Sáffer, صَفَّر – Sáffar

aplaudir – *v.* : زَقِف – záqef, زَقَّف – záqaf

apoiar – *v.* : اتِّكي – ettêke, اتَّكى يِ – ettáka (ei)

apoio – *s.m.* : دَعم – da3m, سَنَد (*s.m.*) – sanad

apontar (lápis) – *v.* : ابْري – êbre, بَرى يِ – bára (ei)

apontar (indicar) – *v.* : صوَّب – Seúab, صوَّب – Saúab

após – *prep.* : بَعَد – ba3ad

aposentado – *s.m.* : مُتْقاعِد (*s.m.*) – mutqá3ed, مُتْقاعِدين – mutqa3edin

aposentadoria – *s.f.* : تقاعُد (*s.m.*) – taqá3od

aposentar – *v.* : اتْقاعَد – etqá3ad, تقاعَد – tqá3ad

aposta – *s.f.* : رهان (*s.m.*) – rHân

apostar – *v.* : شارِط – cháreTT, شارَط – cháraTT

apóstolo – *s.m.* : رَسول (*s.m.*) – rassúl, قَدّيس – qeddíss

apreciar – *v.* : اتْفَرَّج – etfárraj, تْفَرَّج – tfárraj

apreciar – *v.* : اطَّلِع – eTTalla3, طَلَّع – TTallá3

aprender – *v.* : اتْعَلَّم – et3állam, تْعَلَّم – t3állam

A

apresentação – s.f. : تَقْدِيم (s.m.) – taqdím, تَقْدِيمات – taqdimát

apresentar – v. : قَدَّم – qáddem, قَدِّم – qáddam

apressado – adj. : مُسْتَعْجِل – mustá3jel, مُسْتَعْجِلين – musta3jlín

apressar – v. : عجِّل – 3ájjel, عجَّل – 3ájjal

aprontar – v. : هَيِّي – Háiie, هَيِّي دِ – Háiia (ei)

aprovação – adj. : مُصادَقة – muSSádaqa, مُوافَقة – muáfaqa

aprovado – adj. : أفَق – aféq, كْوَيَس – kuáiss, مُوافِّق – muáfeq

aprovar – v. : صادِق – Sádeq, صادَق – Sádaq

aproveitar – v. : اغْتِنِم – eGHtênem, اغْتَنَم – eGHtánam

aproximadamente – adv. : تَقْرِيباً – taqríbā

aproximado – adj. : تَقْرِيبي – taqríbi

aprumado – adj. : عمودِيّ – 3amúdi, عمودِيّن – 3amudín

apto – adj. : جَدِير – jadír

apuro – adj. : حَرَج – 7áraj

aquecedor – s.m. : سَخّان (s.m.) – saKHân

aquecer – v. : دَقِّ – dáffe, دَقِّ دِ – dáffa (ei)

aquecido – adj. : مْدَفَّأ – mdáffa

aquela – pron. : هديك – Haidík

aquele – pron. : هَداك – Hadék, هَدولِيك – Hadólik

aqui – adv. : هَون – Háun

aquilo – pron. : ذَلِكَ – THáleka

ar – s.m. : هَوا (s.m.) – Háua, هَوَيات – Hauaiêt

árabe coloquial – loc. subst. العربية دارج (s.f.) – al arabiat dárij

árabe de imprensa – loc. subst. : لُغة الصَّحافة (s.f.) – loGHat eSSa7áfa

árabe dialeto – loc. subst. : العربية لَهْجة (s.f.) – al arabiat láHja

árabe gramático – loc. subst. : العربية فُصْحى (s.f.) – al arabiat fúSS7a

árabe popular – loc. subst. : العربية عامِّية (s.f.) – al arabiat 3ámmia

Arábia Saudita – n.próp. : المَمْلَكة العَرَبِيّة السَّوديّة – al mamlákat al 3arabíia as-saudíia

arame – s.m. : شْرِيط حَدِيد (s.m.) – chrííTT 7adíd

aranha – s.f. : عَنْكَبوت (s.m.) – 3ankabút

arco – s.m. : قَوس (s.m.) – qáuss, أقْواس – aquáss

arco-íris – s.m. : قَوس قَزَح (s.m.) – qáuss qáza7

ardido – adj. : مُحْتَرِق – mu7táreq

área – s.f. : مَجال (s.m.) – majál

areia – s.f. : رَمَل (s.m.) – râmel, رمال – ramêl

arenoso – adj. : رَمْلي – râmli

argila – s.f. : طين الفُخّار (s.m.) – TTín al FúKHar

árido – adj. : يابِس – yêbess

arma – s.f. : سْلاح (s.m.) – slé7, أسْلِحة – ássle7a

armadilha – s.f. : فَخ (s.m.) – fáKH, وَقعة – uáq3a, فِخاخ – fiKHáKH

armado – adj. : مُسَلَّح – mssála7, مُسَلَّحِين – mssala7ín

armar – v. : رَكِّب – rakêb, رَكَّب – rakáb

armário – s.m. : خْزانة (s.f.) – KHzêne, واجْهة – uájHa

armazém – s.m. : دكان (s.m.) – dikân

armazém – s.m. : مَخْزَن (s.m.) – máKHzan, مَخازن – maKHázen

armazém – s.m. : مُسْتَودع (s.m.) – mustauda3, مُسْتَودعات – mustauda3át

armazenar – v. : اخْزُن – êKHzon, خَزَن – KHázan

aroma – s.m. : عِطر (s.m.) – 3êTTer

arqueológico – adj. : آثاري،أثَري – aTári, أثارية – aTária

arquiteto/assassinar

arquiteto – s.m. : مْهَنِدس عَمار (s.m.) – mHandess 3amar

arquitetura – s.f. : هَنْدَسة عَمار (s.f.) – Hândasset 3amar

arrancar – v. : اقْلَع – êqla3, قَلَع – qála3

arranhar – v. : خَمِش – KHámech, خَمَش – KHámach

arranjar – v. : دَبِّر – dábber, دَبَّر – dábbar

arrastar – v. : ازْحَف – êz7áf, زَحَف – zá7af

arrebentar – v. : اقْطَع – êqTTa3, قَطَع – qáTTa3

arrecadar – v. : لَمّ – lêmm, يِلِمّ – lámm (ei)

arredores – s.m.pl. : جِوار (s.m.) – jeuár

arrendar – v. : ضَمِّن – Dámmen, ضَمَّن – Dámman

arrepender – v. : آنْدَم – êndam, نِدِم – nêdem

arrependido – adj. : نادِم – nádim

arrepiado – adj. : مُقْشَعِر – muqchá3er

arrepiar – v. : اقْشَعِر – eqchá3er, قْشَعَر يِ – qchá3ar (ei)

arriscado – adj. : مُخاطِر – muKHáTTer

arriscar – v. : خاطِر – KHáTTer, خاطَر – KHáTTar

arroz – s.m. : رزّ – roz, رِزات – rozzét

arrumar – v. : هَيِّي – Háiie, هَيّى يِ – Háiia (ei)

arrumar – v. : رَتِّب – rátteb, رَتَّب – ráttab

arrumar – v. : ساوي – sêue, ساوى يِ – sáua (ei)

arte – s.f. : فَنّ – fann, فْنُونّ – fnúnn

artéria – s.f. : شِرْيان (s.m.) – chiriên, شَراين – charaín

articulação – s.f. : مَفْصِل (s.f.) – máfSSel, وُصْلة – uúSSla

artificial – adj. : اصْطِناعي – eSS-TTiná3i, اصْطِنعايات – eSS-TTina3iiêt

artigo – s.m. : مَقال (s.m.) – maqál, مَقالات – maqalát

artigo – s.m. : صَنْف (s.m.) – Sanf, أصْناف – aSSnáf

artigo definido – loc. subst. : أداة التَعريف (s.f.) – adáat et taa3ríf

artigo indefinido – loc. subst. : أداة التَنْكير (s.f.) – adáat et tankír

artista – s.m.f. : فَنّان (s.m.) – fannên, فَنانين – fannenín

artístico – s.m./adj. : فنّي (s.m.) – fanný

árvore – s.f. : شَجَرة (s.f.) – chájara, شَجَر – chájar

às vezes – loc. adv. : مَرّات – a7iênã, marrát

asa – s.f. : جِنّح (s.m.) – jen7, جَوانِح – jauêne7

ascendente – adj. : طالِع (s.m.) – TTále3

asfaltar – v. : زَفِّت – záffet, زَفَّت – záffat

asfalto – s.m. : زفت (s.m.) – zêfet

asfixia – s.f. : اخْتَنَق (s.f.) – eKHtínaq

asfixiar – v. : اخْتَنِق – eKHtáneq, اخْتَنَق – eKHtánaq

asilo – s.m. : مأوّى العجِّز (s.f.) – ma'úat al 3ejêz

asma – s.f. : رَبو (s.m.) – rábu

aspecto – s.m. : شَكِل (s.m.) – chákel, أشْكال – achkál

aspirador (de pó) – s.m. : نَشاقة كَهْرَبا (s.f.) – nacháqet káHraba

aspirador (de pó) – s.m. : مِكْنسة كَهْرَبا (s.f.) – mekenset káHraba

aspirar / inalar – v. : اتْنَشَق – etnáchaq, تْنَشَق – tnáchaq

aspirina – s.f. : أسْپيرين (s.m.) – aspirín

assado – adj. : مِشوِيّ – mêchue, مِشوين – mechueín

assaltar – v. : شَلِّح – chálle7, شَلَّح – chálla7

assaltar – v. : اسْرُق – essrôq, سَرَق – sáraq

assalto – s.m. : تَشْليح (s.f.) – tachlí7, سَرقة – saríqa

assar – v. : اشوي – êchue, شَوى يِ – cháua (ei)

assassinar – v. : اقْتُل – êqtol, فَتَل – qátal

assassinato/atrapalhado

assassinato – *s.m.* : جَرِيمة (*s.f.*) – jaríme, جَرايَم – jaráiem

assassino – *s.m./adj.* : جَرِيمة (*s.f.*) – jaríme, جَرايَم – jaráiem

assassino – *s.m./adj.* : مُجْرِم (*s.m.*) – mújrem, مُجْرِمين – mujrimín

assassino – *s.m./adj.* : قاتِل (*s.m.*) – qátel, قاتِلة – qátela

assembleia – *s.f.* : اجتِماع (*s.m.*) – ejtiméa3, اجتِمعات – ejtime3át

assim – *adv./conj.* : إذا – íTHa, مِن ثِم – men Têm, هَيك – Háik

assinar – *v.* : عَلِّم – 3állem, عَلَّم – 3állam

assinar – *v.* : امْضِي – êmDe, مَضى – máDa

assinatura – *s.f.* : امْضاء (*s.m.*) – êmDa'

assistência – *s.f.* : حُضور (*s.m.*) – 7uDúr

assistir – *v.* : احْضَر – ê7Dar, حِضِر – 7êDer

assistir – *v.* : انْفَرَّج – etfárraj, تْفَرَّج – tfárraj

assistir – *v.* : شَهِد – cháHed, شَهَد – cháHad

assobiar – *v.* : صَفِر – Sáffer, صَفَر – Sáffar

associado – *s.m.* : شَريك – charík, مُشْتَرَك (*s.m.*) – muchtárak

assunto – *s.m.* : حَديث (*s.m.*) – 7adíT, أحاديث – a7ádiT

assunto – *s.m.* : مَوضوع (*s.m.*) – mauDu3, مَواضيع – mauaDi3

assustado – *adj.* : خايف – KHáif, مُرْتَعِب – murtá3eb

assustar – *v.* : فَزِّع – fázze3, فَزَّع – fázza3

astro – *s.m.* : ناجْم (*s.m.*) – néjm

astrólogo – *s.m.* : مْنَجِّم (*s.m.*) – mnájjem

astronauta – *s.m.f.* : سَوَّاق الصاروخ (*s.m.*) – sauáq aS-SáruKH

ata – *s.f.* : مَحْضَر (*s.m.*) – ma7Dár

atacar – *v.* : اهْجُم – êHjom, هَجَم – Hájam

atado – *adj.* : مَعَصَّب – m3áSSab, مَعَصَّبين – m3aSSabín

atadura – *s.f.* : عصابة (*s.f.*) – 3aSSábe

atalho – *s.m.* : طَريق (*s.f.*) – TTaríq, طُرُق – TTurôq

ataúde – *s.m.* : تَبوت (*s.m.*) – tabút, تَوابيت – tauábit

até – *prep./adv.* : حَتَّى، لا – 7átta, la

atenção – *interj.* : انْتِبِه! – entebêH!, سُكوت! – sukút!

atenção – *s.f.* : لُطْف (*s.m.*) – lúTTf

atencioso – *adj.* : لَطيف (*s.m.*) – laTTíf, لَطيفة – laTTífa

atentado – *s.m.* : اغْتِيال (*s.m.*) – eGHtiál

aterrar – *v.* : ادْمُل – êdmol, دَمَل – dámal

aterrissagem – *s.f.* : نُزول (*s.m.*) – nuzúl, هُبوط – HubúTT

atestado – *s.m.* : شَهادة (*s.f.*) – chaHáde

atingir – *v.* : صيب – Síb, صاب – Sâb, صِب – Sêb – Sáb

atirar (arma) – *v.* : قَوِّس – qauuês, قَوَّس – qauuás

atirar (objeto) – *v.* : ارْمي – êrme, رَمى – ráma (ei)

atirar (objeto) – *v.* : زِت – zít, زَت – zát (ei)

atitude – *s.f.* : مَوقِف – mauqêf, مواقِف – muáqef

atividade – *s.f.* : شُغل (*s.m.*) – chúGHol, نَشاط – nacháTT

ativo – *adj.* : نَشيط – nachíTT

atleta – *s.m.f.* : رياضيّ (*s.m.*) – riaDí, رياضين – riaDíin

atmosfera – *s.f.* : جَوّ (*s.f.*) – jáu, طاقِس – TTáqes, هَوا – Háua

ato – *s.m.* : عَمَل (*s.m.*) – 3amál

atômico – *adj.* : ذِرّي – THirrí

ator – *s.m.* : مُمَثِل (*s.m.*) – mumaTel, مُمَثِلة – mumáTele

atraente – *adj.* : جَذاب – jaTHáb, جَذابين – jaTHabín

atrair – *v.* : اجْذُب – êjTHob, اجذَب – êjTHab

atrapalhado – *adj.* : مْلَبَّك – mlábbak

atrapalhar – *v.* : عَطِّل – 3áTTel, عَطَّل – 3áTTal

atrás – *adv.* : خَلْف، وَرا – KHalf, uára

atrás de – *loc. adv.* : وَرا ال – uára el

atrasado – *adj.* : مْتاخِر – mtaKHer, مْتاخِرين – mtaKHerín

atrasar – *v.* : اتْعَوَق – et3áuaq, تْعَوَق – t3áuaq

atrasar – *v.* : اتاخَر – etáKHar, تاخَر – táKHar

atraso – *s.m.* : تأخُر (*s.m.*) – taáKHor

atravessar – *v.* : اقْطَع – eqTTa3, قَطَع – qáTTa3

atrevido – *adj.* : وِقِح – uêqe7, وِقْحين – ueq7ín

atrevido – *adj.* : حِشْري – 7êchre

atriz – *s.f.* : مُمَثَلة (*s.f.*) – mumáTela

atual – *adj.* : حالِيّ – 7áli, حالِية – 7ália

atualmente – *adv.* : حاليّاً – 7aliãn

audição – *s.f.* : سَمَع (*s.m.*) – sáma3

aula – *s.f.* : دَرْس (*s.m.*) – dárss, دروس – drúss

aumentar – *v.* : كَتِّر – kátter, كَتَّر – káttar

aumentar – *v.* : طَوِّل – TTáuuel, طَوَّل – TTáuual

aumentar – *v.* : زِيد – zíd, زاد – zêd

aumento – *s.m.* : زِيادة (*s.f.*) – ziêde

aurora – *s.f.* : فَجِر (*s.m.*) – fájer

ausência – *s.f.* : غِياب (*s.m.*) – GHiáb

ausentar – *v.* : غِيب – GHaíb, غاب – GHiab

ausente – *adj.* : غايَب – GHáieb

automóvel – *s.m.* : سَيّارة (*s.f.*) – sayára

autor – *s.m.* : مُؤَلِّف – muállef, مؤَلِّفين – muallefín

autoria – *s.f.* : تأليف (*s.m.*) – taálif

autoridade – *s.f.* : شَخْصِية (*s.f.*) – chaKH-SSía, شَخْصيات – chaKH-SSiiát

autoridade – *s.f.* : سُلْطة (*s.f.*) – súlTTa, سُلْطات – sulTTát

autorização – *s.f.* : رِخْصة (*s.f.*) – rêKH-SSa

autorizar – *v.* : اسْمَح – êssma7, سَمَح – sâma7

auxiliar – *s.m./adj* : مُساعَد – mussá3ad, مُساعَدة – mussá3ada

auxiliar – *v.* : ساعَد – sê3ad, ساعَد – sá3ad

auxílio – *s.m.* : مُساعَدة (*s.f.*) – mussá3ada

avalista – *s.m.f.* : كَفيل (*s.m.*) – kafíl, كُفَلا – kúfala

avançar – *v.* : قَدِّم – qáddem, قَدَّم – qáddam

avanço – *s.m.* : تَقْدُم (*s.m.*) – taqddòm

ave – *s.f.* : طَير (*s.m.*) – TTáir, طيور – TTiúr

avelã – *s.f.* : بُنْدوق (*s.m.*) – bundôq

avenida – *s.f.* : بولْفار (*s.m.*) – bolivár

avenida – *s.f.* : شارِع (*s.m.*) – châre3, شَوارع – chauáre3

avental – *s.m.* : مَرْيول (*s.m.*) – mariúl

aventura – *s.f.* : مُغامَرة (*s.f.*) – muGHámara

avesso – *adj.* : بالقَفى – bil qáfa, قَفى – qáfa

avestruz – *s.m.f.* : نعامة (*s.f.*) – na3áme

aviação – *s.f.* : طَيَران (*s.m.*) – TTayarân

aviador – *s.m.* : طَيارْجي (*s.m.*) – TTayárji, طَيارْجية – TTayarjíia

avião – *s.m.* : طَيّارة (*s.f.*) – TTayára, طَيّارات – TTayarát

avisar – *v.* : خَبِّر – KHábber, خَبَّر – KHábbar

aviso – *s.m.* : خَبَر (*s.m.*) – KHábbar, أخْبار – áKHbar

avó – *s.f.* : سِتّ (*s.f.*) – sítt

avô – *s.m.* : جِدّ (*s.m.*) – jídd

avulso – *adj.* : بالمُفَرَق – bil mufáraq, مُفَرَق – mufáraq

azar – *s.m.* : نَحِس (*s.m.*) – ná7ess

azarado – *adj.* : مَنْحوس – man7ús

azedo – *adj.* : حامض – 7ámeD

azeite – *s.m.* : زِيت (*s.m.*) – záit

azeitona – *s.f.* : زَيتون (*s.m.*) – zaitún, زَيتونات – zaitunát

azul – *adj./s.m.* : أزْرَق – ázraq, زَرَقة – zaraqa, زُرْق – zúroq

azulejo – *s.m.* : بْلاط (*s.m.*) – bláTT, بْلاطات – blaTTát

B

babá – *s.f.* : مُرَبِّية (*s.f.*) – murábia
bacharel – *s.m.* : حَامِلٌ (*s.m.*) – 7âmelu
bacia – *s.f.* : طَشْت (*s.m.*) – **TT**ácht
baço – *s.m.f.* : طُحَال (*s.m.*) – **TT**7ál
bactéria – *s.f.* : جَرْثُومة (*s.f.*) – Jar<u>T</u>úme, جَرَثِيم – jará<u>T</u>im
bafejar – *v.* : نَافِّخ – náffe<u>KH</u>, نَافَّخ – náffa<u>KH</u>
bafo – *s.m.* : نَفَس (*s.m.*) – náfass
bagagem – *s.f.* : أَغْرَاض – á<u>GH</u>ra<u>D</u>, غَرَض – <u>GH</u>ára<u>D</u>
Bagdá – *n.próp.* : بَغْداد – ba<u>GH</u>dád
bagunça – *s.f.* : تَشْوِيش (*s.m.*) – tachuích
baía – *s.f.* : خَلِيج (*s.m.*) – <u>KH</u>alíj, خُلُوج – <u>KH</u>ulúj
bailarina – *s.f.* : رَاقِصَة، رَقَّاصَة (*s.f.*) – ráqa<u>SS</u>A, رَاقِصَات، رَقَّاصَات – raqa<u>SS</u>át
bailarino – *s.m.* : رَاقِص، رَقَّاص (*s.m.*) – ráqa<u>SS</u>, رَاقِصِين، رَقَّاصِين – raqa<u>SS</u>ín
baile – *s.m.* : حَفْلة (*s.f.*) – 7áfle, حَفَلات – 7aflát
bairro – *s.m.* : حَيّ (*s.m.*) – 7áy, أَحْيا – á7ia
baixar – *v.* : خَفَّضَ – <u>KH</u>áfe<u>D</u>, خَفَّض – <u>KH</u>áfa<u>D</u>
baixar – *v.* : وَطِي – Uá<u>TT</u>e, وَطَى يِ – uá<u>TT</u>a (ei)
baixeza – *s.f.* : وَطَاة (*s.f.*) – Ua<u>TT</u>áa
baixinho – *s.m./adv./adj.* : قَزَم (*s.m.*) – qázam
baixo – *s.m./adv./adj.* : قَصِير (*s.m.*) – qa<u>SS</u>ír, قُصَّر – qu<u>SS</u>ar
bala (projétil) – *s.f.* : رَصَاصَة (*s.f.*) – ra<u>SS</u>á<u>SS</u>a
bala (doce) – *s.f.* : دْرِبِّسّ (*s.m.*) – drêbss

balança – *s.f.* : مِزَان (*s.m.*) – mizén
balançar – *v.* : اتْمَارْجَح – etmárja7, تْمَارْجَح – tmárja7
balançar – *v.* : هَزَّ – Hêzz, هَزّ – Házz
balão – *s.m.* : بَالُون (*s.m.*) – balôn
balcão – *s.m.* : بَلْكُون (*s.f.*) – balkûn, شُرْفة – chúrfa
balde – *s.m.* : دَلُو (*s.m.*) – dálu, سَطْل – sá**TT**l
balé – *s.m.* : البَالِيه (*s.m.*) – al baleH
baleia – *s.f.* : حُوت (*s.m.*) – 7út
baliza – *s.f.* : مَعْلَم (*s.m.*) – ma3lam
balneário – *s.m.* : حَمَامَة (*s.f.*) – 7amâma
bambu – *s.m.* : خَيْزُرَان (*s.m.*) – <u>KH</u>izrán
banana – *s.f.* : مَوْز (*s.m.*) – máuz
bancário – *s.m./adj.* : مَصْرَفِيّ (*s.m.*) – ma<u>SS</u>ráfi
banco (assento) – *s.m.* : مَقْعَد (*s.m.*) – maq3ad
banco – *s.m.* : بَنْك (*s.m.*) – bank, مَصْرَف – ma<u>SS</u>ráf
bandeira – *s.f.* : عَلَم (*s.m.*) – 3alám
bandeira nacional – *loc. subst.* : عَلَم الوَطَن (*s.m.*) – 3alám al uá**TT**an
bandeja – *s.f.* : صَنِية (*s.f.*) – <u>S</u>anía, صَوَانِي – <u>S</u>auâni
banha – *s.f.* : دِهِن (*s.m.*) – dêHen, دِهْنات – dêHnet
banheira – *s.f.* : مَغْطَس (*s.m.*) – ma<u>GH</u>**TT**ass
banheiro – *s.m.* : حَمَّام (*s.m.*) – 7ammêm
banqueiro – *s.m.* : صَاحِب بَنْك (*s.m.*) – <u>S</u>á7eb bank
banqueiro – *s.m.* : صَاحِب مَصْرَف (*s.m.*) – <u>S</u>á7eb ma<u>SS</u>ráf
banqueta – *s.f.* : مَقْعَد (*s.m.*) – maq3ad
baralho – *s.m.* : وَرَق لَعِب (*s.m.*) – uáraq le3eb
barata (inseto) – *s.f.* : جِيز (*s.m.*) – jiz, صَرْصُور – <u>S</u>ar<u>SS</u>úr

barato – adj. : رْخيص – rKHíSS
barba – s.f. : لِحية (s.f.) – le7ie
barbeiro – s.m. : حَلاق (s.m.) – 7alláq, حَلاقين – 7allaqín
barco – s.m. : شَخْتورة (s.m.) – chaKHtúra, شخاتير – chaKHatír
barco – s.m. : قارِب (s.m.) – qárib, قَوارِب – qauárib
barco – s.m. : زَورَق (s.m.) – zaúraq, زَوارِق – zauáriq
barreira – s.f. : سَدّ (s.m.) – sádd
barriga – s.f. : بَطِن (s.m.) – báTTen, كِرش – kêrch, kírch
barril – s.m. : بَرميل (s.m.) – barmíl, بَراميل – barámil
barro – s.m. : طين (s.m.) – TTín
barulho – s.m. : ضَجّة (s.f.) – Dájja
base – s.f. : أَساس (s.m.) – assáss, أَساسات – assassát
base – s.f. : سَنَد – sânad, قاعِدة (s.m.) – qá3eda
basicamente – adv. : أَساساً – assassān
básico – adj. : أَساسيات – assássi, أَساسيات – assassiát
basta – interj. : حاج! – 7áj!
basta – interj. : بِكَفّي!, كَفّى! – bi káffe!, – káffa!
bastante – adj./adv. : بِزيادة – biziêda, جَزيلًا – jazilā, كتير, تَماما. – ktír, – tamâma
batalha – s.f. : مَعرَكة (s.f.) – Má3raka, مَعارِك – m3árak
batata – s.f. : بَطاطا (s.f.) – baTTáTTa, بَطاطات – baTTaTTát
bater – v. : دَقّ, يِ دِقّ – dêq, ḍi – dáq (ei)
bater – v. : اضْرُن, ضَرَب – êDrob, – Ḍárab
bateria – s.f. : بَطارية (s.f.) – baTTaríie
batida – s.f. : دَقة (s.f.) – dáqqe, صَدمة – Sádma
baú – s.m. : صَندوق (s.m.) – Sandúq, صَناديق – Sanádiq

bêbado – s.m./adj. : سَكْران (s.m.) – sakrán, سَكرانين – sakranín
bebê – s.m.f. : طُفُل (s.m.) – TTufol
bebedouro – s.m. : مَشْرَب (s.m.) – máchrab
beber – v. : اشْرَب – êchrab, شِرِب – chêreb
bebida – s.f. : مَشْروب (s.m.) – machrúb, مَشْروبات – machrubát
beco – s.m. : زُقاق (s.m.) – zuqáq
beduíno – s.m. : بَدَوِيّ (s.m.) – bádaui, بَدو – bádu
beijar – v. : بوس – búss, باس – bâss
beijo – s.m. : بَوسِة (s.f.) – báusse, بَوسات – baussát
beira – s.f. : حَفّة (s.f.) – 7áffa, حَفات – 7affát
Beirute – n.próp. : بَيروت – beirút
bela – s.f./adj. : غانية (s.f.) – GHânia
beldade – s.f. - adj. : غادة (s.f.) – GHáda
beleza – s.f. : جَمال (s.m.) – jamál, جَميل – jamíl
beliche – s.m. : سَرير (s.m.) – sarír
bélico – adj. : حَربيّ (s.m.) – 7arbí
beliscar – v. : اقْرُص – êqroSS, قَرَص – qáraSS
bem – adv. : خَير – KHáir, مِنيح – miní7
bem – s.m. : مُمْتَلَك (s.m.) – mumtálak, مُمْتَلَكات – mumtalakát
bem-agradecido – adj. : مَمْنون جِدّاً – mamnún jidā
bem-sucedido – adj. : ناجح – náje7
bem-vindo – adj. : تَرْحيب – tar7íb
bem-vindo – adv. : أهْلا و سَهلا – áHla u sáHla
bênção – s.f. : بَرَكة (s.f.) – báraka, سعادة – sa3áda
bendito – adj. : مُبارَك – mubárak
benefício – s.m. : خَير (s.m.) – KHáir
benéfico – adj. : خَيِّر – KHaiêr
bengala – s.f. : عَصاي (s.f.) – 3áSSai, عَكازة – 3akêze
benigno – adj. : رَفيق – rafíq, رُفَقا – rúfaqa
benzer – v. : سَمّي – sámme, سَمّي يِ – sâmma (ei)

berço/bom-dia

berço – *s.m.* : سَرِير (*s.m.*) – sarír
berinjela – *s.f.* : بَاذِنجَان (*s.m.*) – baTHínján
berro – *s.m.* : زَعِيق (*s.m.*) – za3íq
beterraba – *s.f.* : شَمَندَر (*s.m.*) – chamândar
bexiga (anatomia) – *s.f.* : مَبوَلَة (*s.f.*) – mabbuále
bezerro – *s.m.* : عِجل (*s.m.*) – 3êjel, عجول – 3ejúl
bíblia – *s.f.* : انجيل (*s.m.*) – enjíl
biblioteca – *s.f.* : مَكْتَبَة (*s.f.*) – maktába, مَكاتِب – makêteb
bica – *s.f.* : حَنَفِيّة (*s.f.*) – 7anafiía
bicho-da-seda – *s.m.* : دودة القَزّ (*s.f.*) – dúde al qázz
bicicleta – *s.f.* : بِسْكْلات (*s.m.*) – bísklet
bico – *s.m.* : مَنْقود (*s.m.*) – manqúd, مَناقيد – manáqid
bigode – *s.m.* : شوارِب (*s.m.*) – chuêreb
bile – *s.f.* : مَرارة (*s.f.*) – marára
bilhete – *s.m.* : بِطاقة (*s.f.*) – biTTáqa, بِطاقات – biTTaqát
bilhete – *s.m.* : دْخُلِيّة (*s.f.*) – dKHulíe, دْخُليات – dKHuliát
binóculo – *s.m.* : نَظور (*s.m.*) – naZúr, نَواظير – nauáZir
biografia – *s.f.* : تَرْجَمة حَياة (*s.f.*) – tárjamat 7aiêt
bisavô – *s.m.* : والِد علجِدّ (*s.m.*) – uálid 3al jídd
biscoito – *s.m.* : بَسْكوت (*s.m.*) – baskút, بَسكوتات – baskutát
bispo – *s.m.* : مُطْران (*s.m.*) – muTTrân, مْطارْنة – mTTárne
blefe – *s.m.* : تَضْليل (*s.m.*) – taDlíl
blindado – *adj.* : مُصَفَّح – muSSáfa7
bloqueado – *adj.* : مَحْصور – ma7SSúr, مَحْصورين – ma7SSurín
bloquear – *v.* : احْصُر – ê7SSor, حَصَر – 7áSSar

bloquear – *v.* : سِدّ – sêdd, سَدّ – sádd
bloqueio – *s.m.* : انسِداد (*s.m.*) – enssedád
boa-noite – *s.f.* : ليلة سعيدة (*s.f.*) – laila sa3ida, مَسا الخير – massá al KHéir
boa-tarde – *s.f.* : مَسا الخير (*s.f.*) – massá al KHéir
bobo – *s.m.* : غَشيم (*s.m.*) – GHachím, غُشاما – GHuchâma
boca – *s.f.* : بوز – búz, بواز – buêz
boca – *s.f.* : ثِمّ (*s.m.*) – Têmm, ثْمام – Tmêmm
bocado – *s.m.* : لُقْمة (*s.f.*) – loqma
bocejar – *v.* : اثاوَب – eTáuab, ثاوَب – Táuab
bocejo – *s.m.* : تْثاوَب (*s.m.*) – tTáuab
bodas – *s.f.pl.* : اكليل (*s.m.*) – eklíl
bode – *s.m.* : تَيس (*s.m.*) – taíss, تيوس – tiúss
boi – *s.m.* : ثَور (*s.m.*) – Táur, ثيران – Tirán
boiar – *v.* : عوم – 3úmm, عامّ – 3êmm, 3âmm
boina – *s.f.* : عَمْرة (*s.f.*) – 3amra
bola – *s.f.* : طابة (*s.f.*) – TTába, طابات – TTabát
bolsa (carteira) – *s.f.* : جِزْدان (*s.m.*) – jizdân, جَزادين – jazádin
bolso – *s.m.* : جَيبة (*s.f.*) – jáiba, جِيَب – jeiêb
bom/bem – *adj.* : جَيد – jaíd, جَيدين – jaidín
bom/bem – *adj.* : مْنيح – mní7, مْناح – mné7
bom proveito – *s.m.* : صَحْتين (*s.m.*) – Sa7téin
bomba (arma) – *s.f.* : قُنْبلة (*s.f.*) – qunbla, قنابل – qanábel
bombardeio – *s.m.* : مَعَرَكة (*s.f.*) – ma3raka, مَعارَك – m3árak
bombeiro – *s.m.* : مُطْفأجي (*s.m.*) – muTTfá'ji, مُطْفأجية – muTTfá'jia
bom-dia – *s.m.* : صَباح الخير (*s.m.*) – Sabá7 al KHéir

bondade – s.f. : جَودة (s.f.) – jáuda, رَحْمة – rá7ma

bonde – s.m. : تْرمواي (s.m.) – trmoáe

bondoso – adj. : كَريم – karím, كَريمين – karimín

bondoso – adj. : لَطيفة – laTTíf, لَطيفة – laTTífa

boneca – s.f. : سَنيورة (s.f.) – saniúra, لِعبة – le3ba

bonita – adj. : حِلوة (s.f.) – 7elua, جَميلة – jamíla

bonito – adj. : حِلو (s.m.) – 7êlu, حِلوَيات – 7eluaiát

bonito – adj. : جَميل (s.m.) – jamíl, جَميلين – jamlín

borboleta – s.f. : فَراشة (s.f.) – farácha

bordadeira – s.f. : طَرّازة (s.f.) – TTarráza

bordado – s.m. : تَطْريز (s.m.) – teTTríz

bordado – adj. : مُطَرِّز – muTTarrez, مُطَرِّزة – muTTarreza

bordar – v. : طَرَّز – TTárrez, طَرَّز – TTárraz

borracha (escolar) – s.f. : مَحاية (s.m.) – ma7áie

borracha (industrial) – s.f. : كَوطْشوك (s.m.) – kauTTchúk

bosque – s.m. : حِرْش صَغير (s.m.) – 7êrch SaGHír

bota – s.m. : جَزْمة (s.f.) – jázma

botânico – s.m./adj. : نَباتي (s.m.) – nabáti

botão – s.m. : زِر (s.m.) – zer

bovino – adj. : بَقْرِي – báqri

bracelete – s.m. : سِوارة (s.f.) – suára, أساوَر – assáuar

braço – s.m. : ذْراع (s.m.) – THrêa3, ذْراعات – THrê3át

braço – s.m. : إذ (s.m.) – ííTH, إذان – ííTHéin

branco (a) – adj. : أَبيَض – ábiaD, بَيضة – báiDa, بيض – bíD

brasa – s.f. : جَمْر (s.m.) – jâmr

brasa – s.f. : لاهَبة (s.f.) – láHaba

brasão – s.m. : شِعار (s.m.) – chi3ár

Brasil – n.próp. : البَرازيل – al barázil, barázil

brasileiro – s.m. : بْرازيليّ (s.m.) – brazíli, بْرازيليّة – brazilía

bravo – adj. : شُجاع – chujá3

breve – adj. : قَصير – qáSSir, قُصَر – quSSár

breve (em) – loc. adv. : قَريباً – qaríbā

brevemente – adv. : عانّ قَريب – 3ânn qaríb

brigar – v. : اتَقاتَل – etaqátal, تَقاتَل – taqátal

brilhando – adj. : عم يلامِّع – 3am ielámma3

brilhante – adj. : لامَع – lâmma3

brilhar – v. : لامِّع – lámme3, لامَّع – lâmma3

brilho – s.m. : لَمعان (s.m.) – lama3án, لَمّيع – lammí3

brim – s.m. : قْتْن (s.m.) – qutôn, كتان – katân

brincadeira – s.f. : لِعبة (s.f.) – le3ba, مَزاح – mazá7, مَزْحة – maz7á

brincar – v. : العَب – êl3ab, لِعب – lê3eb

brincar – v. : امْزَح – êmza7, مَزَح – máza7

brinco – s.m. : حَلقة (s.f.) – 7álqa, حَلية – 7alía, حَلاق – 7aláq

brinde – s.m. : هَدَية (s.f.) – Hadêia

brinquedo – s.m. : لعبة (s.f.) – lê3ba, لِعَب – lê3ab

brio – s.m. : مَقْدَرة (s.f.) – maqdára

brisa – s.f. : نَسْمة (s.f.) – nássma

broche – s.m. : بْروش (s.m.) – bróch

brócolis – s.m. : قَرْنَبيط (s.m.) – qarnabíTT

bronze – s.m. : نحاس أَصْفَر (s.m.) – ni7áss áSSfar

brotar – v. : انْبُت – ênbot, نَبَت – nábat

brutalidade – s.f. : وَحْشية (s.f.) – uá7chaia

bruto – adj. : شَرِس – charíss

bucha (enchimento) – s.f. : حَشو (s.m.) – 7achú

búfalo - *s.m.* : جاموس (*s.m.*) – jamúss, جَواميس – jauámiss
bufê - *s.m.* : مَطْعَم (*s.m.*) – ma**TT**3ám
bule - *s.m.* : إبْريق (*s.m.*) – íbriq, غِلايَة (*s.f.*) – GHelláia
buraco - *s.m.* : حُفْرة (*s.f.*) – 7ôfra, حُفَر – 7úfar
buraco - *s.m.* : جورة (*s.f.*) – júra, جوَر – juár
burrinho - *s.m.* : جَحش (*s.m.*) – já7ch, جَحوش – jú7uch

burro - *s.m.* : حْمار (*s.m.*) – 7már, حَمير – 7amír
buscar - *v.* : جيب – jíb, جب – جاب – jêb – jáb
bússola - *s.f.* : بوصَلة (*s.f.*) – bú**SS**ala, بوصَلات – bu**SS**alát
buzina - *s.f.* : زَمور (*s.m.*) – zámmur, زَمامير – zammámir

C

cabana – s.f. : خَيمة (s.f.) – KHáyma, خَيمات – KHaymát

cabana – s.f. : عِرْزان (s.f.) – 3êrzan, عَرازين – 3arazin

cabeça – s.f. : راس –ráss

cabeçalho – s.m. : رأس الصَّفحة (s.m.) – ráss aS-Sáf7a

cabeleireira – s.f. : مَشاطة (s.f.) – macháTTa, مَشاطات – machaTTát

cabelo – s.m. : شَعَر (s.m.) – cha3êr, شَعور – cha3úr

cabelos brancos – s.m. + adj. pl. : شعر أبيض (s.m.) – cha3er ábiaD

caber – v. : ساع – sáa3, ساع – سِع – sêa3 – sáa3

cabide – s.m. : حُجْرة (s.f.) – 7ujra

cabide – s.m. : تَعليقة (s.f.) – ta3líqa, تَعليقات – ta3liqát

cabo – s.m. : حَبل (s.m.) – 7ábel, عَريف – 3aríf

cabo elétrico – loc. subst. : سِلْك كَهْرَبائي (s.m.) – selk kaHrabá'i (s.m.)

cabra – s.f. : عَنْزة (s.f.) – 3ânza, عَنْزات – 3anzát

cabrito – s.m. : جَديّ (s.m.) – jédi

cabrito – s.m. : مَعزي (s.m.) – mê3za, مِعزيات – me3zeiát

caça – s.f. : صَيَد (s.m.) – Sáyed

caçador – s.m. : صَياد (s.m.) – Sayád, صّيادين – Sayádín

caçar – v. : اتْصَيَد – etSSáyad, تْصَيَد – tSSáyad

caçarola – s.f. : طَنْجَرة (s.f.) – TTânjara

cachaça – s.f. : عَرَق – 3áraq

cacheado – adj. : مَجْدول – majdúl

cachecol – s.m. : مِنْديل (s.m.) – mendíl

cachimbo – s.m. : غَليون (s.m.) – GHaliún, غَلاين – GHalaín

cacho – s.m. : عَنْقود (s.m.) – 3anqúd, عَناقيد – 3anáqid

cachoeira – s.f. : شَلّال (s.m.) – challál, شَلالات – challalát

cachorro – s.m. : كَلْب (s.m.) – kálb, كْلاب – kláb

caçula – adj. : أصغَر – áSS-GHar

cada – pron. : كُل – kull

cada um – loc. pron. : كُل واحَد – kull uá7ad

cadastro – s.m. : تَسجيل – tasjil, مِساحة (s.f.) – massá7a, مَسح (s.m.) – mass7

cadáver – s.m. : جِثة (s.f.) – jiTe, جِثات – jiTêt

cadeado – s.m. : قُفْل (s.m.) – qôfol, قَفولة – qofúle

cadeia – s.f. : حَبس (s.m.) – 7ábess, حْبوسة – 7bússe

cadeia – s.f. : سِجن (s.m.) – sêjen

cadeira – s.f. : كِرْسة (s.f.) – kírsse, كَراسي – karásse

caderno – s.m. : دَفْتَر (s.m.) – dáftar, دَفاتِر – dafêter

café – s.m. : قَهوة (s.f.) – qáHua

café (pó de) – s.m. : بَنّ (s.m.) – bânn

café da manhã – s.m. : تِرويقة (s.f.) – teruíqa

caído – adj. : ساقِط – sáqeTT

cair – v. : سَقَّط – sáqqeTT, سَقَط – sáqqaTT

caixa – s.f. : علبة (s.f.) – 3êlba, عِلَب – 3êlab

caixão – s.m. : تابوت (s.m.) – tabút, توابيت – tauábit

caixote – s.m. : صَنْدوق (s.m.) – Sandúq, صَناديق – Sanádiq

cal – s.f. : كِلْس (s.m.) – Kêls
calado – adj. : ساكت – sáket
calar – v. : اَسْكُت – êskot, سَكَت – sákat
calça – s.f. : بَنْطَلون (s.m.) – banTTalôn, بَناطْلين – banáTTlin
calçada – s.f. : رَصيف (s.m.) – raSSíf, رُصوف – ruSSúf
calçado (apoiado) – adj. : مَرْصوف – marSSúf
calcanhar – s.m. : كعب (s.m.) – kê3b
calção – s.m. : كَلْسون (s.m.) – kalssún, كَلَسين – kalassín
calcinha – s.f. : شِنْتان (s.m.) – chintên, شَناتين – chanátin
cálcio – s.m. : كَلْسيون (s.m.) – kalssíun
calculadora – s.f. : مَكَنة حِساب (s.m.) – makanat 7issáb
calcular – v. : احْسُب – ê7ssob, حَسَب – 7ássab
cálculo – s.m. : حِساب (s.m.) – 7issáb, حِسابات – 7issêbat
calda – s.f. : قَطر السُّكَّر (s.m.) – qáTTr as-súkar
caldo – s.m. : زوم (s.m.) – zúm, زومات – zumêt
calendário – s.m. : رِزْنامة (s.f.) – riznâma, رِزْنامات – riznamát
calha – s.f. : ميزان (s.m.) – mizán
cálice – s.m. : كاسّ (s.m.) – kêiss, كاسّات – kassát
cálice – s.m. : قَدَح (s.m.) – qáda7
calma – adj. : هادية – Hádia
calma – s.f. : عَمَهِل (s.m.) – 3amáHel, هُدوء – Hudú'
calmamente – adv. : بِسُكون – bi súkun
calmante – s.m. : مْخَدِّر (s.m.) – mKHaddêr, مْخَدِّرات – mKHadarát
calmante – s.m. : مُسَكِّن (s.m.) – mussakên
calmaria – s.f. : سُكون (s.m.) – sukún, هُدوء – Hudú'

calmo – adj. : ساكِن – sákên, هادىء – Hêda'
calor – s.m. : حَرّ – 7árr, شَوب (s.m.) – cháub
calouro – adj./s.m.f. : مُبْتَدى (s.f.) – mubtáda, مُبْتَدئين – mubtadáin
calouro – adj./s.m.f. : تلميذ جْديد (s.m.) – telmiTH jdíd, تلاميذ جْداد – talámiTH jdéd
calúnia – s.f. : وِشاية (s.f.) – uecháia
calvo – s.m./adj. : أَصْلَع (s.m.) – áSSla3, صُلع – Súlo3
cama – s.f. : تَخِت (s.m.) – táKHet, تْخوت – tKHút
camarão – s.m. : قْرَيديس (s.m.) – qráidiss
câmara – s.f. : مَجْلِس (s.m.) – májlles
câmara dos deputados – loc. subst. : مَجْلِس النّواب (s.m.) – májlles en-neuêb
câmara dos senadores – loc. subst. : مَجْلِس الشّويوخ (s.m.) – májlles ach-chúiuKH
câmara dos vereadores – loc. subst. : مَجْلِس العَضاء (s.m.) – májlles al á3Da'
câmara municipal – loc. subst. : مَجْلِس البَلَديّ (s.m.) – májjles al báladi
camarada – s.m./adj. : رَفيق (s.m.) – rafíq, رُفَقا – rúfaqa
câmbio – s.m. : صَرّاف (s.m.) – Sarráf, مَصْرَف – maSSráf
cambista – s.m.f. : صَرّاف (s.m.) – Sarráf, صَرّافين – Sarráfin
camelo – s.m. : بَعير – ba3ír, جَمَل (s.m.) – jâmal, جْمال – jmél
caminhada – s.f. : مَسيرة (s.f.) – massíre
caminhão – s.m. : شاحِنة (s.f.) – cha7íine
caminhão – s.m. : سَيارة شَحِن (s.f.) – sayárat chá7en
caminhar – v. : امْشي – êmche, مِشي – mêche
caminho – s.m. : دَرْب – dárb, دْروب – drúb
caminho – s.m. : طَريق (s.f.) – TTaríq, طُرُق – TTurôq

camisa – s.f. : قَميص (s.m.) – qamíSS, قُمْصان – qúmSSan

camisa longa – loc. subst. : جومْبأز (s.m.) – gumbáz

camisola – s.f. : قَميص ناوم (s.m.) – qamíSS náumm

camomila – s.f. : بابونِج (s.m.) – babúnej

campainha – s.f. : جَرَس (s.m.) – járass, أجْرَس – ájrass

campanário – s.m. : قبة الجُراس (s.m.) – qêbet el jráss

campeão – s.m. : بَطَل (s.m.) – báTTal, أبْطال – abTTál

campeonato – s.m. : بطولة (s.f.) – buTTule, بطولات – buTTulát

campo – s.m. : حَقِل (s.m.) – 7áqel, حُقول – 7uqúl

camponês – s.m. : قَراوي (s.m.) – qaráue

cana-de-açúcar – s.f. : قَصَب السُكَر (s.m.) – qáSSab as-súkar

cana-de-açúcar – s.f. : قَصَب مَص (s.m.) – qáSSab maSS

canal – s.m. : مَمَّر مَي (s.m.) – mammar máie

canal – s.m. : قَنايّة (s.f.) – qanêia, قَنايات – qanêiat

canário – s.m. : بُلْبُل (s.m.) – búlbol, بَلابِل – balébel

canção – s.m. : غِنايّة (s.f.) – GHinnêia, غِنايات – GHinneiát

cancelamento – s.m. : ابْطال (s.m.) – ebTTál, الغاء – elGHá'

cancelar – v. : بَطِّل – báTTel, بَطَّل – báTTal

cancelar – v : الْغي – êlGHe, يِ لَغى – láGHa (ei)

câncer – s.m. : سَرَطان (s.m.) – saraTTân

candeeiro – s.m. : قَنْديل (s.m.) – qandíl, قَناديل – qanádil

candidatar – v. : اتْرَشَح – etrácha7, تْرَشَح – trácha7

candidato – s.m. : مُرَشَح (s.m.) – murácha7, مُرَشَحين – muracha7ín

caneca – s.f. : قَدَح (s.m.) – qadá7

canela – s.f. : قِرْفة (s.f.) – qêrfa

caneta – s.f. : قَلَم حِبِر (s.m.) – qâlam 7êber, اقْلام حِبِر – eqlâm 7êber

canhoto – adj. : فِشْلاوة (s.f.) – fichlâue, فِشْلاوين – fichleuín

canino (dente) – s.m. : ناب (s.m.) – nêb

cano – s.m. : انْبوب (s.m.) – enbúb, أنابيب – anábib

cano – s.m. : قَسْطَل (s.m.) – qasTTal

canoa – s.f. : قارِب (s.m.) – qárib, قَوارِب – qauárib

canoa – s.f. : زَورَق (s.m.) – zaúraq, زَوارِق – zauáriq

canoa – s.f. : شَخْتورة (s.f.) – chaKHtúra, شِخاتير – chaKHatír

cansaço – s.m. : تَعَب (s.m.) – tá3ab

cansado – adj. : تَعبان – ta3bân, تَعبانين – ta3bânin

cansar – v. : اتْعَب – êt3ab, تَعَب – tâ3ab

cansativo – adj. : مُتعِب – mut3êb, مُرهِق – múrHeq

cantar – v. : غَنّي – GHânne, يِ غَنّا – GHânna (ei)

canteiro – s.m. : وَرشة – uárcha

cantor – s.m. : مْغَني (s.m.) – mGHâne, مْغَنية – mGHânia

cão – s.m. : كَلِب (s.m.) – kálb, káleb, كْلاب – klab

caos – s.m. : تَشويش (s.m.) – tachuích

capa – s.f. : گَبوت (s.m.) – kabbút, گَبابيت – kabábit

capacete – s.m. : طاسِة حَديد (s.f.) – TTásset 7adíd

capacidade – s.f. : مَقْدَرة (s.f.) – maqdára

capaz/carregado

capaz – *adj.* : قَادِر – qáder, قَادْرِين – qadrín
capaz – *adj.* : مَكِين – makíin
capim – *s.m.* : حَشِيش (*s.m.*) – 7achích
capital – *s.m.* : راسْمال (*s.m.*) – rásmall, رَيس مال – ráess mal
capital (geografia) – *s.f.* : عاصمة (*s.f.*) – 3áSSma, عواصِم – 3auáSSem
capítulo – *s.m.* : فَصِل (*s.m.*) – fáSSel, فُصول – fuSSúl
cápsula – *s.f.* : كَبْسولة (*s.f.*) – kabssúla
cápsula (remédio) – *s.f.* : قُرْص (*s.m.*) – qôrss
capturar – *v.* : اكْمُش – êkmoch, كَمَش – kâmach
capturar – *v.* : الْقُط – elqôTT, لَقَط – láqaTT
caracteres – *s.m.pl.* : حُروف (*s.m.*) – 7urúf
característico – *adj.* : خاص – KHáSS
caranguejo – *s.m.* : سَرْطَعون (*s.m.*) – sarTTa3un
caráter – *s.m.* : حَرْف (*s.m.*) – 7árf
caravana – *s.f.* : قافِلة (*s.f.*) – qáfila
cárcere – *s.m.* : حَبِس (*s.m.*) – 7ábess
cardamomo – *s.m.* : الهال – هال (*s.m.*) – al Hél
cardeal – *adj.* : أَساسي – assássi, أَساسيات – assassiát
cardíaco – *adj.* : قَلْبي – qalbíi
careca – *s.f.* : أَصْلَع (*s.m.*) – aSSla3, صُلُع – Súlo3
carência – *s.f.* : فَقَد (*s.m.*) – fáqad
carente – *adj.* : مَحْروم (*s.m.*) – ma7rúm
carestia – *s.f.* : غَلي (*s.m.*) – GHála
carga – *s.f.* : شَحْنة (*s.f.*) – chá7na, شَحْنات – cha7nát
cargo – *s.m.* : وَظيفة (*s.f.*) – uaZífa, وَظايِف – uaZáief
carícia – *s.f.* : مُلاَطَفة (*s.f.*) – muláTTafa
caridade – *s.f.* : حَسَنة (*s.f.*) – 7ássana, حَسَنات – 7assanát
caridade – *s.f.* : شَفَقة (*s.f.*) – cháfaqa

cárie – **cariado** – *s.f./adj.* : مِهْتَري (*s.m.*) – meHtáre, مِهْتَرين – meHtaríin
cárie – **cariado** – *s.f./adj.* : مْسَوِس – mssáuess, مْسَوسين – mssaussín
carimbado – *adj.* : مَخْتوم – maKHtúm, مَخْتومين – maKHtumín
carimbar – *v.* : اخْتُم – êKHtom, خَتَم – KHátam
carimbo – *s.m.* : خَتَم (*s.m.*) – KHátem
carinho – *s.m.* : حَنان (*s.m.*) – 7anân
carinho – *s.m.* : مُلاطَفة (*s.f.*) – muláTTafa
carinhoso – *adj.* : حَنون – 7anún, حَنايِن – 7anáien
carinhoso – *adj.* : مُحِب – mu7êb, مُحِبين – mu7ebín
carinhoso – *adj.* : وَدود – uadúd
carisma – *s.m.* : كَرامة (*s.f.*) – karáma
carnaval – *s.m.* : المَرْفَع (*s.m.*) – al márfa3, كَرْنَفال – karnafál
carne – *s.f.* : لَحم (*s.m.*) – lá7em
carne – *s.f.* : لَحْمة – lá7ma, لَحِم – lá7em
carne de porco – *loc. subst.* : لَحم خَنْزير (*s.m.*) – lá7em KHanzír
carne de vaca – *loc. subst.* : لَحم بَقَر (*s.m.*) – lá7em báqar
carne seca – *loc. subst.* : لَحم يابِس (*s.m.*) – lá7em iâbess
carneiro – *s.m.* : خَروف (*s.m.*) – KHarúf, خُرْفان – KHurfân
caro – *adj.* : غالي – GHáli, غالين – GHaleín
caroço – *s.m.* : بِزْرة (*s.f.*) – bízra, بِزِر – bízer
carola – *adj.* : دِيَّن – déian
carpintaria – *s.f.* : نِجارة (*s.f.*) – nejára
carpinteiro – *s.m.* : نَجّار (*s.m.*) – najjár, نَجّارين – najjarín
carrasco – *adj.* : جَلّاد – jálad
carregado – *adj.* : مْحَمَّل – m7ámmal, مْحَمَّلين – m7ammalín

carregador – s.m. : حَمّال (s.m.) – 7ammâl, حَمّالين – 7ammálin
carregamento – s.m. : حُمولة (s.f.) – 7umúla
carregamento – s.m. : شَحْنة (s.f.) – chá7na, شَحْنات – cha7nát
carregar – v. : احْمُل ê7mol, حَمَل – 7âmal
carro – s.m. : سَيارة (s.f.) – sayára, سَيارات – sayarát
carroça – s.f. : عَرَبيّة خَيِّل (s.f.) – 3arabíet KHaêl
carta – s.f. : مَكْتوب (s.m.) – maktúb, مَكاتيب – makátib
cartão – s.m. : كَرْت (s.m.) – kárt, كُروتة – krúte
cartão – s.m. : كَرْتون (s.m.) – kartún
carteira – s.f. : جِزْدان (s.m.) – jizdên, جَزادين – jazádin
carteira de identidade – loc. subst. : تَذْكِرة هَويّة (s.f.) – táTHkarat Hauía
carteiro – s.m. : بُسْطَجي (s.m.) – búsTTaji
cartilha – s.f. : كَرّازيّة (s.f.) – karrazíe, كُرّاس (s.m.) – kurrás
cartório – s.m. : كِتابة عَدِل (s.f.) – kitêbet 3adel
cartucho – s.m. : خَرْطوش (s.m.) – KHarTTúch, خَرْطوشات – KHarTTuchát
carvalho – s.m. : بَلّوط (s.m.) – ballúTT, بَلوطات – balluTTêt
carvão – s.m. : فَحِم (s.m.) – fá7em, فَحمات – fa7mêt
casa – s.f. : بَيت (s.m.) – báit, بِيوت – biút
casaco – s.m. : جاكيت (s.m.) – jákeit, جاكيتات – jakeitát
casaco – s.m. : سُتْرة (s.m.) – sutra, ميثَرة – miTara
casaco – s.m. : كَبّوت (s.m.) – kabbút, كَبابيت – kabábit
casado – adj. : مُتْزَوِجين – mutzáuj, مُتْزَوِج – mutzáuajin
casal – s.m. : زَوج (s.m.) – záuj, أَزْوَج – ázuaj

casamento – s.m. : عِرِس (s.m.) – 3êress, أعرَس – á3rass
casamento – s.m. : اكْليل (s.m.) – eklíl, أكاليل – akálil
casamento – s.m. : زَواج (s.m.) – zauáj, زَواجات – zauaját
casar – v. : اتْزَوَج – etazáuuaj, تَزَوَج – tazáuuaj
casca – s.f. : قِشْرة (s.f.) – qêchra, قُشور – quchúr
cascata – s.f. : شَلّال (s.m.) – challal, شَلالات – challalát
caseiro – adj. : بَيتي – báiti
casimira – s.f. : جوخ (s.m.) – júKH
caspa – s.f. : قِشْرة (s.f.) – qêchra
castanha – s.f. : كَسْتَنا (s.f.) – kástana
castanho (cabelo) – adj. : كَسْتَني – kástani
castanho (olho) – adj. : عَسَليات – 3ssaliét
castelo – s.m. : قَصر (s.m.) – qáSSer, قُصور – qSSúr
castiçal – s.m. : شَمْعَدان (s.m.) – cham3adên, شَمْعَدانات – cham3adenêt
castidade – s.f. : عَفاف (s.m.) – 3aféf
castigado – adj. : تْعْذيب – t3THib, تْعْذيبا – t3THiba
castigar – v. : قاصَص – qáSSeSS, قاصَّص – qáSSaSS
castigar – v. : عَذِب – 3áTHeb, 3áTHab
castigo – s.m. : عَذاب (s.m.) – 3aTHáb, قِصاص – qeSSáSS
casto – adj. : عَفيف – 3afíf, عَفيفة – 3afífa
castrar – v. : اخْصي – êKH-SSa, خَصى يِ – KHáSSa (ei)
catálogo – s.m. : دَليل (s.m.) – dalíl
catarata (olho) – s.f. : مَي الزَرقة (s.m.) – maiet ezzárqa
catedral – s.f. : كاتِدرايّة (s.f.) – katedráia

51

catedral/certidão

catedral – *s.f.* : كنيسة الرئيسيّة (*s.f.*) – knísset er-raissíe
categoria – *s.f.* : نَوع (*s.m.*) – náu3, أَنواع – anuê3
categoria – *s.f.* : رِطْبة (*s.f.*) – ri**TT**ba
católico – *adj.* : كثوليك (*s.m.*) – ka**T**olík
catorze – *num.* : أَرْبَعتَعَش – arb3at3ach
cauda – *s.f.* : ذَنَب (*s.m.*) – **TH**ánab, ذَنَبات – **TH**anabát
causa – *s.f.* : سَبَب – sabáb
causar – *v.* : سَبِّب – sabêb, سَبَّب – sabáb
cautela – *s.f.* : حَذَر (*s.m.*) – 7á**TH**ar
cauteloso – *adj.* : حَذِر (*s.m.*) – 7a**TH**êr
cavaleiro – *s.m.* : خيّال (*s.m.*) – **KH**ayiál, خيّالين – **KH**ayiálín
cavalgar – *v.* : خَيَّل – **KH**áyiel, – **KH**áyial
cavalheiro – *adj.* : أَفَندي – afândi
cavalheiro – *adj.* : سَيِّد – sáyiêd, سادات – sádat
cavalo – *s.m.* : حِصان (*s.m.*) – 7i**SS**ân, أَحْصْنة – á7**SS**ne
cavar – *v.* : احْفُر – ê7for, حَفَر – 7áfar
caverna – *s.f.* : مَغارة (*s.f.*) – ma**GH**ára, مَغارات – ma**GH**arát
cavidade – *s.f.* : حُفْرة (*s.f.*) – 7úfra, حُفَر – 7úfar
cavidade – *s.f.* : تجويف (*s.m.*) – tajuíf, جَوف – jáuf
cebola – *s.f.* : بَصَل (*s.m.*) – bá**SS**al, بَصَلات – ba**SS**alát
ceder – *v.* : أعطى – á3**TT**a (ei), أعطي يِ – á3**TT**e,
cedo – *adv.* : بَكير – bakkír
cedro – *s.m.* : أَرْزة (*s.f.*) – arza, أَرْز – arz
cedro-do-líbano – *s.m.* : أَرْز لبنان (*s.m.*) – árz lubnân
cegar – *v.* : اعمي – â3ma يِ – 3áma (ei)
cego – *s.m./adj.* : أَعمى (*s.f.*) – á3ma, عُميان – 3umien

cegonha – *s.f.* : بَجَعة (*s.f.*) – bája3a, بَجَع – bajá3
ceia (Santa) – *s.f.* : العَشاء السِرّي (*s.m.*) – al 3achá' es-sêrri
celebração – *s.f.* : احْتيفال (*s.m.*) – e7tifál, تَمْجيد – tamjíd
celebrar – *v.* : احْتِفِل – e7têfal, احتَفَل – e7táfal
célula – *s.f.* : خَلية (*s.f.*) – **KH**alíya, خَلايا – **KH**aláia
cem – *num.* : مية – míia
cem por cento – *num.* : مية بالمية – míat bil mía
cemitério – *s.m.* : مَجانّة (*s.f.*) – majánna
cemitério – *s.m.* : مَقْبَرة (*s.f.*) – maqbára, مَقابِر – maqáber
cenoura – *s.f.* : جَزَر (*s.m.*) – jázar
centavo – *s.m.* : قِرْش (*s.m.*) – qêrch, قُروش – qrúch
centigrado (grau) – *s.m.* : دَرَجة مَئَوية (*s.f.*) – daraját mi'auía
centímetro – *s.m.* : سَنتيمِتر (*s.m.*) – centímeter
centro – *s.m.* : مَرْكَز (*s.m.*) – markáz
cerâmica – *s.f.* : فُخار (*s.m.*) – fu**KH**ár
cerca – *s.f.* : سُر (*s.m.*) – súr, سياج – siéj
cercado – *adj.* : مُسَوَر – mussáuer
cercar – *v.* : سَوِّر – sáuer, سَوَّر – sáuar
cereal – *s.m.* : حُبوب (*s.m.*) – 7ubúb
cérebro – *s.m.* : دْماغ (*s.m.*) – dmá**GH**
cereja – *s.f.* : كَرَز (*s.m.*) – káraz
cerimônia – *s.f.* : حَفلة (*s.f.*) – 7áfla, حَفلات – 7aflát
cerimônia – *s.f.* : احْتِفال (*s.m.*) – e7tifál, احْتِفالات – e7tifalát
certeza – *s.f.* : أكيد (*s.m.*) – akíd, عَن جَدّ – 3ann jádd
certidão – *s.f.* : شَهادة (*s.f.*) – cha**H**áda

certo/cicatriz

certo – adj. : صَحيح – Sa7í7, مَضْبوط – maDbúTT, مَعَيَّن – ma3ian

certo dia – loc. adj. : ذات يوم – THát yôm

cerveja – s.f. : بيرة (s.f.) – bíra

cesta – s.f. : سَلّة (s.f.) – sálla, سَلّات – sallát

céu – s.m. : سَماء (s.m.) – sama'

cevada – s.f. : شَعير (s.m.) – cha3ír

chá – s.m. : شاي (s.m.) – cháe

chacal – s.m. : ثَعلَب (s.m.) – Ta3lab, ثَعالِب – Ta3áleb

chacal – s.m. : واوي (s.m.) – uêaue

chácara – s.f. : بِسْتان (s.m.) – bisstân, بَساتين – bassátin

chácara – s.f. : مَزْرَعة (s.f.) – mázra3a, مَزارِع – mazáre3

chaga – s.f. : جُرُح (s.m.) – jurú7, جْروح – jrû7

chaleira – s.f. : إبْريق شاي (s.m.) – íbriq cháe

chama – s.f. : لَهَب (s.m.) – láHab

chamar – v. : عَيَّط – 3áiieTT, عَيِّط – 3áiiaTT

chamar – v. : نادَه – êndaH, اندَه – nádaH

chaminé – s.f. : مَدْخَنة (s.f.) – madKHâna, مَداخِن – madáKHen

chance – s.f. : مُناسَبة (s.f.) – munássaba

chão – s.m. : أرْض (s.f.) – árD

chapéu – s.m. : بُرنَيْطة (s.f.) – burnayTTa, بَرانيط – baрániTT

charada – s.f. : لُغْز (s.m.) – lúGHz, ألغاز – alGHáz

charme – s.m. : سِحْر (s.m.) – sê7r

charmoso – adj. : ساحِر – sá7er

charrete – s.f. : عَرَبيّة خَيِّل (s.f.) – 3arabíet KHaêl

charuto (cul.) – s.m. : يَبرَق (s.m.) – iábraq

charuto (cul.) – s.m. : وَراق عِنب او عِنب – uáraq 3êneb – au 3êneb

charuto (cul.) – s.m. : مَلفوف – malfúf

chassi – s.m. : إطار (s.m.) – iTTár, هَيكَل – Haikáll

chave – s.f. : مِفْتاح (s.m.) – miftá7, مَفاتيح – mafáti7

chefe – s.m.f. : مُدير (s.m.) – mudír, مودَرا – múdara

chefe – s.m.f. : رَئيس (s.m.) – raííss

chega! – interj. : حاج!، بِكَفّي! – 7áj!, bi káffe!

chegada – s.f. : وُصول (s.m.) – uôSSul

chegar – v. : أوَصَل – uáSSal, وِصِل – uêSSel

cheio – adj. : مَلان – malân, مَلانة – malâna

cheirar – v. : شِمّ – chêmm, شَمّ – châmm

cheiro – s.m. : ريحة (s.f.) – rí7a

cheiroso – adj. : عاطِر – 3áTTer, فَوّاح – fáua7

cheque – s.m. : شِكّ (s.m.) – chékk

chifre – s.m. : قَرْن (s.m.) – qârn

chifrudo – adj. : أقْرَن – áqran

China – n.próp. : الصين – eS-Síin

chinelo – s.m. : شَحاطة (s.f.) – cha77áTTa

chinês – s.m./adj. : صيني (s.m.) – Síini

chofer – s.m. : سَوّاق (s.m.) – sauáq, صَواقين – sauáqin

chorar – v. : بِكي يِ – êbke, يِ – bêke (ei)

choro – s.m. : بِكا، بُكة (s.f.) – bíka, búka

chover – v. : شَتّي – chátte, شَتى – chátta

chumbo – s.m. : رْصاصّ (s.m.) – rSSáSS

chupar – v. : مُصّ – môSS, يِ مَص – máSS (ei)

churrasco – s.m. : لحم مِشوي (s.m.) – lá7em mêchui

chutar – v. : البُط – elbôTT, لَبَط – labáTT

chutar – v. : ارْمي – êrme, يِ رَمى – râma (ei)

chutar – v. : زْت – zít, يِ زَت – zát (ei)

chuva – s.f. : شِتاء (s.f.) – chêta

chuveiro – s.m. : رَشاشْت، دوش (s.m.) – rachâchat, dúch

cicatriz – s.f. : جُرْح (s.m.) – jurú7, جْروح – jrû7

cicatriz – s.f. : عالِمة (s.f.) – 3álema, عَلامات – 3alemát

cicatrizar/clara

cicatrizar – *v.* : اخْتُمْ – êKHtom, خَتَم – KHátam
cicatrizar – *v.* : صِح – Sêh7, دِ صَح – Sá7 (ei)
ciclo – *s.m.* : دَورة (*s.f.*) – dáura
ciclone – *s.m.* : زوبَعة (*s.f.*) – zúba3a
cidadania – *s.f.* : مواطِنية (*s.f.*) – muáTTanía
cidadão – *s.m.* : مُواطِن (*s.m.*) – muáTTan
cidade – *s.f.* : بَلَد (*s.m.*) – bálad, بُلاد – blád
cidade – *s.f.* : مَدينة (*s.f.*) – madíne
ciência – *s.f.* : عِلْم (*s.m.*) – 3alm, علوم – 3alúm
cientista – *s.m.f.* : عالِم (*s.m.*) – 3álem, عُلَمى – 3úlama
cigano – *s.m.* : نوري (*s.m.*) – núri, نورية – nuría, نَوَر – núar
cigarra – *s.f.* : جيز الصَيف (*s.m.*) – jízz aS-Sáif
cigarro – *s.m.* : سيكارة (*s.f.*) – sikára
cilada – *s.f.* : شَرَك، مُأَمَرَة، فَخ (*s.m.*) – chárak, muámara, fáKH
cilindro – *s.m.* : أُسْطوانة (*s.f.*) – ussTTuána, أُسْطوانات – ussTTuanát
cílio – *s.m.* : جِفِن (*s.m.*) – jêfen, جُفون – jfún
cima (em) – *adv.* : فَوق – fáuq
cima – *s.f.* : أعَلى (*s.f.*) – á3la
cimento – *s.m.* : بَطون، تراب (*s.m.*) – baTTôn, tráb
cinco – *num.* : خَمْسة – KHâmssa ou KHâmsse
cínico – *adj.* : خَبِّيث (*s.m.*) – KHábiT, خَبَثًا – KHabaTa
cinquenta – *num.* : خَمْسين – KHamssín
cinto – *s.m.* : زِنّار (*s.m.*) – zennár, زَنارير – zanánir
cintura – *s.f.* : خَصْر (*s.m.*) – KHáSSr, خْصور – KH-SSúr

cinza – *s.f.* : أطْلال – aTTlál, رَماد (*s.m.*) – ramêd
cinza (cor) – *adj.* : رْماد – rmêd
cinzeiro – *s.m.* : مَنفَضة (*s.f.*) – mânfaDa
cinzento – *adj.* : رْمادي – rmádi
circuito – *s.m.* : دَورة (*s.f.*) – dáura
circuito elétrico – *loc. subst.* : دَورة كَهْرَبائية (*s.f.*) – dáurat kaHrabíia
circulação – *s.f.* : جَرَيان (*s.f.*) – jaraiân, دَوارَن – dauarân
circulação sanguínea – *loc. subst.* : دَورة دَمَويّة (*s.f.*) – dáurat damauíia
circulador de ar – *loc. subst.* : مَروَحة (*s.f.*) – maruá7a, مَراوِح – maráue7
circular – *adj.* : دَوري – dáuri, مُدَوَر – mudáuuar
circulatório – *s.m.* : دَوَراني (*s.m.*) – dauaráni
círculo – *s.m.* : دائرة (*s.f.*) – dáera, دَوائر – dauáer
círculo – *s.m.* : دَورة (*s.f.*) – dáura, مْدَوَر – mdáuuar
circunferência – *s.f.* : دائرة (*s.f.*) – dáera, دَوائر – dauáer
cirurgia – *s.f.* : عَمَلية (*s.m.*) – 3amalía, عَمَليات – 3amaliát
cirurgião – *s.m.* : جَرّاح (*s.m.*) – jarrá7, جِرّاحة – jirrá7a
citado – *adj.* : مَذْكور – maTHkúr, مَذْكورة – maTHkúra
citar – *v.* : اذْكُر – eTHkúr, ذَكَر – THakár
ciúme – *s.m.* : غَيرة (*s.m.*) – GHáira
civil – *adj.* : مَدَني – madaní
civilização – *s.f.* : تَمَدُّن (*s.f.*) – tamaddôn, حَضارة – 7aDára, مَدَنية – madanía
civilizado – *adj.* : مُتْمَدِّن – mutmaddên, مُتْمَدّنين – mutmáddnin
clara (de ovo) – *s.f.* : زلال البَيض (*s.m.*) – zlál al báiD

claridade – *s.f.* نور (*s.m.*) – núr, أنوار – anuár
claro – *adj.* : فَاتِح – fête7, فِتْحين – fet7ín
classe – *s.f.* : صَفّ (*s.m.*) – Sáff, صفوف – Sufúf
cláusula – *s.f.* : بَنْد (*s.m.*) – bánd
cliente – *s.m.f.* : عَميل (*s.m.*) – 3ámil, عُمال – 3úmal
cliente – *s.m.f.* : زْبون (*s.m.*) – zbún, زَباين – zabáin
clima – *s.m.* : جَو – jáu, طَقِس (*s.m.*) – TTáqess, مَناخ – manáKH,
clínica – *s.f.* : عِيادة (*s.f.*) – 3iáda, عيادات – 3iádat
clube – *s.m.* : نادي (*s.m.*) – nádi, نَوادي – nauêdi
coador – *s.m.* : مِصفاية (*s.f.*) – meSSfâia, مِصافي – maSSáfi
coalhada – *s.f.* : لَبَن (*s.m.*) – lában
coalhada seca – *loc. subst.* : لَبنة (*s.f.*) – lábana
coalhar – *v.* : رَوِّب – rauuêb, رَوِّب – rauuáb
coalho (para coalhada) – *s.m.* : رَوب (*s.m.*) – ráub
coberta – *s.f.* : غِطَّاء (*s.m.*) – GHaTTa', أَغْطية – aGH-TTía
coberta – *s.f.* : سَقْف (*s.m.*) – sáqf, سُقوف – suqúf
coberta – *s.f.* : حِرام (*s.m.*) – 7erêm, حِرمات – 7eremát
coberto – *adj.* : مَسْقوف – massqúf, مغَطى – mGHáTTa,
cobertor – *s.m.* : حْرام – 7rêm, حُرمات – 7remêt
cobertura – *s.f.* : غِطَّاء (*s.m.*) – GHaTTa', أَغْطية – aGH-TTía
cobertura – *s.f.* : سَقْف – sáqf, سُقوف – suqúf
cobra – *s.f.* : حَيّة (*s.f.*) – 7áiia, حَيّات – 7aííat
cobrador – *adj.* : مُطَلِب – muTTálleb, مُطَلّبين – muTTalbín

cobrança – *s.f.* : مُحاسَبة (*s.f.*) – mu7ássabe
cobrança – *s.f.* : مُطالَبة (*s.f.*) – muTTálabe, مُطالَبات – muTTalabát
cobrar – *v.* : حاسِب – 7ásseb, حاسَب – 7ássab
cobrar – *v.* : طالِب – TTáleb, طالَب – TTálab
cobre – *s.m.* : نْحاس (*s.m.*) – n7áss
cobrir – *v.* : غَطّي – GHáTTe, يِ غَطّى – GHáTTa (ei)
coçar – *v.* : حُكّ – 7ukk, يِ حَكّ – 7ákk (ei)
cócega – *s.f.* : زَكْزَكة (*s.f.*) – zákzaka
coceira – *s.f.* : حِكاك (*s.m.*) – 7ekák
cochichar – *v.* : وَش وَش (*s.m.*) – uách-uach, وَش وَش – uách-uach
cochilar – *v.* : غَفي – GHáfii, يِ غَفى – GHáfa (ei)
cochilo – *s.m.* : غَفو، نَعَس (*s.m.*) – GHáfu, ná3ss
coco – *s.m.* : جَوز الهِند (*s.m.*) – jáuz al Hênd
código – *s.m.* : دُسْتور (*s.f.*) – dusstúr, دَساتير – dassátir
código – *s.m.* : قانون (*s.m.*) – qanún, قَوَنين – qauanín
coelho – *s.m.* : أرْنَب (*s.m.*) – árnab, أرانِب – aráneb
coerência – *s.f.* : انْسِجام (*s.m.*) – ensejâm
coerente – *adj.* : مونْسَجِم – munssájem
cogumelo – *s.m.* : فَرْطوش (*s.m.*) – farTTúch, فَراطيش – faráTTich
coincidência – *s.f.* : مُطابَقة (*s.f.*) – muTTábaqa
coincidente – *adj.* : مُطابِق – muTTábeq
coisa – *s.f.* : شي (*s.m.*) – chí, اشيا – achiaa
coitado – *adj.* : مَسْكين – masskín
cola – *s.f.* : صُمْخ (*s.m.*) – SumKH, صْموخ – SmúKH
colado – *adj.* : مَلْصوق – malSSúq, مَلْصوقة – malSSúqa

colar – *s.m.* : عَقْدٌ – 3âqdd, عقود – 3aqúd
colar – *s.m.* : قِلادة – qláda, قِلادات – qladát
colar – *v.* : لَصَّق – laSSêq, لَصَّق – laSSáq
colar – *v.* : صَمَّخ – SámeKH, صَمَّخ – SámaKH
colarinho – *s.m.* : قَبَّة (*s.f.*) – qába, قَبَّات – qabát
colchão – *s.m.* : فِرْشة (*s.f.*) – fêrcha, فِرْشات – ferchát
colchão – *s.m.* : طَرَّاحة (*s.f.*) – TTarrá7a, طَراريح – TTarrári7
coleção – *s.f.* : مَجْموعة (*s.f.*) – majmú3a, مَجْموعات – majmu3át
colecionar – *v.* : جَمَّع – jâmea3, جَمَّع – jâma3
colega – *s.m.f.* : رَفيقة (*s.m.*) – rafíq, رَفيقة – rafíqa
colega – *s.m.f.* : صاحِب (*s.m.*) – Sá7eb, أَصْحاب – aSS7áb
colégio – *s.m.* : مَدْرَسة (*s.f.*) – mádrassa, مَدارس – madáres
colete – *s.m.* : صِدْرية (*s.f.*) – Sêdrie
colheita – *s.f.* : حَصاد (*s.m.*) – 7aSSêd, حِصاد – 7iSSád, مَحْصود – ma7SSúd
colheita – *s.f.* : قَطَف (*s.m.*) – qaTTáf, قَطْفات – qaTTfát
colher – *s.f.* : مَلعَقة (*s.f.*) – malá3qa, مَلاعِق – maláa3q
colher – *v.* : حَصَد – u7SSôd, حَصَد – 7áSSad
colher – *v.* : أُقْطُف – uqTTôf, قَطَف – qáTTaf
cólica – *s.f.* : مَغِص (*s.f.*) – máGHeSS, وَجَع – uája3
colina – *s.f.* : تَلَّة (*s.f.*) – tálla, تَلَّات – tallát
colírio – *s.m.* : قَطْرة (*s.f.*) – qáTTra
colisão – *s.f.* : اصْطِدام (*s.m.*) – eSS-TTidâm, اصْطِدامات – eSS-TTidamát
colo – *s.m.* : حُضْن (*s.m.*) – 7uDôn
colocar – *v.* : حُطْ – 7ôTT, حَطْ يِ – 7áTT (ei)
colocar – *v.* : وَضَع – uáDa3, وَضَع يِ – uáDa3 (ei)

colônia – *s.f.* : مُسْتَعْمَرة (*s.f.*) – musta3mara, مُسْتَعْمَرات – musta3marát
colorido – *adj.* : مْلَوَّن – mláuan, مْلَوَّنين – mlauanín
colorir – *v.* : لَوِّن – lauuên, لَوِّن – lauuân
coluna – *s.f.* : عمود (*s.m.*) – 3amúd, عواميد – 3uámid
coluna vertebral – *loc. subst.* : العَمود الفَقْري (*s.f.*) – al 3amúd el faqri
coluna vertebral – *loc. subst.* : سِلْسِلة الظهر (*s.f.*) – silssilêt eZ ZáHer
com – *prep.* : مَع – ma3
com ele/ela – *loc. prep.* : مَعو – ma3u, مَعا – ma3a
comadre – *s.f.* : شْبينة (*s.f.*) – chbína, شْبينات – chibinát
comandar – *v.* : قِدّ – qêdd, قادّ – qádd, قودّ – qúdd
comando – *s.m.* : القايدة – al qáida, قايدة (*s.f.*) – qáida
comarca – *s.f.* : مُديريّة (*s.f.*) – mudiríia
combate – *s.m.* : مَعرَكة (*s.f.*) – má3raka, مَعارك – m3árek
combate – *s.m.* : قِتال (*s.m.*) – qetal, قتالات – qetalat
combatente – *s.m.* : مُقاتِل (*s.m.*) – muqátel, مُقاتِلين – muqatelin
combinado – *adj.* : موافِق – muáfeq
combinar – *v.* : اتّفِق – ettáfeq, اتّفَق – ettêfaq
comboio – *s.m.* : مَوكِب (*s.m.*) – máuked
combustão – *s.f.* : اشعال (*s.m.*) – êch3al, حَرْق – 7árq
combustível – *adj.* : وَقيد – uaqíd
combustível – *s.m.* : وَقود (*s.m.*) – uaqúd
começar – *v.* : بَلِّش – bállech, بَلِّش – bállach
começar – *v.* : ابْتِدي – êbtade, ابْتَدي يِ – êbtedaa (ei)

começo/complicação

começo – s.m. : أَوَّل (s.m.) – áual, بِداية – bidáia, بِالأَوَّل – bil áual
comédia – s.f. : مَسْرَحِيّة (s.f.) – massra7ía
comemoração – s.f. : اِحْتِفال (s.m.) – e7tifál, تَمْجيد – tamjíd
comemorar – v. : اِحْتِفِل – e7têfel, اِحْتَفَل – e7táfal
comentar – v. : خَبِّر – KHábber, خَبَّر – KHábbar
comentário – s.m. : تَعْليق (s.m.) – tá3liq, تَعْليقات – ta3liqát
comer – v. : آكُل – ákol, أَكَل – ákal
comercial – adj. : تِجاريّ – tijári, تِجارات – tijarát
comerciante – s.m. : تاجِر (s.m.) – tájjer, تُجّار – tujjár
comerciar – v : تاجِر – tájer, تاجَر – tájar
comércio – s.m. : تِجارة (s.f.) – tijára, تِجارات – tijarát
cômico – adj. : مُضْحَك – muD7ák
comida – s.f. : أَكِل (s.m.) – akel, أَكْلات – aklát
comigo – pron. : مَعي – má3i
comissão – s.f. : لِجْنة (s.f.) – lêjna, لِجْنات – lejnát
como – adv./conj. : شو، كيف – chú, kíf
cômodo – adj. : مُوات – mú'at
comovente – adj. : مُثير – muTíir
comovente – adj. : مُؤَثِّر – muúaTer
comovido – adj. : مُتَأَثِّر – mutá'Ter
compadecer – v. : اِشْفَق – echfáq, شِفِق – chêfeq
compadre – s.m. : شْبين (s.m.) – chbín, شَبيان – chabiên
companheiro – s.m. : رَفيق (s.m.) – rafíq, رُفَقا – rúfaqa
companheiro – s.m. : صاحِب (s.m.) – Sá7eb, أَصْحاب – aSS7áb

companhia – s.f. : رُفْقة (s.f.) – rufqa
companhia (comercial) – s.f. : شِركة (s.f.) – chêrka, شِرِكات – cherkát
comparação – s.f. : مُقابَلة (s.f.) – muqábala, مُقابَلات – muqabalát
comparar – v. : قابِل – qábel, قابَل – qábal
comparecer – v. : بَيِّن – báiiên, بَيَّن – báiian
comparecer – v. : اِحْضُر – ê7Dar, حِضِر – 7êDer
compatibilidade – s.f. : مُطابَقة (s.f.) – muTTábaqa
compatível – adj. : مُطابِق – muTTábeq
compensar – v. : عَوِّض – 3auêD, عَوَّض – 3auáD
competência – s.f. : مَقْدَرة (s.f.) – maqdára
competente – adj. : مَكين – makíin
competente – adj. : قادِر – qáder, قادْرين – qadrín
competição – s.f. : مُنافَسة (s.f.) – munáfassa, مُنافَسات – munafassát
competição – s.f. : مُسابَقة (s.f.) – mussábaqa, مُسابَقات – mussabaqát
competição – s.f. : مُزاحَمة (s.f.) – muzá7ama, مُزاحَمات – muza7amát
competidor – adj. : مْسابَق – mssábeq, مُنافِس – munáfess
competir – v. : نافِس – náfess, نافَس – náfass
competir – v. : سابِق – sábeq, سابَق – sábaq
competir – v. : زاحِم – zá7em, زاحَم – zá7am
complemento – s.m. : تَمام (s.m.) – tamâm
completamente – adv. : كَمالاً، تَماماً – kamalã, tamamã
completar – v. : كَمِّل – kámmel, كَمَّل – kámmal
completo – adj. : كامِل – kâmel, كامِلة – kâmela
complicação – s.f. : تَعْقيد (s.m.) – ta3qíd

complicado/concunhado(a)

complicado – *adj.* : مُعَقَّد – mu3áqd
complicar – *v.* : عَقَّد – 3aqêd, عَقَد – 3aqád
complicar – *v.* : عَرْقَل – 3arqêl, عَرْقَل – 3arqál
componente – *adj.* : تَرْكِيبِيّ – tarkíbii, مُرَكَّب – murkáb
componente – *s.m.* : عُنْصُر – 3ámel, عامِل (*s.m.*) – 3unSur
compositor – *s.m.* : مُلَحِّن (*s.m.*) – mlá7en, مُلَحِّنِين – mla7enín
composto – *adj.* : مُرَكَّب – murákkab, مُرَكَّبة – murákkaba
compra – *s.f.* : شَرْوَة (*s.f.*) – charrua, شَرْوات – charruát
compra – *s.f.* : مُشْتَرى (*s.f.*) – muchtára
comprador – *adj.* : شَرّاء (*s.m.*) – charráa, شَرّايِن – charráin
comprador – *s.m.* : مُشْتَر (*s.f.*) – muchtár
comprar – *v.* : اِشْتَرى – echtêre, يِ – echtára (ei)
compreender – *v.* : فِهِم – fêHem, افْهَم – êfHam
comprido – *adj.* : طَويل – TTauíl, طوال – TTuál
comprimento – *s.m.* : طول (*s.m.*) – TTúl, طوال – TTuál
comprimido – *adj.* : مَكْبوس – makbúss, مَكْبوسة – makbússa
comprimido – *s.m.* : حَبَّة دَوا (*s.f.*) – 7ábbet dauá, حَبّات دَوا – 7abbêt dauá
comprometer – *v.* : وَعَد – úu3ed, أُوعِد – ua3ad
comprometimento – *s.m.* : وَعَد (*s.m.*) – u3ad
compromisso – *s.f.* : مَسْؤُليّة (*s.f.*) – massulíia, مَسْؤُليّات – massulíiát
compromisso – *s.m.* : مَوعَد (*s.m.*) – maú3ed
comprovado – *adj.* : مُبَرْهَن – mubárHan, مُبَرْهَنة – mubárHana

comprovante – *s.m.* : وَصِل (*s.m.*) – uáSSel
comprovar – *v.* : بَرْهِن – barHên, بَرْهَن – barHân
comprovar – *v.* : فَرْجي – farjí, يِ فَرْجا – farjá (ei)
comum – *adj.* : عادي – 3ádi, عادات – 3adát
comum – *adj.* : مَعْروف – ma3rúf, مَعْروفة – ma3rúfa
comungar – *v.* : اتْناوَل – etnáual, تْناوَل – tnáual
comunicação – *s.f.* : إتِّصال – itiSSál, إتِّصالات – itiSSalêt
comunicação – *s.f.* : مُخابَرة (*s.f.*) – muKHábara, مُخابَرات – muKHábarat
comunicado – *s.m.* : خَبَر (*s.m.*) – KHábar, أخْبار – áKHbar
comunicar – *v.* : خَبَّر – KHábber, خَبَّر – KHábbar
comunidade – *s.f.* : مُجْتَمَع (*s.m.*) – mujtáma3, مُجْتَمَعات – mujtáma3at
comunista – *s.m.f./adj.* : شُيوعَي (*s.m.*) – chuiú3ae, شُيوعَين – chuiú3iien
concavidade – *s.f.* : تْجويف (*s.m.*) – tjuíf
côncavo – *adj.* : مْجَوَّف – mjáuuaf
conceito – *s.m.* : فِكْرة (*s.f.*) – fíkra
concha – *s.f.* : صَدَفة (*s.f.*) – Sádafa, صَدَف – Sádaf
concluir – *v.* : انْهى – ênHe, نَهى – náHa
concluir – *v.* : تَمِّم – tammêm, تَمِّم – tammâm
concluir – *v.* : إتْخَرَج – etKHáraj, تخَرَج – tKHáraj
conclusão – *s.f.* : اتْمام (*s.m.*) – etmâm, بالنهاية – bil naHáia
conclusivo – *adj.* : قاطِع – qáTTe3
concordar – *v.* : اتَّفَق – ettêfeq, اتَّفَق – ettáfaq
concordar – *v.* : وافِق – uêfeq, وافَق – uáfaq
concreto – *adj.* : مَظْبوط – maZbúTT
concunhado(a) – *s.m.f.* : سِلْف (*s.m.*) – sêlf, سِلْفة – sêlfa

condecoração – s.f. : نِيشان (s.m.) – nichân, وِسام – uessâm
condenado – adj. : مَحْكوم – ma7kúm, مَحْكومة – ma7kúma
condenar – v. : احْكُم – ê7kom, حَكَم – 7ákam
condensado – adj. : مُكَثَّف – muk**T**áf
condensador – s.m. : مُكَثِّف (s.m.) – muk**T**êf
condição – s.f. : اشْتِراط (s.m.) – echtrá**TT**, شَرْط – chár**TT**
condicionado – adj. : مْكَيَّف – mkíiaf
condicional – adj. : شَرْطِي – chur**TT**í
condicionamento – s.m. : تَكْييف (s.m.) – takíif
condolência – s.f. : تَعزية (s.f.) – ta3zíia
condolências (nossas) – s.f. : تَعزِياتنا – ta3ziátna, تَعازي – ta3áze
conduta – s.f. : سِمْعة (s.f.) – sím3a, مَسْلَك (s.m.) – masslák
condutor – s.m./adj. : مُوَصَّل (s.m.) – muá**SS**al, مُوَصَّلة – muá**SS**ala
cone – s.m. : مَخْروط (s.m.) – ma**KH**rú**TT**
conexão – s.f. : رَبْط (s.m.) – ráb**TT**, وَصَل – ú**SS**al
confeccionado – adj. : مَصْنوع – ma**SS**nú3, مَصْنوعين – ma**SS**nu3ín
confeccionar – v. : صْنَع – **S**âne3, صَنَع – **S**âna3
confederação – s.f. : إتْحاد (s.m.) – itt7ád
confederação – s.f. : نَقابة (s.f.) – naqába, نَقَبات – naqabát
confeitaria – s.f. : مَصْنَع حَلويات (s.f.) – ma**SS**ná3 7eluiát
conferência – s.f. : مُوَتَّمَر (s.m.) – mo'tâmar
conferência – s.f. : مُحاضَرة (s.f.) – mu7á**D**ara, مُحاضَرات – mu7á**D**arat
confessar – v. : اعتْرِف – e3têref, اعتَرَف – e3táraf
confiança – s.f. : أَمانة (s.f.) – amâna
confiar – v. : أَمِّن – ammân, أَمَّن – ammân

confidencial – adj. : سِرِّي – sírri, شي سِرِّي – chi sírri
confirmação – s.f. : تَأْكيد (s.m.) – takíid
confirmar – v. : أَكِّد – ákked, أَكَّد – ákkad
confissão – s.f. : اعتِراف (s.m.) – e3teráf
conflito – s.m. : حَرب (s.m.) – 7árb, حْروب – 7rúb
conflito – s.m. : قِتال (s.m.) – qitál, قَتالات – qetálat
conforme – adj. : موافِق – muáfeq, مُشابة – muchába, مْطابِق – m**TT**ábeq
conforme – prep. : بِحَسَب – bi7ássab, حَسَب – 7ássab,
confortável – adj. : مُريح – muri7
conforto – s.m. : راحة (s.f.) – rá7a
confuso – adj. : غامِض – **GH**áme**D**
confuso – adj. : مُتْحَيِّر – mut7áier, مُشَوَّش – mucháuach
congelamento – s.m. : تَجْليد (s.m.) – tajlíd, تَجْميد – tajmíd
congelar – v. : جَلِّد – jálled, جَلَّد – jállad
congelar – v. : جَمِّد – jâmmed, جَمَّد – jâmmad
congestionado – adj. : مُحْتَقْن – mu7táqn
congestionado (nariz) – adj. : مَزْكوم – mazkúm
congestionamento – s.m. : احْتْقان – e7tqân
conglomerado – s.m. : رَصيص (s.m.) – ra**SS**í**SS**
congresso – s.m. : مُجْتَمَع (s.m.) – mujtâma3, مُجْتَمَعات – mujtama3át
congresso – s.m. : مُوَتَّمَر (s.m.) – mu'tâmar
conhecer – v. : أَعرِف – á3ref, عِرِف – 3êref
conhecido – adj. : مَعْروف – ma3rúf, مَعْروفة – ma3rúfa
conhecimento – s.m. : مَعارِف (s.m.) – ma3arêf
conjugal – adj. : زَواجِيّ – zauáji

conjugar/contar

conjugar – v. : صَرِّف فِعِل – Saref fe3ll, صَرَّف فِعل – Saraf fe3ll
cônjuge – s.m. : زَوج (s.m.) – záuj, أزوَج – azzuêj
conjunção – s.f. : حَرْف عَطف (s.m.) – 7arf 3aTTf
conjunto – adj. : مُشْتَرَك (s.m.) – muchtárak
conjunto – s.m. : مَجْموعة (s.f.) – majmú3a, مَجْموعات – majmu3át
conosco – pron. : مَعنا – ma3na
conquista – s.f. : فَتَح (s.m.) – fáta7
conquistador – adj. : فاتَح – fáta7, فاتَحين – fata7ín
conquistar – v. : فَتَح – fáte7, فَتَّح – fáta7
conquistar – v. : فوز – fúz, فاز – fáz
consciência – s.f. : ضَمير (s.m.) – Damír
conseguir – v. : احْصَل – ê7SSal, حَصَّل – 7áSSal
conseguir – v. : نال – nâl, نال، نِل – nêl, nál
Conselho de estado – loc. subst. : المَجْلِس (s.m.) – al májless
conselho – s.m. : نَصيحة (s.f.) – naSSí7a, نَصايِّح – naSSáie7
consenso – s.m. : مُوافَقة (s.f.) – mu'uáfaqa
consequência – s.f. : نَتيجة (s.f.) – natíja, نْتايِج – ntáij
consertar – v. : صَلِّح – Sálle7, صَلَّح – Sálla7
conserto – s.m. : اصلاح (s.m.) – eSSlá7
conserva – s.f. : كَبيس (s.m.) – kabíss
conserva – s.f. : مُعَلَّب (s.m.) – mu3álab
conservar – v. : احْفَظ – ê7faZ, حَفَظ – 7áfaZ
consideração – s.f. : احتِرام – e7tirám, تَدْقيق – e3táber, اعتْبار – tadqíq
considerar – v. : اعتِبِر – e3têber, اعتَبَر – e3tábar
consistente – adj. : جامِد – jâmed
consistente – adj. : ثابِت – Tábet, ثَبتين – Tabtín

consoante – s.f. : حَرْف صامت (s.m.) – 7árf Sâmit, حَرْف صَوتي – 7árf Sáuti
conspiração – s.f. : مُوامَرة (s.f.) – muuámara, مُوامَرات – muuamarat
constelação – s.f. : گوكْبة (s.f.) – kaúkaba
constituição – s.f. : حُكومة (s.f.) – 7ukúma, حُكُمات – 7ukumát
constituição – s.f. : دُسْتور (s.f.) – dusstúr, دَساتير – dassátir
constrangedor – adj. : حَرِج – 7árej
constrangido – adj. : مُجْبَر (s.m.) – mujbár, مُجْبَرة – mujbára
constrangimento – s.m. : حَرَج – 7áraj
construção – s.f. : بِنى – biná, عَمار (s.f.) – 3amár, مَبْنى – mábna
construído – adj. : مُعَمَّر – mu3ámmar, مَبْني – mêbni
construir – v. : عَمَّر – 3ámmer, عَمَّر – 3ámmar
construir – v. : ابْني – êbni, بَنى دِ – bâna (ei)
construtor – s.m. : عَمَّار (s.m.) – 3ammár, عَمَّارين – 3ammárin
cônsul – s.m. : قُنْصُل (s.m.) – qônSSul, قَناصِل – qanáSSel
consulado – s.m. : قُنْصُليَّة (s.m.) – qonSSulíia, قُنْصُليَّات – qonSSuliát
consultório – s.m. : عيادة (s.f.) – 3iâda, عيادات – 3iadát
consumido – adj. : مُسْتَهْلَك – musstáHlak
consumidor – s.m. : مُسْتَهْلِك (s.m.) – musstaHlék
consumo – s.m. : اسْتِهْلَك (s.m.) – essteHlák
conta – s.f. : حِساب (s.m.) – 7issáb, حِسابات – 7issábat
contabilidade – s.f. : مُحاسَبة (s.f.) – mu7ássaba
contador – s.m. : مُحاسِب (s.m.) – mu7ásseb, مُحاسَبة – mu7ássaba
contar (calcular) – v. : عِدّ – 3êdd, عَدَّ دِ – 3ádd (ei)

contar (falar) – *v.* : احْكِي دِ – ê7ke, حَكَى – 7áka (ei)
contato – *s.m.* : لَمْس، مَس (*s.m.*) – lâms, mêss
contentar-se – *v.* : سَرَّ – sar, سَرَّ – sara
contente – *adj.* : فَرْحانين – far7ân, فَرْحان – far7ânin
contente – *adj.* : مَبْسوط – mabssúTT, مَبْسوطة – mabssúTTa
contente – *adj.* : مَسْرور – massrúr, مَسْرورة – massrúra
conterrâneo – *s.m.* : مواطِن (*s.m.*) – muáTTen
conteúdo – *s.m.* : سَعة (*s.f.*) – sa3a, مُحْتَوى – mu7táua
continental – *adj.* : قارّي – qárri
continente – *s.m.* : قارّة (*s.f.*) – qárra
continuar – *v.* : كَفَّى دِ – káffe, كَفَّى – káffa (ei)
continuar – *v.* : كَمِّل – kâmmel, كَمَّل – kâmmal
conto – *s.m.* : قِصة (*s.f.*) – qêSSa, قِصَص – qeSSáS
contra – *prep.* : بيلعَكِس – bil 3akêss, ضِدّ – Dêd
contradição – *s.f.* : تَكذيب (*s.m.*) – takTHíb
contraindicado – *adj.* : غَير صالح – GHáir Sále7
contrapeso – *s.m.* : موازَنة (*s.m.*) – muázana
contrariar – *v.* : عاكِس – 3ákess, عاكَس – 3ákass
contrariar – *v.* : خالِف – KHálef, خالَف – KHálaf
contrário (ao) – *adj.* : بالضِد – bil Dêd, بالعكس – bil 3ákss
contrário (ao) – *adj.* : ضِد – Dêd, عَكس – 3ákss
contratado – *adj.* : مُتْعاقِد – mut3áqed
contrato – *s.m.* : عَقْد (*s.m.*) – 3áqd

contribuição – *s.f.* : مُساعدة (*s.f.*) – mussá3da, مُساعدات – mussa3dát
contribuição – *s.f.* : مُساهَمة (*s.f.*) – mussáHama, مُساهَمات – mussaHamát
contribuinte – *adj.* : مُساهم (*s.m.*) – mussáHem, مُساهمين – mussáHmin
contribuir – *v.* : اسْهَم – esHám, سَهَم – sáHam
contribuir – *v.* : ساعَد – sê3ad, ساعَد – sá3ad
controlador – *s.m.* : مُراقِب (*s.m.*) – muráqeb
controlar – *v.* : راقِب – ráqeb, راقَب – ráqab
convencer – *v.* : اقْنَع – êqna3, قَنَع – qâna3
convento – *s.m.* : دَير (*s.m.*) – dáir
convento – *s.m.* : دَير الرَهِبات (*s.m.*) – dáir er- ráHebat
convergente – *adj.* : مُتَقارِب – mutaqáreb
conversa – *s.f.* : حَديث (*s.m.*) – 7adíT
conversação – *s.f.* : حَديث (*s.m.*) – 7adíT, مَحادثة – ma7ádiTa
conversar – *v.* : اتْحَدَّث – et7áddaT, تْحَدَّث – t7áddaT
convidado – *s.m./adj.* : ضَيف (*s.m.*) – Dáif, ضيوف – Diúf
convidado – *s.m./adj.* : مَعزوم – ma3zúm, مَعزومة – ma3zúme
convidar – *v.* : اعزُم – ê3zom, عَزَم – 3ázam
convite – *s.m.* : عَزيمة (*s.f.*) – 3ázime, عَزايِّم – 3azêiem
coordenado – *adj.* : مُنَسَّق – munássaq
coordenador – *s.m.* : مُنَسِّق (*s.m.*) – munásseq
coordenar – *v.* : نَسِّق – násseq, نَسَّق – nássaq
cópia – *s.f.* : نَسْخة (*s.f.*) – nássKHa, نَسْخات – nassKHát
cópia – *s.f.* : صورة (*s.f.*) – Súra, صوَر – Súar
copiada – *adj.* : كَفى – káfa, نَسَخ – nássaKH
copo – *s.m.* : كِباية (*s.f.*) – kibbêia, كِبايات – kibbêiat
cor – *s.f.* : لَون (*s.m.*) – láun, اَلوان – aluên

coração – s.m. : قَلْب (s.m.) – qálb, قُلُوب – qulúb

coragem – s.f. : شَجاعة (s.f.) – chajá3a

corajoso – adj. : شُجاع – chujá3, شُجاعة – chujá3a

corajosos – adj. pl. : شُجاعين – chujá3in, شُجعان – chuj3án

corão – s.m. : القرآن (s.m.) – al qurãn

corcunda – s.m.f. : احْدَب (s.m.) – ê7dab, حَدَبة – 7ádaba

corda vocal – loc. subst. : وَتَر صَوتي (s.m.) – uátar Sáuti

corda (instrumento musical) – s.f. : وَتَر (s.m.) – uátar

corda – s.f. : حَبل (s.m.) – 7ábel, حبال – 7bâl

cordeiro – s.m. : خَروف (s.m.) – KHarúf, خُرْفان – KHurfân

cordeiro – s.m. : قَرْقور (s.m.) – qarqúr, قَراقير – qaráqir

cor-de-rosa – s.m.f./adj. : زَهْرة (s.m.) – záHra, زَهِر – záHer

cordial – adj. : وَدود – uadúd

coriza – s.f. : رَشح (s.m.) – ráche7

córnea – s.f. : قَرْنية العَين (s.f.) – qurníet al 3áin

coroa – s.f. : تاج (s.m.) – táj, تيجان – tijân

corpo – s.m. : جَسَد (s.m.) – jássad, اجْساد – ajssád

corpo – s.m. : جِسِم (s.m.) – jissêm, اجْسام – ajssâm

corredor (atleta) – s.m. : رَكّيض (s.m.) – rakkíD, رَكّيضة – rakkíDa

corredor (passagem) – s.m. : مَمَّر (s.m.) – mammár, مَمْشى – mamchá, مَماشي – mamáchi

correio – s.m. : بَريد, بوسْطا (s.m.) – baríd, búsTTa

corrente de ouro – loc. subst. : سِلسِلة الذَهَب (s.f.) – silssilet eTHTHáHab

correr – v. : ارْكُض – êrkoD, رَكَض – rákaD

correspondência – s.f. : موراسَّلة (s.f.) – murássala, موراسَّلات – murássalat

correspondente – adj. : مُطابَق – muTTábaq, مُقابِل – muqábel, مُوافِق – muuáfeq

correspondente – adj. : مُتَوازٍ – mutauáz

corresponder – v. : طابِق – TTábeq, طابَق – TTábaq

corresponder – v. : وافِق – uáfeq, وافَق – uáfaq

corretagem – s.f. : سَمْسَرة (s.f.) – sâmssara

correto – adj. : صَحيح – Sa7i7, كوَيِس – kuáiess

corretor – s.m. : سَمْسار (s.m.) – samsár

corrida – s.f. : سِباق (s.m.) – sibáq

corrida de cavalo – loc. subst. : سباق الخيَل (s.m.) – sibáq al KHiél

corrigir – v. : صَحِّح – Sá77e7, صَحَّح – Sá77a7

cortar – v. : قَطِّع – qáTTe3, قَطَّع – qáTTa3

cortar – v. : قُصّ – qúSS, قِص- قَص يـ – qêSS-qáSS (ei)

cortês – adj. : لَطيف – laTTíf, لَطيفة – laTTife

cortês – adj. : مُهَذِّب – múHaTHeb

cortesia – s.f. : هَدِيَّة (s.f.) – Hadíia

cortesia – s.f. : لُطف (s.m.) – lúTTf

cortina – s.f. : بِرْداية (s.f.) – birdêia, برديات – birdêiat

cortina – s.f. : سْتار (s.m.) – stár

coruja – s.f. : بومة (s.f.) – búma

corvo – s.m. : غْراب (s.m.) – GHráb

costas – s.f.pl. : ظَهِر (s.m.) – ZáHer

costela – s.f. : ضِلع (s.m.) – Dêle3, ضلوع – Dlú3a

costume – s.m. : عادة (s.f.) – 3áda, عادات – 3ádat

costurado – adj. : مْخَيَّط – mKHáiiaTT, مخَيَّطة – mKHáiiaTTa

costurar – v. : خَيِّط – KHaiiêTT, خَيِّاطّ – KHaiiáTT

costureira – *s.f.* : خَيَّاطة (*s.f.*) – KHaiiáTTa, خَيَّاطات – KHaiiáTTat
cotovelo – *s.m.* : كوع، مَرْفَق (*s.m.*) – kôu3, marfáq
couro – *s.m.* : جِلْد (*s.m.*) – jêld
couve-flor – *s.f.* : قَرْنَبيط (*s.m.*) – qarnabíTT
cova – *s.f.* : حُفْرة (*s.f.*) – 7ôfra, حُفَر – 7ôfar
cova – *s.f.* : جورة (*s.f.*) – júra, جوَر – juár
covarde – *adj.* : جَبان – jabán, فَزيع (*s.m.*) – fazze3
covardia – *s.f.* : فَزَع، جَبانة (*s.f.*) – fáza3, jabâna
coxa – *s.f.* : فَخِذ (*s.m.*) – fáKHeTH, فخاذ – fKHáTH
cozer – *v.* : اسْلُق – eslôq, سَلَق – saláq
cozido – *adj.* : مَطْبوخ – maTTbúKH, مَطْبوخة – maTTbúKHa
cozidos (legumes) – *adj.* : مَسْلوق – masslúq, مَسْلوقة – masslúqa
cozinha – *s.f.* : مَطْبَخ (*s.m.*) – maTTbáKH, مَطابِخ – maTTábeKH
cozinhar – *v.* : اطْبُخ – eTTbôKH، طَبَخ – TTábaKH
cozinheiro – *s.m.* : طَبَّاخ (*s.m.*) – TTabáKH, طَبَّاخة – TTabáKHa
crânio – *s.m.* : جِمْجِمة (*s.f.*) – jêmjema, جِمْجِمات – jêmjemat
cravo – *s.m.* : قُرُنْفُل (*s.m.*) – qurúnfol
cremar – *v.* : احْرُق – ê7roq, حَرَق – 7áraq
creme – *s.m.* : دِهان (*s.m.*) – deHên, دِهْنات – deHnât
creme – *s.m.* : قَشْطة (*s.f.*) – qachTTa
creme dental – *loc. subst.* : مَعجون سْنان (*s.m.*) – ma3jún snên
crença – *s.f.* : إيمان (*s.m.*) – ímân
crepúsculo – *s.m.* : شَفَق (*s.m.*) – chafáq
crer – *v.* : آوْمِن – úmen, آمَن – âman
crescer – *v.* : اكْبَر – êkbar, كِبِر – kêber
crescer – *v.* : انْشَأ – enchá', ناشا – nacha'
crespo – *adj.* : مْجَعَد – mjá3ad, مْجَعَدين – mjá3adin
criada – *s.f.* : أجيرة (*s.f.*) – ajíra, خادْمة – KHádma
criado – *adj.* : مْرَبَّي – mrábbe, مْرَبَّى – mrábba
criado – *s.m.* : أجير (*s.m.*) – ajír, خادم – KHádem, عَبْد – 3ábd
criança (bebê) – *s.f.* : طُفُل (*s.m.*) – TTúfol, أطْفال – aTTfál
criança – *s.f.* : وَلَد (*s.m.*) – uálad, أَولاد – aulâd
criar – *v.* : رَبِّي – rábbe, رَبِّى – rábba (ei)
crime – *s.m.* : جَريمة (*s.f.*) – jaríma, جَرايِم – jaráiem
criminoso – *s.m./adj.* : مُجْرِم (*s.m.*) – mujrêm, مُجْرِمين – mujrimín
crise – *s.f.* : أزَمَة (*s.f.*) – ázama, أزَمات – azamat
cristal – *s.m.* : بَلور (*s.m.*) – balúr
cristalino – *adj.* : بَلوري – balúri
cristão – *s.m./adj.* : مَسيحيّ (*s.m.*) – massí7i, مَسيحيّن – massi7ín
cristianismo – *s.m.* : دين مَسيحيّ (*s.m.*) – dín massi7íie
cristo – *s.m.* : يَسوع المَسيح (*s.m.*) – yassú3 el massí7
criticar – *v.* : انتَقَد – entáqad, انتِقَد – entêqad
crítico – *s.m./adj.* : ناقِد (*s.m.*) – náqed
cru – *adj.* : نَيّ – nêie, نَيّن – neíin
crucifixo – *s.m.* : الصَّليب – eSSalíb, صَليب (*s.m.*) – Salíb
cruel – *adj.* : قاسي – qássi, قاسين – qássín
cruzado – *adj.* : مْقَطَّع – mqáTTa3, مْقَطَّعة – mqáTTa3a
cruzado – *adj.* : مُصَلَّب – muSSálab, مُصَلَّبة – muSSálaba

cruzar – v. : قِطَع – qêTTa3, قَطَّع – qáTTa3
cruzar – v. : صَلِّب – Sálleb, صَلَّب – Sállab
cúbico – adj. : مْكَعَّب – mka3áb
cubo – s.m. : كَعب (s.m.) – ká3b
cueca – s.f. : لْباس (s.m.) – lbêss
cuidado – s.m. : انتِبِه (s.m.) – entêbeH, غَيرة – GHáira
cuidar – v. : اعتَنى بِ – ê3tene, اعتَنى – ê3tana (ei)
cuidar – v. : اهْتَم بِ – êHtem, اهْتَم – êHtam (ei)
culpa – s.f. : ذَنْب (s.m.) – THánb
culpado – adj. : مَذْنوب – maTHnúb, مَذْنوبة – maTHnúbe
culpar – v. : اتْهَم – et7âm, تَهَم – ta7âm
culto – adj. : مُتْعَلِّم – mut3állem, مُتْعَلِّمين – mut3alemín
culto – adj. : زَكي – záki, زَكية – zákia
cultura – s.f. : ثَقافة – Taqáfa, حَضارة (s.f.) – 7aDára, عِلم – 3êlm
cultura (agrícola) – s.f. : زِراعة (s.f.) – zirá3a
cultural – adj. : ثَقافي – Taqáfi, ثَقافية – Taqáfia
cumprimentar – v. : سَلِّم – sállem, سَلَّم – sállam
cumprimento – s.m. : سَلام (s.m.) – salám
cunhada – s.f. : مَرْت خَيّ (s.f.) – mart KHái

cúpula – s.f. –adj. : قِبة (s.f.) – qíbe, قِبات – qibét
curar – v. : اشْفي – êchfe, بِ شَفى – cháfa (ei)
curiosidade – s.f. : فُضولية (s.f.) – fuDulía
curioso – adj. : حِشْري – 7êchre, حِشْريّن – 7êchreiín
curioso – s.m./adj. : غَريب (s.m.) – GHaríb, غُرَبا – GHúraba
curso escolar – loc. subst. : دَرْس (s.m.) – dárss, دْروس – drúss
curtidor – adj. : دَبّاغ – dabbáGH, دَباغين – dabbáGHin
curtir – v. : ادْبُغ – êdboGH, دَبَغ – dábaGH
curto – adj. : قَصير – qáSSir, قُصَّر – qúSSar
curtume – s.m. : دَبّاغة (s.f.) – dabbáGHa
curva – s.f. : كوّع (s.m.) – kôu3, مَرْفَق – marfáq
curvar – v. : انْحَني – en7âne, بِ انْحَنى – en7âna (ei)
curvo – adj. : مِنْحِنة – men7êne, مِنْحَنيّن – men7eníin
cuspir – v. : ابْصُق – ebSSôq, بَصَق – báSSaq
custar – v. : سَوي – ssáui, بِ سَوى – ssáua (ei)
custar – v. : كَلِّف – kállef, كَلَّف – kállaf
custo – s.m. : سِعِر (s.m.) – sê3er

D

dádiva – s.f. : هَدِيَّة (s.f.) – Hadíia
dado – adj. : مُعطي – mua3TTe
dado – s.m. : زَهر (s.m.) – záHer
dama – s.f. : سَيِّدة (s.f.) – saída, سِتّ – sitt
damasco – s.m. : مُشْمُش (s.m.) – múchmuch, مُشْمُشات – muchmuchat
dança – s.f. : رَقْصة (s.m.) – ráqSS, رَقْص – raqSSá
dançar – v. : ارْقُص (s.m.) – êrqoSS, رَقَص – ráqaSS
dançarina – s.f. : راقِصة، رَقاصة (s.f.) – ráqaSSa, راقصات، رَقاصات – raqaSSát
dançarino – s.m. : راقِص، رَقاص (s.m.) – ráqaSS, راقصين، رَقاصين – ráqaSSin
danificado – adj. : مِتْضَرِّر – metDarrêr, مَعَطَّل – m3aTTal
danificado – adj. : مُخَرَّب – muKHárrab
danificar – v. : عَطِّل – 3áTTel, عَطَّل – 3áTTal
danificar – v. : خَرِّب – KHárreb, خَرَّب – KHárrab
dano – s.m. : اضْرار (s.m.) – eDrár
daqui a pouco – loc. adv. : بَعد شوَي – ba3ed chuáe
dar – v. : أعْطي – á3TTe, أعطى – á3TTa (ei)
data – s.f. : تاريخ (s.m.) – táriKH, تَواريخ – tauáriKH
de – prep. : مِنّ – mênn
dê licença – exp. : بالازن – bil êzen
de repente – loc. adv. : دغْري – deGHrí, قَوام – qauêm
debaixo de – loc. adv. : تَحِت – tá7et

debate – s.m. : مُجادَلة (s.f.) – mujádala, مُجادَلات – mujadalat
debate – s.m. : نَقاشة (s.f.) – naqácha, نَقاشات – naqáchát
debatedor – s.m./adj. : مناقش (s.m.) – munáqach, مناقشات – munaqchát
debater – v. : جادَل – jádel, جادَل – jádal
débil – adj. : ضَعيف – Da3íf, ضعاف – D3áf
débil mental – loc. subst. : مَجْنون (s.m.) – majnún, مَجْنونة – majnúna
débito – s.m. : دايَن (s.m.) – dáien
deboche – s.m. : سُخْرية (s.f.) – suKHría
debutante – s.f./adj. : مُبتَدأ (s.m.) – mubtadaá, ناشئ – nácha'
década – s.f. : عشَر سْنين (s.m.) – 3achar snín, عَقد – 3áqd
decência – s.f. : أدَب (s.m.) – ádab
decente – adj. : أديب – adíb
decepcionado – adj. : خَيبة أمَل – KHáibat ámal
decepcionado – adj. : مْخَيِّب – mKHiáb
decidido – adj. : مِقَرَّر – meqrrár
decidir – v. : قَرِّر – qárrer, قَرَّر – qárrar
decimal – adj. : عَشْري – 3áchri
décimo – num. : عاشِر – 3ácher, عاشِرة – 3áchera
décimo nono – num. : تاسَع عَشَر – tássa3 3achar
décimo oitavo – num. : ثامِن عَشَر – Tâmen 3achar
décimo primeiro – num. : حادي عَشَر – 7ádi 3achar
décimo quarto – num. : رابِع عَشَر – rábe3 3achar
décimo quinto – num. : خامِس عَشَر – KHâmes 3achar
décimo segundo – num. : ثاني عَشَر – Tânia 3achar
décimo sétimo – num. : سابَع عَشَر – sába3 3achar

décimo sexto – *num.* : سادِس عَشَر – sádes 3achar

décimo terceiro – *num.* : ثالِث عَشَر – TáleT 3achar

decisão – *s.f.* : عَزْم، قْرار (*s.m.*) – 3azm, qrár

declaração – *s.f.* : تَصْريح (*s.m.*) – táSSri7

declarar – *v.* : بَيِّن، بَيَّن – báiien, báiian

declarar – *v.* : صَرِّح، صَرَّح – Sárre7, Sárra7

declinar – *v.* : انْحَني، انْحَنا – en7êne, en7âna (ei)

declínio do sol – *loc. subst.* : غُروب الشَمْس (*s.m.*) – GHurúb ach-châms

declive – *s.m.* : انْحِدار (*s.m.*) – en7idár

decolagem – *s.f.* : اقْلاع (*s.m.*) – eqlá3

decolar – *v.* : اقْلَع، قَلَع – êqla3, qála3

decoração – *s.f.* : زينة (*s.f.*) – zina, زينات – zinát

decorar (texto) – *v.* : احْفَظ، حَفَظ – ê7faZ, 7áfaZ

decorar – *v.* : زَيِّن، زَيَّن – záiien, záiian

decretar – *v.* : ارْسُم، رَسَم – êrssom, rássam

decreto – *s.m.* : مَرْسوم (*s.m.*) – marssúm, مَراسيم – maràssim

dedal – *s.m.* : كِشْتْبان (*s.m.*) – kichitbân

dedicado – *adj.* : مُكَرَّس – mukárass

dedicatória – *s.f.* : تَقْدِمة (*s.f.*) – taqdíma

dedo – *s.m.* : اصْبَع (*s.m.*) – eSSbá3, أصابع – aSSábe3

dedo anular – *loc. subst.* : الإصبع الخاتِم (*s.m.*) – al íSSba3 al KHátem

dedo indicador – *s.m.* : سَبابة (*s.f.*) – sabába

dedo médio – *s.m.* : الإصبع الوَسْطى (*s.m.*) – al íiSSba3 al uássaTTa

dedo mindínho – *loc. subst.* : الخِنصَر (*s.m.*) – al KHênSSar

dedo polegar – *loc. subst.* : ابهام اليد (*s.m.*) – ebHâm al íid

defeito – *s.m.* : عُطْل (*s.m.*) – 3úTTol, عَيب – 3áib

defeito – *s.m.* : مَنْزوع (*s.m.*) – manzú3, مَنْزوعين – manzú3in

defeituoso – *adj.* : مَنْزوع (*s.m.*) – manzú3, مَنْزوعين – manzú3in

defender – *v.* : دافِع – dêfe3, دافَع – dáfa3

defender – *v.* : احْمي، حَمى يِ – ê7me, 7áma (ei)

deferência – *s.f.* : احْتِرام (*s.m.*) – e7tirâm

defesa – *s.f.* : دِفاع (*s.m.*) – difê3

deficiente – *s.m.* : عاجِز (*s.m.*) – 3ájez, عاجِزين – 3ájezin

deficiente – *s.m.* : قاصِر (*s.m.*) – qáSSer

definir – *v.* : حَدِّد – 7ádded, حَدَّد – 7áddad

definitivo – *adj.* : قاطِع – qáTTe3

defronte – *adv.* : أمام – amam

degelo – *s.m.* : ذَوَبان (*s.m.*) – THauabân

degenerado – *adj.* : مُنْحَط – mun7áTT

degrau – *s.m.* : دَرَجة (*s.f.*) – dáraje, دَرَجات – darajêt

deitado – *adj.* : مِتْلَقَح – metláqa7, مِتلَقَحة – metláqa7a

deitar – *v.* : اتْلَقَح – etláqa7, تْلَقَح – tláqa7

deixar – *v.* : اترُك – êtrok, تَرَك – tárak

dela – *pron.* : إلى – íla

dele – *pron.* : إلو – ílu

deleitar-se – *v.* : سَرَّ – sar, سَرَّ – sara

delgado – *adj.* : رَقيق – raqíq

delicadeza – *s.f.* : لَطافة (*s.f.*) – laTTáfa

delicado – *adj.* : حَرج – 7árej

delicado – *adj.* : لَطيف – laTTíf, لَطيفة – laTTífa

delicioso – *adj.* : لَذيذ – laTHíTH, لَذيذة – laTHíTHa

delicioso – *adj.* : طَيِّب – TTáieb, طَيبة – TTáiba

delírio – *s.m.* : حَماس – 7amáss, هذَيان (*s.m.*) – HaTHaiãn

delito – *adj.* : حَرَج – 7áraj

demais – adv. : بِزيادة – bizíada
demais – adv. : شي كْتير – chí ktír
demasia – s.f. : زيادة (s.f.) – zíada
demitir – v. : اعزُل – ê3zol, عَزَل – 3ázal
democracia – s.f. : ديمُقْراطية (s.f.) – demoqráTTia
democrata – adj. : ديمُقْراطي (s.m.) – demoqráTTi
demolir – v. : اهْدُم – êHdom, هَدَم – Hádam
demonstração – s.f. : إشارة (s.f.) – ichára, إشارات – icharát
demonstrado – adj. : مُبَرْهَن – mubárHan, مُبَرْهَنة – mubárHana
demonstrar – v. : بَرْهِن – barHên, بَرْهَن – barHân
demonstrativo – s.m. : إسم إشارة (s.m.) – íssem ichára
demora – s.f. : بُطْء (s.f.) – búTTe
demorado – adj. : بَطيء – baTTí', بَطيء – baTTi'a
demorar – v. : اتْعَوَق – et3auáq, تَعَوَق – t3auáq
demorar – v. : تَأخِر – tá'KHer, تَأخَر – tá'KHar
densidade – s.f. : كَثافة (s.m.) – kaTáfa
denso – adj. : كَثيف – káTif
dentadura – s.f. : وَجْبة (s.f.) – uájba
dente – s.m. : سِنّ (s.m.) – sínn, سْنان – snân
dentista – s.m.f. : حَكيم سْنان (s.m.) – 7akím snân
dentre – prep. : بَين – baín, من بَين – menn báin
dentro – adv. : دَخِل – dâKHel, جْوّى – júua
dentro – prep. : داخِلا – dáKHilla
dentro de – loc. adv. : داخِل ال – dâKHel al
denúncia – s.f. : دَزّة – dázze, دَزّات – dazzét
denunciar – v. : دِزّ – dêzz, دَزّ – dázz (ei)
departamento – s.m. : دائرة (s.f.) – dáera, دوائر – duáer

departamento – s.m. : مَصْلَحة (s.f.) – máSSla7a, مَصلَح – maSSále7
depende (de) – v. : حَسَب – 7ássab
depende (conforme) – adv. : حَسَب الوَقت – 7ássab al uáqet
depende (conforme) – adv. : حَسَب الطَقسّ – 7ássab aTT-TTáqess
depois – adv. : بَعَد – bá3ed, بَعَدين – ba3dên
depois de amanhã – loc. adv. : بَعَد بوكرا – ba3ed bukra
depositar – v. : حُطّ – 7ôTT, يِ حَطّ – 7áTT (ei)
depositar – v. : وَضَع – uáDa3, يِ وَضِع – uáDa3 (ei)
depósito – s.m. : مُسْتَودَع (s.m.) – mustáuda3, مُسْتودَعات – mustáuda3at
depósito (curral) – s.m. : حاصِل (s.m.) – 7áSSel
depressa – adv. : عَجِّل – 3ájjel, بِعَجَلة – bi 3ajjala
deprimido – adj. : مَهْموم – maHmúm, مَهْمُمة – maHmúme
deputado – s.m. : نائب (s.m.) – nâieb, نوَب – nuuâb
derivado – adj. : مُشْتَق – muchtáq
derivado – s.m. : مُشْتَقة (s.f.) – muchtáqa
derme – s.f. : بَشَرة (s.f.) – bachara
derme – s.f. : جِلد (s.m.) – jêld
derramado – adj. : مَسْكوب – masskúb, مَسْكوبة – masskúbe
derramar – v. : كِبّ – kêbb, يِ كَبّ – kàbb (ei)
derrame – s.m. : فالج (s.m.) – fálej
derreter – v. : ذَوِّب – THauuêb, ذَوَّب – THauuáb
derretido – adj. : مْذَوَّب – mTHáuuab, مْذَوَّبة – mTHáuuabe
derrota – s.f. : انْكِسار (s.m.) – enkissár
derrota – s.f. : غَلْبة (s.f.) – GHálba, غَلْبات – GHálbat

derrotado/descontar

derrotado – *s.m./adj.* : مْغْلوب (*s.m.*) – mGHlúb, مْغْلوبة – mGHlúbe

derrotar – *v.* : اغْلُبْ – êGHlob, غَلَب – GHálab

derrotar – *v.* : وَقِّع – uáqqe3, وَقَّع – uáqqa3

derrubar – *v.* : اهْدُم – êHdom, هَدَم – Hádam

desabado – *adj.* : مُنْهار – munHár, مُنْهارة – munHára

desabafo – *s.m.* : بَوح (*s.m.*) – baú7, مُصارَحة – muSSára7a

desabitado – *adj.* : غَير أَهِل – GHáir áHel

desabrigado – *adj.* : مُعَرَض – mu3araD, مُعَرَضة – mu3áraDa

desacato – *s.m.* : سَفاهة (*s.m.*) – safáHa

desacompanhado – *adj.* : وَحيد – ua7íd, وَحيدة – uá7eda

desacordado – *adj.* : مَقصود – maqSSúd

desafeto – *s.m./adj.* : مُجاف (*s.m.*) – mujáf

desafio – *s.m.* : تْحادّة (*s.f.*) – t7áde

desaforo – *s.m.* : ضْفاقة (*s.f.*) – Dfáqa

desagasalhado – *adj.* : بِدون ثِياب – bidún Tiêb

deságio – *s.m.* : فَرْق سِعِر (*s.m.*) – farq se3er

desajeitado – *adj.* : غَير حاذِق – GHáir 7áTHeq, غَير لَبَق – GHáir lábeq

desamarrar – *v.* : حِلّ – 7êll, دِ – حَلّ – 7áll (ei)

desamarrar – *v.* : فِك – fêk, فَك – fák

desamparado – *adj.* : مَتْروك – matrúk, مُهْمَل – múHmal

desanimado – *adj.* : يَأْسّ – yá'ss, يَأْسّة – yá'ssa

desaparecer – *v.* : اخْتِفي – êKHtefe, دِ – êKHtafa (ei)

desaparecido – *adj.* : مُخْتَف – muKHtáf, مُخْتَفة – muKHtáfa

desapontado – *adj.* : خَيبة أَمَل – KHaibát ámal

desapontado – *adj.* : مُخَيَّب – muKHéieb

desarmado – *adj.* : غَير مْسلَّح – GHáir msslá7

desastrado – *adj.* : مَفْجوع – mafjú3

desastre – *s.m.* : حادث (*s.m.*) – 7ádeT

desastre – *s.m.* : اسْتِدام (*s.m.*) – estidâm, اسْتِدامات – estidâmat

desativado – *adj.* : تَعَطيل – t3áTTil

desbloquear – *v.* : فِك – fêk, فَك – fák

desbotado – *adj.* : بايِّخ – bêieKH, بايّاخة – bêieKHa

descalço – *adj.* : حافي – 7âfe, حافية – 7êfia

descansar – *v.* : ارْتاح – ertá7, رْتاح – rtá7

descansar – *v.* : اسْتَريح – estarí7, اسْتَراح – estará7

descanso – *s.m.* : اسْتِراحة (*s.f.*) – estirá7a, راحة – rá7a

descarregar – *v.* : افْرَغْ – êfraGH, فَرَغ – fáraGH

descendente – *adj.* : خَلَف – KHálaf

descer – *v.* : انْزَل – ênzal, نِزِل – nêzel

descida – *s.f.* : نَزَلة (*s.f.*) – názala, نَزَلات – nazalat

descoberta – *s.f.* : اكْتِشاف (*s.f.*) – ekttecháf

descoberto – *adj.* : مَكْشوف – makchúf, مَكْشوفة – makchúfa

descobrir – *v.* : اكْتِشَف – ektecháf, – ektacháf

descolar – *v.* : افْصَخ – êfSSaKH, فَصَخ – fáSSaKH

desconfiado – *adj.* : مُتْشَكِّك – mutchákkak

desconfiança – *s.f.* : شَك (*s.m.*) – chák

desconfiar – *v.* : اسْتَغْش – estâGHech, اسْتَغْش دِ – estáGHach (ei)

desconfortável – *adj.* : مْزْعَج – mz3aj

desconforto – *s.m.* : ازْعاج (*s.m.*) – ez3áj

desconhecido – *adj.* : مَجْهول – majHúl, مَجْهولة – majHúla

descontar – *v.* : اخْصُم – êKH-SSom, خَصَم – KHáSSam

descontente/despachado

descontente – *adj.* : زَعْلان – za3lên
desconto – *s.m.* : خَصِم (*s.m.*) – KHáSSem
descontrolado – *adj.* : دون رَقابة – dún raqába
descontrole – *s.m.* : لا رَقابة (*s.f.*) – la raqába
descortês – *adj.* : غَليظ – GHalíZ
descortesia – *s.f.* : غَلْظ (*s.m.*) – GHálZ
descuido – *s.m.* : بِدون انْتِبه (*s.m.*) – bidún entêbaH
desculpar – *v.* : عُذُر – o3THôr, عَذَر – 3aTHar
desculpar – *v.* : سامِح – sâme7, سامَح – sâma7
desculpe-me – *exp.* : عُذُرني – o3THôrni
desculpe-me – *exp.* : سَمِحْني – samê7ni
desde – *prep.* : مِنّ يوم – mênn yôm
desejar – *v.* : اتْمَنّى – etmânna, يـ تْمَنّى – tmânna (ei)
desejo – *s.m.* : رَغْبة (*s.m.*) – ráGHba, رَغْبات – raGHbát
desejo – *s.m.* : رغوب (*s.m.*) – reGHúb
desencanto – *s.m.* : خَيبة الأمَل – KHáibat al ámal
desengano – *s.m.* : خَيبة الأمَل – KHáibat al ámal
desenhar – *v.* : ارْسُم – êrssom, رَسَم – rássam
desenhista – *s.m.f.* : رَسام (*s.m.*) – rassâm, رَسامين – rassâmin
desenho – *s.m.* : رَسْمة (*s.f.*) – rássma, رَسّمات – rassmât
desentender – *v.* : اخْتِلَف – eKHtêlaf, اخْتَلَف – eKHtálaf
desentendimento – *s.m.* : خِلاف (*s.m.*) – KHílaf
desenvolvimento – *s.m.* : تَنْمية (*s.f.*) – tanmíia
deserto – *s.m.* : صَحْراء (*s.m.*) – Sá7ra', صَحْرة – Sá7ra

desgosto – *s.m.* : زَعَل – zá3al
desgostoso – *adj.* : زَعْلان – za3lan, زَعْلانة – za3lana
desgraça – *s.f.* : ضَرْبة (*s.f.*) – Dárba, ضَرْبات – Darbát
desgraça – *s.f.* : نَكْبة (*s.f.*) – nákba, نَكْبات – nakbát
desgrudar – *v.* : اوْفْصُل – úfSSol, فَصَل – fáSSal
desigual – *adj.* : غَير مُسْتَو – GHáir mustáu, مُخْتَلَف – muKHtálaf
desigual – *adj.* : مُتْبايِّن – mutbáiien
desilusão – *s.f.* : خَيبة الأمَل – KHáibat al ámal
desinchar – *v.* : فَش الوَرَم – fâch al uáram
desistir – *v.* : إنْسَحَب – insá7eb, إنْسَحَب – insá7ab
desjejum – *s.m.* : ترويقة (*s.f.*) افْطار (*s.m.*) – teruíqa, efTTár
desligado – *adj.* : مَفْصول – mafSSúl
desligar – *v.* : فِك – fêk, فَك – fák
deslocado – *adj.* : مَنْقول – manqúl
deslumbrante – *adj.* : ساحِر – sá7en, فاتِن – fáten
desmaiado – *adj.* : مَقصود – maqSSúd
desmaiar – *v.* : اغْمى – êGHma, غِمي – GHême
desmontar – *v.* : فَكَّك – fákkek, فَكَّك – fákkak
desobedecer – *v.* : خالِف – KHálef, خالَف – KHálaf
desonra – *s.f.* : عار، فَضيحة (*s.f.*) – 3ár, faDí7a
desonra – *s.f.* : إهانة (*s.f.*) – iiHâna
desonrado – *adj.* : بَلا شَرَف – bála cháraf, غَير شَريف – GHáir charíf
desorientado – *adj.* : حَيران – 7airân, مُتْبَلْبِل – mutbalbêl
despachado (objeto) – *adj.* : مُرْسَل – murssal, مُرْسَلة – murssala

despachar/diagnóstico

despachar – v. : اِشْحَن – êch7an, شَحَن – chá7an
despachar – v. : اِرْسُل – êrssol, رَسَل – rással
despedida – s.f. : وداع (s.m.) – uidâ3
despedir – v. : وَدِّع – uádde3, وَدَّع – uádda3
despertador – s.m. : مْنَبِّه (s.m.) – mnábbeH
despertar – v. : أفيق – afíq, أَفَق – aféq
despertar – v. : اِسْتَيْقَظ – estaiqqêZ, اِسْتَيْقَظ – estaiqqáZ
desperto – adj. : فايَق – fáieq, فايَقة – fáieqa
despesa – s.f. : مَصْروف (s.m.) – maSSrúf
desprezar – v. : اِحْتَقَر – e7teqêr, اِحْتَقِر – e7taqár
desprezível – adj. : حَقير – 7aqír, حَقيرة – 7aqíra
desprezo – s.m. : اِحْتِقار (s.m.) – e7teqêr
desquitado – adj. : مْطَلَّق – mTTálaq, مْطَلَّقة – mTTálaqa
desquitar – v. : طَلِّق – TTallêq, طَلَّق – TTalláq
desregulado – adj. : غَير مَضْبوط – GHáir maDbúTT
desse – pron. : من هذا – mênn HeTHa, mêmm Heda
destaque – s.m. : إبْراز (s.m.) – ebráz
deste – pron. : من هذا – mênn HeTHa
destino – s.m. : اتِجاه (s.m.) – ettejáH
destroço – s.m. : بَقية (s.f.) – baqía
destruição – s.m. : خَرَب (s.m.) – KHaráb
destruição – s.m. : تَخْريب (s.m.) – taKHríb, تَخْريبات – taKHríbét
destruir – v. : دمَّر – damer, دمَّر – damár
destruir – v. : خَرِّب – KHárreb, خَرَّب – KHárrab
desumano – adj. : عَديم، وَحْشيّ – 3adím, uá7chi
desviado – adj. : مُحَرَف – mun7áref
desvio – s.m. : اِنْحِراف – en7iráf

deter – v. : اِحْبُس – ê7boss, حَبَس – 7ábass
detestado – adj. : مَكْروه – makrúH, مَكْروهين – makrúHin
detestar – v. : اكْرَه – êkráH, كِرِه – kêreH
Deus – s.m. : ألله – ÁllaH
Deus – s.m. : إلَه (s.m.) – ílaH, إلَهة – ilaHa
Deus – s.m. : رَبّ (s.m.) – rább, رَبات – rabát
devagar – adv. : عَمَهِل – 3amáHel
devedor – adj. : مَدِون – madiún, مَدِونين – madiunín
dever – v. : وَجِب – uájeb, وَجَب – uájab
devolver – v. : رَجِّع – rájje3, رَجَّع – rájja3
dez – num. : عَشَرة – 3áchara
dezembro – s.m. : كانون الأوَّل (s.m.) – kanún al áual
dezena – s.f. : عَشَرة – 3áchara
dezenove – num. : تَسَعْتَعَش – tess3atá3ch
dezesseis – num. : سِتَّعْش – sittá3ch
dezessete – num. : سَبعْتَعَش – sab3atá3ch
dezoito – num. : تْمِنْتَعَش – tmentá3ch
dia (24h) – s.m. : يوم (s.m.) – yôm, أَيَام – ayâm
dia (período) – s.m. : نْهار (s.m.) – nHár, نْهارات – nHarát
dia de Ano-novo – loc. subst. : يوم رَأس السينة (s.m.) – yôm ráss es-sína
dia de finados – loc. subst. : يوم المَوتى (s.m.) – yôm al máuta
dia santo – loc. subst. : يوم عَيد (s.m.) بَطَالة (s.f.) – yôm 3aíd, baTTála
dia útil – loc. subst. : يوم عَمَل (s.m.) – yôm 3ámal
diabetes – s.m. : سِكَّري (s.m.) – síkkari
diabético – s.m./adj. : مَريض سُكَّري (s.m.) – mariD sukkarí
diabo – s.m. : شَيطان (s.m.) – chaiTTân
diagnóstico – s.m. : تَشْخيص (s.m.) – tachKHíSS

dialeto – *s.m.* : لَهْجة (*s.f.*) – láHja, لَهَجات – láHjat

diálogo – *s.m.* : حَديث، حِوار (*s.m.*) – 7adíT, 7iuár

diamante – *s.m.* : الْماز (*s.m.*) – elmáz

diâmetro – *s.m.* : الْقُطر (*s.m.*) – al qúTTor

diâmetro – *s.m.* : قُطُر الدائرة (*s.m.*) – qúTTor eddáera

diante de – *loc. prep.* : أَمام، قدام – amam, qdêm

diária – *s.f.* : يَوميّة (*s.f.*) – yaumíie

diariamente – *adv.* : كُل يوم – kull yôm, يَوميّاً – yaumiã

diário – *adj.* : يَوميّ – yaumíi

diarreia – *s.f.* : إسْهال (*s.m.*) – issHál

dicionário – *s.m.* : مُعجَم (*s.m.*) – muájam

dicionário – *s.m.* : قاموس (*s.m.*) – qamúss, قَواميس – qauámiss

dieta – *s.f.* : حمية (*s.f.*) – 7emia

diferença – *s.f.* : فارق – fáreq, فَرْق (*s.m.*) – fárq, فُروق – furúq

diferente – *adj.* : غير شِكل – GHáir chikel, مُخْتَلف – muKHtálef

diferente – *adj.* : مْغَيار – mGHaiar, مْغَيارين – mGHaiaríin

difícil – *adj.* : مُعضِل – mua3Del

difícil – *adj.* : صَعب – Sa3eb, صَعِبين – Sa3ebín

dificuldade – *s.f.* : صُعوبة (*s.f.*) – Su3úba, مُعضَلة – mua3Dela

digestão – *s.m.* : هَضم (*s.m.*) – HáDem

digital – *adj.* : إصْبَعيّ – iSSbá3i, رَقميّ – ráqmí

dignidade – *s.f.* : شَرَف – cháraf

digno – *adj.* : جَليل – jalíl, مُوَقَّر – muuáqar

diminuir – *v.* : قَلَّل – qállel, قَلْل – qállal

dinheiro – *s.m.* : دَراهِم – daráHem, مال (*s.m.*) – mál

dinheiro – *s.m.* : مَصاري (*s.m.*) – maSSári, عملة – 3êmla

diploma – *s.m.* : شَهادة (*s.f.*) – chHáda, شَهادات – chHadat

diplomar – *v.* : إتخَرَج – etKHáraj, تخَرَج – tKHáraj

direção – *s.f.* : جهة (*s.f.*) – jêHa, جِهات – jiHát

direção (administrativa) – *s.f.* : إدارة (*s.f.*) – idára, إدارات – idárat

direita / esquerda – *adv.* : يَمِين – شِمال – yamín – chimál

direito – *adj.* : اقْدَمة – êqdame

direito – *adj.* : مُحامات – mu7âmat

direito – *s.m.* : حق (*s.m.*) – 7áq, حقوق – 7uquq

direito (curso de) – *s.m.* : كُلية الحُقوق (*s.f.*) – kuliat el 7uquq

diretamente – *adv.* : حالاً – 7allá, رَأساً – rássa'

diretor – *s.m.* : مُدير (*s.m.*) – mudír, مُديرة – mudíra

diretoria – *s.f.* : مُديريّة (*s.f.*) – mudiríia

dirigir (auto) – *v.* : سوق – súq, ساق – sáq

dirigir (negócio) – *v.* : وَجِّه (*s.m.*) – uájjeH, وَجَّه – uájjaH

disciplinado – *adj.* : نِظاميّ – neZámi

disco – *s.m.* : أسْطوانة (*s.f.*) – ussTTuána, أسْطوانات – ussTTuanát

discórdia – *s.f.* : خْلاف (*s.m.*) – KHláf, شِقاق – chiqáq

discriminação – *s.f.* : تَفْريق (*s.m.*) – tafríq

discursar – *v.* : أخْطُب – uKH-TTob, خَطَب – KHáTTab

discurso – *s.m.* : خِطاب (*s.m.*) – KHiTTáb, خِطابات – KHiTTábat

discussão – *s.f.* : مُجادَلة (*s.f.*) – mujádala, مُجادَلات – mujádalat

discussão – *s.f.* : نَقاش (*s.m.*) – naqách, نَقاشات – naqachát

discutir – *v.* : اتْجادَل – etjádal, تْجادِل – tjádêl

dispensado – *adj.* : مَصْروف – maSSrúf, مَصْروفة – maSSrúfa

disputa – s.f. : شِجَار (s.m.) – chijár, نِزَاع – níza3

disputado – adj. : مُتنازَع – mutnáza3

dissolver – v. : حَلّ, دِ 7êll – 7áll (ei)

dissolver – v. : ذَوِّب, – THáuueb, ذَوِّب – THáuuab

dissolvido – adj. : مَحْلول – ma7lúl, مَحْلولة – ma7lúla

dissolvido – adj. : مْذَوَّب – mTHáuab, مْذَوَّبين – mTHáuabin

distância – s.f. : مَسافة (s.f.) – massâfa

distanciar – v. : اِبْعُد – êb3úd, بَعَد – bá3ad

distante – adj./adv. : بَعِيد – ba3íd, بَعيدين – ba3ídin

distrair – v. : الْهى, دِ êlHa – láHa (ei)

distrair – v. : اتْسَلى, دِ etssála – tssála (ei)

distrair – v. : سَلِّي sálle, دِ سَلّى – sálla (ei)

distribuição – s.f. : تَفْريق (s.m.) – tafríq, تَوزيع – tauzí3

distribuir – v. : وَزِّع – uázze3, وَزَّع – uázza3

ditador – s.m. : حاكِم مَطْلَق (s.m.) – 7ákem muTTláq, طاغية – TTaGHía

ditadura – s.f. : الحُكْم المُطْلَق – al 7úkum al muTTláq

diverso – adj. : عَديد – 3adid, عَديدين – 3adidin

diverso – adj. : بَعَدّ – ba3dd, مُتْنَوَّد – mutnáue3

diversos – pron. : شَتّى – chatá, عِدَت – 3êdat

diversos – pron. indef. pl. : عِدّة – 3eda

divertido – adj. : مُسَلِّي – mussáli, مُمَتِّع – mumatê3

divertimento – s.m. : تْسَلية (s.f.) – tssalíia, سَلوة – sálua

divertir – v. : اتْسَلى, دِ etssála – تْسَلى tssála (ei)

dívida – s.f. : دَين (s.m.) – dáin, ديون – diún

dividido – adj. : مَقْسّوم – maqssúm, مَقْسّومين – maqssúmin

dividir – v. : قَسِّم – qassêm, قَسَّم – qassâm

divino – adj. : الْهي – elHí, الْهية – elHía

divorciado – adj. : طالَق – TTálaq, مُطْلَق – muTTálaq, طالقة – TTálaqa

divorciar – v. : طَلِّق – TTálleq, طَلَّق – TTállaq

divórcio – s.m. : طَلاق (s.m.) – TTaláq

dizer – v. : قولْ – qúll, قآلّ – قِلْ – qêll – qáll

dó – s.m. : وَجَع (s.m.) – uája3

doação – s.f. : تَبَرع (s.m.) – tabaru3

dobradiça – s.f. : مفَصَّلة (s.f.) – mfáSSale, مفَصَّلات – mfáSSalet

dobro – s.m. : ضُعف (s.m.) – Dô3ff

doce – s.m. : ولح (s.m.) – 7êlu, تايّولحِ – 7elueiêt

doce de amêndoas – loc. subst. : هْريسة اللَّوز (s.f.) – Hrísset el láuz

documento – s.m. : مُسْتَنَد (s.f.) – mustánad, هَويّة – Hauíie, وَثيقة – uaTiqa

documento – s.m. : تازْكِرة (s.f.) – tázkara, تَزاكِر – tazâker

doença – s.f. : مَرَض (s.m.) – máraD, أمْرَض – âmraD

doente – adj. : مَريض – maríD, مورَضى – múraDa

doente – adj. : صابِر – Sáber

doer – v. : إوجَع – iúja3, وَجَع – uája3

dói – v. : بوجَع – biúja3

dois – num. : اثْنَان – eTnêin

dólar – s.m. : دولار (s.m.) – dólar

dolorido – adj. : مَوجوع – maujúe3

doloroso – adj. : مُوَلِّم – muá'lem

dom – s.m. : مَوهِبة (s.f.) – mauHibe, مَواهب – mauáHeb

dom – s.m. : تَقْدِمة (s.f.) – taqdíma

doméstica – s.f. : أجيرة (s.f.) – ajíra

domesticado – s.m./s.f. : أليف (s.m.) – álif, أليفة – álife

doméstico – adj. : داجِن (s.m.) – dájen

domicílio – s.m. : مَسْكَن (s.m.) – maskân

domingo – s.m. : الأَحَد (s.m.) – al á7ad
domínio – s.m. : سِيادة (s.f.) – siêda, سَيطَرة – sáiTTara
donativo – s.m. : اِحْسان (s.m.) – e7ssân, تَعتية – ta3tíia
dono – adj. : مالك – málek
dono – adj. : صاحِب – Sá7eb, أَصْحاب – aSS7áb
dor – s.f. : وَجَع (s.m.) – uája3, أوجِع – áuja3
dormir – v. : نام – nem, نام – nam
dormitório – s.m. : غُرْفة (s.f.) – GHúrfa, غُرَف – GHúraf
dorso – s.m. : ظَهر (s.m.) – ZáHer
dourado – adj. : ذَهَبيّ – THáHabi, ذَهَبين – THáHabin
doze – num. : اثْنَعش – eTná3ch, ثْنَعش – Tná3ch
drama – s.m. : حِزن (s.m.) – 7êzen
dreno – s.m. : قناة تَصْريف (s.m.) – qanáet taSSríf
drible – s.m. : حيلة (s.f.) – 7íla
drogaria – s.f. : صَيدَليّة (s.f.) – Saidalíia, صَيدَليّات – Saidaliat

druso – adj./s.m. : دُرْزي (s.m.) – durzí
dual – s.m. : ثنان (s.m.) – Tnêin, مَرّتين – martâin
dupla – adj. : مْرَبع – mrába3, مْرَبعات – mraba3át
dupla – s.f. : ثنائية (s.f.) – Tnênia, زَوج (s.m.) – záuj
duplicado – adj. : مُشَدَّد – muchadad
duplo – adj. : مُزْدَوَج – muzdáuaj, مُزْدَوَجة – muzdáuaja
duração – s.m. : مدّة (s.f.) – mêdda
duradouro – adj. : طول – TTúl
durante – prep. : خِلال, اثناء – KHilál, eTná'
durar – v. : هَدّي – Hádde, هَدى يِ – Hádda (ei)
dureza – s.f. : شِدّة (s.f.) – chídda, قَساوة – qassáua
duro – adj. : قاسي – qássi, قاسين – qássin
dúvida – s.f. : شَك (s.m.) – chák
duvidar – v. : شِكّ, شَكّ يِ – chêkk, chákk (ei)
duzentos – num. : مِتنان – mitéin
dúzia – s.f. : دَزينة (s.f.) – dazzína, دَزينات – dazzínat

E

ébrio – *adj.* : سَكْرانين – sakrân, sakrânin
eclipse – *s.m.* : خُسوف (*s.m.*) – KHussúf
eco – *s.m.* : صَدى، دَويّ (*s.m.*) – Sáda, dauí
economia – *s.f.* : اقْتِصاد (*s.m.*) – eqtiSSád, تَوفير – taufír
econômico – *adj.* : اقْتِصادي – eqtiSSádi, اقْتِصادين – eqtiSSádin
econômico – *adj.* : مُوَفِّر – muáfer
economista – *s.m.f.* : اقْتِصادي (*s.m.*) – eqtiSSádi, اقْتِصادين – eqtiSSádin
economista – *s.m.f.* : مُحاسِب (*s.m.*) – mu7ásseb, محاسبين – mu7ássebin
economizar – *v.* : اقْتَصَد – eqtáSSed, – eqtáSSad
economizar – *v.* : وَفَّر – uáffer, وَفَّر – uáffar
eczema – *s.m.* : آكْزِما (*s.f.*) – êkzema
edema – *s.m.* : وَذَمة – uáTHema
edição – *s.f.* : نَشْرة (*s.f.*) – náchra, نَشْرات – náchrat
edição – *s.f.* : طَبْعة (*s.f.*) – TTáb3a, طَبْعات – TTáb3át
edifício – *s.m.* : بِنايّة (*s.f.*) – binêia, بِنايّات – binaiât
edital – *s.m.* : اعلان (*s.m.*) – e3lân, مَنْشور – manchúr
editar – *v.* : انْشُر – ênchor, نَشَر – náchar
editar – *v.* : اطْبَع – êTTba3, طَبَع – TTába3
editor – *s.m.* : ناشِر (*s.m.*) – nácher
editora (empresa) – *s.f.* : مَطْبَعة ناشِر (*s.f.*) – maTTba3at nácher, نَشْرة – náchra

educação – *s.f.* : آداب (*s.m.*) – adább, تَرْبيّة – tarbíia
educado – *adj.* : مُدَّب – múdab
educado – *adj.* : مُهَذَّب – múHaTHeb
educar – *v.* : أدَّب – áddeb, أدَّب – áddab
educar – *v.* : هَذَّب – HáTHeb, هَذَّب – HáTHab
efeito – *s.m.* : مَفْعول (*s.m.*) – maf3úl, مَفْعولين – maf3úlin
efetivamente – *adv.* : حَقاً – 7áqã
efetivo – *adj.* : حَقيق – 7aqíq
eficácia – *s.f.* : فاعِليّة (*s.f.*) – fa3eliia, مَقْدَرة – maqdára
eficaz – *adj.* : فاعِل – fá3el, مُجِدّ – mújdd
eficaz – *adj.* : قَدير – qadír, قودَرة – qúdara
eficiente – *adj.* : فاعِل – fá3el, مُجِدّ – mújdd
eficiente – *adj.* : قَدير – qadír, قودَرة – qúdara
egípcio – *adj./s.m.* : مَصْريّ (*s.m.*) – maSSri
Egito – *n.próp.* : مِصِّر (*s.f.*) – máSSer
egoísmo – *s.f.* : أنانيّة – ananïia
egoísta – *adj.* : أناني – anâni, تَميع – tammie3
égua – *s.f.* : فَرَس (*s.f.*) – fárass
eixo – *s.m.* : مَدار (*s.m.*) – madár, مِروَد – meruád
ejetado – *adj.* : مَقْذوف – maqTHúf
ela – *pron.* : هيَّ – Hía
elástico – *s.m./adj.* : شَريط مَطاطي (*s.m.*) – chríTT maTTáTTi, مَغيط – maGHíTT
ele – *pron.* : هوَّ – Húe
elefanta / aliá – *s.f.* : فيلة (*s.f.*) – filla
elefante – *s.m.* : فيل (*s.m.*) – fíl, أفيَّل – afiêl
elegante – *adj.* : ظَريف – Zaríf, ظَرفين – Zarífin
eleição – *s.f.* : انْتِخاب – entiKHáb, تَصْيت (*s.m.*) – taSSuit
eleito – *adj.* : مُنْتَخَب – muntáKHab
eleitor – *s.m./adj.* : مُنْتَخِب (*s.m.*) – muntáKHeb
elemento – *s.m.* : أصل (*s.m.*) – áSSl, أُصول – auSSúl

elemento – *s.m.* : فَرَد (*s.m.*) – fard, أَفراد – afrád

eles – *pron.* : هُم – هِنِّي – Hum – Hênne

eletricidade – *s.f.* : كَهْرَباء (*s.f.*) – kaHrabá

eletricista – *s.m.f./adj.* : كَهْرَبْجِيّ (*s.m.*) – kaHrábji, كَهْرَبجية – kaHrabijíia

elétrico – *adj.* : كَهْرَبي – kaHrábi

eletrodoméstico – *adj.* : كَهْرَباي – kaHrabáji

eletrônica – *s.f.* : التِرْنيك (*s.m.*) – eletrônik

elevador – *s.m.* : أَسَنْسِر (*s.m.*) – assanssêr, مَصْعَد – maSS3ad

elite – *s.f.* : صَفوة – Safúa, نُخْبة (*s.f.*) – nuKHba,

elogiar – *v.* : امْدَح – êmdá7, مَدَح – máda7

elogio – *s.m.* : مَدَح (*s.m.*) – máda7

em – *prep.* : ب – بال – bíl – bí

em baixo de – *loc. adv.* : تَحْت ال – ta7t al

em cima de – *loc. adv.* : من فَوق – mênn fáuq

em cima de – *loc. adv.* : فَوق ال – fáuq al

em frente de – *loc. adv.* : أمام – amâm, قَبْل – qábl, قَدام – qadêm

em nome de – *loc. prep.* : بِاسْم – bi íssm

em volta de – *loc. adv.* : حَول ال – 7ául al

emagrecer – *v.* : اذَعَف – êD3af, ذَعِف – Dâ3ef

embaixada – *s.f.* : سَفارة (*s.f.*) – safára, سَفَرات – safarát

embaixador – *s.m.* : سَفير (*s.m.*) – safír, سُفَراء – súfara

embalagem – *s.f.* : تَحْزيم (*s.m.*) – ta7zím

embaraço – *s.m.* : حَرَج – 7áraj

embaraçoso – *adj.* : حَرَج – 7árej

embelezar – *v.* : زَيِّن – záiien, زَيَّن – záiian

emblema – *s.m.* : شِعار (*s.m.*) – chi3ár

êmbolo – *s.m.* : كَبّاس (*s.m.*) – kabbáss, مِكْبَس – mekbáss

embora – *conj.* : لِكِن – lêken

emboscada – *s.f.* : كَمين (*s.m.*) – kamín, مَكْمَن – makmân

embrião – *s.m.* : جَنين (*s.m.*) – janín

embrulhar – *v.* : ارْزُم – êrzom, رَزَم – rázam

embrulhar – *v.* : لِفّ – lêff, دِ لَفّ – láff (ei)

embrulho – *s.m.* : حَزْمة (*s.f.*) – 7ázma

embrulho – *s.m.* : رَزْمة (*s.f.*) – rázma, رَزْمات – razmát

embutido – *adj.* : مُبَيَّت – mubáiat, مُطْعَّم – muTT3ám

emergência – *s.f.* : اسْعاف – ess3áf

emigrante – *s.m./adj.* : مُغْتَرِب – muGHtáreb, مُهاجِر (*s.m.*) – muHájer,

emigrar – *v.* : انْزَح – ênza7, نَزَح – náza7

emigrar – *v.* : هاجِر – Hêjer, هاجَر – Hájar

eminente – *adj.* : مَرْموق – marmúq, مُنيف – muníf

emir – *s.m.* : أَمير (*s.m.*) – amír, أُمَراء – úmara'

emirado – *s.m.* : إمارة (*s.f.*) – ímara, إمارات – ímarát

emissora – *s.f.* : إذاعة (*s.f.*) – iTHá3a, مَحَطة – ma7áTTa

emoção – *s.f.* : عاطِفة (*s.f.*) – 3áTTifa

emoção – *s.f.* : شُعور (*s.m.*) – chu3úr, شُعورات – chu3urát

empatar – *v.* : اتْعادَل – et3ádal, تَعادَل – t3ádal

empenho – *s.m.* : إصْرار (*s.m.*) – iSSrár, رَهْن – ráHn

empoeirado – *adj.* : أَغْبَر (*s.m.*) – áGHbar, مُغْبَر – muGHbár

empolgante – *adj.* : مُثير – muTíir

empregada – *s.f.* : خادْمة (*s.f.*) – KHádma

empregado – *s.m.* : خادِم (*s.m.*) – KHádem

empregador – *s.m./adj.* : صاحِب العَمَل (*s.m.*) – Sá7eb al 3amal

emprego – *s.m.* : شُغْلة – cháGHle (*s.f.*) – chúGHol, وَظيفة – uaZífe

empresa – *s.f.* : شِرْكة (*s.f.*) – chêrka, شِرْكات – cherkât

emprestar – *v.* : قَرَض – qáraD, قُرْض – qúrD

empurrar – *v.* : ادْفُش – edfôch, دَفَش – dáfach

emudecer/engraçada

emudecer – *v.* : اسْكُتْ – esskát, سَكَتَ – sakát

enamorado – *adj.* : عاشِق – 3ácheq, عاشقة – 3ácheqa

encadernação – *s.f.* : تَجْليد (*s.m.*) – tajlíd

encadernado – *adj.* : مُجَلَّد – mujálad

encaminhado – *adj.* : مُقشَّد – murchêd, مُقشَدة – murchêda

encaminhar – *v.* : ارْشُدْ – erchád, رَشَد – ráchad

encanado – *adj.* : مُقْنى – múqna

encantado – *adj.* : مَسْحور – mass7úr, مَفْتون – maftún

encardido – *adj.* : وَسِخْ – uásseKH

encarregado – *adj.* : مُكَلَّف – mukállaf, مُكَلَّفة – mukállafa

encarregar – *v.* : كَلَّف – kállef, كَلَّف – kállaf

encavalado – *adj.* : مُتَراكِب – mutarákeb

enchente – *s.f.* : فَيَضان (*s.m.*) – faiaDân

encher – *v.* : عَبِّي – 3ábbi, عَبّا ي – 3ábba (ei)

encher – *v.* : مَلِّي – málli, مَلّا – málla

encoberto – *adj.* : مَسْتور – masstúr, مَسْتورة – masstúra

encolhido – *adj.* : مُنكَمِش – munkamêch

encomenda – *s.f.* : طَلَبِية (*s.f.*) – **TT**alabía

encomendar – *v.* : طَلِب – **TT**áleb, طَلَب – **TT**álab

encontrar – *v.* : الْتِقي – eltêqi, الْتَقى ي – eltáqa (ei)

encontrar – *v.* : وَجِد – uájed, وَجَد – uájad

encontro – *s.m.* : تْلاقي (*s.m.*) – tláqi

encostar – *v.* : اتَّكي – ettáke, اتَّكى ي – ettáka (ei)

endereço – *s.m.* : عنوانٌ (*s.m.*) – 3enuên

endireitar – *v.* : صَلِّح – *S*álle7, صَلَّح – *S*álla7

endireitar-se – *v.* : سَوِي – sáui, سَوى ي – sáua (ei)

energia – *s.f.* : نَشاط (*s.m.*) – nachá**TT**

energia – *s.f.* : قوة (*s.f.*) – qáue

energia elétrica – *loc. subst.* : كَهْرَبا (*s.m.*) – káHraba

enérgico – *adj.* : شَديد – chadííd, نشيط – nchíí**TT**

enfeitado – *adj.* : مُزَيَّن – muzáian, مُزَيَّنين – muzaianín

enfeitar – *v.* : زَيِّن – záiien, زَيَّن – záiian

enfeite – *s.m.* : تزويق – tazuíq

enfeite – *s.m./adj.* : زَخْرَفة (*s.f.*) – zaKHráfa, زَخارِف – zaKHáref

enfeite – *s.m./adj.* : زينة (*s.f.*) – zina, زينات – zinát

enfermeira – *s.f.* : مُمَرِّضة (*s.f.*) – mumárre**D**a

enfermeiro – *s.m.* : مُمَرِّض (*s.m.*) – mumárre**D**, مُمَرِّضين – mumarre**D**ín

enfermidade – *s.f.* : مَرَض (*s.m.*) – mára**D**, اَمْرَض – amrá**D**

enfermo – *s.m./adj.* : صابِر (*s.m.*) – *S*áber

enfim – *adv.* : اَخيراً – áKHirā

enforcar – *v.* : اشْنُق – êchnoq, شَنَق – chánaq

enfrentar – *v.* : جابِه – jábeH, جابَه – jábaH

enganar – *v.* : اخْدَع – êKHda3, خَدَع – KHáda3

enganar – *v.* : غُش – GHuch, غَش ي – GHách (ei)

engano – *s.m.* : غَلَط (*s.m.*) – GHála**TT**, بالغلَط – bil GHála**TT**

engasgar – *v.* : غِصّ – GHâ*SS*, غَصّ ي – GHá*SS* (ei)

engasgo – *s.m.* : غَصّة (*s.f.*) – GHá*SS*a

engenheiro – *s.m.* : مُهَنْدِس (*s.m.*) – muHândess, مُهَنْدَسة – muHândassa

engessar – *v.* : جَبِّر – jábber, جَبَّر – jábbar

engolir – *v.* : ابْلَع – êbla3, بَلَع – bála3

engordar – *v.* : انْسَح – ênssa7, نَسِح – násse7

engraçada – *adj.* : مُشَع – múcha3

engraçado – *adj.* : مُضْحَك – muD7ák
engraxate – *s.m.* : بويَجِي (*s.m.*) – buiáji
engrossar – *v.* : تَخِن – táKHen, تَخَن – táKHan
enguiçado – *adj.* : مُعَطَّل – mu3áTTal, مُعَطَّلِين – mu3áTTalin
enguiçar – *v.* : عَطَّل – 3áTTel, عَطَّل – 3áTTal
enigma – *s.m.* : لُغْز (*s.m.*) – lúGHz, أَلْغَاز – alGHáz
enjoado – *adj.* : دَوْخَان – dauKHân, دَوْخَانِين – dauKHânin
enjoar – *v.* : دوخ – dúKH, داخ – dâKH
enlace – *s.m.* : اكْلِيل (*s.m.*) – eklíl, أكَالِيل – akálil
enlatado – *adj./s.m.* : مُعَلَّب (*s.m.*) – mu3aleb
enlouquecer – *v.* : جَنِّن – jánnen, جَنَّن – jánnan
enorme – *adj.* : جَسِيم – jassím
enquanto – *conj.* : بَيْنَما – báinama, لِمِن – lêmmen, ما – ma
enquanto não – *loc. conj.* : ما لَم – ma lám
enrolado – *adj.* : مَلْفُوف – malfúf, مَلْفُوفِين – malfúfin
enrolar – *v.* : لَفّ دِ – lêff, di, لَفّ – láff (ei)
enrugado – *adj.* : مُجَعَّد – mujá3ad, مُجَعَّدة – mujá3ade
ensaiar – *v.* : اتْمَرَّن – etmárran, تْمَرَّن – tmárran
ensaio – *s.m.* : تَمْرِين (*s.m.*) – tâmrin, تَمارِين – tamárin
ensinar – *v.* : عَلِّم – 3állem, عَلَّم – 3állam
ensino – *s.m.* : تَعْلِيم (*s.m.*) – ta3lim
entanto – *adv./conj.* : لِكِن – léken
então – *adv.* : إذَاً – íTHan, ثِم – Têm
entender – *v.* : فِهَم – êfHam, فِهَم – fêHem
entendido – *adj.* : مَفْهُوم – mafHúm
enterrar – *v.* : ادْفُن – êdfon, دَفَن – dáfan
enterro – *s.m.* : جِنَازة (*s.f.*) – jinnáza, دَفِن – dáfen

entidade – *s.f.* : جَمعية (*s.f.*) – jam3ía, جَميّات – jam3íat
entrada – *s.f.* : دُخول، مَدْخَل (*s.m.*) – duKHúl, mádKHal
entrada – *s.f.* : دُخُلِيّة (*s.f.*) – duKHulíe, دُخُلِيات – duKHuliât
entrada (bilhete) – *s.f.* : بِطاقة (*s.f.*) – biTTáqa, بِطاقات – biTTáqat
entrar – *v.* : ادْخُل – êdKHol, دَخَل – dáKHal
entre – *prep.* : بَين – báen
entrega – *s.f.* : تَسْلِيم (*s.m.*) – tasslím
entregar – *v.* : سَلِّم – sállem, سَلَّم – sállam
entretanto – *conj.* : لِكِن – léken
entrevista – *s.f.* : موَجَهة (*s.f.*) – muájaHa, موَجَهات – muájaHat
entrevista – *s.f.* : مُقابَلة (*s.f.*) – muqábala, مُقابلات – muqabalát
entrevistar – *v.* : قابِل – qábel, قابَل – qábal
entrevistar – *v.* : وَجِّه – uájjeH, وَجَّه – uájjaH
entupido – *adj.* : مَسْدود – massdúd, مَسْدودِين – massdúdin
entusiasmado – *adj.* : مِتْحَمَس – met7ámass, مِتْحَمَسة – met7ámassa
entusiasmar – *v.* : حَمِّس – 7ámmess, حَمَّس – 7ámmass
entusiasmo – *s.m.* : حَماس (*s.m.*) – 7amáss
entusiasmo – *s.m.* : مِتْحَمِس (*s.m.*) – met7ámess, مِتْحَمْسِين – met7ámssín
envelhecer – *v.* : خَتِّير – KHáttier, خَتِّيار – KHáttiar
envelhecido – *adj./s.m.* : كَبِير في السِنة (*s.m.*) – kbir fi as-sine
envelope – *s.m.* : ظَرْف (*s.m.*) – Zárf, ظُروف – Zrúf
envenenar – *v.* : سَمِّم – sámmem, سَمَّم – sámmam
envergonhado – *adj.* : مِسْتَحي – mestâ7e, مِسْتَحين – mesta7ín

envergonhar/escapar

envergonhar – *v.* : اسْتِحي – estê7e, اسْتَحى يـ – está7a (ei)
enviado – *adj.* : مَبْعوث – mab3úT, مَبْعوتْين – mab3úTin
enviar – *v.* : ابْعَث – êb3aT, بَعَث – bá3aT
enviar – *v.* : ارْسُل – êrssol, رَسَل – rással
enviesado – *adj.* : مُحَرِف – mun7áref
envio – *s.m.* : ارْسال (*s.m.*) – erssál, اطْلاق – eTTláq, بَعَث – ba3áT
envolto – *adj.* : مَلْفوف – malfúf
enxame – *s.m.* : نَول (*s.m.*) – Taúl, خَشْد – KHáchd
enxergar – *v.* : نَظَر – náZZar, نَظِّر – náZZar
enxertar – *v.* : طَعِّم – TTá3emm, طَعَم – TTá3amm
enxerto – *s.m.* : تَطْعيم (*s.m.*) – taTT3ím
enxugar – *v.* : ناشِف – náchef, ناشَف – náchaf
enxuto – *adj.* : ناشِف – nêchef
epidemia – *s.f.* : مَرَض (*s.m.*) – maráD, أَمْرَض – amráD
época – *s.f.* : عَصْر (*s.m.*) – 3áSSr, وَقِت – uáqet
equador – *s.m.* : خَط الاسْتِواء – KHáTT al esstíua'
equilibrado – *adj.* : مُتَزِن – mutázen, مُتَوازِن – mutauázen
equilibrar – *v.* : وازَن – uêzan, وَازَن – uázan
equilíbrio – *s.m.* : تَوازُن (*s.m.*) – tauázonm, مُوازَنة – muázana
equipado – *adj.* : مُزَوَّد – muzáuuad
equipamento – *s.m.* : عِدّة (*s.f.*) – 3edda
equipe – *s.f.* : فَريق (*s.m.*) – faríq, فَرَق – fáraq
equivalente – *adj.* : مَثيل – maTíil, مُتَواز – mutauáz, مُساوي – mussáuii, مُعادِل – mu3ádel
equivocado – *adj.* : غَلْطان – GHalTTán
equívoco – *s.m.* : غَلْط (*s.m.*) – GHálTT
era – *s.f.* : عَصْر (*s.m.*) – 3aSSr, عَهْد – 3aHd

era / estava – *v.* : كَن – kên, كُن – kun
erétil – *adj.* : انْتِصابي – entiSSábi
ereto – *adj.* : مُنْتَصِب – muntáSSeb
erguer – *v.* : ارْفَع – êrfa3, رَفَع – ráfa3
ermo – *adj.* : مُقْفِر – múqfer
ermo – *s.m.* : قَفْر (*s.m.*) – qáfr
errado – *adj.* : غَلْطان – GHalTTán, مُلْتيِّس – multiêss
errar – *v.* : اغْلَط – êGHlaTT, غِلِط – GHêleTT
erro – *s.m.* : غَلْطة (*s.f.*) – GHálTTa, غَلْطات – GHalTTát
erupção – *s.f.* : ثورات – Turát
erupção vulcânica – *loc. subst.* : ثورات بُرْكاني (*s.m.*) – Turát burcáni
erva – *s.f.* : حَشيش (*s.f.*) – 7achích, عِشْبة – 3êchba
erva-cidreira – *s.f.* : بَلْسَم اللَيمون (*s.m.*) – balsam el laimun
erva-cidreira – *s.f.* : لوبية ليمونيّة (*s.f.*) – lubiê laimuníie
erva-doce – *s.f.* : يانْسون (*s.m.*) – yânssun, يانْسونات – yânssunat
ervilha – *s.f.* : بازِلة (*s.f.*) – bázela, بازِلات – bázelat
esbelto – *adj.* : أَهيَف – áHiaf, رَشيق – rachíq
escada – *s.f.* : دَرَج (*s.m.*) – dáraj, أَدْرَج – ádraj
escada portátil – *loc. subst.* : سِلِم (*s.m.*) – sêllam, سَلالِم – salêlem
escada rolante – *loc. subst.* : دَرَج دَوار (*s.m.*) – dáraj dáuar
escala – *s.f.* : دَرَجة (*s.f.*) – dáraja, دَرَجات – darajíat
escala – *s.f.* : سِلُم (*s.m.*) – sêllam
escândalo – *s.m.* : فَضيحة (*s.f.*) – faDí7a, فَضايح – faDáie7
escandaloso – *adj.* : فاضِح – fáDi7
escapar – *v.* : افْلَت – êflat, فَلَت – fálat
escapar – *v.* : ازْمُت – êzmot, زَمَت – zâmat

escasso – *adj.* : نَادِر – náder, قَلِيل – qalíl
escavar – *v.* : اِحْفِر – ê7for, حَفَر – 7áfar
esclarecer – *v.* : وَضِّح – uáDDe7, وَضَّح – uáDDa7
esclarecimento – *s.m.* : تَوضِيح (*s.m.*) – tauDDí7
esclerosado – *adj.* : مُتْحَجِّر – mut7ájjer, مُتْصَلَّب – mutSSálab
esclerose – *s.f.* : تَحَجُّر (*s.m.*) – ta7júr, تَصَلُّب – taSSálub
escola – *s.f.* : مَدْرَسَة (*s.f.*) – mádrassa, مَدارِس – madâres
escola (jardim da infância) – *s.f.* : رَوضَة الأَطْفال (*s.f.*) – rauDDat al aTTfál
escola primária – *loc. subst.* : اِبْتِداي (*s.m.*) – ebtidái, الاِبْتِداي – al ebtidái
escola secundária – *loc. subst.* : ثانوي – Tánaui, الثانَوي (*s.f.*) – al Tánaui
escolha – *s.f.* : بَدِيل (*s.m.*) – badíl, مَناص – manáSS
escolher – *v.* : اِخْتار – eKHtár, خْتار – KHtár
escolher – *v.* : نَقِي – náqe, يِ نَقى – náqa (ei)
escolhido – *adj.* : مُخْتار – muKHtár, مْنَقى – mnáqa
esconder – *v.* : اخْفِي – êKHfe, يِ خَفى – KHáfa (ei)
esconder – *v.* : خَبِّي – KHábbe, خَبَّا – KHábba
esconderijo – *s.m.* : مَلْجَأ (*s.m.*) – maljá', مَلاجِي – malaje'
escondido – *adj.* : مْخَبَّا – mKHábba, مُخْفِي – muKHfíi, مَلْجَأ – maljá
escorpião – *s.m.* : عَقْرَب – 3áqrab, عقارِب – 3aqáreb
escorregar – *v.* : اتْزَحْلَق – etzá7laq, تْزَحْلَق – tzá7laq
escova – *s.f.* : فِرْشايَة (*s.f.*) – firchêia, فراشي – faráchi
escova de cabelo – *loc. subst.* : فِرْشايَة شَعر (*s.f.*) – fircheiêt chá3er

escova de dentes – *loc. subst.* : فِرْشاية أَسْنان (*s.f.*) – fircheiêt assnân
escovar – *v.* : فَرْشِي – fárche, يِ فَرْشى – fárcha (ei)
escrever – *v.* : اكْتُب – êktob, كَتَب – kátab
escrita – *s.f.* : خَطّ (*s.m.*) – KHáTT, خُطوط – KHuTTúTT
escrita – *s.f.* : كِتابَة (*s.f.*) – kitêba
escrito – *adj.* : مَكْتوب – maktúb, مَكْتوبة – maktúba
escritor – *s.m.* : كاتِب (*s.m.*) – káteb, كاتْبي – kátbi
escritório – *s.m.* : مَكْتَب (*s.m.*) – maktáb, مَكاتِب – makáteb
escritura – *s.f.* : حِجّة (*s.f.*) – 7íjje, حِجاج – 7ijêj
escudo – *s.m.* : تْرْس (*s.m.*) – tírss, تْروس – trúss
esculpir – *v.* : انْحَت – ên7at, نَحَتت – ná7at
escultor – *s.m.* : فَنَّان (*s.m.*) – fánnen, فَنانين – fannenín
escultor – *s.m.* : نَحات (*s.m.*) – na7át, نَقاش – naqách
escurecer – *v.* : عِتِم – 3atem, عَتَّم – 3atam
escuridão – *s.f.* : عَتِم (*s.m.*) – 3átem, مُعَتِم – mu3átem
escuro – *adj.* : غامِق – GHâmiq, غامْقِين – GHâmqin
escutar – *v.* : اسْمَع – êsma3, سَمِع – sáme3
esfera – *s.f.* : جَو, كُرة (*s.f.*) – jáu, kúra
esférico – *adj.* : كُرَوي – kuráui, مُكَوَّر – mukáuar
esforçado – *adj.* : مِجْتَهِد – mejtáHed, مِجْتَهْدين – mejtáHdin
esforçar – *v.* : اجْتِهَّد – ejtêHed, اجْتَهَّد – ejtáHad
esfregar – *v.* : أُفْرُك – ufrok, فَرَك – fárak
esfriar – *v.* : بَرِد – báred, بَرَد – bárad
esgotado – *adj.* : مَنْزوف – manzúf, نافِد – náfed
esgoto – *s.m.* : بالوعة (*s.f.*) – balú3a, مَجارير (*s.m.*) – majárir

esmagado – *adj.* : مَسْحوق – mass7úq, مَسْحوقة – mass7úqa
esmagado – *adj.* : مُحَطَّم – mu7áTTam, مُحَطَّمة – mu7áTTama
esmagar – *v.* : حَطِّم – 7áTTem, حَطَّم – 7áTTam
esmalte – *s.m.* : مينا (*s.m.*) – mína
esmeralda – *s.f.* : زُمُرّود (*s.m.*) – zumurrúd, زُمُرّودات – zumurrúdat
esmola – *s.f.* : حَسَنة (*s.f.*) – 7ássana, حَسَنات – 7assanát
espaço – *s.m.* : مَجال (*s.m.*) – majál, واسِع – uásse3
espaçoso – *adj.* : فَسيح – fassí7, واسِع – uásse3
espada – *s.f.* : سَيف (*s.m.*) – saêf, سيوف – siúf
espalhado – *adj.* : مُنْتَشِر – muntácher, مُنْتَشِرين – muntáchrín
espalhado – *adj.* : مُوَزَّع – muúazza3, مُوَزَّعين – muúazza3in
espalhar – *v.* : انْتِشِر – entêcher, انْتَشَر – entáchar
espanhol – *s.m./adj.* : اسْباني (*s.m.*) – essbâni
espantar – *v.* : فَزِّع – fázza3, فَزَّع – fázza3
espantar – *v.* : خَوِّف – KHáuuef, خَوَّف – KHáuuaf
espanto – *s.m.* : صَدمة (*s.f.*) – Sádma
esparadrapo – *s.m.* : لَزْقة (*s.f.*) – lazqá, لَزْقات – lazqát
esparramar – *v.* : انْتِشِر – entêcher, انْتَشَر – entáchar
especial – *adj.* : خاصّ – KHáSS
especialista – *s.m.* : اخْتِصاصيّ (*s.m.*) – eKHtiSSáSSi
especialmente – *adv.* : خُصوصاً – KHuSSúSSã
espécie – *s.f.* : جِنْسّ (*s.m.*) – jêns, أجْناس – ájnas

espécie – *s.f.* : صُنْف (*s.m.*) – Sunf, أصْناف – aSSnáf
específico – *adj.* : نَوعي – nau3i
espécime – *s.m.* : عَيِّنة (*s.m.*) – 3aiêna, مِثْشال – mitchal, نَموذَج – namúTHaj
espectador – *s.m.* : مُتَفَرِّج (*s.m.*) – mutáfarrej, مُتَفَرِّجين – mutáfarrejin
espelho – *s.m.* : مْراية (*s.f.*) – mrêia
esperança – *s.f.* : أمَل (*s.m.*) – ámal, رَجا' – rajá', فَرَج – faráj
esperar – *v.* : انتَظِر – entâZer, انتَظَر – entâZar
esperar – *v.* : اسْتَنْظِر – esstânZer, اسْتَنْظَر – esstânZar
esperto – *adj.* : شاطِر (*s.m.*) – cháTTer, ماهِر – máHer
espesso – *adj.* : سَميك – samík, غَليظ – GHalíZ
espessura – *s.f.* : سَماكة – samaka, غَلاظة (*s.f.*) – GHalêZa
espetáculo – *s.m.* : اسْتِعراض (*s.m.*) – este3ráD, اسْتِعراضات – este3ráDat
espetar – *v.* : شكّ – chíkk, يِ شَكّ – chákk (ei)
espetar – *v.* : اخْرُز – êKHroz, خَرَز – KHáraz
espeto – *s.m.* : شيش لَحْمة (*s.m.*) – chích lá7me
espião – *s.m.* : جاسوس (*s.m.*) – jássus, جَواسيس – jauássis
espinafre – *s.m.* : سَبانِخ (*s.m.*) – sabâneKH
espingarda – *s.f.* : بارودة (*s.f.*) – barúda
espinha – *s.f.* : حَبة الصِبا (*s.f.*) – 7ábet aS-Sibá
espinha – *s.f.* : شَوكة (*s.f.*) – cháuka, شَوك – cháuk
espinha dorsal – *loc. subst.* : العَمود الفِقْريّ (*s.m.*) – al 3amúd el fíqri
espinha dorsal – *loc. subst.* : سِلْسِلة الظَهِر (*s.f.*) – silssilêt eZ-ZáHr
espinho de peixe – *loc. subst.* : حَسَك (*s.m.*) – 7ássak

espinho de rosa/estatal

espinho de rosa – *loc. subst.* : شَوكَة (*s.f.*) – cháuka, شَوك – cháuk
espionagem – *s.f.* : تَجَسُّس (*s.m.*) – tajassús
espiritismo – *s.m.* : علم الأرواح (*s.m.*) – 3elm al aruê7
espírito – *s.m.* : نَفِس (*s.m.*) – náfêss
espírito – *s.m.* : روح (*s.m.*) – rú7, أرواح – aruâ7
espiritual – *adj.* : روحاني – ru7âni, روحانين – ru7anín
espirrar – *v.* : عَطَس – u3TToss, أُعطِس – 3áTTass
espirro – *s.m.* : عَطسَة (*s.f.*) – 3aTTássa, عَطسات – 3aTTssát
esplêndido – *adj.* : عَظيم – 3aZím, نَهي – naHíi
espoleta – *s.f.* : شَعيلة (*s.f.*) – cha3íle
espoleta – *s.f.* : كَبْسولة (*s.f.*) – kabsúle
espólio – *s.m.* : تِرْكَة (*s.f.*) – têrka
esponja – *s.f.* : اسْفِنجة (*s.f.*) – esfínja
espontaneamente – *adv.* : بَديهياً – badiHiă
espontâneo – *adj.* : بَديهي – badíHi
esporádico – *adj.* : مُتَفَرِّق – mutáfarreq
esporádico – *adj.* : مُتْشَتِّت – mutcháttet
esporte – *s.m.* : رياضة – riáDa
esportivo – *adj.* : رياضيّ – riáDi, رياضين – riáDin
esposa – *s.f.* : قرينة – qaríne, مَرة (*s.f.*) – mára
esposa – *s.f.* : زَوجة (*s.f.*) – záuja, زَوجات – zaujắt
esposo – *s.m.* : زَوج (*s.m.*) – záuj, أزْوَج – ázuaj
espremer – *v.* : أَعصُر – u3SSor, عَصَر – 3áSSar
espuma – *s.f.* : رَغوة (*s.f.*) – ráGHua
esquecer – *v.* : انْسى – ênssa, نَسَي – nêsse
esqueleto – *s.m.* : هَيْكَل العظميّ (*s.m.*) – Haikál al 3aZmi
esquentar – *v.* : دَفِّ يـ – dáffe (ei), دَفِي – dáffa
esquentar – *v.* : سَخِّن – sáKHen, سَخَن – sáKHan

esquerda – *s.f.* : شِمال (*s.m.*) – chimél, يَسار – yassár
esquerda (à) – *loc. adv.* : يَسارّا – yassára
esquerda (de) – *loc. adv.* : يَساري – yassári
esquerdo – *adj.* : يَسار – iassár, يَساري – yassári
esquerdo (do lado) – *adj.* : عن اليَسار – 3an al yassár
esqui – *s.m.* : تَزَلُّج (*s.m.*) – tazaloj
esquiar – *v.* : تَزَلَّج – tazálej, تَزَلُّج – tazálaj
esquilo – *s.m.* : سِنْجاب (*s.m.*) – sinjâb
esquina – *s.f.* : زاوِيَة (*s.f.*) – zauíia, زاويات – zauiíát
esquisito – *adj.* : غَريب – GHaríb, غَريبة – GHaríba
essência – *s.f.* : روح (*s.m.*) – rú7, أرواح – aruá7
essencial – *adj.* : أساسي – assássi, أساسيات – assassiát
essencialmente – *adv.* : أساساً – assassăn
esta / essa – *pron.* : هَدي – Héde
estabilidade – *s.f.* : اسْتِقْرار (*s.m.*) – esstêqrar, ثَبات – Tabát
estábulo – *s.m.* : اصْطَبِل (*s.m.*) – eSS-TTábel
estação – *s.f.* : مَحَطَة (*s.f.*) – ma7áTTa
estação do ano – *loc. subst.* : فَصِل (*s.m.*) – fáSSel, فُصول – fuSSúl
estádio – *s.m.* : مَلْعَب (*s.m.*) – mál3ab, مَلاعِب – malá3eb
estado – *s.m./adj.* : مُقاطعة (*s.f.*) – muqáTT3a, ويلاية – uilâia
estadual – *adj.* : بالويلاية – bil uilâia
estafa – *s.f.* : ارْهاق (*s.m.*) – erHáq
estampado – *adj.* : مُنَقَّش – munáqach
estanho – *s.m.* : قَصْدير – qaSSdír
estante – *s.f.* : رَفّ (*s.m.*) – ráff, رْفوف – rfúf
estante – *s.f.* : واجْحة (*s.f.*) – uâj7a, واجْحات – uâj7at
estar – *v.* : كون – kun, كِن-كان – ken – kan
estatal – *adj.* : حُكومة – 7ukúme, حُكُمات – 7ukúmat

estátua/Europa

estátua – *s.f.* : تِمْثَال (*s.m.*) – tímTal, – tamáTil

estatura – *s.f.* : قامة (*s.f.*) – qâma

estatura alta – *loc. subst.* : قامة طويلة (*s.f.*) – qâmat TTauíla

estatura baixa – *loc. subst.* : قامة قَصيرة (صَغيرة) (*s.f.*) – qâmat qaSSira (SaGHira)

estatura mediana – *loc. subst.* : قامة أوسَطة (*s.f.*) – qâmat áussaTTa

estatuto – *s.m.* : قانون (*s.m.*) – qanún, قَوانين – qauánin

estava – *v.* : كُنت – kunt

estável – *adj.* : مُسْتَقِر – musstáqer, مُسْتَقرين – musstaqerin

estável – *adj.* : ثابَت – Tábat, ثبتين – Tábatin

este – *pron.* : هَذا – Heda

este / esse – *pron.* : هَذا – Heda

esteira – *s.f.* : حَسيرة (*s.m.*) – 7assíra

esticar – *v.* : مِدّ, مَدّ – mêdd, mádd (ei)

estilo – *s.m.* : طِراز (*s.m.*) – TTeráz

estilo – *s.m.* : زَيّ (*s.m.*) – zày, أزياً – ázia'

estojo – *s.m.* : علبة (*s.f.*), كيس (*s.m.*) – 3êlbe, kíss

estômago – *s.m.* : معدة (*s.f.*) – mê3da

estória – *s.f.* : حْكَيّة (*s.f.*) – 7kâia, حْكَيّات – 7kaiát

estória – *s.f.* : قوصة (*s.f.*) – qúSSa, قوصَص – qúSSaSS

estourar – *v.* : انْفَجَر – enfêjar, انْفِجَر – enfájar

estrada – *s.f.* : طريق عامّ (*s.f.*) – TTaríq 3ámm, طُرق عامّ – TTúroq 3ámm

estrada de ferro – *loc. subst.* : سكة حَديد (*s.f.*) – síkkat 7adíd

estragado – *adj.* : مَنْزوع – manzú3, مَنْزوعين – manzú3in

estrangeiro – *s.m./adj.* : أجْنَبي (*s.m.*) – ájnabe, أجانِب – ajáneb

estranhar – *v.* : اسْتَغْرب – estáGHreb, اسْتَغْرَب – estáGHrab

estranho – *s.m.* : غَريب (*s.m.*) – GHaríb, غُرَبا – GHúraba

estreito – *adj.* : ضَيِّق – Daiiêq, ضَيقين – Daíeqin

estrela – *s.f.* : كَوْكَبة (*s.f.*) – káukaba, كَواكِب – kauákib

estrela – *s.f.* : نِجْمة (*s.f.*) – níjma, نْجوم – njúm

estudado – *adj.* : مَدْروس – madrúss

estudante – *s.m.f.* : تلميذ (*s.m.*) – telmíTH, تَلاميذ – talámiTH

estudar – *v.* : ادْرُس – êdross, دَرَس – dárass

estudo – *s.m.* : دَرْس (*s.m.*) – dárss, دْروس – drúss

estudo – *s.m.* : دِراسَة (*s.f.*) – derássa

estufa – *s.f.* : مَوقِد (*s.m.*) – mauqêd

estúpido – *adj.* : بَليد – balíd, غَليظ – GHalíZ

esvaziar – *v.* : فَرِّغ – fárreGH, فَرَّغ – fárraGH

etapa – *s.f.* : مَرْحَلة (*s.f.*) – már7ala, مَراحِل – mará7el

eterno – *adj.* : أبَدي – ábadi, أزَلي – ázali

eterno – *s.m.* : ألله – ÁLLAH

ética – *s.f.* : الأخْلاق (*s.m.*) – al aKHláq, أخْلاق – aKHláq

eticamente – *adv.* : أخْلاقياً – aKHlaqiã

etíope – *s.m./adj.* : حَبَشي (*s.m.*) – 7abáchi

etiópia – *n.próp.* : الحَبَشة – al 7abácha

etnia – *s.f.* : عِرق (*s.m.*) – 3êrq

eu – *pron.* : أنا – ána

euforia – *s.f.* : غَبْطة (*s.f.*) – GHábTTa, نَشوة – nachúe

eufórico – *adj.* : مُغْتَبِط – muGHtábeTT, نَشوان – nachuán

Europa – *n.próp.* : أوروبا – aurópa

europeu/experimentar

europeu – s.m./adj. : أُوروبِّي (s.m.) – auropíi
evadir – v. : اهْرُب – eHrôb, هَرَب – Hárab
evangelho – s.m. : إنْجِيل (s.m.) – injíl
evangélico – adj. : إنْجِلي – injíili, بْروسْتَنت – brostánt
evento – s.m. : حَدَث (s.m.) – 7adaT
eventual – adj. : احْتِمالي – e7timáli
evidência – s.f. : بَيان (s.m.) – baiân
evidente – adj. : بَيِّن – baiên
evitar – v. : اتْجَنَّب – etjânnab, تْجَنَّب – tjânnab
exagerado – adj. : مُسْرِف – mússref, مُسْرِفة – mússrefa
exagerado – adj. : مُفْرِط – múfreTT, مُنالِغ – munáleGH
exagero – s.m. : افْراط (s.m.) – efráTT, أكْتَر مِن – áktar mênn, اللازِم – al lêzem
exame – s.m. : امْتِحان (s.m.) – emti7ân, امْتِحانات – emti7anát
exame – s.m. : فَحَص (s.m.) – fá7eSS, فْحوصة – f7úSSa
examinador – s.m./adj. : فاحَص (s.m.) – fá77aSS, فاحَصِين – fa77aSSín
examinar – v. : افْحَص – êf7aSS, فَحَص – fá7aSS
exatamente – adv. : تَدْقِيق – tadqíq, تَماماً – tamámâ
exato – adj. : دَقِيق – daqíq, مَضْبوط – maDbúTT
exaustivo – adj. : مُرْهِق – murHêq
exausto – adj. : مُرْهَق – murHáq
exausto – adj. : تعبان – ta3bân, تعبانين – ta3bânin
excelente – adj. : جَيِد جِداً – jaíd jidâ, مُمْتاز – mumtáz, مُمْتازِين – mumtázin, عَظِيم – 3azím, مُمْتازين – mumtázin
excessivo – adj. : مُسْرِف – mússref, مُسْرِفة – mússrefa
excessivo – adj. : مُفْرِط – mufrêTT

excesso – s.m. : إسْراف (s.m.) – issráf, فارْط – fárTT
exceto – prep. : إلاَّ – ilá, مِن دون – mênn dún
excitante – adj. : مُثِير – muTíir
excluído – adj. : مَفْصول – mafSSúl
exclusividade – s.f. : إخْتِصاص – iKHtiSSáSS
exclusivo – adj. : حَضْرِي – 7áSSri, خَص – KHáSS, مَقْصور – maqSSúr
excursão – s.f. : رَحْلة – rá7le, جَولة (s.f.) – jaúle, مِشوار – michuár
execução – s.f. : تَحْقِيق (s.m.) – ta7qíq, تَنْفيذ – tanfíTH
executivo – adj. : تَنْفيذي – tanfíTHi
exemplar – adj. : مَثالي – maTáli
exemplo – s.m. : مَثَل (s.m.) – máTal
exercício – s.m. : تَمْرِين (s.m.) – tamrín
exército – s.m. : جَيش – jáich, عاسْكَري (s.m.) – 3áskari
exibir – v. : فَرْجي – fárje, يِ فَرْجى – fárja (ei)
exilado – adj. : مَنْفي – mânfi
exílio – s.m. : مَنْفى (s.m.) – mânfa, نَفيّ – náfi
êxito – s.m. : نَجاح (s.m.) – najá7
êxodo – s.f. : هَجْرة (s.f.) – Hejra
expansão – s.f. : انْبِساط (s.m.) – enbissáTT
expectador – s.m./adj. : مُنْتَظِر (s.m.) – muntáZer
expectativa – s.f. : انْتِظار (s.m.) – entiZár
expediente – s.m./adj. : موافِق (s.m.) – muáfeq
experiência – s.f. : اخْتِبارة – eKHtebára, تَجْرِبة – tajrêba, خِبْرة (s.f.) – KHêbra
experiente – s.m./adj. : خَبِير (s.m.) – KHabír, مُجْراب – mujráb
experimental – adj. : تجريبي – tajríbi
experimentar – v. : جَرِّب – járreb, جَرَّب – járrab
experimentar – v. : ذاق – THuq, ذاق – THaq

experto/extremo

experto – *adj.* : اخْتِصاصِي – e<u>KH</u>ti<u>SS</u>á<u>SS</u>i
expiração – *s.f.* : تَنَفُّس (*s.m.*) – tanaffôs
expirar – *v.* : أَتْنَفَّس – atnáffas, تْنَفَّس – tnáffas
explicação – *s.f.* : تَفْسِير (*s.m.*) – tafssír
explicar – *v.* : فَسِّر – fásser, فَسَّر – fássar
explodir – *v.* : انْفِجَر – enfèjar, انْفَجَر – enfájar
explosão – *s.f.* : انْفِجار (*s.m.*) – enfejár
explosivo – *adj.* : انْفِجاري – enfejári
exposição – *s.f.* : مَعرَض (*s.m.*) – ma3rá<u>D</u>
exposto – *adj.* : مَعروض – ma3rú<u>D</u>
expressão – *s.f.* : جِمْلة (*s.f.*) – jêmla, جُمَل – jumal
expresso – *adj.* : صَريح – <u>S</u>arí7
expulsar – *v.* : أُطْرُد – u<u>TT</u>rôd, طَرَد – <u>TT</u>árad

expulso – *adj.* : مَطْرود – ma<u>TT</u>rúd
êxtase – *s.m.* : وَجَد (*s.m.*) – uájad
extasiado – *adj.* : وَجِد – uajíd
extensão – *s.f.* : تَوسيع (*s.m.*) – tausse3
extenso – *adj.* : واسِع – uásse3
exterior – *adj.* : خارِجي – <u>KH</u>áreji
exterior – *s.m.* : خارِج (*s.m.*) – <u>KH</u>árej
externo – *adj.* : خارجي – <u>KH</u>áreji
extinto – *adj.* : مُنْطَفِئ – mun<u>TT</u>áfa
extintor – *s.m.* : مِطْفَأة (*s.m.*) – me<u>TT</u>fá'a
extra – *adj.* : مُمْتاز – mumtáz
extração – *s.f.* : اسْتَخْراج (*s.m.*) – está<u>KH</u>ráj
extrair – *v.* : اسْتَخْرَج – está<u>KH</u>raj, اسْتَخْرَج – está<u>KH</u>raj
extremo – *adj.* : أقصى – áq<u>SS</u>a
extremo – *s.m.* : طَرَف (*s.m.*) – <u>TT</u>aráf

F

fábrica – s.f. : فَبْرِكَة (s.f.) – fabrika, فَبَارِك – fabárek

fábrica – s.f. : مَصْنَع (s.m.) – máSSna3, مَصَانِع – maSSáne3

fabricação – s.f. : صِناعة (s.f.) – Sïná3a, صِنَعات – Sina3át

fabricação – s.f. : أنْتَج – antáj, صُنَع (s.m.) – Súna3

fabricado – adj. : مَصْنوع – máSSnú3, مَصنوعِين – maSSnu3ín

fabricante – s.m. : صاحِب شُعُل (s.m.) – Sá7eb chúGHol

fabricante – s.m. : صانِع (s.m.) – Sáne3, مَصْنَع – máSSna3

fabricar – v. : اصْنَع – êSSna3, صَنَع – Sána3

fabricar – v. : فَبْرِك – fábrek, فَبْرِك – fábrak

fábula – s.f. : مَثَل (s.m.) – maTál

fabuloso – adj. : خَيالي – KHaiáli

faca – s.f. : سِكِّين (s.m.) – sikkín, سَكاكين – sakákín

face – s.f. : خَدّ (s.m.) – KHâdd, خْدود – KHdúd

face – s.f. : وِجْه (s.m.) – uâjH

faceta – s.f. : وَجْهة (s.f.) – uájHa

fachada – s.f. : واجِهة (s.f.) – uájeHa

fachada lateral – loc. subst. : واجِهة جانِبية (s.f.) – uájeHat janebíie

fachada posterior – loc. subst. : واجِهة خَلفية (s.f.) – uájeHat KHalfíia

fachada principal – loc. subst. : واجِهة رَيسية (s.f.) – uájeHat raissía

facial – adj. : وَجْهي – uájHi

fácil – adj. : سَهِل – sáHel, هَيِّن – Háien

facilidade – s.f. : سُهولة (s.f.) – suHúla

facilitar – v. : سَهِّل – sáHHel, سَهَّل – sáHHal

facilmente – adv. : بِسُهولة – bi suHúla

faculdade – s.f. : جامعة (s.f.) – jême3a, كُلية – kulía

faculdade de direito – loc. subst. : كُلية الحُقوق – kuliat el 7uquq

facultativo – adj. : اخْتياريّ – eKHtiári

fadiga – s.f. : تَعب (s.m.) – tá3b

fagulha – s.f. : شَرارة (s.f.) – charára

faísca – s.f. : شَرارة (s.f.) – charára

faixa – s.f. : حِزام (s.m.) – 7ezám, لِفافة – lefáfe, نِطاق – neTTáq

falador – s.m./adj. : كَتير اَلقَلَم (s.m.) – katír al qalam

falar – v. : احْكي – ê7ke, حَكى دِ – 7áka (ei)

falcão – s.m. : صَقْر (s.m.) – Sâqr, صُقور – Suqúr

falecer – v. : اتوَفى – etuáfa, توَفى دِ – tuáfa (ei)

falecer – v. : موتّ – mútt, ماتّ – mêtt

falecido – adj. : مُتوَقّى – mutauáfa, مُتوَقّين – mutáuafin

falência – s.f. : افْلاس (s.m.) – efláss, انْكِسَر – enkissár

falha – s.f. : صَدع (s.m.) – Sáda3

falido – adj. : مَكْسور – makssúr, مَكْسورين – makssúrin

falido – adj. : مُفْلِس – muflêss, مُفْلِسين – muflêssin

falsificação – s.f. : تَزوير (s.m.) – tazuír

falsificado – adj. : مُزَوَر – muzáuar, مُزَوَرة – muzáuara

falsificar – v. : زَوِّر – zauuêr, زَوَر – záuuar

falso – adj. : غَير حَقيقي – GHáir 7aqíqi

falso – adj. : مُزَوَر – muzáuar, مُزَوَرة – muzáuara

falta/fechado

falta – *s.f.* : غِياب (*s.m.*) – GHiâb
falta – *s.f.* : نَقَص (*s.m.*) – náqaSS, نَقصين – náqeSSin
faltar – *v.* : انْقَص – enqôSS, نَقَص – náqaSS
fama – *s.f.* : شُهْرة (*s.f.*) – chúHra, صيت – Sít
família – *s.f.* : عايلة (*s.f.*) – 3áila, عيلات – 3ailât
família – *s.f.* : أهل (*s.f.*), عائلة – 3á'ele
familiar – *adj.* : أهْلي – áHli, عائلي – 3á'ili
faminto – *adj.* : جَوعانة – jau3án, جَوعان – jau3ána
famoso – *adj.* : شَهير – chaHír, مَشْهور – machHúr
fanático – *adj.* : مُتَعَصِّب – mut3aSSêb, مُتَعَصِّبين – mut3aSSêbin
fanatismo – *s.m.* : تَعَصُّب (*s.m.*) – ta3áSSob
fantasia – *s.f.* : تَخَيُّل – taKHaiúl, تَقاليد (*s.m.*) – taqálid
fantasia – *s.f.* : خيال، وَهْم (*s.m.*) – KHaiál, uáHm
fantasma – *s.m.* : شَبَح (*s.m.*) – chába7, أشْباح – achbâ7
fardo – *s.m.* : إبالة (*s.f.*) – ibála, كِسْفَل – kissfál
farelo – *s.m.* : نْخالة (*s.f.*) – nKHála, نْخالات – nKHalat
farinha – *s.f.* : طَحين (*s.m.*) – TTa7in
farmacêutico – *s.m.* : صَيدَليّ (*s.m.*) – Sáidali, صَيدَليّن – Saidaliin
farmácia – *s.f.* : صَيدَليّة (*s.f.*) – Saidalia, صَيدَليّات – Saidaliât
farol – *s.m.* : مَنارة (*s.f.*) – manára, مَنارات – manárat
farolete – *s.m.* : فانوس (*s.m.*) – fânuss, فَوانيس – fauániss
farpa – *s.f.* : شَوكة (*s.f.*) – cháuka
farsa – *s.f.* : مَهْزَلة (*s.f.*) – maHzála, مْهازل – mHázal
fartura – *s.f.* : شَبَع (*s.m.*) – chaba3
fase – *s.f.* : مَرحَلة (*s.f.*) – mar7ála, مَراحَل – mará7el

fatal – *adj.* : قَتال – qatál, قاتِل – qátel
fatia – *s.f.* : شَقْفة (*s.f.*) – cháqfa, شَقْفات – chaqfát
fato – *s.m.* : حَقيقة (*s.f.*) – 7aqiqa
fato (de) – *adv.* : فَعَل – fa3ál
fator – *s.m.* : عامِل (*s.m.*) – 3ámel, عوامَل – 3uámal
fatura – *s.f.* : فاتورة (*s.f.*) – fatúra, فاواتير – fauátir
fava – *s.f.* : فول (*s.m.*) – fúl, فُلات – fulát
favo de mel – *loc. subst.* : شَهْد العَسل (*s.m.*) – cháHd al 3assal
favor – *s.m.* : فَضِل (*s.m.*) – fáDell
favorável – *adj.* : مُفيد – mufíd, موافِق – muáfeq
favorito – *adj.* : الأَحْسَن – al a7ssán, مُفَضَّل – mufáDDal
favorito – *adj.* : مُفَضَّل – mufáDDal, مُفَضَّلات – mufaDDalát
faxina – *s.f.* : تَنْظيف (*s.m.*) – tanZíf
faxineira – *s.f.* : مُنَظِّفة (*s.f.*) – munáZifa
faz bem – *v.* + *adv.* : بيَنفع – bienfa3
faz mal – *v.* + *adv.* : بذر – biTHôr
faz tempo – *v.* + *adv.* : صار زَمان – Sár zamên
fazenda – *s.f.* : مَزْرَعة (*s.f.*) – mazrá3a, مَزارع – mazâre3
fazendeiro – *s.m.* : صاحِب مُزرعة (*s.m.*) – Sá7eb muzerê3a, مُزارع – muzâre3
fazer – *v.* : أفْعَل – áf3al, فَعَل – f3ál
fazer – *v.* : عَمَل – 3ámal, 3êmel
fé (ter em) – *s.f.* : وَثِق من – uaTíq mênn
fé – *s.f.* : إيمان (*s.m.*) – imân
febre – *s.f.* : حِمّى (*s.f.*) – 7ímma
febril – *adj.* : مَحْموم – ma7múm, مَحْمومين – ma7múmin
fechado – *adj.* : مْغَلَّق – mGHállaq, مْغَلَّقة – mGHállaqa
fechado – *adj.* : مْسَكَّر – msákkar, مْسَكَّرة – msákkara

fechadura – *s.f.* : غَال (*s.m.*) – GHál, غَالات – GHálet

fechadura – *s.f.* : مْغَلَاق (*s.m.*) – mGHállaq

fechadura – *s.f.* : قفل (*s.m.*) – qêfel, أقْفال – áqfal

fechar – *v.* : غَلِّق – GHálleq, غَلَّق – GHállaq

fechar – *v.* : سَكِّر – sákker, سَكَّر – sákkar

fecho ecler – *s.m.* : سَحَّاب (*s.m.*) – sa77áb

federal – *adj.* : إتِحادِيّ – itti7áde, فِدِرالِيّ – federáli

feijão – *s.m.* : فاصولية (*s.f.*) – faSSúlia

feio – *adj.* : بِشِع – bêche3, بِشْعِين – bech3ín

feioso – *adj.* : بَشاعة – bachá3a

feira – *s.f.* : سوق (*s.m.*) – súq, مَعرَض – ma3ráD

feito – *adj.* : مَعمول – ma3múl, مَعمولة – ma3múle

fel – *s.m.* : مَرارة (*s.f.*) – marára

felicidade – *s.f.* : بالهناء – bil Haná, سعادة (*s.f.*) – sa3áda

felicitar – *v.* : هَنَا – Hânna, هَنَا دِ – Hânna (ei)

feliz – *adj.* : سَعيد – sa3íd, سَعيدين – sa3idín

feltro – *s.m.* : لِبْد (*s.m.*) – lêbd

fêmea – *s.f.* : أنثى (*s.f.*) – aúnTa

feminino – *adj.* : مونَّث – muánnaT

fenda – *s.f.* : شَق (*s.f.*) – cháq, فَتْحة – fát7a

fenício – *s.m.* : فينيقي (*s.m.*) – feniqei, فينيقين – feniqêin

fenômeno – *s.m.* : ظاهِرة (*s.f.*) – ZáHera

feriado – *s.m.* : يوم عُطلة (*s.m.*) – yôm 3úTTla

férias – *s.f.pl.* : عُطلة، فُرصة (*s.f.*) – 3úTTla, fúrSSa

ferida – *s.f.* : جُرُح (*s.m.*) – jurú7, جْروح – jrû7

ferido – *adj.* : جَريح – jarí7, جوَرَحة – júra7a

ferido – *adj.* : مَجْروح – majrú7, مَجْروحة – majrú7a

ferir – *v.* : اجْرَح – êjra7, جَرَح – jára7

fermentar – *v.* : خَمِّر – KHámmer, خَمَّر – KHámmar

fermento – *s.m.* : خَميرة (*s.f.*) – KHamíra

feroz – *adj.* : شَرِس – charíss

ferramenta – *s.f.* : أداة (*s.f.*) – adáa, أداوات – adauát

ferreiro – *s.m.* : حَدَّاد (*s.m.*) – 7addád

ferro – *s.m.* : حَديد (*s.m.*) – 7adíd

ferrugem – *s.f.* : صَدَأ (*s.f.*) – Sadaá

fértil – *adj.* : خَصيب – KHaSSíb

fertilidade – *s.f.* : إخْصاب (*s.m.*) – iKH-SSáb

ferver – *v.* : اغْلي – êGHli, غَلى دِ – GHála (ei)

festa – *s.f.* : حَفْلة (*s.f.*) – 7áfla, حَفَلات – 7aflat

festejar – *v.* : احْتَفِل – e7táfel, احْتَفَل دِ – e7táfal (ei)

festejo – *s.m.* : احْتِفال (*s.m.*) – e7tifal, احْتَفَالات – e7tifalat

festival – *s.m.* : مَهْرَجان (*s.m.*) – maHrajân, مَهْرَجانات – maHrajánat

fevereiro – *s.m.* : شْباط (*s.m.*) – chbáTT

fezes – *s.f. pl.* : خَراء (*s.f.*) – KHara'

fiador – *s.m.* : كَفيل (*s.m.*) – kafíl, كوفَلا – kúfala

fiança – *s.f.* : كَفالة (*s.f.*) – kafâla, كَفالات – kafâlat

fibra – *s.f.* : ليف (*s.m.*) – líf

fibra ótica – *s.f.* : ليف بَصَريّ (*s.m.*) – líf báSSari

ficar – *v.* : أبْقى – ebqa, بَقى – báqa

ficar – *v.* : ظَلِّ – Záll, ظَلَّ دِ – Záll (ei)

ficha – *s.f.* : بطاقة (*s.f.*) – biTTáqa

fiel – *adj.* : أمين – amín, أمَنا – ámana

fiel – *adj.* : صادِق – Sádeq, صادْقِين – Sádqin

fígado – *s.m.* : كَبِد (*s.m.*) – kâbed

figo – *s.m.* : تينة (*s.f.*) – tína, تِين – tin

figo-da-índia – *s.m.* : صُبَّار (*s.m.*) – Subbêr

figueira – *s.f.* : تينة (*s.f.*) – tína, تِنات – tinât

figura/floresta

figura – *s.f.* : شَكِل (*s.m.*) – chákel, أشْكال – achkál

figura – *s.f.* : صورة (*s.f.*) – Súra, صوَر – Suár

fila – *s.f.* : صَف (*s.m.*) – Sáff, صْفوف – Sfúf

filha – *s.f.* : بْنت (*s.f.*) – bínt, بَنات – banêt

filho – *s.m.* : إبْن (*s.m.*) – íbn

filho – *s.m.* : وَلَد (*s.m.*) – uálad, أولاد – aulêd

filhote – *s.m.* : مَولود (*s.m.*) – maulúd

filial – *adj./s.f.* : فِرع (*s.m.*) – fêre3

filmar – *v.* : صَوّر – Sauêr, صَوَّر – Sauár

filme – *s.m.* : فيلم (*s.m.*) – fílm, أفْلام – aflâm

filosofia – *s.f.* : فَلْسَفة (*s.f.*) – falssáfa

filosófico – *adj.* : فَلْسَفية ,فَلْسَفي – falssáfi, – falssafía

filósofo – *s.m.* : فَيْلَسوف (*s.m.*) – failássuf, فَيلسوفة – failassufa

filtrado – *adj.* : مْصَفّى ,مْصَفّين – mSSáffa, mSSáffain

filtrar – *v.* : صَفا بِ ,صَفي – Sáffe, Sáffa (ei)

filtro – *s.m.* : مِصْفاية (*s.f.*) – meSSfáia, مصافي – maSSáfi

fim – *s.m.* : نِهايّة (*s.f.*) – niHâia

fim (o) – *s.m.* : ال نِهايّة – en-niHâia

fim de semana – *s.m.* : نِهاية الأسْبوع (*s.f.*) – nHáiat al essbúa3

final – *adj.* : اخار – âKHer

finalmente – *adv.* : أخيراً – aKHírã

fineza – *s.f.* : لَطافة – láTTafa, لُطْف (*s.f.*) – lúTTf

fingimento – *s.m.* : بِعمَّل حِلو (*s.m.*) – biá3mal 7êlu

fingimento – *s.m.* : تَصْنُع (*s.m.*) – taSSano3

fino – *adj.* : فَطين ,رَقيق ,رَفيع – rafí3, raqíq, faTTín

fio – *s.m.* : خَيط (*s.m.*) – KHáiTT, خيوط – KHíuTT

firma – *s.f.* : شِركة (*s.f.*) – chêrka, شِركات – cherkát

firmar – *v.* : ثَبِّت – Tábbet, ثَبَّت – Tábbat

firme – *adj.* : ثابِت – Tábet, ثَبِتين – Tabitín

firme – *adj.* : مَتين ,مَكين – makíin, matíin

fiscal – *adj.* : مَفَتَّش – mfátech, مفَتَّشين – mfáttchin

fiscalização – *s.f.* : فَتيش (*s.m.*) – fattích, فَتيشات – fattíchat

fiscalização – *s.f.* : تَفتيش (*s.m.*) – taftích

fiscalizar – *v.* : فَتَّش – fáttech, فَتَّح – fáttach

física – *s.f.* : طَبيعيّات (*s.m.*) – TTabi3iiât

físico – *s.m./adj.* : طبيعي (*s.m.*) – TTabi3i

fisionomia – *s.f.* : هَيئة (*s.f.*) – Háiýa, هَيئات – Haiyát

fisionomia – *s.f.* : وجّ (*s.m.*) – uêj

fissura – *s.f.* : شَق (*s.m.*) – cháq

fístula – *s.f.* : ناسور (*s.m.*) – nassúr

fita – *s.f.* : شَريطة (*s.f.*) – chríTTa

fivela – *s.f.* : أبْزيم (*s.f.*) – ábzim, زَرَدة – zárada

fixado – *adj.* : مثَبَّت – mTábbat, مثَبَّتين – mTábbatin

fixar – *v.* : ثَبِّت – Tábbet, ثَبَّت – Tábbat

fixo – *adj.* : ثابِت – Tábet, ثَبتين – Tabtín

flácido – *adj.* : رَخو – raKHú, رَهِل – raHêl

flagrante – *adj.* : جَلي – jáli, صارِخ – SáreKH

flanco – *s.m.* : جانَب (*s.m.*) – jânab, دَف – dáf

flash – *s.m.* : وَميض (*s.m.*) – uamíD

flauta – *s.f.* : ناي (*s.m.*) – náe

flecha – *s.f.* : سَهِم (*s.m.*) – saHêm, سهُم – sHúm

flexível – *adj.* : لَدِن – láden, لَيِّن – laiên

floco – *s.m.* : قْشَيْرة (*s.f.*) – qcháira, نُدْفة – núdfa

flor – *s.f.* : زَهْرة (*s.f.*) – záHra, أزْهار – azHár

flor da idade – *loc. subst.* : الشَّباب – ech-chabáb

floresta – *s.f.* : حِرْش – 7êrch, غابة (*s.f.*) – GHába

florestal/fossa

florestal – *adj.* : غابي – GHábi
florido – *adj.* : مُزْهِر – múzHer, مُزْهِرين – muzHêrin
fluido – *s.m./adj.* : سيال (*s.m.*) – siál
flutuar – *v.* : عوم – 3úmm, عِم-عام – 3êmm – 3ámm
fluvial – *adj.* : نَهْري – náHri
fluxo – *s.m.* : جَرَيان (*s.m.*) – jaraiān, سَيَلان – saialān
fofo – *s.m./adj.* : ناعَم (*s.m.*) – ná3am
fogão – *s.m.* : غاز (*s.m.*) – GHáz, كانون – kánun
fogão – *s.m.* : مَوقِد (*s.m.*) – máuqed
fogareiro – *s.m.* : طَبّاخ (*s.m.*) – TTabbáKH, كانون – kánun
fogo – *s.m.* : نار (*s.m.*) – nár, نيران – nirân
fogoso – *adj.* : ناري – nári
foguete – *s.m.* : صاروخ (*s.m.*) – SarúKH, صاوَريخ – SáuariKH
foice – *s.f.* : مَنْجَل (*s.m.*) – mânjal, مَناجِل – manêjel
folclore – *s.m.* : فانَ شَعبي (*s.m.*) – fânn cha3bi
fole – *s.m.* : مِنْفاخ (*s.m.*) – minfâKH
fôlego (sem – ofegante) : لَهْث – láHT
fôlego – *s.m.* : نافَس (*s.m.*) – náfass
folga – *s.f.* : اسْتِراحة (*s.f.*) – estirá7a, راحة – rá7a
folha – *s.f.* : وَرَق (*s.m.*) – uáraq, أوراَق – auráq
folha (charuto) – *s.f.* : يَبَرَق (*s.m.*) – iábraq
folia – *s.f.* : رَقْص (*s.m.*) – ráqSS, رَقصة – ráqSSa
fome – *s.f.* : جوع (*s.m.*) – jue3
fome (estar com) – *v.t. + loc. adv.* : جوعان – jo3ân, جوعانين – jo3ânin
fonema – *s.m.* : صَوت (*s.m.*) – Sáut, أصوَات – aSSuát
fonte – *s.f.* : عين (*s.m.*) – 3áin, عيون – 3áiun

fonte – *s.f.* : نَبَع (*s.m.*) – nába3, نْبوَع – nbúa3
fora – *adv.* : البَرّا, خارج – al bárra, KHárej
fora de – *loc. adv.* : بَرّات – barrát, خارِج ال – KHárej al
forasteiro – *s.m./adj.* : أجْنَبي (*s.m.*) – âjnabe, أجانِب – ajâneb
forca – *s.f.* : مَشْنَقة (*s.f.*) – máchnaqa
força – *s.f.* : سِلاح (*s.f.*) – silá7, قوّة – quúa
forçado – *adj.* : مَجْبور – majbúr
forçar – *v.* : أجْبَر – âjbar, جَبَر – jábar
forma – *s.f.* : شَكِل (*s.m.*) – chákel, أشْكال – achkál
fôrma – *s.f.* : قالِب (*s.m.*) – qáleb
formado – *adj.* : مُشَكَّل – muchákal
formar – *v.* : ألّف – állef, ألَّف – állaf
formar – *v.* : شَكِّل – chákkel, شَكَّل – chákkal
formar – *v.* : إتخَرَج – etKHáraj, تخَرَج – tKHáraj
formiga – *s.f.* : نَمْلة (*s.f.*) – nâmla, نَمْلَت – nâmlat
fornecedor – *s.m./adj.* : مُزَوِّد (*s.m.*) – muzáued
forno – *s.m.* : فُرْن (*s.m.*) – fôrn
forro (de construção) – *s.m.* : سَقِف (*s.m.*) – sáqef, سُقوف – suqúf
forro (de tecido) – *s.m.* : بْطانة (*s.f.*) – bTTâna
fortalecer – *v.* : قوّي – qáuue, يِ قَوَى – qáuua (ei)
fortaleza – *s.f.* : حُصُن (*s.f.*) – 7uSSôn, قلعة – qála3a
forte – *adj.* : قَويّ – qáue, قَوِين – qáuein
fortuna – *s.f.* : ثَروة (*s.f.*) – Tarrúa
fórum – *s.m.* : مَحْكَمة (*s.f.*) – ma7kâma
fósforo – *s.m.* : شَحْطة (*s.f.*) – chá7TTa
fósforo (palito de) – *s.m.* : كَبْريت (*s.m.*) – kabrít
fossa – *s.f.* : جورة (*s.f.*) – júra

F

fosso/fronteira

fosso – s.m. : حُفْرة (s.f.) – 7úfra, حُفَر – 7úfar

fosso – s.m. : خَنْدَق (s.m.) – KHândaq, خَنادِق – KHanêdeq

foto – s.f. : صورة (s.f.) – Súra, صُوَر – Suár

fotografia – s.f. : صورة (s.f.) – Súra, صُوَر – Suár

fotógrafo – s.m. : مُصَوِّر (s.m.) – muSSáuer, مُصَوِّرة – muSSáura

foz – s.f. : مَصَبُّ نَهر (s.m.) – maSSábu náHer

fracassar – v. : انْفَشَل – enfáchel, انْفَشَل – enfáchal

fracasso – s.m. : فَشَل (s.m.) – fáchal

fraco – adj. : ضَعيف – Dá3if, ضعاف – D3áf

frade – s.m. : راهِب (s.m.) – ráHeb, رُهبان – ruHbên

frágil – adj. : عَطوب – 3aTTub, قصيف – qaSSíf, قصيم – qaSSím

fragilidade – s.f. : عطوبيَّة (s.f.) – 3aTTubíia

fragmento – s.m. : شَقْفَة (s.f.) – cháqfa, قِطعة – qeTT3a

fragrância – s.f. : أَريج (s.m.) – aríj

França – n.próp. : فَرَنْسا – franssa

francês – s.m./adj. : فَرَنْسي (s.m.) – faranssí

franco – adj. : صَريح – Saríʔ

frango – s.m. : فَرّوج (s.m.) – farrúj, فَراريج – fararíj

franja – s.f. : حاشية (s.f.) – 7áchia

franqueza – s.f. : بِصَراحَة (s.f.) – bi Sará7a

franqueza – s.f. : صَراحَة (s.f.) – Sará7a

fraqueza – s.f. : ضُعْف (s.m.) – Dú3of

frase – s.f. : جِمْلة (s.f.) – jêmla, جُمَل – júmal

fraterno – adj. : أَخَوي – aKHáui

fratura – s.f. : انْكِسار (s.m.) – enkissár, كَسْر – kássr

fraturado – adj. : مَكْسور – makssúr, مَكْسورين – makssúrin

fraturar – v. : اكْسُر – êkssor, كَسَر – kássar

fraude – s.f. : احتيال (s.m.) – e7tiél, تَزوير – tazuír

fraudulento – adj. : احتيالي – e7tiéli, احتيالية – e7tiélia

frear – v. : اذرُب فرام – êDrob frêm

freguês – s.m. : عَميل (s.m.) – 3amíl, عُمّال – 3úmal

freguês – s.m. : زْبون (s.m.) – zbún, زَباين – zabáin

freio – s.m. : فرم – frêm, فَرْمَلة (s.f.) – farmála, كابِحة – kábe7a

freira – s.f. : راهْبة (s.f.) – ráHba, راهْبات – ráHbet

frente (ir em) : تقدّم – taqdâm

frente (na) : لاقِدّام – la qidêm

frente (tem pela) : في المُقَدَّمة – fi al muqádama

frequente – adj. : مُتَرَدِّد – mutáradded

frequentemente – adv. : بَعض الاحيان – bá3D el a7iên, غالِبًا – GHálibâ,

fresca – s.f. : نَسْمة (s.f.) – nassma

fresco – adj. : بارْد (s.m.) – bárd, طازَج – TTázaj

frete – s.m. : شَحِن (s.m.) – chá7en, شَحْنات – cha7nêt

friagem – s.f. : بارِد (s.f.) – báred, بُرودة – burúda

frigideira – s.f. : مَقْلى (s.f.) – maqla, مِقلاة – miqlêia

frio – s.m. : بارِد (s.m.) – bêred

fritar – v. : اقلي – êqli, قلى يِ – qála (ei)

frito – adj. : مِقْلي (s.m.) – mêqle, مِقلين – meqlín

fronha – s.f. : غتى مْخَدة (s.f.) – GHáTTa mKHáda

frontal – adj. : جَبْهي – jábHi

fronte – s.f. : جَبْهة (s.f.) – jábHa, جَبْهات – jabHát

fronteira – s.f. : حدود (s.m.) – 7udúd

frota – s.f. : أُسطول (s.m.) – aussTTúl
fruta – s.f. : قاكِهة (s.f.) – fákiHa, فواكِه – fuêkeH
frutaria – s.f. : بَقالة (s.f.) – beqála
frutas – s.f.pl. : فواكه (s.m.) – fuêkeH
fruto – s.m. : ثَمَرة (s.f.) – Támara, أثْمار – aTmár
fubá – s.m. : طَحين الذرة (s.m.) – TTa7ín eTH-THêra
fugir – v. : اهْرُب – êHrob, هَرَب – Hárab
fulano – s.m. : فلان (s.m.) – flân
fuligem – s.f. : مُخام (s.m.) – muKHâm
fulminante – adj. : صاعِق – Sá3iq
fumaça – s.f. : دُخانة (s.f.) – duKHâna, دُخان – duKHân
fumante – adj. : دَخين – daKHên, دَخينين – daKHênin
fumante – adj. : مُدَخِّن – mudáKHen
fumar – v. : دَخِّن – dáKHen, دَخَن – dáKHan
função – s.f. : وَظيفة (s.f.) – uaZífa
funcionar – v. : دَوِّر – dáuuer, دَوَّر – dáuuar
funcionar – v. : اشْتَغِل – echtáGHel, – echtáGHal
funcionário – s.m. : شَغيل (s.m.) – cháGHil, شَغْلين – cháGHlin
funcionário – s.m. : مُوَظَّف (s.m.) – muáZZaf, مُوَظَّفة – muáZZafa
fundação – s.f. : أساس (s.m.) – assáss, أساسات – assassát
fundação – s.f. : مُوَسَّسة (s.f.) – muasássa, مُوَسَّسات – muassassát
fundado – adj. : مُوَسَّس – muúassass, مُوَسَّسات – muúassassát

fundador – s.m./adj. : مُوَسِّس (s.m.) – muúassess
fundamental – adj. : أساسي – assássi, أساسيات – assassíat
fundar – v. : أسِّس – ásses, أسَّس – ássass
fundição – s.f. : تَذويب (s.m.) – taTHuíb
fundir – v. : ذَوِّب – THáuueb, ذَوَّب – THáuuab
fundo – adj. : عميق – 3amíq
fundo – adj. : غَميق – GHámiq, غَميقين – GHâmiqin
fúnebre – adj. : جِنازي – jinâzi
funeral – s.m. : جِناز (s.m.) – jinnâz
funil – s.m. : قُمع (s.m.) – qûme3, قِموع – qêmua3
funileiro – s.m. : سَمكَري (s.m.) – sâmkari
furado – adj. : مَقْدوح – maqdú7, مَقْدوحين – maqdú7in
furar – v. : انْقُر – enqor, نَقَر – náqar
furar – v. : اقدَح – êqda7, قَدَح – qáda7
furo – s.m. : اقداح (s.m.) – eqdê7, قدوحة – qdú7a
furtado – adj. : مَسْروقة – massrúq, مَسْروقة – massrúqa
furtar – v. : اسْرُق – êssroq, سَرَق – sáraq
furto – s.m. : سَرْقة (s.f.) – saríqa
futebol – s.m. : فوتْبول (s.m.) – fútbol
fútil – adj. : غَير مُجد – GHáir mújd
futuramente – adv. : في المُستَقبَل – fi al mustáqbal
futuro – s.m. : مُستَقبَل (s.m.) – mustáqbal
fuzil – s.m. : بارودة (s.f.) – barúda

G

gabinete – *s.m.* : غُرْفة (*s.f.*) – GHúrfa, غُراف – GHúraf

gabinete – *s.m.* : مَكْتَب (*s.m.*) – maktáb, مَكاتِب – makêteb

gado – *s.m.* : قَطِيع (*s.m.*) – qaTTí3

gado bovino – *loc. subst.* : قَطِيع بَقَر (*s.m.*) – qaTTi3 báqar

gafanhoto – *s.m.* : جُرادة (*s.f.*) – jráda

gafe – *s.f.* : زَلَة (*s.f.*) – zálaa

gagá – *adj.* : خَرْفان – KHarfán

gago – *adj.* : فأفأ – fa'fa'

gaiola – *s.f.* : قَفَص (*s.m.*) – qáfaSS

gaita – *s.f.* : مَزّيكا (*s.f.*) – mazíka

gala – *s.f.* : احتِفالي (*s.m.*) – e7tifáli, احتِفالات – e7tifalát

galeria – *s.f.* : رَواق (*s.m.*) – rauáq

galho – *s.m.* : غُصُن (*s.m.*) – GHúSSon, أغْصَن – áGH-SSan

galinha – *s.f.* : دَجاجة (*s.f.*) – dajája, – dajáj

galinheiro – *s.m.* : قَفَص دْجاج (*s.m.*) – qáfaSS djáj

galo – *s.m.* : ديك (*s.m.*) – díkk, ديوك – diúkk

galvanizado – *adj.* : مُكَلْفَن – mukálfan

ganância – *s.f.* : جَشَع (*s.m.*) – jácha3, طَمَع – TTáma3

gancho – *s.m.* : شَنْكَل (*s.m.*) – chankál

gangrena – *s.f.* : غَنْغَرينة (*s.f.*) – GHanGHarína

ganhador – *s.m./adj.* : رابِح (*s.m.*) – rábbe7

ganhar – *v.* : اِرْبَح – êrba7, ربِح – rêbe7

ganso – *s.m.* : وَز (*s.m.*) – waz

garagem – *s.f.* : گَراج (*s.m.*) – karáj

garanhão – *s.m.* : حِصان (*s.m.*) – 7iSSán, أحْصِنة – á7SSne

garanhão – *s.m.* : فَحْل (*s.m.*) – fá7l

garantia – *s.f.* : كَفالة (*s.f.*) – kafála, كَفالات – kafálat

garantir – *v.* : اِكْفَل – êkfal, كِفِل – kêfel

garçom – *s.m.* : مُضِيف (*s.m.*) – muDif, مُضِيفة – muDífa

garfo – *s.m.* : شَوكة (*s.f.*) – cháuka, شوَك – chuák

gargalhada – *s.f.* : قَهْقَهة (*s.f.*) – qáHqaHa

gargalo – *s.m.* : عُنُق قنينة (*s.m.*) – 3únuq qaníne

garganta – *s.f.* : زَلعوم (*s.m.*) – zal3úm, زَلْعَيم – zalá3im

garota – *s.f.* : صَنَية (*s.f.*) – Sabeía, فَتات – fatát

garoto – *s.m.* : شَبّ (*s.m.*) – chább, شَبّاب – chabâb

garoto – *s.m.* : وَلد (*s.m.*) – uálad

garrafa – *s.f.* : قَنينة (*s.f.*) – qanína, قَناني – qannéni

gás – *s.m.* : غاز (*s.m.*) – GHáz, غازات – GHázet

gasolina – *s.f.* : بِنْزين (*s.m.*) – benzín

gastar – *v.* : أُصْرُف – úSSrof, صَرَف – Sáraf

gasto – *adj.* : مَصْروف – maSSrúf, مُسْتَعمَل – mustá3mal

gástrico – *adj.* : معدي – me3êdi

gastrite – *s.f.* : التِهاب المَعِدة (*s.m.*) – al tiHáb al má3eda

gato – *s.m.* : بْسَّين (*s.m.*) – bssâin

gatuno – *s.m.* : نَشال (*s.m.*) – nachál

gaveta – *s.f.* : جَرّار (*s.m.*) – jarrár, جَرّارات – jarrarát

gaveta – *s.f.* : جارور (*s.m.*) – járur, جَوارير – jauárir

gavião/glândula

gavião – s.m. : نِيسِّر (s.m.) – níssr
gazela – s.f. : غَزال (s.m.) – GHazâl, غُزْلان – GHuzlân
geladeira – s.f. : بَرّاد (s.m.) – barrád
gelado – adj. : مُجَلِّد – mjjáled, مْجَلدين – mjjáldin
geleia – s.f. : مْرَبّى (s.f.) – mrábba
gelo – s.m. : جَليد (s.m.) – jalíd
gema – s.f. : صَفار البَيض (s.m.) – Safár al báiD
gêmeo – s.m. : توأم (s.m.) – tau'âm, توائم – tauá'em
gene – s.m. : جينة (s.f.) – jêne, مورَّثة – muráTa
generalizado – adj. : شامِل – châmel, مُعَمَّم – mu3ámmam
gênero – s.m. : جِنْس (s.m.) – jêns
generosidade – s.f. : كَرَم (s.m.) – karâm
generoso – adj. : كَريم – karím, كورَما – kúrama
gengiva – s.f. : لِثة أسْنان (s.f.) – líTat assnân
genial – adj. : نابْغ – nábGH
genialidade – s.f. : نُبُغ (s.m.) – nubúGH
gênio – s.m. : عَبْقَرية (s.f.) – 3abqaríe
gênio – s.m. : نابْغة (s.f.) – nábGHa, نَوابْغ – nauábGH
genital – adj. : تِباسُلي – tanassúli
genitor – s.m. : بَي (s.m.) – bái, أب – âb, والِد – uâled
genitora – s.f. : أُمّ (s.f.) – úmm ou ímm, زالِدة – uáleda
genro – s.m. : صُهُر (s.m.) – SúHor, أصْهُر – áSSHor
gente – s.f. : عالم (s.m.) – 3álam, ناس – nâss
gentil – adj. : لَطيف – laTTif, لَطيفة – laTTifa
gentil – adj. : ظَريف – Zaríf, ظَرِفين – Zarifín
gentileza – s.f. : لُطْف (s.m.) – luTTf
genuíno – adj. : حَقيقي – 7aqíqi
geografia – s.f. : جُغْرافية (s.f.) – joGHráfia

geometria – s.f. : هَنْدَسّة (s.f.) – Hándassa
geométrico – adj. : هَنْدَسَي – Hándassí
geração – s.f. : جيل (s.m.) – jíl, أجْيال – ajiâl
gerado – adj. : وَلَدَت – uáladat
gerador – s.m./adj. : مُوَلِّد (s.m.) – muálled
geral – adj. : عُمومي – 3umúme, عُمُميّات – 3umumeiat
geralmente – adv. : أحْياناً – a7iênâ, عادةً – 3adatâ
geralmente – adv. : بَعض الاحْيان – bá3D el a7iên
gerar – v. : خَلِّف – KHállef, خَلَّف – KHállaf
gerência – s.f. : مُديرية (s.f.) – mudiríia
gerente – s.m. : مُدير (s.m.) – mudír, مُدَرا – múdara
gergelim – s.m. : سِمْسُم (s.m.) – simssúm
germe – s.m. : جَرْثومة (s.f.) – jarTúma, جَرْثيم – jaráTim
germinação – s.f. : تَفْريخ (s.m.) – tafríKH, نَبَت – nábat
germinar – v. : افْرُخ – êfroKH, فَرَخ – fáraKH
germinar – v. : انْبُت – ênbot, نَبَت – nábat
gesso – s.m. : جَبْصّين (s.m.) – jabSSín
gestação – s.f. : حَبَل (s.m.) – 7ábal, حَمِل – 7ámel
gestante – s.f./adj. : حامِل (s.f.) – 7ámel
gestante – s.f./adj. : حِبْلى (s.f.) – 7êbla, حوبَلى – 7ubala
gesto – s.m. : إشارة (s.f.) – ichára, إشارات – icharát
gigante – s.m./adj. : عِمْلاق (s.m.) – 3emlâq
ginástica – s.f. : رياضة (s.f.) – riáDa
girafa – s.f. : زَرافة (s.f.) – zeráfa, زَرافات – zeráfat
gíria – s.f. : رَطانة (s.f.) – raTTâna
giz – s.m. : طَبْشورة (s.f.) – TTabchúra
glândula – s.f. : غِدّة (s.f.) – GHêdda, غِدّاد – GHeddâd

global/grão

global - *adj.* : عالَمي – 3álami, كُرَوي – kuráui

globo - *s.m.* : كُرة (*s.f.*) – kúra

globo terrestre - *loc. subst.* : الكُرة الاَرْضية (*s.f.*) – al kúrat al árDia

glória - *s.f.* : فَوز (*s.m.*) – fáuz

glória - *s.f.* : مَجْد (*s.m.*) – májd, أمْجاد – amjád

glorioso - *adj.* : ماجِد – májid

glote - *s.f.* : زَرْدَمة (*s.f.*) – zardâma

goiaba - *s.f.* : جَوافة (*s.f.*) – jauêfa

gola - *s.f.* : قَبّة (*s.f.*) – qábe

golfo - *s.m.* : خَليج (*s.m.*) – KHalíj, خُلوج – KHulúj

golpe - *s.m.* : ضَرْبة (*s.f.*) – Dárbe, ضَرْبات – Darbêt

golpe - *s.m.* : صَدْمة (*s.f.*) – Sádme, صَدْمات – Sádmet

goma de mascar - *loc. subst.* : عِلْك (*s.m.*) – 3êlk

gordo - *s.m./adj.* : سَميك – samik, ناصِح (*s.m.*) – náSSe7, ناصحين – naSSe7ín

gordura - *s.f.* : دِهِن (*s.m.*) – dêHen, دِهْنات – dêHnet

gorduroso - *adj.* : مُدْهِن – múdHen, مُدْهِنة – mudHena

gorjeta - *s.f.* : بَخْشيش (*s.m.*) – baKHchích

gorro - *s.m.* : طاقية – TTáqia, قبّوع (*s.f.*) – qabbú3,

gostar - *v.* : حَبّ يِ – 7êbb yi, حَبّ – 7ább (ei)

gosto - *s.m.* : ذَوْق – THáuq, لَذة (*s.f.*) – láTHe

gostoso - *adj.* : لَذيذ – laTHíiTH, لَذيذين – laTHíTHin

gostoso - *adj.* : طَيَّب (*s.m.*) – TTáieb, طَيبين – TTaibín

gota - *s.f.* : نُقطة (*s.f.*) – núqTTa, نُقطات – nuqTTát

gota - *s.f.* : قَطْرة (*s.f.*) – qáTTra, قَطَرات – qaTTrát

goteira - *s.f.* : دَلَفة (*s.f.*) – dálfa, دَلفات – dalfát

governador - *s.m.* : حاكِم ولاية (*s.m.*) – 7ákem ueláia, حاكِم – 7ákem

governar - *v.* : اخْكُم – e7kom, حَكَّم – 7ákam

governo - *s.m.* : حُكومة (*s.f.*) – 7ukúma, حُكُمات – 7ukúmat

governo - *s.m.* : قايدة (*s.f.*) – qáida

graça - *s.f.* : جَميلة – jamíla, مِنّة (*s.f.*) – mênna

graça (de / grátis) - *adv.* : مَجاناً – majánâ

graças a Deus : الحَمدُ لله! – el 7amdú LLÁH, حَمدَ لله! – 7amdê LLAH,

graciosa - *adj.* : جَميلة (*s.f.*) – jamíla, ظَريفة – Zarífa

gracioso - *adj.* : جَميل (*s.m.*) – jamíl, جَميلين – jamlín

gracioso - *adj.* : ظَريف (*s.m.*) – Zaríf, ظَرفين – Zarifín

grade - *s.f.* : مُشَبَّك (*s.m.*) – muchábak

grafia - *s.f.* : خَطّ كِتابي (*s.m.*) – KHáTT kitâbi

gráfica - *s.f.* : مَطْبَعة (*s.f.*) – maTTbá3a, مَطابع – maTTábe3

gráfico - *s.m./adj.* : طِباعي (*s.m.*) – TTebá3i

grafite - *s.m.* : رَصاص (*s.m.*) – rSSáSS

grama (peso) - *s.m.* : غْرام (*s.m.*) – GHrâm

gramática - *s.f.* : قَواعِد اللُّغة (*s.m.*) – qauá3ed al loGHá

gramatical - *adj.* : نَحَوي – ná7aue

grampo - *s.m.* : دَبّوس (*s.m.*) – dabbús

granada - *s.f.* : قُنْبلة (*s.f.*) – qunbla, قَنابِل – qanábil

grande - *adj.* : كَبير (*s.m.*) – kbír, كْبار – kbár

granito - *s.m.* : صَوّان (*s.m.*) – Sauuân

granizo - *s.m.* : بَرَدة (*s.f.*) – bárada, بَرَد – bárad

grão - *s.m.* : حَبّة (*s.f.*) – 7ábba, حْبوب – 7búb

grão-de-bico/guloso

grão-de-bico – *s.m.* : حُمُّص (*s.m.*) – 7ômmoS

gratidão – *s.f.* : شُكْر – chukr, شُكُور – chukúr

gratificação – *s.f.* : مُكافَئة (*s.f.*) – mukáfa'a, مُكافَئات – mukáfa'at

gratificar – *v.* : كافِي – káfe, كافي دِ – káfa (ei)

grátis – *adv.* : مَجّاني – majjâni

grato – *adj.* : مَمْنُون – mamnún, مَمْنُونة – mamnúna

gratuito – *adj.* : مَجّاني – majjâni

grau (posição/ângulo) – *s.m.* : دَرَجة (*s.f.*) – dáraja, دَرَجات – dárajat

grau (temperatura) – *s.m.* : دَرَجة حَرارَة (*s.f.*) – dárajet 7arára

gravado – *adj.* : مُسَجَّلة – mussájjal, مُسَجَّلة – mussájjale

gravador – *s.m.* : مُسَجِّل (*s.m.*) – mussájjel

gravar – *v.* : سَجِّل – sájjel, سَجَّل – sájjal

gravata – *s.f.* : رَبْطة (*s.f.*) – rábTTa

grave – *adj.* : خَطِر – KHáTTer

grávida – *adj.* : حُبْلى (*s.f.*) – 7ûbla, حُوبلات – 7úblát

grávida – *adj.* : مِيسْتَقِيمة (*s.f.*) – mistaqíma

gravidade – *s.f.* : خُطُورة (*s.f.*) – KHuTTúra

gravura – *s.f.* : رَسْم (*s.m.*) – rássm

graxa – *s.f.* : شَحِم (*s.m.*) – chá7em

graxa – *s.f.* : دِهان (*s.m.*) – deHân, دِهَنات – deHanát

grego – *s.m./adj.* : يوناني (*s.m.*) – yunénii, يونانيّن – yuneniin

grelhado – *s.m./adj.* : مِشوي (*s.m.*) – mêchue, مشوين – mêchuein

greve – *s.f.* : إضْراب (*s.m.*) – iDDráb, إضْرَبات – iDDrabat

gripado – *adj.* : مْرَشَّح – mráche7, مْرَشَّحِين – mrách7in

gripe – *s.f.* : رَشَح (*s.m.*) – rácha7

gritar – *v.* : اصْرَخ – êSSraKH, صَرَخ – SáraKH

grito – *s.m.* : صَرْخة (*s.f.*) – SaríKH, صَرِيخ (*s.m.*) – SárKHa

grosso – *adj.* : سَمِيك – samík

grosso – *adj.* : تَخِين – taKHín, تْخان – tKHân

grossura – *s.f.* : تْخانة – tKHâna, سَماكة (*s.f.*) – samâka

grudado – *adj.* : مَلْزوق – malzúq, مَلْزوقِين – malzúqin

grudar – *v.* : لَزَّق – lázeq, لَزَّق – lázaq

grupo – *s.m.* : جَمع – jáme3, فَرِيق (*s.m.*) – faríq, فُرَق – fúraq

grupo – *s.m.* : مَجْموعة (*s.f.*) – majmú3a, مَجْموعات – majmu3át

gruta – *s.f.* : مَغارة (*s.f.*) – maGHára, مَغارات – maGHárat

guarda – *s.m.* : حارِس (*s.m.*) – 7áres

guarda-chuva – *s.m.* : شَمْسِية (*s.f.*) – chamssía

guardado – *adj.* : مُخَبّى – muKHábba, مُخَبّين – muKHábbaín

guarda-florestal – *s.m.* : حارِس ناطور (*s.m.*) – 7aress náTTúr

guardanapo – *s.m.* : فوطة (*s.f.*) – fúTTa, فوطات – fuTTát

guardanapo – *s.m.* : مَنْشَفة (*s.f.*) – mânchafa, مَناشِف – manáchef

guardar – *v.* : احْفَظ – ê7faZ, حَفَظ – 7áfaZ

guarda-roupa – *s.m.* : خْزانة (*s.f.*) – KHzêne, خْزانات – KHzênet

guerra – *s.f.* : حَرْب (*s.m.*) – 7árb

guerra civil – *loc. subst.* : حَرْب أهلِية (*s.f.*) – 7árb áHlia

guerreiro – *s.m.* : مُحارِب (*s.m.*) – mu7áreb, مُحارِبِين – mu7árebin

guia – *s.m.f.* : دَلِيل (*s.m.*) – dalíl

guincho – *s.m.* : وَنْش (*s.m.*) – uânch

guloso – *adj.* : شَرِه (*s.m.*) – cháreH, شَرِهِين – cháreHin

guloso – *s.m.* : آيو كِرش – abú kêrch, بو كِرش – bu kêrch

H

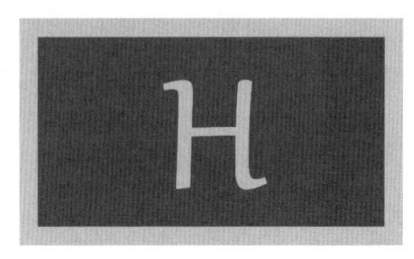

hábil – adj. : قَدِير (s.m.) – qadír – قودَرَة – qúdara

hábil – adj. : ماهِر (s.m.) – máHer, ماهِرِين – màHerin

habilidade – s.f. : مَهارة (s.f.) – maHára

habitante – s.m. : ساكِن (s.m.) – sáken, ساكنين – sakenín

habitar – v. : اسْكن،ساكِن – êskon, séken, ساكَن – sákan

hábito – s.m. : عادة (s.f.) – 3áda, عادات – 3ádat

habituado – adj. : مُتْعَوَّد – mut3auuad, مُتْعَوَّدِين – mut3auadin

habitualmente – adj. : عَادَةً – 3ádā

hall – s.m. : بَهْوّ (s.m.) – baHú

halo – s.m. : هالة (s.f.) – Héla

harém – s.m. : الحَرِيم – 7arím, حَرِيم (s.m.) – 7arím

harmonia – s.f. : الأَنْسِجام (s.m.) – al insijám, أَنْسِجام – insijám

harpa – s.f. : قِيثار (s.m.) – qiTár, قِيثارة – qiTára

haste – s.f. : عَصا (s.m.) – 3áSSa, عَمود – 3amúd

hasteado – adj. : مَرْفوع – marfú3, مَرْفوعِين – marfú3in

hastear – v. : ارْفع – êrfa3, رَفع – ráfa3

haxixe – s.m. : حَشِيش (s.m.) – 7achích

hectare – s.m. : هِكْتار (s.m.) – Hektár

hélice – s.f. : لَولَب (s.m.) – laúlab

helicóptero – s.m. : هِلِيكوپتِر (s.m.) – Helikópter

hematoma – s.m. : كَدْمة (s.f.) – kádme

hemi – pref. : نُصْف – nuSSf

hemisfério – s.m. : نُصْف عالَم (s.m.) – nuSSf 3álam

hemorragia – s.f. : نَزِيف دَمّ (s.m.) – názef dâmm

herança – s.f. : وِراثة (s.f.) – ueráTa, وِرْثات – uêrTat

herdeiro – s.m. : وارِث (s.m.) – uêreT, وارِثة – uêreTa

hérnia – s.f. : فْتاق (s.m.) – ftáq

herói – s.m. : بَطَل (s.m.) – báTTal, أَبْطال – abTTál

heroísmo – s.m. : بُطولة (s.f.) – buTTúla

hesitante – adj. : مُتَرَدِّد – mutáraded

heterogêneo – adj. : غَير مُتَجانِس – GHáir mutajáness

híbrido – adj. : نَغْل – náGHl, هَجِين – Hajín

hidráulica – s.f. : هَيدروليات (s.m.) – Haidrúliat

hidráulico – adj. : هيدرَولي – Hidraúli

hierarquia – s.f. : الهَرَم – al Háram, الهَرَمي (s.m.) – al Háramíi,

higiene – s.f. : عِلْم الصّحة (s.f.) – 3elm al SSa7a, نَظافة – NaZáfa

higiênico – adj. : صَحي – SSá7i, نَظَف – náZaf

hino – s.m. : نَشِيد (s.m.) – nachíd

hino nacional – s.m. + adj. : نَشيد الوَطنِيّ (s.m.) – nachíd el uáTTani

hipermercado – s.m. : مَخْزَن (s.m.) – máKHzan, مَخَزان – maKHázen

hipótese – s.f. : احْتِمال (s.m.) – e7têmal

hipótese – s.f. : فَرَضِيّة (s.f.) – faraDíia

história (ciência) – s.f. : تاريخ (s.m.) – táriKH, تَواريخ – tauáriKH

história (conto) – s.f. : حُكِّية (s.f.) – 7kêie, حُكِّيّات – 7kêiet

história (conto) – s.f. : قِصة (s.f.) – qêSSa, قِصَص – qêSSaSS

história (conto) – *s.f.* : قُصَّة (*s.f.*) – qûSSa, قُصَص – quSSáSS

historiador – *s.m.* : مُوَرِّخ – muárreKH, مُوَرِّخين – muárreKHin

historiar – *v.* : أَرِّخ – árreKH, أَرَّخ – árraKH

histórico – *adj.* : تاريخ – táriKH, تاريخية – tariKHia

hoje – *adv.* : اليوم – al yôm

Holanda – *n.próp.* : هولَنْدا – Hulânda

holandês – *s.m./adj.* : هولَنْدي (*s.m.*) – Hulândi

homem – *s.m.* : رجّال (*s.m.*) – rijjél, رجال – rijél

homem (gíria) – *s.m.* : زَلَمة (*s.m.*) – zálame

homenageado – *adj.* : مُكَرَّم – mukárram, مُكَرَّمين – mukarramin

homenagear – *v.* : كَرِّم – kárrem, كَرَّم – kárram

homenagem – *s.f.* : اكرام (*s.m.*) – ekrâm

homogêneo – *adj.* : مُتَجانِس – mutajáness

homologar – *v.* : صادِق – Sádeq, صادَق – Sádaq

honestidade – *s.f.* : شَهامة (*s.f.*) – chaHáma, شَهامات – chaHámat

honestidade – *s.f.* : شَرَف (*s.m.*) – cháraf

honesto – *s.m./adj.* : حَلال – 7allál, شَريف (*s.m.*) – charíf

honorários – *s.m.pl.* : مُعاش – mu3ách

honra – *s.f.* : شَرَف (*s.m.*) – cháraf

hora – *s.f.* : ساعة (*s.f.*) – sâ3a, ساعات – sâ3át

horário – *s.m.* : وَقيت (*s.m.*) – uáqet

horizontal – *adj.* : أُفُقيّ – ufúqi, أُفُقين – ufuqín

horizonte – *s.m.* : أُفُق (*s.m.*) – ufôq

horrível – *adj.* : رَهيب – raHib

hortelã – *s.f.* : نَعْنَع (*s.m.*) – nâ3na3

hospedar – *v.* : انْزَل – ênzal, نَزَل – názal

hospedar – *v.* : اسْتَضيف – estáDef, اسْتَضاف – estáDaf

hóspede – *s.m.f.* : ضَيف (*s.m.*) – Dáif, ضيوف – Díuf

hospital – *s.m.* : مُسْتَشفى (*s.f.*) – mustáchfa

hospitaleiro – *adj.* : كَريم – karím, كَريمين – karímin

hospitalidade – *s.f.* : ضيافة (*s.f.*) – Diáfa, كَرَم – karám

hotel – *s.m.* : فُنْدُق (*s.m.*) – fúndoq, فَنادِق – fanádeq

humanidade – *s.f.* : إنْسانية (*s.f.*) – inssâniia

humano – *s.m./adj.* : إنْسانّي (*s.m.*) – inssâni, إنْسانين – inssânin

humilde – *adj.* : مُتواضِع – mutuáDe3, مُتواضْعين – mutuáD3in

humilhação – *s.f.* : تَحْقير (*s.m.*) – tá7qir

humilhar – *v.* : حَقِر – 7áqer, حَقَر – 7áqar

ida – *s.f.* : ذهاب (*s.m.*) – THiHáb
idade – *s.f.* : عُمَر (*s.m.*) – 3omor
ideal – *s.m./adj.* : مَثالي (*s.m.*) – meTáli
ideia – *s.f.* : فِكْرة (*s.f.*) – fikra, فِكَر – fikár
idêntico – *adj.* : مِثل – míTel
identidade – *s.f.* : شَخْصِية (*s.f.*) – chaKH-SSía, شَخْصِيات – chaKH-SSiát
idioma – *s.m.* : لُغَة (*s.f.*) – lôGHa, لُغَات – loGHát
idiota – *s.m.* : أَبْلَه (*s.m.*) – áblaH
idôneo – *adj.* : سالم – selem, قَدير – qádir, قودَرة – qúdara
idosa – *s.f.* : خِتيارة (*s.f.*) – KHitiára
idoso – *s.m.* : عَجوز (*s.m.*) – 3ajúz, عَجوزة – 3ajúza
idoso – *s.m.* : خِتيار (*s.m.*) – KHitiár, خِتيارين – KHitiárin
ignorado – *adj.* : مَجْهول – majHúl
ignorância – *s.f.* : جَهَل (*s.m.*) – jáHal
ignorante – *s.m./adj.* : جاهِل (*s.m.*) – jáHel, جاهلة – jáHela
ignorar – *v.* : اِجْهَل – êjHal, جَهَل – jáHal
igreja – *s.f.* : كنيسة (*s.m.*) – kaníssa, كَنايَس – kanáiess
igual – *adj.* : مِثل – míTel, مُساو – mussáu
igualmente – *adv.* : ذات الشي – THét ech-chíe
ilegal – *adj.* : حَرام – 7arám, غَير شَرعيّ – GHáir chár3i, غَير قانونيّ – GHáir qanúni
ileso – *adj.* : مُعافي – mu3áfa
ileso – *adj.* : سالِم – sálim, سَليم – salím
ilha – *s.f.* : جَزيرة (*s.f.*) – jazíra, جُزُر – juzôr

ilícito – *adj.* : حَرام – 7arám, غَير مَشْروع – GHáir machrú3
ilimitado – *adj.* : غَير مَحدود – GHáir ma7dúd
ilógico – *adj.* : غَير مَعقول – GHáir ma3qúl
iluminação – *s.f.* : تَنوير (*s.m.*) – tannuir
iluminar – *v.* : نَوَّر – náuuer, نَوَّر – náuuar
ilusão – *s.f.* : خَيال (*s.m.*) – KHáiel, وَهْم – uáHm
ilustre – *adj.* : مَجيد – majíd
Ímã – *s.m.* : مَغْنَطيس (*s.m.*) – maGHnáTTis
imagem – *s.f.* : هَيْئَة (*s.f.*) – Háyia, هَيْئَات – Háyiat
imagem – *s.f.* : خيال (*s.m.*) – KHiál, خيالات – KHialát
imagem – *s.f.* : صورة (*s.f.*) – Súra, صوَر – Súar
imaginação – *s.f.* : تَخَيّل (*s.m.*) – taKHaiôl, تَصَوّر – taSSáuar
imaginar – *v.* : اِتْخايَل – etKHáial, تْخايَل – tKHáial
imaginar – *v.* : اِتْصَوَّر – etSSáuar, تْصَوَّر – tSSáuar
imediatamente – *adv.* : حالاً، فَوراً – 7allá, faurá
imediatamente – *adv.* : مُباشَرة – mubácharã
imediato – *adj.* : حالاً – 7alã, مُباشِر – mubácher
imigração – *s.f.* : هَجْرة (*s.f.*) – Hejra
imigrante – *s.m.f./adj.* : مهاجِر (*s.m.*) – muHájer, مُهاجِرين – muHajerín
imitação – *s.f.* : تَقليد (*s.m.*) – taqlíd
imoral – *adj.* : فاجِر – fájer, غَير اخْلاقي – GHáir eKHláqi,
imoralidade – *s.f.* : اخْلاقية بِدون – bidun eKHlaqíia, فُجور – fujúr
imóvel (construção) – *s.m.* : عمارة (*s.f.*) – 3amára
imóvel (construção) – *s.m.* : بِنايَة (*s.f.*) – binaia, بِنايّات – bináiat

imóvel (terreno) – *s.m.* : رِزْق (*s.m.*) – rezéq, رِزْقات – rezqát

imóvel (parado) – *adj.* : واقِف – uáqef

impacto – *s.m.* : تَصادُم (*s.m.*) – taSSadôm, صَدْمة (*s.f.*) – Sádma

ímpar – *adj.* : وَحيد – ua7íd

imparcial – *adj.* : مُحايد – mu7áid

impedido – *adj.* : مَمْنوع – mamnú3, مَمْنوعة – mamnú3a

impedimento – *s.m.* : عَقَبة (*s.f.*) – 3áqaba

impedir – *v.* : امْنَع – êmna3, مَنَع – mâna3

imperador – *s.m.* : امْبَراطور (*s.m.*) – embaráTTor

imperativo – *adj.* : فِعل الأمِر – fê3el al âmer

imperfeito – *adj.* : ناقِص – naqêSS, ناقْصة – náqSSa

imperícia – *s.f.* : عَجْز (*s.m.*) – 3ájz

impermeável – *adj.* : حَصين – 7aSSín, حَصْنين – 7aSSnín

importação – *s.f.* : اسْتيراد (*s.m.*) – esstirád, اسْتيرادات – esstirádet

importado – *adj.* : مُسْتَورَد – mustáurad, مُسْتَورَدة – mustáurada

importador – *s.m.* : مُسْتورد (*s.m.*) – mustáured, مُسْتَوردين – mustáuredin

importância – *s.f.* : أهَمّيّة (*s.f.*) – aHammeía, مَكانة – makâna

importante – *adj.* : مُهِمّ – múHemm, مُهِمّين – múHemmin

importante (mais) – *adj.* : أهَم – áHam

impossível – *adj.* : ميش مُمْكِن – mich múmken

imposto (que se impôs) – *adj.* : مَغْروض – maGHrúD

imposto (taxa) – *s.m.* : ضَريبة (*s.f.*) – Daríba, ضَرايَب – Daráieb

impreciso – *adj.* : غير دَقيق – GHáir daqíq

imprensa – *s.f.* : صَحافة (*s.f.*) – Sa7áfa, صَحافات – Sa7áfat

impresso – *s.m./adj.* : مَطْبوع (*s.m.*) – maTTbú3, مَطْبوعين – maTTbúa3in

imprevisto – *adj.* : غير مُنْتَظَر – GHáir muntáZar

imprevisto – *adj.* : غير مُتوقَّع – GHáir mutúqqa3

improdutivo – *adj.* : جَدْب – jádb, أجْدَب – ájdab

improdutivo – *adj.* : غير نَشيط – GHáir nachííTT

improviso – *s.m.* : ارْتِجال (*s.m.*) – ertijál

imprudência – *s.f.* : بِدون انْتِباه (*s.m.*) – bidún entêbaH

impuro – *adj.* : نَجِس، فاجِر – nájess, fájer

imundo – *adj.* : وَسِخ – uásseKH

imune – *adj.* : حَصين – 7aSSín, حَصْنين – 7aSSnín

imunidade – *s.f.* : حَصاية (*s.f.*) – 7aSSáia

imunizado – *adj.* : مُحَصَّن – mu7áSSan, مُحَصَّنة – mu7áSSane

inábil – *adj.* : غير ماهِر – GHáir máHer

inabitado – *adj.* : مَهْجور – maHjúr, مَهْجورين – maHjúrin

inalterado – *adj.* : غير تغَيَّرت – GHáir tGHáirat

inapto – *adj.* : خامِل – KHámel, غير صالِح – GHáir Sále7

inativo – *adj.* : غير نَشيط – GHáir nachííTT

inauguração – *s.f.* : تَدْشين (*s.m.*) – tadchín, تَدْشينات – tadchínet

inaugurar – *v.* : دَشِّن – dáchen, دَشَّن – dáchan

incapaz – *adj.* : عاجِز – 3ájez, عاجِزين – 3ájezin

incendiar – *v.* : احْرُق – ê7roq, حَرَق – 7áraq

incêndio – *s.m.* : حَريق (*s.m.*) – 7aríq

incenso – *s.m.* : بَخّور (*s.m.*) – baKHúr

incentivo – *s.m.* : حافِز (*s.m.*) – 7áfez, حوافِز – 7auáfez

inchado – *adj.* : وَرَم – uáram, وَرِمين – uáremin

inchar – *v.* : وَرَم – uáram, وِرِم – uérem

incidente/inimizade

incidente – s.m. : حَادَث (s.m.) – 7ádaT, حَوادِث – 7auádeT
inclinado – adj. : مَحْني – mê7ne, مِنْحِني – men7êne
inclinado – adj. : مُحَرِف – mun7áref
inclinar – v. : انْحَني – en7êne, يِـ انْحَنى – en7âna (ei)
incomodar – v. : ازْعُج – ez3ôj, زَعَج – zá3aj
incômodo – adj. : حَرِج – 7árej
incômodo – adj. : موتْعِب – mut3êb
incômodo – adj. : مُزْعِج – muz3êj, مُزْعْجين – muz3êjin
incompleto – adj. : ناقِص – náqeSS, نَاقصة – náqSSa
incomum – adj. : غير مَعروف – GHáir ma3rúf
indeciso – adj. : مُتْرَدِّد – mutradded
independência – s.f. : اسْتِقلال (s.m.) – esstêqlal
independente – adj. : مُسْتَقِل – musstáqil, مُسْتَقِلين – musstáqilin
indicação – s.f. : تَعَيّن (s.m.) – ta3aíin
indicado – adj. : مُبَيَّن – mubáiian, مُبَيَّنة – mubáiiana
indicado – adj. : صالح – Sále7
indicar – v. : عَيِّن – 3aiiên, عَيِّن – 3aiiân
índice – s.m. : فَهْرَس (s.m.) – fáHras
indiferente – adj. : عابِث – 3ábeT
indigestão – s.f. : تُخْمة (s.f.) – túKHme
indigesto – adj. : مُتْخِم – mutKHêm
indisposto – adj. : غير مُسْتَعِد – GHáir mustá3ed
individual – adj. : فَرْدي – fárdi, لوَحَد – lauá7ad
indivíduo – s.m. : شَخْص (s.m.) – cháKHeS, أشْخاص – achKHáS
indústria – s.f. : صِناعة (s.f.) – Siná3a, صِناعات – Sina3át

industrial – adj. : صِناعيّ – Siná3i
inexistente – adj. : غير مَوجود – GHáir maujúd
infância – s.f. : طُفولة (s.f.) – TTufúla
infeliz – adj. : تَعيس – ta3íss, مش سعيد – mích sa3íd
inferior – adj./s.m. : أقَل (s.m.) – áqal, تَحت الأرض – tá7et al árD
inferno – s.m. : جْهَنَّم (s.m.) – jHánnam
infiel – adj. : غير مُخْلِص – GHáir muqleSS
inflamação – s.f. : التِهاب (s.m.) – eltiHêb
inflamação – s.f. : احْتِدام (s.m.) – e7tidâm, احْتِراق – e7tiráq
inflamado – adj. : مُلْتَهِب – multáHeb
influência – s.f. : أثَر (s.m.) – áTer, تَأثير – ta'Tir, تأثيرات – ta'Tirát
informação – s.f. : خَبَر – KHábar, إعلام (s.m.) – i3lam, أخْبار – aKHbár
informação – s.f. : معارف – m3áref, م3árefe
informar – v. : اعلَم – ê3lom, عَلَم – 3álam
informar – v. : خَبِّر – KHábber, خَبَّر – KHábbar
inglês – s.m./adj. : إنكليزي – inglísi
ingrato – adj. : نِكرُ الجَميل – nêker al jamíl
ingressar – v. : ادْخُل – êdKHol, دَخَل – dáKHal
ingresso – s.m. : بِطاقة (s.f.) – biTTáqa, بِطاقات – biTTáqat
ingresso – s.m. : دَخْلة (s.f.) – daKHala, دَخْلات – daKHlát
iniciante – adj. : مُبْتَدى – mubtáda, مُبْتَدئين – mubtadáin
iniciar – v. : ابْتَدي – ebtáde, يِـ ابْتَدى – ebtáda (ei)
início – s.m. : ابْتِدا (s.m.) – ebtidá
inimigo – s.m. : عدوّ (s.m.) – 3ádu, أعداء – á3da'
inimizade – s.f. : عداوة (s.f.) – 3adáua

injeção/interrogar

injeção – s.f. : إِبرِة دَوا (s.f.) – íbret dáua
injúria – s.f. : إهانة (s.f.) – iiHâna
injusto – adj. : غَير عادل – GHáir 3ádel
injusto – adj. : ظالِم – Zálem, ظالِمِين – Zalemin
inocente – adj. : بَرِيء – barí', بَسِيط – bassíTT, طاهِر – TTáHer
inoportuno – adj. : غَير مُناسِب – GHáir munássib
inquilino – s.m. : مُسْتأجِر (s.m.) – mustá'jer, مُسْتأجِرِين – mustá'jerin
inseguro – adj. : خَطِر – KHáTTer
inseminação – s.f. : تَلْقِيح (s.m.) – talqí7, تَلقِيحات – talqí7at
insensato – adj. : غَير مَعقول – GHáir ma3qúl
inseto – s.m. : حَشَرة (s.f.) – 7áchara, حَشَرات – 7ácharat
insônia – s.f. : بِدون نَوم (s.m.) – bidun náum, قَلَق – qálaq
instalar – v. : رَكِّب – rákkeb, رَكَّب – rákkab
instante – s.m. : لَحْظة (s.f.) – lá7Za
instável – adj. : مُتْقَلِب – mutqaleb
instituição – s.f. : مُوَسَّسة (s.f.) – muássassa, مُوَسَّسات – muássassat
instituir – v. : أَسِّس – ásses, أَسَّس – ássas
instrução – s.f. : تَعلِيم (s.m.) – ta3lim
instruído – adj. : مُتْعَلِم – mut3álem
instrumento – adj. : سَنَد – sánad, صَك (s.m.) – Sák
instrumento – s.m. : أداة (s.f.) – adáa, أدَوات – adauát
instrumento (de sopro) – s.m. : صَكوك رِيح (s.m.) – Sakúk ri7
insulto – s.m. : إهانة (s.f.) – iiHâna
insuportável – adj. : غَير مَحْمول – GHáir ma7múl
intacto – adj. : غَير مُلْموس – GHáir mulmoss
integração – s.f. : انْدِماج (s.m.) – endimèj

integral – adj. : بِكامْلو – bi kêmlu, كُلو – kúllu
integral – adj. : كامِل – kámel, كامِلة – kêmela
inteiro – s.m./adj. : كُله (s.m.) – kúllaH – kúlaHu
intelectual – s.m./adj. : مُفَكِّر (s.m.) – mufáker, مُفَكِّرِين – mufakrín
inteligência – s.f. : زَكا (s.f.) – zákka
inteligente – adj. : زَكِي – záki, أَزْكِيا – ázkia
intenção – s.f. : قَصْد (s.m.) – qaSSd
intensidade – s.f. : حِدّة، شِدّة (s.f.) – 7edda, chêdda
intenso – adj. : حاد – 7ád, شَدِيد – chadíd
interditado – adj. : مَمْنوع – mamnú3, مَمْنوع المُرور – mamnú3 al murúr
interditar – v. : امْنَع – êmna3, مَنَع – mána3
interessado – adj. : مُهْتَم – muHtam, مُهتَمِين – muHtamin
interessado – adj. : راغِب – rêGHeb, راغِبة – rêGHeba
interessante – adj. : مَقْبول – maqbúl, مَقْبولِين – maqbúlin
interessante – adj. : شَيِّق – cháiq, مُهِم – muHêm
interessar – v. : اهْتِم – êHtem, اهْتَم – êHtam
interessar – v. : ارْغَب – êrGHab, رَغِب – râGHab
interesse – s.m. : اهْتِمام (s.m.) – eHtmám
interior – adj. : جَوّى – júua, داخِل – dêKHel
internacional – adj. : دَولي – dauli, عالَمي – 3álami
interno – adj. : داخِلي – dâKHeli
interpretar – v. : تَرْجِم – tárjem, تَرْجَم – tarjam
intérprete – s.m.f. : مُتَرْجِم (s.m.) – mutárjem, مُتَرْجِمِين – mutárjemin
interrogar – v. : اسْتِفهَم – estefHêm, اسْتِفهام – estefHám

interrogativo – *adj.* : اسْتِفهاميّ – estefHámii
interromper – *v.* : اقْطَع – êqTTa3, قَطَع – qáTTa3
interruptor – *s.m./adj.* : قاطَع (*s.m.*) – qáTTa3
intervalo – *s.m.* : اسْتِراحة (*s.f.*) – estirá7a, فَترة – fátra, فَجوة – fájue
intervir – *v.* : اتْداخَل – etdáKHal, تْداخَل – tdáKHal
intestino – *s.m.* : مُصْران (*s.m.*) – múSSrân, مَصارين – maSSárin
íntimo – *adj.* : باطِني – báTTeni, داخِلي – dáKHeli
intoxicação – *s.f.* : تَسَمُّم (*s.m.*) – tassamúm
intrepidez – *s.f.* : بأس (*s.m.*) – bá'ss, اقدام – eqdâm
intrepidez – *s.f.* : بَسالة (*s.f.*) – bassále
introdução – *s.f.* : ادْخال (*s.m.*) – edKHál, تَمْهيد – tâmHid, مُقَدِّمة (*s.f.*) – muqádima
intruso – *adj.* : دَخيل – daKHíl
inundação – *s.f.* : فَيَضان (*s.m.*) – faiaDân
inútil – *adj.* : مِش نِفِع – mích nâfe3, مِش نَفعين – mích naf3ín
inválido – *adj.* : عطيلة – 3aTTíle, عُطْلا – 3uTTala
inválido – *adj.* : كَسيح – kassí7, كُسَحا – kussa7a
invasão – *s.f.* : غَزو (*s.m.*) – GHázu
invasor – *s.m./adj.* : غازي (*s.m.*) – GHázi, غَزين – GHazín
inveja – *s.f.* : حَسَد (*s.m.*) – 7ássad
invejar – *v.* : احْسُد – ê7ssod, حَسَد – 7ássad
invenção – *s.f.* : اخْتِراع (*s.m.*) – eKHtirá3, اخْتِراعات – eKHtira3át
invencível – *adj.* : حَصْنين – 7aSSnín, حَصين – 7aSSnín
inventar – *v.* : اخْتِرِع – eKHtêre3, اخْتَرَع – eKHtára3
inventário – *s.m.* : تَوزيع و إرثة (*s.m.*) – táuzii3 u irTa

invento – *s.m.* : اخْتِراع (*s.m.*) – eKHtirá3, اخْتِراعات – eKHtira3át
inventor – *s.m./adj.* : مُخْتَرِع (*s.m.*) – muKHtáre3
inverno – *s.m.* : الشِتاء (*s.m.*) – ech-chita, شِتا – chíta
inverso – *adj.* : بالقَفى – bil qáfa, بالقِلب – bil qelb
inverso – *s.m.* : قَفى (*s.f.*) – qáfa
invertido – *adj.* : مَقْلوب – muqlûb
inviolável – *adj.* : حَرام – 7arám
invisível – *adj.* : غير مَنْظور – GHáir manZúr
involuntário – *adj.* : غَير مَقصود – GHáir maqSSúd
ir – *v.* : روح – rú7, راح – rá7, روح – rú7 – rá7
Irã – *n.próp.* : إيرا – iirâ
ira – *s.f.* : غَيْظ (*s.m.*) – GHaíZ
irado – *adj.* : مُغْتاظ – muGHtáZ
iraniano – *s.m./adj.* : إيرانيّ (*s.m.*) – irâni
Iraque – *n.próp.* : العِراق – al 3iráq
iraquiano – *adj.* : عِراقيّ – 3iráqi
irmã – *s.f.* : إخت (*s.f.*) – iKHt, خَوات – KHauát, خَيات – KHaiát
irmandade – *s.f.* : أخَوِيّة (*s.f.*) – aKHauía, أخَويّن – aKHauíin
irmão – *s.m.* : خي (*s.m.*) – KHái, أخ – áKH, اخوة – êKHua
ironia – *s.f.* : تَهَكُّم (*s.m.*) – taHákom, سُخْرية (*s.f.*) – suKHríe
irônico – *adj.* : مُتَهَكِّم – mutaHákkem
irônico – *adj.* : ساخِر – sáKHer
irreal – *adj.* : غَير حَقيقي – GHáir 7aqíqi
irreal – *adj.* : غير صادِق – GHáir Sádeq
irregular – *adj.* : غير نِظامي – GHáir neZâmi, مَعْروَج – m3áruaj
irresponsável – *adj.* : غَير مَسؤول – GHáir massú'ul
irrestrito – *adj.* : غَير مَحدود – GHáir ma7dúd
irrigação – *s.f.* : سَقاية مَي (*s.f.*) – saqáiet mái

irrigado – *adj.* : مَسْقِيَ – massqi
irrigar – *v.* : اسْقي ,دِ سَقى – êssqe, di – sáqa (ei)
irritado – *adj.* : غَضْبان – <u>GH</u>á<u>D</u>ban, غَضْبانة – <u>GH</u>a<u>D</u>bâna
irritar – *v.* : اغْضَب – Ê<u>GH</u>-<u>D</u>ab, غِضِب – <u>GH</u>â<u>D</u>ab
isca – *s.f.* : طُعَم (*s.m.*) – <u>TT</u>u3am
Islã – *n.próp.* : الإسْلام – al isslâm, مُسْلِم – musslêm
islâmico – *s.m./adj.* : إسْلاميّ – isslâmi
islamismo – *s.m.* : إسْلام – isslâm

isolado – *adj.* : مُنعَزِل – mun3azel, مُنعَزِلين – mun3azelin
isqueiro – *s.m.* : قَدّاحة (*s.f.*) – qaddá7a, قَدّاحات – qaddá7at
Israel – *n.próp.* : إسْرائيل – issraíil
israelense – *s.m.f./adj.* : إسْرائيلي (*s.m.*) – issraíli, إسرائيلية – issrailíie
isto – *pron.* : هدا – Hada
Itália – *n.próp.* : إيطاليا – i<u>TT</u>ália
italiano – *s.m./adj.* : طِلياني (*s.m.*) – <u>TT</u>eliáni
item – *s.m.* : مُفرَدة (*s.f.*) – múfrada
itinerário – *s.m.* : السَفِر (*s.m.*) – es sáfer

J

já – *adv.* : قَد – qád

jacaré – *s.m.* : تِمْساح (*s.m.*) – timsá7, تَماسيح – tamássi7

jaleco – *s.m.* : سُتْرة (*s.f.*) – setra

jamais – *adv.* : أَبَداً – ábadã

janeiro – *s.m.* : كانون الثاني (*s.m.*) – kanún eT-Têni

janela – *s.f.* : شِباك (*s.m.*) – chibbâk, شَبابيك – chabbábik

jantar – *s.m.* : عَشا (*s.m.*) – 3ácha

jantar – *v.* : تْعَشى – et3ácha, يِ اتْعَشى – t3ácha (ei)

Japão – *n.próp.* : يابان – yabân

japonês – *s.m./adj.* : يَباني (*s.m.*) – yabâni, يَبانين – yabânin

jaqueta – *s.f.* : جاكيت (*s.f.*) – jákeit, سُترة – sútra, ميثَرة – miTara

jarda – *s.f.* : ياردة (*s.f.*) – yarde

jardim – *s.m.* : جْنَينة (*s.f.*) – jnáina, حَديقة – 7ádiqa

jarra – *s.f.* : جَرّة (*s.f.*) – járra, جِرار – jirár

jasmim – *s.m.* : ياسْمين (*s.m.*) – yassmín

jato – *s.m.* : نَفْثة (*s.f.*) – náfTa

jaula – *s.f.* : قَفَص (*s.m.*) – qáfaSS

jeito – *s.m.* : أُسْلوب (*s.f.*) – asslúb, لَباقة – labáqe

jejuador – *s.m.* : صايَم (*s.m.*) – Sáiem

jejuar – *v.* : صوم – Sum, صام – Sam

jejum – *s.m.* : صايَم – Saiêm, صَوم (*s.m.*) – Sáum

Jesus Cristo – *n.próp.* : يَسوع المَسيح – yassú3 al massí7

joalheiro – *s.m.* : جَوهَرجي (*s.m.*) – jauHárje, جَوهَرجية – jauHarjía

joalheiro – *s.m.* : صايَغ (*s.m.*) – SáieGH, صَيّاغين – SaiéGHin

joelho – *s.m.* : رِكْبة (*s.f.*) – rekba, رِكاب – rikáb

jogador – *s.m.* : لَعيب (*s.m.*) – la3eb, لَعِبين – la3ebin

jogar – *v.* : ارْمي – êrme, يِ رَمى – ráma (ei)

jogar / brincar – *v.* : العَب – el3ab, لِعِب – lê3eb

jogo – *s.m.* : لِعِب (*s.m.*) – lê3eb, اَلعاب – al3áb

joia – *s.f.* : جَوهَرة (*s.f.*) – jauHára, جَواهِر – jauêHer

jordaniano – *s.m./adj.* : أُرْدُنّي (*s.m.*) – urdûni

jornal – *s.m.* : جَريدة (*s.f.*) – jaríde, جَراياد – jaráied

jornalista – *s.m.f.* : صَحافي (*s.m.*) – Sa7áfi, صَحافين – Sa7afin

jovem – *s.m.f./adj.* : شابّ (*s.m.*) – chább, شَباب – chabâb

jovem – *s.m.f./adj.* : شِبَيَب (*s.m.*) – chibáieb, شبيبة – chabibe

jubileu – *s.m.* : عَيد – 3aíd, وَبيل (*s.m.*) – uabil

judeu – *s.m./adj.* : يَهودي (*s.m.*) – yaHúde, يَهود – yaHúd

juiz – *s.m.* : قاضي (*s.m.*) – qáDi, قوضات – quDát

juízo – *s.m.* : عاقِل (*s.m.*) – 3áqel

julgamento – *s.m.* : مُحاكَمة (*s.m.*) – mu7ákama

julgar – *v.* : احْكُم – ê7kom, حَكَّم – 7ákam

julho – *s.m.* : تَمّوز – tammúz

jumento – *s.m.* : جَحش (*s.m.*) – já7ch, جُحوش – ju7úch

junho – *s.m.* : حزَيرَان (*s.m.*) – 7ezairân

junta – *s.f.* : وَصَلة (*s.f.*) – uáSSala
juntar – *v.* : اجْمَع – êjma3, جَمَع – jâma3
juntar – *v.* : صَمِّد – Samêd, صَمَّد – Samád
junto – *adj.* : مَع بَعض – ma3 bá3D
junto – *adj.* : مَع بَعضُن – ma3 bá3Dun
junto – *adj.* : سَوا – sáua
jurado – *s.m./adj.* : مُحْلِف – mú7lef, مُحْلِفين – mu7lefin

jurar – *v.* : اخْلُف – ê7lof, حَلَف – 7álaf
juros – *s.m.pl.* : فايض (*s.m.*) – fáiD
justiça – *s.f.* : عَدالة (*s.f.*) – 3adála
justificar – *v.* : وَضِّح – uáDDe7, وَضَّح – uáDDa7
justo – *adj.* : عادِل – 3ádel
juventude – *s.f.* : شَبيبة (*s.f.*) – chabiba – chabáb

L

lá – *adv.* : هُناك – Hunak, هُنيك – Huník

lā – *s.f.* : صوف (*s.m.*) – Súf, أصواف – aSSuáf

labareda – *s.f.* : لَهَب (*s.m.*) – láHab

lábio – *s.m.* : شِفة (*s.f.*) – chêfa, شِفاف – chefáf

laboratório – *s.m.* : مُخْتَبَر (*s.m.*) – muKHtábar

laço – *s.m.* : ارْتِباط (*s.m.*) – ertibáTT, حِيالة (*s.f.*) – 7eiála

laço – *s.m.* : رِباط (*s.m.*) – rebáTT, رِبْطات – rebTTát

lacre – *s.m.* : شَمع (*s.m.*) – châma3

ladeira – *s.f.* : مُنْحَدَر (*s.m.*) – mun7ádar

ladino – *adj.* : فَطين – faTTín

lado – *s.m.* : مَيل (*s.m.*) – mail, مَيلات – mailét

lado – *s.m.* : جَنَب (*s.m.*) – jánab, أَجْناب – ajnáb

lado – *s.m.* : جِهة (*s.f.*) – jêHa, جِهات – jeHát

lado a lado – *loc.adv.* : جَنَبًا إلى جَنَب – jánabet íla jánab

ladrão – *s.m.* : سَراق (*s.m.*) – sáreq, سَراقين – sareqín

ladrão – *s.m.* : حَرَمي (*s.m.*) – 7arámii, لِصّ – líSS

ladrilho – *s.m.* : بْلاط (*s.m.*) – bláTT

lady – *s.f.* : السَّيِّدة (*s.f.*) – es-saiêda

lagarto – *s.m.* : حِرْذَون (*s.m.*) – 7erTHáun, حَراذين – 7aráTHin

lago – *s.m.* : بُحَيرة (*s.f.*) – bu7áira, بُحَيرات – bu7airát

lagosta – *s.f.* : سَرَطان (*s.m.*) – saraTTân

lágrima – *s.f.* : دَمعة (*s.f.*) – dâm3a, دْموع – dmu3

laia – *s.f.* : نَوع (*s.m.*) – náu3, أَنواع – annuê3

laico – *adj.* : عَلماني – 3almâni

laje (pedra) – *s.f.* : حَجَر (*s.m.*) – 7ájar, حْجار – 7jár

lama – *s.f.* : وَحِل (*s.m.*) – uá7el

lamentar – *v.* : اتأَسَّف – etássaf, تأَسَّف – tássaf

lâmina – *s.f.* : شَفرة (*s.f.*) – cháfra, شَفرات – chafrát

lâmpada – *s.f.* : لَمْبة (*s.f.*) – lamba, لَمْبات – lambát

lâmpada – *s.f.* : مِصْباح (*s.m.*) – meSSbá7

lâmpada – *s.f.* : قِنْديل (*s.m.*) – qendil, قَناديل – qanádil

lamparina – *s.f.* : سْراج (*s.m.*) – sráj

lampião – *s.m.* : فانوس (*s.m.*) – fânnus, فَوانيس – fauánis

lampião – *s.m.* : قِنْديل (*s.m.*) – qendíl, قَناديل – qanádil

lança – *s.f.* : حَربة (*s.f.*)، سَهم (*s.m.*) – 7árbe, saHêm

lançamento – *s.m.* : اطلاق (*s.m.*) – eTTláq

lançar – *v.* : اطلُق – êTTloq, طَلَق – TTálaq

lancha – *s.f.* : شَخْتورة (*s.f.*) – chaKHtúra, شْخاتير – chaKHatír

lancha – *s.f.* : قارِب (*s.m.*) – qárib, قَوارب – qauárib

lancha – *s.f.* : زَوْرَق (*s.m.*) – zaúraq, زَوارق – zauáriq

lanterna – *s.f.* : فانوس (*s.m.*) – fânuss, فَوانيس – fauániss

lápis – *s.m.* : قَلَم رْصاص (*s.m.*) – qálam rSSáSS, أَقلام رْصاص – áqlam rSSáSS

lar – *s.m.* : بَيت (*s.m.*) – béit, بْيوت – biút

lar – *s.m.* : دار (*s.f.*) – dár, دور – dúr

lar – *s.m.* : مَنْزَل (*s.m.*) – mânzal, مَنازِل – manázel

laranja – *s.f.* : بُرْتُقال (*s.m.*) – burtuqál
laranja – *s.f.* : لَيمون (*s.m.*) – laemún, لَيمونات – laemunát
lareira – *s.f.* : مَوقِد (*s.m.*) – máuqed
largo – *adj.* : عَريض – 3ariDD, عَريضين – 3ariDDin
largo – *adj.* : واسِع – uásse3, واسِعين – uásse3in
largura – *s.f.* : عَرْض (*s.m.*) – 3árDD
laringe – *s.f.* : حَنْجُرة (*s.f.*) – 7ânjura
lástima – *s.f.* : تأسُّف (*s.m.*) – tássuf
lastimar – *v.* : أَسَف – ássaf, أسف – ássef
lata – *s.f.* : تَنَكة (*s.f.*) – tánaka, تَنَك – tânak
lateral – *adj.* : جَنَبي – jânabi
lateral – *s.f.* : أجْناب (*s.m.*) – ajnáb, مَيل – máil
latir – *v.* : عَوِي – 3aúi, عِوُي – 3aua (ei)
lavadeira – *s.f.* : إمَرَاة غسالة (*s.f.*) – ímarat GHssála
lavado – *adj.* : مِغَسَّل – mGHással, مَغَسَّلة – mGHássala
lavadora – *s.f.* : غَسالة كَهْرَبا (*s.f.*) – GHásselet kaHraba
lavanderia – *s.f.* : مَغْسَلة (*s.f.*) – máGHssala
lavar – *v.* : غَسَّل – GHássel, غَسِّل – GHással
lavatório – *s.m.* : غَسالة (*s.f.*) – GHássala
lavoura – *s.f.* : زراعة (*s.f.*) – zirá3a, فلاحة – flâ7a
lavrador – *s.m.* : فَلاح (*s.m.*) – fallâ7, فلاحين – fallâ7in
lavrador – *s.m.* : زَرَّاع (*s.m.*) – zárra3, زَرَّاعين – zarra3in
leal – *adj.* : مُخلِص – muKHlêSS, مُخلِصين – muKHlêSSin
leal – *adj.* : وَفي – uáfi
leão – *s.m.* : أَسَد – ássad, أُسود – ússud
legal – *adj.* : قانوني – qanúni
legenda – *s.f.* : نَص (*s.m.*) – náSS, نْصوص – nSSúSS
legenda – *s.f.* : تَعليق (*s.m.*) – tá3liq, تَعليقات – tá3liqat

legendário – *adj.* : أُسْطوري – aussTTuri, أُسْطورية – aussTTuria
legislação – *s.f.* : تَشْريع (*s.m.*) – tachrí3
legislador – *s.m.* : مُشْتَرع (*s.m.*) – muchtáre3
legítimo – *adj.* : حَلال – 7allál, شَرْعَيّ – chár3ai
legumes – *s.m.pl.* : خُضْرة (*s.f.*) – KHúDra
leguminosa – *s.f.* : بَقَل (*s.m.*) – baql
lei – *s.f.* : قانون (*s.m.*) – qanún, قَوانين – qauánin
leite – *s.m.* : حَليب (*s.m.*) – 7alíb
leiteiro – *s.m.* : حَلّاب (*s.m.*) – 7alláb
leitura – *s.f.* : قِراءة (*s.f.*) – qirá'a
lema – *s.m.* : شِعار (*s.m.*) – chi3ár
lema – *s.m.* : رَمْز (*s.m.*) – râmz, رُموز – rumúz
lembrança – *s.f.* : تِذْكار (*s.f.*) – teTHkár, ذاكْرة – THákra
lembrar – *v.* : اتْذَكَّر – etTHákar, تْذَكَّر – tTHákar
lenço – *s.m.* : مَحْرَمة (*s.m.*) – má7rama, مَحارِم – ma7árem
lenço para cabeça – *s.m.* : حِجاب – 7ijáb, غطاء (*s.m.*) – GHáTTa'
lençol – *s.m.* : شَرْشَف (*s.m.*) – chárchaf, شَراشِف – charáchef
lenda – *s.f.* : حَكية (*s.f.*) – 7akaia, قِصة – qêSSa, قِصَص – qeSSáSS
lentilha – *s.f.* : عَدَسّ (*s.m.*) – 3ádass
lento – *adj.* : بَطيء – baTTí', بَطُئ – baTTu'
leque – *s.m.* : مَرْوَحة (*s.f.*) – maruá7a, مَراوِح – maráue7
ler – *v.* : اقرى – êqra, قِري – qêre
lerdo – *adj.* : بَطيء – baTTí', بَطُئ – baTTu'
lesão – *s.f.* : جُرْح (*s.m.*) – jurú7, جْروح – jrû7
lesma – *s.f.* : بِزَّاقة (*s.f.*) – bezzáqa
leste – *s.m.* : شَرْق (*s.m.*) – chárq
letra – *s.f.* : حَرْف (*s.m.*) – 7árf, أَحْرُف – á7rof, 7rôf, حُروف

levantar/livre

levantar – *v.* : أُنْهَضْ – únHaD, نَهَضْ – náHaD
levantar (peso) – *v.* : ارْفَعْ – êrfa3, رَفَع – ráfa3
levantar (-se) – *v.* : قومّ – qúmm, قَام – قِم – qêm – qám
levar – *v.* : اخُذ – êKHoTH, أَخَذ – áKHaTH
leve – *adj.* : خَفِيف – KHafíf, خُفاف – KHféf
libanês – *s.m./adj.* : لِبناني ّ (*s.m.*) – libnêni, لبنانين – libnênin
Líbano – *n.próp.* : لبنان – Lubnân
liberal – *adj.* : حُرّ – 7ôrr, كَرِيم – karím, كَرِيمين – karímin
liberdade – *s.f.* : حُرِّية (*s.f.*) – 7urría, الحُرِّية – al 7urría
libertar – *v.* : حَرِّر – 7árrer, حَرَّر – 7árrar
libra (moeda) – *s.f.* : لِيرة (*s.f.*) – líra
lição – *s.f.* : دَرْس (*s.m.*) – dárss, دُروس – drúss
licença – *s.f.* : مَأْذُنيّة (*s.f.*) – ma'THunía
lícito – *adj.* : حَلال – 7allál
líder – *s.m.* : زَعِيم (*s.m.*) – za3im, زوعَما – zú3ama
ligado – *adj.* : مَفْتوح – maftú7
ligado – *adj.* : مَرْبوط – marbúTT, مَرْبوطة – marbúTTa
ligar (aparelho) – *v.* : عَقِد – 3aqêd, عَقَد – 3aqád
ligar (aparelho) – *v.* : رَبِط – rabêTT, رَبَط – rabáTT
ligar (aparelho) – *v.* : أوصِل – uSSel, وَصَل – uáSSal
ligeiro – *adj.* : بِسُرعة – bíssûre3a
ligeiro – *adj.* : سِرعة – sêre3a, خَفِيف – KHafíf
lima – *s.f.* : مَبْرَد (*s.m.*) – mábrad
limão – *s.m.* : لَيمون حامِض (*s.m.*) – laemún 7âmeD
limitado – *adj.* : مَحدود – ma7dúd
limitar – *v.* : حَدِّد – 7ádded, حَدَّد – 7áddad
limite – *s.m.* : حَدّ (*s.m.*) – 7ádd, حُدود – 7udúd

limpar – *v.* : نَظِّف – náZZef, نَظَّف – náZZaf
limpeza – *s.f.* : نَظافة (*s.f.*) – naZáfa
limpo – *adj.* : نظِيف – naZíf, نظِيفة – naZifa
lindo – *adj.* : حِلو – 7êlu, حِلوِيّت – 7eluiát
lindo – *adj.* : جَمِيل – jamíl, جَمِيلة – jamíla(e)
língua (anatomia) – *s.f.* : لِسان (*s.m.*) – lissên
língua (idioma) – *s.f.* : لُغة (*s.f.*) – lôGHa, لُغات – loGHát
linha – *s.f.* : خَطّ (*s.m.*) – KHáTT, خَيط – KHáeTT, خُطوط – KHuTTúTT
linha aérea – *loc. subst.* : خَيط جَويّ الطَيَران (*s.m.*) – KHáeTT jáui eTT-TTayarán
linha do equador – *loc. subst.* : خَطّ الأَستِواء – KHáTT al esstiuá'
linho – *s.m.* : كِتّان (*s.m.*) – kettân
liquidação – *s.f.* : تَخْلِيص (*s.m.*) – taKHlíSS, تَنزيلات – tanzilát
liquidificador – *s.m.* : مُمْزاج (*s.m.*) – mumzêj
líquido – *adj.* : سايل – sáel
lira – *s.f.* : لِيرة (*s.f.*) – líra
lírio – *s.m.* : زَنْبَق (*s.m.*) – zânbaq, زَنابِق – zanábeq
liso – *adj.* : أَسِيل – ássil, ناعِم – ná3im
liso (sem dinheiro) – *adj.* : مُفْلِس (*s.m.*) – mfálles
lista – *s.f.* : لايحة (*s.f.*) – lái7a, لايحات – lái7at
listado – *adj.* : مُقَلَم – muqálam, مُقَلمة – muqálma
listra – *s.f.* : خَطّ (*s.m.*) – KHáTT, خَيط – KHáeTT, خُطوط – KHuTTúTT
literatura – *s.f.* : أَدَب (*s.m.*) – ádab
literatura – *s.f.* : قراءة (*s.f.*) – qirá'a
litoral (praia) – *s.m.* : ساحِل (*s.m.*) – sá7el, شَط البَحر – cháTT al ba7er
litro – *s.m.* : لِتر (*s.m.*) – líter, لِترة – lítra
livraria – *s.f.* : مَكْتَبة (*s.f.*) – máktaba, مَكاتِب – makáteb
livre – *adj.* : أَحْرار – a7rár, حُرّ – 7ôr, حُرِّين – 7urrín

livre/luz

livre – *adj.* : طَلِيق – **TT**alíq
livro – *s.m.* : كِتاب (*s.m.*) – kitêb, كُتُب – kútub
lixeiro – *s.m.* : زَبال (*s.m.*) – zabbél, زَبالين – zabbélín
lixo – *s.m.* : زْبالة (*s.f.*) – zbêla
lobo – *s.m.* : ذِيَبّ (*s.m.*) – **TH**íbb, ذياب – **TH**iáb
locadora – *s.f.* : تأجير سَيارات (*s.f.*) – tájir saiarát
local – *s.m.* : مَحَل (*s.m.*) – ma7ál, مَحَلات – ma7alêt
local – *s.m.* : مَكان (*s.m.*) – makân
local – *s.m.* : مَطْرَح (*s.m.*) – ma**TT**rá7, مَطارِح – ma**TT**áre7
local – *adj.* : مَحَلي (*s.m.*) – ma7áli, مَحَلية – ma7alía
localidade – *s.f.* : مَوقِع (*s.m.*) – mauqe3
localização – *s.f.* : مَوقِع (*s.m.*) – mauqe3
localizado – *adj.* : مَوجود – maujud, مَوجودة – maujuda
localizado – *adj.* : واقِع – uáqea3
locar – *v.* : أجِر – ájer, أجَر – ájar
locomotiva – *s.f.* : مَكِنة تران (*s.f.*) – makanêt trên
locutor – *s.m.* : مُذيع (*s.m.*) – mu**TH**í3, مُذيعين – mu**TH**í3in
lógico – *adj.* : مَعقول – ma3qúl
logo – *adv.* : حَلاً – 7álla, فَورا – faurã
loja – *s.f.* : دِكّانة (*s.f.*) – dikkâna, دَكاكين – dakkakin
loja – *s.f.* : مَحَل (*s.m.*) – ma7ál, مَحَلات – ma7alêt
longe – *adv.* : بَعيد – bá3id, بَعيدين – ba3idin
longo – *adj.* : طَويل – **TT**auíl, طوال – **TT**uál
loteria – *s.f.* : نَصيب (*s.m.*) – na**SS**íb
louça – *s.f.* : أدَوات المَطْبَخ (*s.m.*) – adáuet al má**TT**ba**KH**
louco – *adj.* : أخْوَت (*s.m.*) – á**KH**uat, خوتان – **KH**utân
louco – *adj.* : مَجْنون (*s.m.*) – majnún, مَجْنونة – majnúna

loucura – *s.f.* : جُنون (*s.m.*) – junún
lousa – *s.f.* : لَوح (*s.m.*) – láu7
lua – *s.f.* : قَمَر (*s.m.*) – qámar
lua cheia – *loc. subst.* : قَمَر بَدْر (*s.m.*) – qámar bádr
lua crescente – *loc. subst.* : قمَر هِلال (*s.m.*) – qâmar Helál
lua de mel – *loc. subst.* : شَهِر العَسَل (*s.m.*) – cháHer al 3assal
lua minguante – *loc. subst.* : قَمِر مُتَناقِص (*s.m.*) – qâmar mutanáqe**SS**
lua nova – *loc. subst.* : قَمَر مُحاق (*s.m.*) – qâmar mu7áq
luar – *s.m.* : ضَوَء القِمَر (*s.m.*) – **D**áua al qámar
lubrificar – *v.* : زَيِّت – zaiiêt, زَيَّت – zaiiát
lucrar – *v.* : ارْبَح – êrba7, رِبِح – rêbe7
lucro – *s.m.* : رِبِح (*s.m.*) – rêbe7, أرْباح – arbá7
lugar – *s.m.* : مَحَل (*s.m.*) – ma7ál, مَكان – makân, مَحَلات – ma7alêt
lugar – *s.m.* : مَطْرَح (*s.m.*) – má**TT**ra7, مَطارِح – ma**TT**áre7
luminoso – *adj.* : مُنِير – munír
lunar – *adj.* : قَمَريّ – qamaríi, قَمَريّات – qamariêt
luneta – *s.f.* : نَظّارات (*s.f.*) – na**ZZ**arát
lustrar – *v.* : لَمِّع – lámme3, لَمَّع – lámma3
lustre – *s.m.* : ثُرَيّا (*s.f.*) – **T**ráiia, ثَرَيّات – **T**ráiat
lutador – *s.m.* : مُصارِع (*s.m.*) – mu**SS**áre3
lutar – *v.* : جاهِد – jáHed, جاهَد – jáHad
lutar – *v.* : صارِع – sáre3, صارَع – sára3
luva – *s.f.* : قُفاز (*s.m.*) – qufáz, قُفازات – qufázát
luvas – *s.f.pl.* : كفوف (*s.m.*) – kfúf
luxo – *s.m.* : فَخِم (*s.m.*)، رَفاهة (*s.f.*) – fá**KH**em, rafáHa
luxuoso – *adj.* : فَخِم – fá**KH**em, فَخِمة – fá**KH**ema
luz – *s.f.* : ضَو (*s.m.*) – **D**áu', أضوية – á**D**uia
luz – *s.f.* : نور (*s.m.*) – núr, أنوار – anuár

M

maçã – s.f. : تُفَّاحة (s.f.) – tuffé7a, تِفَاح – tiffé7

macaco – s.m. : قِرْد، سَعدان (s.m.) – sa3dên, qêrd

maçaneta – s.f. : مَسْكة (s.f.) – máska, مَسْكات – maskát

macarrão – s.m. : مَعكَرون (s.m.) – ma3karôn

machado – s.m. : الخَطاب – al 7aTTáb, خَطاب (s.m.) – 7aTTáb

machado – s.m. : بَلْطة (s.f.) – bálTTa, بَلْطات – balTTat

macho e fêmea – exp. : ذَكَر و انْثى – Dákar u ênTa

machucado – adj. : جُرُح (s.m.) – jurú7, جُروح – jrû7

machucado – adj. : مَجْروح – majrú7, مَجْروحة – majrú7a

machucar – v. : اجْرَح – êjra7, جَرَح – jára7

macio – adj. : باعِم – nâ3em, ناعِمين – nâ3emin

maconha – s.f. : حَشيشة (s.f.) – 7achícha

madeira – s.f. : خَشَب (s.m.) – KHáchab, خَشَبات – KHachabát

madrasta – s.f. : أُمّ ثانية (s.f.) – umm Tânía

madre – s.f. : رَئيسة راهْبات (s.f.) – raísset ráHbat

madrinha – s.f. : عرّابة (s.f.) – 3arrába, عرّابات – 3arrábat

madrugada – s.f. : صُبْح (s.m.) – Súbo7, فَجِر – fájer

madrugar – v. : بَكِّر – bákker, بَكَّر – bákkar

maduro – adj. : مِسْتَوي – misstáue, مِسْتَويين – mistáueiin

maduro – adj. : بالغ – báleGH, ناضِج – náDej

mãe – s.f. : أُمّ (s.f.) – umm – imm, أُمَّيات – ummaiêt – immaiêt

mãe – s.f. : والدة (s.f.) – uáleda

magia – s.f. : سِحِر (s.m.) – sê7er

mágico – s.m./adj. : ساحِر (s.m.) – sá7er, ساحِرين – sä7erin

magistrado – s.m. : حاكِم (s.m.) – 7ákim

magnético – adj. : مَغْباطيسيّ – maGHnáTTissi

magnífico – adj. : عَظيم – 3aZím, عَظيمين – 3aZímin

magnífico – adj. : بَديع – badí3, بَديعين – badí3in

mágoa – s.f. : حُزْن (s.m.) – 7úzn, كَمَد – kámad

magoado – adj. : حَزين – 7azín, حَزينة – 7azíne

magoado – adj. : مَجْروح – majrú7, مَجْروحة – majrú7a

magoar – v. : احْزن – ê7zen, حَزَن – 7ázan

magoar – v. : ازْعَل – êz3al, زْعَل – z3ál

magro – adj. : ضَعيف – Da3íf, ضْعاف – D3áf

maio – s.m. : أيَّار (s.m.) – aiár

maiô – s.m. : مايوء (s.m.) – maiiô

maior – adj. : أكْبَر – ákbar, راشيد – rachíd

maioria – s.f. : مُعظَم (s.m.) – akTaríie, أكْثَرِيّة (s.f.) – mu3zâm

mais – adv. : أكْثَر – ákTar

mais alto – loc. adj. : أَعلى – á3la

mais ou menos – loc. adv. : تقْريباً – taqríibā

mais que – loc. conj. : أكْثَر من – ákTar menn

mais um pouco – loc. adv. : بعد شَوَي – ba3d chuáe

majestade – s.f. : جَلالات (s.m.) – jalálat

mal – *adj.* : قليلا ما – qalíla ma, أن نَدَرَ – nádar ân

mal – *s.m.* : شَر – chár, شَرِّير (*s.m.*) – charrír, شَرِّيرين – charrírin

mala – *s.f.* : شَنْطة (*s.f.*) – chânTTa, شَنْطات – chanTTêt

malandro – *adj.* : أَزْعَر – az3ar, زُعِران – zu3erân

malandro – *adj.* : خَبَثًا – KHábiT, خَبَّيث – KHabaTa

malandro – *adj.* : مَلْعون – mála3un, مَلاعين – mala3in

maldoso – *adj.* : شَرِّير – charrír, شَرِّيرين – charrírin

mal-entendido – *s.m./adj.* : غَير مَفهوم – GHáir mafHúm

mal-estar – *s.m.* : انْزِعاج – enze3áj, قَلَق – qálaq

malfeito – *adj.* : مُعيب – mu3íb

malfeitor – *s.m.* : شَرِّير (*s.m.*) – charrír, شَرِّيرين – charrírin

mal-humorado – *adj.* : زَعلان – za3lên

malte – *s.m.* : شَعير (*s.m.*) – cha3ír

maltratar – *v.* : عَذَّب – 3áTHeb, عَذَّب – 3áTHab

maluco – *s.m./adj.* : مَجْنون (*s.m.*) – majnún, مَجانين – majânin

mamar – *v.* : ارْضَع – êrDa3, رَضِع – ráDe3

mamífero – *s.m./adj.* : تديَي (*s.m.*) – tadíiei, لَبون – labún

mancar – *v.* : اعرُج – ê3roj, عَرَج – 3áraj

mancha – *s.f.* : بُقعة (*s.f.*) – buq3á, لَطخة – laTTKHa, وَسَخة – uássaKH

manco – *adj.* : أعرَج – á3raj, عُرُج – 3úroj

mandar – *v.* : ابْعَث – êb3aT, بَعَث – bá3aT

mandar – *v.* : ارْسُل – êrssul, رَسَل – rással

mandato – *s.m.* : أَمْر رَسْميّ (*s.m.*) – âmr rássmi, انْتِداب – entidáb

mandíbula – *s.f.* : حَنَك (*s.m.*) – 7ânak, أحْناك – a7nêk

mandioca – *s.f.* : مَنيهوت (*s.m.*) – maniHút

mando – *s.m.* : أَمْر (*s.m.*) – âmr, سُلطة (*s.f.*) – súlTTa, سُلطات – súlTTat

maneira – *s.f.* : أُسلوب (*s.m.*) – ausslúb

manga (fruta) – *s.f.* : أَنبَجة (*s.f.*) – ânbaja

manga (roupa) – *s.f.* : كِمّ (*s.m.*) – kêmm, كمام – kmâm

mangueira (árvore) – *s.f.* : أَنبَج (*s.m.*) – ânbaj, نَرْبيج – narbíj

mangueira (de água) – *s.f.* : شريط مَي (*s.m.*) – chiríTT máe

mangueira (de água) – *s.f.* : انْبوب (*s.m.*) – enbúb, أَنابيب – anabíb

manhã – *s.f.* : صَباح (*s.m.*) – Sabá7

manhã – *s.f.* : صُبْح (*s.m.*) – Súbo7, الصُبْح – eSSúbo7

manifestação – *s.f.* : مُظاهَرة (*s.f.*) – muZáHara, مُظَهَرات – muZáHarat

manifesto – *adj.* : ظاهِر – ZáHer

manifesto – *s.m.* : اعلان (*s.m.*) – e3lân, بَيان – baiân

manipulador – *s.m./adj.* : مُتْلاعِب (*s.m.*) – mutlá3eb, مُتْلاعِبة – mutlá3ebe

manobra – *s.f.* : مُناوَرة (*s.f.*) – munáuara, مُناوَرات – munáuarat

manteiga – *s.f.* : سَمن – sâmen, زِبدة – zebde

manto – *s.m.* : عَبايّة (*s.f.*) – 3abéia, عبايات – 3abéiat

manto – *s.m.* : كَبوت (*s.m.*) – kabbút, كَبابيت – kababít

manual – *adj.* : يَدَوي – ýdaui, يَدَويّن – ydáuein

manual – *s.m.* : كُتَيّب (*s.m.*) – kutíib

mão – *s.f.* : إيد (*s.f.*) – ýd, يد، إيدايِن – ydein

mapa – *s.m.* : خَريطة (*s.f.*) – KHaríTTa, خَرايِّط – KHaraieTT

maquiagem – *s.f.* : ماكياج (*s.m.*) – makiáj

máquina – *s.f.* : مَكَنة (*s.f.*) – mákana, مَكَنات – mákanet

máquina de calcular – *loc. subst.* : آلة حاسَبية (*s.f.*) – âla 7essabia

máquina de lavar/medalha

máquina de lavar – *loc. subst.* : غَسّالة (*s.f.*) – GHassála

máquina fotográfica – *loc. subst.* : آلة تَصوير (*s.f.*) – âla taSSuír

mar – *s.m.* : بَحِر (*s.m.*) – bá7er, بْحور – b7úr

maravilha – *s.f.* : مُعجَزة (*s.f.*) – muá3jeza, مُعجَزات – mu3jazát

maravilhosa – *adj.* : بَديعة – badí3a, مُدهِشة – múdHecha

maravilhoso – *adj.* : بَديع – badí3, مُدْهِش – mudHech

marca – *s.f.* : علامة (*s.f.*) – 3álama, علامات – 3álamat

marcado – *adj.* : مُعَلَّم – m3állam, مُعَلَّمين – m3államin

marcar – *v.* : عَلَّم – 3állem, عَلَّم – 3állam

marcar um gol – *exp.* : سجَّل إصابة – sjjál iSSábba

marcenaria – *s.f.* : نِجارة (*s.f.*) – nejára

marceneiro – *s.m.* : نَجّار (*s.m.*) – najjár, نَجّارين – najjárin

marcial – *adj.* : عَسْكَرِيَ – 3asskarí

março – *s.m.* : آذار (*s.m.*) – aTHár

marfim – *s.m.* : سِن الفيل (*s.m.*) – sínn al fil, عاجّ – 3ájj

margarida – *s.f.* : لَوْلؤَيَة (*s.f.*) – lu'lú'ie

margarina – *s.f.* : سَمِن – sâmen

margem – *s.f.* : ضفة (*s.f.*) – Dáffa, هامِش (*s.m.*) – Hâmich

marginal – *adj.* : حافِي – 7áffi, حِدّي – 7eddeí

marginal – *s.m.* : بأْس (*s.m.*) – bass, فقير – faqir

marido – *s.m.* : زَوج (*s.m.*) – záuj, أزوَج – azzuáj

marinha – *s.f.* : بَحْرية (*s.f.*) – ba7ríia

marinheiro – *adj./s.m.* : بَحّار (*s.m.*) – ba77ár, بَحْري – bá7ri, بَحّارين – ba77árin

marmelo – *s.m.* : سَفَرْجَل (*s.m.*) – safárjal

mármore – *s.m.* : رْخام (*s.m.*) – rKHám

martelo – *s.m.* : شَكوش (*s.m.*) – chákuch, شَواكيش – chauákich

mártir – *s.m.* : شَهيد (*s.m.*) – chaHíd, شُهَدأً – chúHada

mas – *conj.* : لكِن – léken

máscara – *s.f.* : قِناع (*s.m.*) – qená3

máscara de oxigênio – *loc. adj.* : قِناع الأُكسيجين (*s.m.*) – qená3 al áukissijên

masculino / feminino – *adj.* : مُذَكَّر – muTHákkar, مؤَنَّث – muánnaT

massa – *s.f.* : عَجين (*s.m.*) – 3ajín

massacre – *s.m.* : مَذبَحة (*s.f.*) – maTHba7a

mastigar – *v.* : اعلُك – ê3lok, عَلَك – 3álak

mastigar – *v.* : امْضَغ – emDáGH, مَضَغ – máDaGH

mata – *s.f.* : حرْش (*s.m.*) – 7êrch, غابة (*s.f.*) – GHába

matadouro – *s.m.* : مَسْلَخ (*s.m.*) – massláKH, مَسالِخ – massáleKH

matar – *v.* : اقتُل – êqtol, قَتَل – qátal

matemática – *s.f.* : رياضة (*s.f.*) – riaDa, حِساب – 7issáb

matéria – *s.f.* : مادة (*s.f.*) – máda

material – *adj.* : مادِّي – madeeí

material – *s.f.* : أداة (*s.f.*) – adáa, أداوات – adauát

maternidade – *s.f.* : مُسْتَشْفى للتَوليد (*s.f.*) – mustáchfa la taulíd

mato – *s.m.* : حَشيش – 7achích, عِشب (*s.m.*) – 3êcheb

matriculado – *adj.* : مُسَجَّل – mssájjal, مُسَجَّلين – mssájjalin

matricular – *v.* : سَجَّل – sájjel, سَجَّل – sájjal

mau – *adj.* : عاطِل – 3áTTel, عَطلين – 3áTTlin

mau – *adj.* : رَدي' – radí'

máximo – *adj.* : اَكْبَر – ákbar, اَكْتَر شي – áktar chí, رَشيد – rachíd

mecânico – *s.m.* : مِكَنيك (*s.m.*) – mekânik

medalha (título) – *s.f.* : وِسَام (*s.m.*) – uessâm, وسامات – uessâmat

medalha – *s.f.* : نيشان (*s.m.*) – nichân, نِشانات – nichênat

média – s.f. : وَسَط – uássa**TT**
medicamento – s.m. : دَواءَ (s.m.) – dáua, ادُية – edúia
medicar – v. : حَكَّم – 7ákkem, حَكَّم – 7ákkam
medicina – s.f. : حِكْمة (s.f.) – 7êkma, طُب – **TT**ôb
médico – adj. : طُبّي – **TT**obíi
médico – s.m. : حَكيم (s.m.) – 7akím, حُكَّماً – 7úkama
médico – s.m. : طَبيب (s.m.) – **TT**abíb, طَبيبة – **TT**abíba
medida – s.f. : قياس (s.m.) – qiáss, قياسات – qiássat
medido – adj. : مُقاس – muqáss, مَوزون – maúzun
médio – adj. : مُتَوَسَّط – mtáuasse**TT**, وَسَط – uássa**TT**,
medir – v. : قَيِّس – qáiiess, قاس – qáss
mediterrâneo – s.m./adj. : مُتَوَسَّط (s.m.) – mtauassá**TT**
medo – s.m. : فَزَع (s.m.) – fazá3, خَوَف – **KH**áuf
medroso – adj. : فَزيع – fázze3, فَزيعين – fazzi3in
medroso – adj. : خَويف – **KH**auíf, خَويفين – **KH**auifin
meia (vestuário) – s.f. : كَلسات (s.m.) – kalssêt
meia (vestuário) – s.f. : قَلشين (s.m.) – qalchín, قَلاشين – qaláchin
meia-noite – s.f. : نُصْف اللَيل (s.m.) – nú**SS**f el láil
meio – adj. : ناقِص – náqe**S**
meio – s.m. : نُصْف (s.m.) – nú**SS**f, وَسَط – uássa**TT**
meio-dia – s.m. : ظُهُر (s.m.) – **Z**úHor
meios (de) – adv. : أداوة – adáua, أداوات – adauát
mel – s.m. : عَسَل (s.m.) – 3ással
melancia – s.f. : بَطّيخ (s.m.) – ba**TT**í**KH**

melão – s.m. : بَطّيخ أَصفَر (s.m.) – ba**TT**í**KH** á**SS**far, بَعجور – ba3júr
melhor – s.m./adj. : أَحسَن (s.m.) – á7ssan
melhorar – v. : اتْحَسَن – et7ássan, تْحَسَن – t7ássan
melodia – s.f. : لَحِن – lá7en, أَلحان – ál7an
membro – s.m. : أَصْل (s.m.) – á**SS**l, أُصول – au**SS**úl
membro – s.m. : فَريد (s.m.) – faríd, أفراد – afrád
memória – s.f. : ذاكِرة (s.f.) – **TH**ákira, ذاكِرات – **TH**ákirat
mencionado – adj. : مَذكور – ma**TH**kúr, مَذكورين – ma**TH**kurín
mendigo – s.m. : شَحّاذ (s.m.) – cha77á**TH**, شَحّادين – cha77á**TH**in
menina – s.f. : بِنْت (s.f.) – bínt, بَنات – banât
menina – s.f. : بِنْت صَغيرة (s.f.) – bint Sa**GH**íra, بِنْت صْغيرة – bint **SSGH**íra
menino – s.m. : صَبي (s.m.) – **S**ábi, صُبيان – **S**ubiân
menino – s.m. : وَلَد (s.m.) – uálad, طُفُل – **TT**uful
menor – adj. : أَصْغَر – á**SS**-**Ghar**
menos – adv. : عَدا – 3adá, ما عَدا – ma 3adá
menos – adv. : إلاّ – ílla, أَقَل – áqal
menos – prep. : أَنْقَص – anqá**SS**, مِن دون – mên dún
menos / pelo menos – adv./loc. adv. : على الأَقَل – áqal, 3ála al áqal
mensageiro – s.m. : بَشير (s.m.) – bachír
mensageiro – s.m. : مَبْعوث (s.m.) – mab3ú**T**, مَبْعوثين – mab3ú**T**in
mensageiro – s.m. : رَسول (s.m.) – rassúl, رَسولين – rássulin
mensagem – s.f. : بَلاغ (s.m.) – balá**GH**
mensagem – s.f. : رِسالة (s.f.) – rissála, رِسالَت – rissálat
mensal – adj. : شَهْري – cháHri
mensalidade – s.f. : شَهْرية (s.f.) – chaHría

mental – adj. : ذِهْنيّ – TH-Hníi, – عَقْليّ – 3aqlêi

mente – s.f. : ذَاكِرَة (s.f.) – THákira, ذَاكِرات – THákirat

mente – s.f. : ذِهْن (s.m.) – THíHn, عَقِل – 3aqel

mentir – v. : كَذَّب – kêTHeb, كَذَب – kêTHab

mentira – s.f. : كِذبة (s.f.) – kíTHba, كِذبات – kíTHbat

mentiroso – adj. : كاذِب (s.m.) – keTHêb, كاذابة – keTHêbe

mercado – s.m. : سوق (s.f.) – súq, أسواق – assúaq

mercado comum – loc. subst. : سوق مُشْتَرَكة (s.f.) – súq muchtáraka

mercado de trabalho – loc. subst. : سوق العَمَل (s.f.) – súq al 3amál

mercado livre – loc. subst. : سوق حُرّة (s.f.) – súq 7úrra

mercado negro – loc. subst. : سوق سَودا (s.f.) – súq sáuda

mercadoria – s.f. : بْضاعة (s.f.) – bDá3a, بَضايِع – baDáie3

mercearia – s.f. : بَقالة (s.f.) – beqála

merecer – v. : اسْتاهَل – estáHel, اسْتاهَل – estáHal

merecer – v. : اسْتِحِق – estê7eq, اسْتَحَق – está7aq

merenda – s.f. : عَصْر (s.m.) – aSSr

merendeira – adj./s.f. : عَصْرونية – aSSrunía, عَصْرونيات – aSSriniát

mergulhar – v. : أغْطُس – ôGH-TToss, غَطَس – GHáTTass

mês – s.m. : شَهِر (s.m.) – cháHer, أَشْهُر – áchHor, شُهور – chuHur

mesa – s.f. : طاولة (s.f.) – TTáule, طاولات – TTáulat

mesada – s.f. : شَهْرية (s.f.) – chaHríia, مُشاهَرة – mucháHara

mesma coisa – adj. + s.f. : ذِت الشي (s.m.) – THêt ech-chí

mesmo – adj./adv. : بالذَّت – bil THêt, ذِت – THêt

mesquita – s.f. : جامِع (s.m.) – jême3, جَوامِع – jauême3

mesquita – s.f. : مَسْجِد (s.m.) – massjíd, مَساجِد – massájid

mestre – s.m./adj. : اسْتاذ (s.m.) – estêTH

mestre – s.m./adj. : مُعالِم (s.m.) – m3álem, مَعلمة – ma3lme

meta – s.f. : هَدَف (s.m.) – Hádaf, أهْداف – aHdáf

metade – s.f. : نصف (s.m.) – núSSf, بالبُصف – bíl núSSf

metal – s.m. : مَعدِن (s.m.) – má3den, مَعدان – ma3adên

meteorologia – s.f. : اكتِشاف الطَّقس (s.m.) – ektecháf eTT-TTáqess

meteorologia – s.f. : تَعيِن الطَّقس (s.m.) – ta3ín eTT-TTáqess

método – s.m. : أسْلوب (s.m.) – áusslub

método – s.m. : طريقة (s.f.) – TTaríqe, طُرُق – TTúroq

metro – s.m. : مِتر (s.m.) – míter, أمْتار – amtár

metro cúbico – loc. subst. : مِتر مُكَعَّب (s.m.) – míter muka3ab

metro quadrado – loc. subst. : مِتر مُرَبَّع (s.m.) – míter muraba3

metrópole – s.f. : مَدينة (s.f.) – madína, مُدُن – mudun

micose – s.f. : فُطار (s.m.) – fuTTár

micróbio – s.m. : جَرثومة (s.f.) – jarTúma, جَراثيم – jaráTim

microcomputador – s.m. : جاسوب صَغيرة (s.m.) – jássub SaGHíra

microempresa – s.f. : شَرِكة صَغيرة (s.f.) – chêrket SaGHíra

micro-ondas – s.f. : مَوجة قَصيرة (s.f.) – maújat qaSSíra

microscópico – *adj.* : مِجْهَرِي (s.m.) – mêjHari

microscópico – *s.m.* : مِجْهَر (s.m.) – mêjHar, مُكَبِّر – mukábber

migrante – *s.m.f./adj.* : رَحَال (s.m.) – ra7ál, مُهاجِر – muHájer

mil – *num.* : اَلَف – álf, اَلَاف – aláf

milagre – *s.m.* : عَجِيبة (s.f.) – 3ajíba, عَجَيِّب – 3ajaiêb

milagre – *s.m.* : مُعجَزة (s.f.) – muá3jeza, مُعجَزات – mu3jazát

milenar – *adj.* : اَلفِي – álfi

milha – *s.f.* : مِيل (s.m.) – míl

milhão – *num.* : مَليون – maliún, مَلايِن – malaín

milho – *s.m.* : ذِرَة (s.f.) – THára, درة – dára

milionário – *adj.* : مَليونير – malioner, مَليوناريّة – malionérie

militar – *adj.* : عَسْكَري – 3áskari, عَسْكَريّة – 3áskarie

militar – *adj.* : جَرْبِي – jarbi, جُنْدي – júndi

mimado – *adj.* : دَلوع – dálu3, دَلوعة – dalú3a

mimo – *s.m.* : جَميلة – jamíla, لَطيفة – laTTífa, هَديّة (s.f.) – Hadêia

mina (arma) – *s.f.* : لغُم (s.m.) – lêGHum, اَلغَام – álGHam

mina – *s.f.* : مَنْجَم – mânjam, مَناجِم – manájem

mina – *s.f.* : عين (s.m.) – 3áin, عيون – 3aiun

mineral – *adj.* : مَعدَنيّ – má3dani, مَعادِن – ma3áden

mineral – *s.m.* : مَعدَن (s.m.) – má3dan, مَعادن – ma3adên

mingau – *s.m.* : عصيدة (s.f.) – 3aSSída

minha mão – *pron.* + *s.f.* : يَدِيّ (s.m.) – yadii

míni – *s.m.* : صَغير (s.m.) – SaGHír, صْغير – SSGHír

miniatura – *s.f.* : شي صَغير (s.m.) – chí SaGHír

miniatura – *s.f.* : مُصَغَرة (s.f.) – muSSáGHara

mínimo – *adj.* : اَصْغَر، أقل شي – áSS-GHar, áqal chí

ministério – *s.m.* : وَزارة (s.f.) – uezára, وَزارات – uezárat

ministro – *s.m.* : وَزير (s.m.) – uazír, وَزَراء – uzára`

minuto – *s.m.* : دَقيقة (s.f.) – daqíqa, دَقايق – daqáieq

miolo – *s.m.* : مُخ (s.m.) – môKH

miolo – *s.m.* : نْخاع (s.m.) – nKHá3, نْخاعات – nKHa3át

míope – *adj.* : قَصير – qáSSir, قُصَّر – qúSSar

miopia – *s.f.* : ضُعف نَظَر (s.m.) – Dú3of naZár

miopia – *s.f.* : نَظَر خَفيف (s.m.) – naZár KHafíf, نَظَر قَليل – naZár qalíl

miserável – *adj.* : بَخيل – baKHíl, مِسكين – messkín

miséria – *s.f.* : بُخْل (s.m.) – búKHl

misericórdia – *s.f.* : رَحْمة (s.f.) – rá7ma

missa – *s.f.* : قِداس (s.m.) – qedáss, قِداسات – qedássat

missão – *s.f.* : مُهِمّة (s.f.) – muHêmma, مُهِمّات – muHêmmat

misterioso – *adj.* : غامِض – GHámeD

misto – *adj.* : مُشَكَّل – muchákkal

misto – *adj.* : مُخْتَلَط – muKHtálaTT, مْخَلَط – mKHálaTT

misturado – *adj.* : مَخْلوط – maKHlúTT, مَخْلوطين – maKHlúTTín

misturado – *adj.* : مُشَكَّل – muchákkal

misturar – *v.* : اخْلُط – êKHloTT, خَلَط – KHálaTT

mobília – *s.f.* : أثاث (s.m.) – aTêT, فَرْش – fárch

mobiliado – *adj.* : مَفروش – mafrúch

mobiliar – *v.* : فَرّش – farrêch, فَرَّش – farrách

moça – *s.f.* : صَبيّة (s.f.) – Sábie, صابايا – Sabéia

moça bonita – *adj.* : غادة – GHáda

115

mocidade – *s.f.* : شَبيبة (*s.f.*) – chabíba
moço – *s.m.* : شَبّ (*s.m.*) – cháb, شَبَّاب – chabáb
moda – *s.f.* : موضة (*s.f.*) – múDa, مَوَض – muáD
moda – *s.f.* : زَيّ (*s.m.*) – zái, أزياً – aziá
modelo – *s.m.* : طِراز (*s.m.*) – TTeráz
moderado – *adj.* : مُعتَدِل – mu3tadel, مُعتَدِلين – mu3tadelin
moderar – *v.* : اعتَدِل – e3tádel, اعتَدَل – e3tádal
modernizar – *v.* : عَصِّر – 3aSSer, عَصَّر – 3aSSar
moderno – *adj.* : حَديث – 7adíT, جديد – jidíd, عَصْريّ – 3áSSri
modesto – *adj.* : مُتواضِع – mutuáDe3, مُتَواضِعين – mutuáDe3ín
modificado – *adj.* : مْغَيار – mGHáier, مْغَيارين – mGHáiarin
modificar – *v.* : غَيِّر – GHáier, غَيَّر – GHáiar
modo – *s.m.* : كَيفية (*s.f.*) – kaifía
modo – *s.m.* : أُسْلوب – aússlub, طَريقة (*s.f.*) – TTaríqa,
modo de usar – *loc. subst.* : دَليل الاسْتِعمَل (*s.m.*) – dalíl el está3mal
modo de viver – *loc. subst.* : أُسلوب العَيش (*s.m.*) – aússlub el 3aích
modo de viver – *loc. subst.* : أُسلوب حَياة – aússlub 7aiáet
modos – *s.m.pl.* : أخْلاق (*s.m.*) – aKHláq, آداب – adáb
moeda – *s.f.* : مَصاري (*s.m.*) – maSSári, عِمْلة (*s.f.*) – 3êmla,
moedor – *s.m./adj.* : طاحِن (*s.m.*) – TTá7en, طاحَنة – TTá7ana
moer – *v.* : اطْحَن – êTT7an, طَحَن – TTá7an
mofado – *adj.* : مُعَفِّن – mu3áfen, مُعَفِّنة – mu3áfena
mofo – *s.m.* : عَفَن (*s.m.*) – 3áfan
moída (carne) – *adj.* : مَحْرومة – ma7rúma
moído (trigo) – *adj.* : مَطْحون – maTT7ún

moinho – *s.m.* : مَطْحَنة (*s.f.*) – maTT7âna
mola – *s.f.* : زُنْبَرَك (*s.m.*) – zunbárak
molar – *s.m.* : ضِرْس (*s.m.*) – Dêrss, أضْراس – aDráss
moldura – *s.f.* : بُرْاز (*s.m.*) – beruáz, بَرَويز – baráuiz
mole – *adj.* : رَخو – ráKHu, رَخوين – ráKHuin
molhado – *adj.* : مَبْلول – mablúl, مَبْلولة – mablúla
molhar – *v.* : بَلِّل – bállel, بَلَّل – bállal
momentâneo – *adj.* : لَحْظي – la7Zí
momento – *s.m.* : أن (*s.f.*) – ãn, لَحْظة – lá7Za, لَحْظات – la7Zát
monarquia – *s.f.* : مَمْلَكة (*s.f.*) – mamláka, مُلكية – mulkía
monge – *s.m.* : راهِب (*s.m.*) – ráHeb, رُهبان – ruHbán
monopólio – *s.m.* : احْتِكار (*s.f.*) – e7tikár
montanha – *s.f.* : جَبَل (*s.m.*) – jábal, جبال – jibál
montar – *v.* : ارْكَب – êrkab, رِكِب – rêkeb
monte – *s.m.* : تَل (*s.m.*) – tál, تِلال – tilál
monumento – *s.m.* : تِمْثال (*s.m.*) – timTál, نُصْب – núSSb
morador – *adj.* : مُسكِن – mussêken, مُسكْنين – mussêknin
morador – *adj.* : ساكِن – sáken, مُقيم – muqím
moral – *s.f.* : أخْلاقي (*s.f.*) – aKHláqi, أدَبي – ádabi
morango – *s.m.* : فَرَيز (*s.m.*) – fráiz
morar – *v.* : اسْكُن، ساكِن – êskon, sekên, ساكَن – sákan
morcego – *s.m.* : وَطواط (*s.m.*) – uáTTuáTT, وَطاوَط – uáTTáueTT
morder – *v.* : عَضّ – 3ôDD, يِ – 3áDD (ei)
morena – *s.f./adj.* : سامْرة (*s.f.*) – sâmra
moreno – *s.m./adj.* : أسْمَر (*s.m.*) – ássmar, سومُر – súmor
moringa – *s.f.* : إبْريق مَي (*s.m.*) – íbriq mái
morno – *adj.* : فاتِر – fáter, فَترين – fatrín
morrer – *v.* : موت – mútt, مات – mâtt

morte – s.f. : مَوْت (s.m.) – máut
morto – adj. : مَيّت – máiet, مَيّتة – máita
mosca – s.f. : ذِبانة (s.f.) – THibbána, ذِبانات – THibbanát
mosquiteiro – s.m. : ناموسيّة (s.f.) – namussía, ناموسيّات – namussíat
mosquito – s.m. : بَرْغَشة (s.f.) – bárGHacha, بَرْغَش – bárGHach
mostarda – s.f. : خَرْدَل (s.m.) – KHárdal
mosteiro – s.m. : دَير (s.m.) – dáer, أديار – ádiar
mostra – s.f. : مَعرَض (s.m.) – ma3ráD
mostrar – v. : فَرْجي, يِـ – fárje, فَرْجا (ei) – fárja
motivar – v. : سَبِّب – sábbeb, سَبَّب – sábbab
motivo – s.m. : سَبَب (s.m.) – sábab, أسْباب – assbáb
motocicleta – s.f. : موتوسيكِل (s.m.) – motossíkel
motor – s.m. : مُتِر – moter, مُحَرَّك (s.m.) – mu7árrak
motorista – s.m.f. : سايق (s.m.) – sáiq, شوفِر – chofêr
móvel – adj. : دَوار – dauár, نَقال – naqál
móvel – s.m. : أثاث (s.m.) – aTêT, فَرْش – fárch
movido – adj. : مُحَرَّك – m7arrák, مُحَرَّكين – m7arrákin
movimentar – v. : حَرِّك – 7árrek, حَرَّك – 7árrak
movimento – s.m. : حَرَكة (s.f.) – 7áraka, حَرَكات – 7árakat
muçulmano – s.m./adj. : مُسْلِم (s.m.) – musslêm, مُسْلِمين – musslêmin
muda – s.f. : شَتلة (s.f.) – chátla, شَتلات – chatlát
mudança – s.f. : نَقلة (s.f.) – náqla, نَقلات – naqlát
mudança – s.f. : تَغْيور (s.m.) – taGHáiior
mudar – v. : انْقُل – ênqol, نَقَل – náqal
mudo – adj. : أخْرَس – áKHras, خورُس – KHúros
muitas vezes – adv. : بَعض الاحيان – bá3D el a7iên
muitíssimo: جَزيلًا – jazilã

muito – adv. : جَزيلًا – jazilã, كَثيرًا – kaTirã
muito – adv. : كْتير – ktír, كْتار – ktár
muito bem: جَيّد جِدًا ! – jaíd jidãn
muito mais: جَزيلًا – jazilã
mula – s.f. : بَغْل (s.m.) – báGHel
mulato – s.m. : أسْمَر – ássmar, عَبِد نُصّف (s.m.) – núSSf 3ábed
mulher – s.f. : إمْرأ (s.f.) – ímra'a, نِسْوين – nissuên
mulher – s.f. : إمْرأ – ímra'a, زَوجة (s.f.) – záuja
multa – s.f. : غَرامة (s.f.) – GHaráma
multa – s.f. : جِزأ – jêza', زَبْت (s.f.) – zábt
multidão – s.f. : جَمْهور (s.m.) – jamHúr, جَماهير – jamáHir
multiplicação – s.f. : ضَرْبة (s.f.) – Dárba
multiplicar – v. : اضْرُب – êDrob, ضَرَب – Dárab
múmia – s.f. : مومياء (s.f.) – múmia
mundial – adj. : عالَميّ – 3álami
mundo – s.m. : دُنْيا – dúnia, عالَم (s.m.) – 3álam
munição – s.f. : ذَخيرة (s.f.) – THaKHíra, ذَخايِر – THaKHáier
municipal – adj. : بَلَديّ – báladi
município – s.m. : بَلَدية (s.f.) – baladíia, مَقاطعة – muqáTT3a
muralha – s.f. : سور (s.m.) – súr
murchar – v. : اذْبَل – êTHbal, ذِبِل – THêbel
murcho – adj. : ذابِل – THábel, ذابِلة – THábela
muro – s.m. : حَيط (s.m.) – 7áiTT, حيطان – 7iTTân
muro – s.m. : رَبعة (s.f.) – ráb3a, سور (s.m.) – súr
músculo – s.m. : عَضَل (s.m.) – 3áDal, عَضَلات – 3áDalet
museu – s.m. : مَتْحَف (s.m.) – mát7af, مَتْحَفين – mat7áfin
música – s.f. : موسيقى (s.f.) – mussíqa, موسيقات – mussíqat
músico – s.m. : موسيقي (s.m.) – mussíqi, موسيقية – mussíqia

N

na – *prep.* : ال – el
na – *prep.* : في – fí
na – *prep.* : بال – bil
na beira – *loc. adv.* : عالحَفة – 3ál 7áfe
na chuva – *loc. adv.* : بالشتا – bil chíta
na fazenda – *loc. adv.* : بالمَزْرَعة – bil mazrá3a
na floresta – *loc. adv.* : بالغابة – bíl GHába
na montanha – *loc. adv.* : عالجَبَل – 3ál jábal
nabo – *s.m.* : لِفْت (*s.m.*) – lêft, لِفْتات – leftát
nação – *s.f.* : بْلاد (*s.m.*) – blád, بُلْدان – buldán
nação – *s.f.* : أُمَم (*s.m.*) – úmam, أُمة – úma
nacional – *adj.* : وَطَني – uáTTani, وَطَنين – uáTTanin
nacionalidade – *s.f.* : جِنْسيِّة (*s.m.*) – jinsíia
nacionalização – *s.f.* : تَأمين وَطَني (*s.m.*) – ta'mín uáTTani
nações unidas – *s.f.pl.* : أُمَم المُتَّحِدة (*s.m.*) – úmmam al muttá7ida
nada – *pron./adv.* : ما شي – ma chí
nada – *pron./adv.* : وَلا شي – uála chi
nadador – *adj.* : سابّاح، سَبّاح – sabbá7
nadar – *v.* : سْبَح، سابَح – sbá7, sába7
nádegas – *s.f.pl.* : الأَرْداف (*s.m.*) – al árdaf
namorada – *s.f./adj.* : صاحِبة (*s.f.*) – Sá7eba, عَروس – 3áruss
namorado – *s.m./adj.* : عَريس (*s.m.*) – 3aríss, عُرسان – 3urssán
namorado – *s.m./adj.* : صاحِب (*s.m.*) – Sá7eb, أَصْحاب – aSS7áb

namorar – *v.* : غازَل – GHêzal, غازَل – GHázal
não – *adv.* : ميش – mích
não (antes de verbo) – *adv.* : ما – má
não (isoladamente) – *adv.* : لأ – lá
nariz – *s.m.* : مِنْخار (*s.m.*) – menKHár, أنف – ânf
nascente – *s.f.* : عين – 3áin, عيون – 3áiun
nascente – *s.f.* : نَبع (*s.m.*) – nába3, نْبُوَع – nbúa3
nascer – *v.* : اخْلَق – êKHlaq, خِلِق – KHêleq
nascer do sol – *loc. subst.* : شُروق ألشَمْس (*s.m.*) – churúq ach-cháms
nascido – *adj.* : خَلْقان – KHalqân, مَولود – maulúd
natação – *s.f.* : سِباحَة (*s.f.*) – sibá7a
natal – *s.m.* : عيد الميلاد (*s.m.*) – 3eid al milêd
natural – *adj.* : طَبيعي – TTabí3i
naturalizado – *adj.* : مُتَجَنِّس – mutájannes
naturalizar – *v.* : اتْجَنَّس – etjánnas, تَجَنَّس – tajánnas
naturalmente – *adv.* : طَبَعاً – TTáb3an
natureza – *s.f.* : طَبيعة (*s.f.*) – TTabí3a
naufragar – *v.* : اغْرَق – êGHraq, غِرِق – GHêreq
náutico – *adj.* : بَحْريّ – ba7rí
navalha – *s.f.* : موس (*s.f.*) – múss
navegação – *s.f.* : سَفَر بَحْرية (*s.f.*) – sáfar bá7ria, مِلاحة – milá7a
navegação aérea – *loc. subst.* : مِلاحة جَوية (*s.f.*) – milá7a jauíia
navegante – *adj./s.m.f.* : مَلاّح – mallá7, مَلاّحين – mallá7in
navio – *s.m.* : بابور (*s.m.*) – babúr, بَوابير – bauábir
navio – *s.m.* : مَرْكَب (*s.m.*) – márkab, مَراكِب – marákeb

nebuloso – *adj.* : سَديم – sadíim
necessário – *adj.* : ضْروري – <u>D</u>rúri
necessitado – *adj.* : مِحْتاج – me7táj
necessitar – *v.* : اِحْتاج – e7táj, حْتاج – 7téj
negação – *s.f.* : تَكذيب (*s.m.*) – tak<u>TH</u>íb
negar – *v.* : اِنْكُر – ênkor, نَكَر – nákar
negar – *v.* : اِرْفُض – êrfo<u>D</u>, رَفَض – ráfa<u>D</u>
negativo – *s.m./adj.* : رَفْضي (*s.m.*) – ráf<u>D</u>i, رَفْضية – ráf<u>D</u>ia
negativo x positivo – *s.m./adj.* : سِلْبي x إجابي (*s.m.*) – sílbi x ijábi
negligência – *s.f.* : اهْمال (*s.m.*) – eHmál
negociante – *s.m.* : بَيّاع (*s.m.*) – baiie3, بَيَّاعين – baiie3ín
negociante – *s.m.* : تاجِر (*s.m.*) – têjer, توجّار – tujjár
negócio – *adj.* : شَغْلة (*s.f.*) – chá<u>GH</u>le, شَغْلات – chá<u>GH</u>let
negócio – *s.m.* : شَرّوة (*s.f.*) – chárrua, شَرّوات – chárruat
negócio – *s.m./adj.* : تِجارة (*s.f.*) – tijára, تِجارات – tijarát
negro – *s.m.* : عَبِد (*s.m.*) – 3ábed, عبيد – 3abíd
negro(a) (cor) – *adj.* : أسْوَد – ássuad, سَودة – sáuda, سود – súd
nela – *pron.* : فيها – fíHa
nele – *pron.* : فيه – fiH
nenhum – *pron.* : وَلا واحَد – uála uá7ad
nenhum lugar – *pron.* + *s.m.* : وَلا مَطْرَح – uála má<u>TT</u>ra7
nenhuma – *pron.* : وَلا واحْدة – uála uá7de
nenhuma coisa – *pron.* + *s.f.* : وَلا شي – uála chí
nervo – *s.m.* : عَضَب (*s.m.*) – 3a<u>D</u>áb
nervo – *s.m.* : عَضَب (*s.m.*) – 3á<u>SS</u>ab, أعصاب – a3<u>SS</u>áb
nervoso – *adj.* : مْعَصَب – m3a<u>SS</u>ab, مْعَصَبين – m3a<u>SS</u>abin

nervoso – *adj.* : مْنَرفِز – mnárvez
neste momento – *pron.* + *s.m.* : الآن – élan
neta – *s.f.* : حَفيدة (*s.f.*) – 7afíde, حُفْدَت – 7áfdat
neta – *s.f.* : بِنْت البِنْت (*s.f.*) – bínt al bínt, بِنْت الِبْن – bínt al íbn
neto – *s.m.* : حَفيد (*s.m.*) – 7afíd, أحْفاد – a7féd
neto – *s.m.* : إبْن البِنْت (*s.m.*) – íbn al bínt, إبْن الِبْن – íbn al íbn
neutro – *adj.* : مُحيد – mu7íd, هيادي – Hiádi
nevar – *v.* : اتْلُج – ê<u>T</u>loj, ثَلَج – <u>T</u>álej
neve – *s.f.* : ثَلْج (*s.m.*) – <u>T</u>álj
nevoeiro – *s.m.* : ضَباب (*s.m.*) – <u>D</u>abáb, غَيم – <u>GH</u>áim
ninguém – *pron.* : ما حَدى – ma 7áda
ninguém – *pron.* : وَلا حَدى – uála 7áda
ninho – *s.m.* : عِشّ (*s.m.*) – 3êch
nisso (em + isso) – *prep.* + *pron. dem.* : في ذاك – fí <u>TH</u>ék
nisto (em + isto) – *prep.* + *pron. dem* : في هدا – fí Hada
nítido – *adj.* : واضِح – uá<u>D</u>e7, واضْحين – uá<u>D</u>7in
nível – *s.m.* : مُسْتَوى (*s.f.*) – mustáua
no – *prep.* : بال – bil
no (em + o) – *prep.* + *art.* : في – fí
nó – *s.m.* : عُقدة (*s.f.*) – 3úqda
no campo – *loc. adv.* : بالحَقِل – bíl 7áqel
no céu – *loc. adv.* : بالسَما – bíl sáma
no fundo – *loc. adv.* : بالكَعِب – bíl ká3eb
no mato – *loc. adv.* : بالحِرْش – bíl 7êrch
no sol – *loc. adv.* : بالشَمْس – bil châms
nobre – *s.m./adj.* : شَريف (*s.m.*) – charíf
noção – *s.f.* : فِكْرة (*s.f.*) – fíkra, مَعرِفة – ma3rêfa
nocivo – *adj.* : مُضّر (*s.m.*) – mu<u>D</u>êr, موْذي – mú'<u>TH</u>i

noite – *s.f.* : لَيْل (*s.f.*) – láel, لَيْلة – láila, ليالي – laiéli

noiva – *s.f.* : عَروس (*s.f.*) – 3arúss

noivado – *s.m.* : خُطْبة (*s.f.*) – KHúTTbe

noivar – *v.* : اخْطُب – eKHTTôb, خَطَب – KHáTTab

noivo – *s.m.* : عَريس (*s.m.*) – 3aríss

nojento – *adj.* : مُقْرِف – muqrêf

nojo – *s.m.* : قَرَف (*s.m.*) – qáraf

nome – *s.m.* : إسْم (*s.m.*) – íssem, أسامي – assême

nomeado – *adj.* : مْعَيَّن – m3áiian, مْعَيَّنين – m3áiianin

nomear – *v.* : عيِّن – 3áiien, عيَّن – 3áiian

nominar – *v.* : اذْكُر – eTHkúr, ذَكَر – THákar

nono – *num.* : تاسِع – tásse3, تاسعة – tásse3a

nora – *s.f.* : كِنّة (*s.f.*) – kênna, كِنات – kênnet

norma – *s.f.* : قانون (*s.m.*) – qanún, قَوانين – qauánin

normal – *adj.* : عادي – 3ádi, عادات – 3ádat

normal – *adj.* : مَعْقول – ma3qúl

normal – *adj.* : طَبيعي – TTabi3i

normalmente – *adv.* : أحْياناً – a7iênã, أمْراراً – amráran

norte – *s.m.* : شِمال (*s.m.*) – chemál

nós – *pron.* : نِحْنا – né7na

nossa (o) – *pron.* : إلنا – ílna

nota – *s.f.* : حاشية (*s.f.*) – 7áchia

nota (fatura) – *s.f.* : فَتورة (*s.f.*) – fatúra, فَتورات – fatúrat

notícia – *s.f.* : خَبَر (*s.m.*) – KHábar, أخْبار – áKHbar

noticiar – *v.* : خَبَّر – KHábber, خَبَّر – KHábbar

noturno – *adj.* : لَيْلي – lailí – laelí

novamente – *adv.* : مِن جَديد – mênn jadíd

novato – *s.m./adj.* : مُبْتَدَأ (*s.m.*) – mubtadaá, ناشِئ – nácha'

nove – *num.* : تِسْعة – tess3a

novecentos – *num.* : تِسْعمية – tess3amiia

novela – *s.f.* : حِكَّيّة (*s.f.*) – 7ikáia, حِكَيّات – 7ikaiat

novela – *s.f.* : قِصة (*s.f.*) – qêSSa, قِصَص – qêSSaSS

novela – *s.f.* : قُصة (*s.f.*) – qûSSa, قُصَص – quSSáSS

novela – *s.f.* : مُسَلْسَل (*s.m.*) – mussálssal

novembro – *s.m.* : تِشْرين الثاني (*s.m.*) – tchrín eT-Têni

noventa – *num.* : تَسْعين – tess3aín

novidade – *s.f.* : شي جَديد (*s.m.*) – chí jedíd

novo – *adj.* : جَديد – jedíd, جْداد – jdad

noz – *s.f.* : جَوْز (*s.m.*) – jáuz

nu – *adj.* : عَرْيان – 3arián, عَريانين – 3ariánin

nu – *adj.* : بالزُلْط – bil zulTT

nublado – *adj.* : غايَم – GHáiem

nuclear – *adj.* : ذَرّيّ – THárri, نَوَويّ – nauaui

nulo – *adj.* : باطِل – báTTel

número – *s.m.* : نُمْرة (*s.m.*) – númra, عَدَد – 3adad

número – *s.m.* : رَقْم (*s.m.*) – ráqm, أرْقام – arqám

número ímpar – *loc. subst.* : رَقْم فَرْديّ – ráqm fardíi, عَدَد فَرْديّ (*s.m.*) – 3adad fardii

número inteiro – *loc. subst.* : رَقْم صَحيح – ráqm Sa7í7, عَدَد صَحيح (*s.m.*) – 3adad Sa7í7, عَدَد كامَل – 3adad kámal

número par – *loc. subst.* : رَقْم زَوجيّ (*s.m.*) – ráqm záuji, عَدَد زَوجيّ – 3adad záuji

nunca – *adv.* : أبَداً – ábadã

nutritivo – *adj.* : مْغَذي – mGHáTHi

nuvem – *s.f.* : غَيمة (*s.f.*) – GHáima, غَيَم – GHáim

O

o – *art.* : أل – al – el
ó – *interj.* : يا – iá
oásis – *s.m.* : واحة (*s.f.*) – uá7a
obcecado – *adj.* : مَهووس – maHúuss
obedecer – *v.* : طاوع – TTáue3, طاوَع – TTáua3
obediente – *adj.* : مُطيع – muTTie3, مُطيعين – muTTi3in
obeso – *adj.* : بَدين – badín, سَمين – samín
óbito – *s.m.* : وَفاة (*s.f.*) – uafáa
objeção – *s.f.* : مُعارَضة (*s.f.*) – mu3áraDa
objetivo – *s.m.* : أغْراض (*s.m.*) – áGHraD, غَرَض – GHáraD
objetivo – *s.m.* : غاية (*s.f.*) – GHáia
objeto – *s.m.* : أداة (*s.m.*) – adáa – أداوات – adauát
objeto – *s.m.* : أغْراض (*s.m.*) – áGHraD, غَرَض – GHáraD
oblíquo – *adj.* : جانِبي – jânebi, مايَل – méiel, مُنْحَرِف – mun7áref
obra – *s.f.* : عَمَل (*s.m.*) – 3ámal
obra de arte – *loc. subst.* : وَرْشة (*s.f.*) – uárcha, وَرَش – uarách
obra-prima – *s.f.* : طُرْفة (*s.f.*) – tá7fa, طُرَف – TTúrfa, تَحَف – tá7af
obrigação – *s.f.* : واجِب (*s.m.*) – uájeb
obrigado – *adj.* : مَجْبور – majbúr, مَجْبورة – majbúra
obrigado – *s.m.* : شُكْراً – chukran, مَمْنون – mamnún
obrigar – *v.* : اجْبُر – êjbor, جَبَر – jâbar
obrigatoriamente – *adv.* : إجْباراً – íjbáriã
obrigatório – *adj.* : إجْباري – ijbári
obscuro – *adj.* : سَديم – sadíim, غامِض – GHámeD
obséquio – *s.m.* : هَديّة – Hadíia
observação – *s.f.* : مُلاحَظة (*s.f.*) – mulá7áZa
observado – *adj.* : مُلاحَظ – mulá7áZ
observar – *v.* : لاحِظ – lá7eZ, لاحَظ – lá7aZ
obstáculo – *s.m.* : عَقَبة (*s.f.*) – 3áqaba
obstrução – *s.f.* : انسِداد (*s.m.*) – enssedád
obstruído – *adj.* : مَسْدود – massdúd
obstruir – *v.* : سِدّ – sêdd, سَدّ – sádd
obturação – *s.f.* : تَرْصيص (*s.m.*) – tarSSíSS
óbvio – *adj.* : بَيِّن – baiîen
ocasião – *s.f.* : مُناسَبة – munássaba
ocasionado – *adj.* : مُسَبَّب – mussábab
ocasionar – *v.* : سَبِّب – sabêb, سَبَّب – sabáb
ocaso – *s.m.* : غُروب (*s.m.*) – GHurúb
oceano – *s.m.* : مُحيط (*s.m.*) – mu7íTT
ocidental – *adj.* : غَرْبيّ – GHárbi
ocidente – *s.m.* : غَرْب (*s.m.*) – GHárb
ócio – *s.m.* : كَسَل – kásssel
ocioso – *adj.* : كَسول – kassúl
oco – *adj.* : فارِغ – fáreGH, فاضي – fáDi
ocorrência – *s.f.* : حادِثة (*s.f.*) – 7ádiTa
oculista – *s.m.* : طَبيب عيون (*s.m.*) – TTabíb 3aiún
óculos – *s.m.pl.* : عوَينات (*s.f.*) – 3uainát, نَظّارات – naZZarát
oculto – *adj.* : خَفيّ – KHáfia, غامِض – GHámeD
ocupado – *adj.* : مَشْغول – machGHúl, مَشْغولة – machGHúla
ocupar – *v.* : شَغِل – cháGHel, شَغَل – cháGHal
odiar – *v.* : أبْغُض – êbGHoD, بَغَض – báGHaD
ódio – *s.m.* : بُغْض (*s.m.*) – búGHoD

odor/órfão

odor – s.m. : ريحة (s.f.) – rí7a, عُطْر – 3òTTr
oeste – s.m. : غَرْب (s.m.) – GHárb, الغَرْب – al GHárb
ofegante – adj. : لَهَث – láHaT
ofensa – s.f. : إهانة (s.f.) – iiHâna
ofensa – s.f. : ذَنْب (s.m.) – THánb
oferecer – v. : أعطي – á3TTe, أعطى يـ – á3TTa (ei)
oferecer – v. : قدِّم – qáddem, قَدَّم – qáddam
oferecimento – s.m. : تَقْديم (s.m.) – taqdím, تَقْديمات – taqdímat
oferta – s.f. : هَدِيَّة (s.f.) – Hadíia
oferta – s.f. : مَقْدَّم – maqddâm, تَقْدِم (s.m.) – táqdim, تَقْديمات – taqdímat
oficial – adj. : رَسْمِيّ – rassmí
oficina – s.f. : وَرشة (s.f.) – uárcha
ofício – s.m. : صَنعة (s.f.) – San3á, مِهْنة – meHna
oftalmologia – s.f. : طُب العَيون (s.m.) – TTub al 3aiún
oitavo – num. : ثامِن – Tâmen, ثامِنة – Tâmena
oitenta – num. : ثَمانين – Tamânin
oito – num. : ثَمانة – Tamâna
oitocentos – num. : ثَمانْمِية – Tamênmíie
ok – interj. : كْوَيِس – kuáiss
olá – interj. : مَرْحَبا – már7aba
óleo – s.m. : زَيْت (s.m.) – záit, زَيتات – záitat
oleoso – adj. : زَيتي – záiti
olhar – v. : شوف – chúf, شاف – châf
olho – s.m. : عين (s.m.) – 3áin, عيون – 3áiun
olimpíada – s.f. : الأولمْبياد (s.m.) – al aulembíad
olímpico – adj. : أولِمْبي – aulêmbi
oliveira – s.f. : زَيتونة (s.f.) – zaitúne
ombro – s.m. : كتِف (s.m.) – kítef
omelete – s.m.f. : عِجِب (s.m.) – 3ejeb
omissão – s.f. : اهمال (s.m.) – eHmál

omisso – adj. : مُهْمِل – muHmel
onça – s.f. : لَبوة (s.f.) – lábbua
oncologia – s.f. : عِلم الأورام (s.m.) – 3elm el aurâm
onda – s.f. : مَوج (s.m.) – máuj
onde – adv./pron. : وين – uên – uêin
ondulado – adj. : مَوجي – máuji
onerado – adj. : مُرهِق – múrHeq
ônibus – s.m. : بوسْطَة (s.f.) – BúsTTa
ontem – adv. : امْبارِح – embêre7, أمْس – amsse
onze – num. : حدَعَش – 7adi 3ach
operação – s.f. : عَمَلية (s.f.) – 3amalía, عَمَليات – 3amalíat
operário – s.m. : شَغيل (s.m.) – chaGHíl, شَغيلة – cháGHíla
opinião – s.f. : رأي (s.f.) – rá'i, فِكْرة – fikra
oportunidade – s.f. : مُناسَبة (s.f.) – munássaba
oportuno – adj. : مُناسِب – munásseb
oposição – s.f. : ضِد – Dêdd, مُعارَضة (s.f.) – mu3áraDa
oposto – adj. : مُعارِض – mu3áreD
opressivo – adj. : مُرهِق – múrHeq
orador – s.m. : خَطيب (s.m.) – KHatíb, خَطيبة – KHatíba
oral – adj. : شَفَهيّ – cháfaHi
orar – v. : صَلّي – Sálli, صَلّى – Sálla (ei)
órbita – s.f. : فَلَك (s.m.) – fálak, مَدار – madár
ordem – s.f. : أمر (s.m.) – âmr – âmer
ordem de pagamento – s.f. : حَوالة (s.f.) – 7auála
ordenado (salário) – s.m. : مَعاش (s.m.) – ma3ách, معاشات – ma3áchat
ordenar – v. : امر (s.m.) – êmer, أَمَر – ámar
ordinal – adj. : تَرْتيبي – tartíbi, تَرْتيبية – tartíbia
orelha – s.f. : ذَينة (s.f.) – THáena
órfão – s.m. : يَتيم (s.m.) – yatím

organização – s.f. : تَنْظِيم – tanZZem, مُنَظَّم (s.m.) – munáZZam

organizado – adj. : تَنْظِيم – tanZZem, مُنَظَّم (s.m.) – munáZZam

organizador – adj. : مُنَظَّم – munáZZam

organizar – v. : نَظِّم – náZZem, نَظَّم – náZZam

orgulhar – v. : افْتَخَر – eftêKHer, افْتِخِر – eftáKHar

orgulhoso – adj. : مُتكَبِّر – mutkáber, مُعتَزّ – mu3tázz

orientação – s.f. : اِرْشاد (s.m.) – erchád, تَوجِيه – taujíH

orientador – s.m. : مُرْشِد (s.m.) – múrched

orientar – v. : اِرْشُد – êrchod, رَشَد – ráchad

orientar – v. : وَجِّه – uájjeH, وَجَّه – uájjaH

Oriente Médio – n.próp. : الشَرْق الأَوسَط (s.m.) – echchárq el áussaTT

oriente – s.m. : شَرْق (s.m.) – chárq

origem – s.f. : أَصْل (s.m.) – áSSl, أُصول – áuSSúl

original – adj. : أَصْلِيّ – áSSli

orvalho – s.m. : نَدى (s.f.) – náda

osso – s.m. : عَظِم (s.m.) – 3áZZem, عَظْمَت – 3áZZmat

ostra – s.f. : مَحارة (s.f.) – ma7ára

otimismo – s.m. : تَفاؤُل (s.m.) – tafáual

otimista – adj./s.m.f. : مُتْفائِل – mutfáil, مُتْفائِلِين – mutfáilin

ótimo – adj. : مُمْتاز – mumtáz

ou – conj. : أَو – áu, اما – êma

ourives – s.m. : جَوهَرْجِي (s.m.) – jáuHarji

ouro – s.m. : ذَهَب (s.m.) – THâHab, دَهَب – dáHab

outono – s.m. : خَرِيف (s.m.) – KHaríf, الخَرِيف – al KHaríf

outro – pron. : غَيْر – GHáir, غَيرون – GHáirun

outrora – adv. : قَدِيماً – qadímã

outubro – s.m. : تَشْرِين الأَوَّل (s.m.) – techrín el áual

ouvido – s.m. : سَمَع (s.m.) – sâma3

ouvir – v. : اِسْمَع – êsma3, سِمِع – sême3

ovelha – s.f. : غَنَمة (s.f.) – GHânama, غَنَم – GHânam

ovo – s.m. : بَيضة (s.f.) – báiDa, بَيض – báiD

oxalá – interj. : إِن شاء ألله – inchálla

oxigênio – s.m. : أُكْسِجِين – aukssigín

P

pá – s.f. : رَفْش (s.m.) – ráfch
pacato – adj. : مَسالِم – massálem
paciência – s.f. : صَبر (s.m.) – Sáber
paciente – adj. : صابِر – Sáber, صَبور – Sabúr
paciente (doente) – s.m./adj. : مَريض (s.m.) – maríD, مُراضا – muráDa
pacificamente – adv. : سِلمياً – sêlmiã
pacífico – adj. : مَسالِم – massálem
pacote – s.m. : لَفّة (s.f.) – láffa, لَفّات – laffát
pacto – s.m. : اتِفاق (s.m.) – etifáq, اتِفاقات – etifáqat
padaria – s.f. : فُرْن خِبِز (s.m.) – fôrn KHêbez, مَخْبَز – maKHbáz
padecer – v. : اتْعَذّب – et3áTHab, تَعَذَبَ – t3áTHab
padeiro – s.m. : خبّاز (s.m.) – KHabbêz
padrão – s.m. : مُسْتَوى (s.m.) – mustáua
padre – s.m. : خوري (s.m.) – KHúri
padrinho – s.m. : اشْبين (s.m.) – echbín, أشابين – achabín, شْبين – chbin
pagamento – s.m. : دَفع (s.m.) – dáfe3, مَدْفوع – madfú3
pagar – v. : ادْفع – edfa3, دَفع – dáfa3
página – s.f. : صَفْحة (s.f.) – Sáf7a, صَفحات – Sáf7at
pai – s.m. : أب (s.m.) – ább, بَيّ – béi, والِد – uálid
pai-nosso – s.m. : الرَبانيه (s.m.) – al rabániH
país – s.m. : بْلاد (s.m.) – blâd, وَطَن – uáTTan, بُلْدان – buldân
paisagem – s.f. : مَشْهَد – máchHad
paixão – s.f. : عُشْق (s.m.) – 3ôchoq

palácio – s.m. : قَصِر (s.m.) – qáSSer, قُصور – qSSúr
paladar – s.m. : طَعمة (s.f.) – TTá3me
palavra – s.f. : كِلْمة (s.f.) – kílma, كَلِمات – kalimát
palco – s.m. : مَسرَح – massrá7
Palestina – n.próp. – s.f. : فِلَسْطين – felássTTin
palestino – s.m./adj. : فِلَسْطيني – felássTTini, فِلَسْطينية – felássTTinia
palestra – s.f. : مُحاضَرة (s.f.) – mu7áDara, محاضرات – mu7aDarát
paletó – s.m. : جَكّة (s.f.) – jákke
palha – s.f. : قَش (s.m.) – qách
palito de dente – loc. subst. : نَكاشة أسنان (s.f.) – náqachet assnân
palma da mão – loc. subst. : كَف (s.m.) – káff, كْفوف – kfúf
palmeira – s.f. : نَخْلة (s.f.) – náKHla
palmo (medida) – s.m. : شِبْر – chêbr
pálpebra – s.f. : جِفِن (s.m.) – jêfen, جْفون – jfún
palpite – s.m. : اطلاق – eTTláq, طَلَقة – TTálqa
pancada – s.f. : صَدمة (s.f.) – Sádma
panela – s.f. : طَنجَرة (s.f.) – TTânjara
panela de pressão – loc. subst. : طَنجَرة ضَغط (s.f.) – TTânjara DáGHTT
pânico – s.m. : فَزَع (s.m.) – fazá3
pão – s.m. : خِبِز (s.m.) – KHêbez
pão / um pão – s.m. : رَغيف (s.m.) – raGHíf, أرْغِفة – arGHífe
pão folha – loc. subst. : خِبِز مَرقوق (s.m.) – KHêbez marqúq
papagaio – s.m. : بَبّغا (s.f.) – bábbGHá
papel – s.m. : وَرَقة (s.f.) – uáraqa, وَرَق – uáraq
papelaria – s.f. : مَحَل القَرْطاسيّة (s.m.) – ma7ál al qarTTassia
par – s.m./adj. : زَوج (s.m.) – záuj, أزْوَج – azzuêj

para – *prep.* : إلى – íla
parabéns – *s.m.pl.* : مَبْروك! (*s.m.*) – mabrúk, مْبارك! – mbárak
parábola – *s.f.* : مَثَل (*s.m.*) – máTal, – maTalát
parada – *s.f.* : مَوقِف (*s.m.*) – mauqêf, مواقِف – muáqef
parada (ponto de) – *s.f.* : مَحَطة (*s.f.*) – ma7áTTa
parado – *adj.* : واقِف – uáqef, واقْفِين – uáqfin
parafuso – *s.m.* : بِرْغي (*s.m.*) – bêrGHe
paraíso – *s.m.* : جَنّة (*s.f.*) – jánna, الجَنة – al jánna
paralela – *s.f.* : خَطّ مُتَواز (*s.m.*) – KHáTT mutauáz, خَيْطّ مُتَواز – KHáiTT mutauáz
paralelo – *adj.* : مُتَواز – mutauáz
paralisia – *s.f.* : شَلَل (*s.m.*) – chálal, – máchlul
paralítico – *adj.* : كَسيح – kassí7, مَشْلول – machlúl
parar – *v.* : وَقِف – úqaf, وقَف – uêqef
parceiro – *s.m.* : رَفيق – rafíq, شَريك (*s.m.*) – chrík
parcial – *adj.* : غَير مُسْتَقيم – GHáir musstáqim, قِسِم – qêssem
pare – *interj.* : قِف! – qêf!, وَقَف! – uáqf!
parecido – *adj.* : مَثيل – maTíil
parecido – *adj.* : يْشَبِّه – yechbbáH
parede – *s.f.* : حَيط (*s.m.*) – 7áiTT, – 7iTTân
parente – *s.m.* : قرايَب (*s.m.*) – qaráieb
parlamento – *s.m.* : مَجْلِس النواب (*s.m.*) – májless an-nuáb
paróquia – *s.f.* : أبْرَشيّة (*s.f.*) – abrachíiea
parque – *s.m.* : حَديقة (*s.f.*) – 7adiqa, حَديَّق – 7adéiaq
parreira – *s.f.* : عَريش (*s.m.*) – 3arích

parte – *s.f.* : حِصّة (*s.f.*) – 7êSSa, حِصَّص – 7êSSaS
parte – *s.f.* : قِسِم (*s.m.*) – qêssem, أقْسام – aqssám
participação – *s.f.* : اشْتِراك (*s.m.*) – echterák
participar – *v.* : اشْتَرِك – echtêrak, اشْتَرَك – echtárak
particular – *adj.* : خاصّ – KHáSS, خُصوصي – KHúSSuSSi, خُضوضية – KHuSSuSSia
partido – *s.m.* : حِزْب (*s.m.*) – 7êzeb, أحْزاب – á7zêb
partido – *adj.* : مَكْسور – makssúr, مَكْسورين – makssúrin
parto – *s.m.* : وِلادَة (*s.f.*) – uelada
páscoa – *s.f.* : عيد الفَصِح (*s.m.*) – 3eíd el fásse7
páscoa – *s.f.* : عِيد الكَبير (*s.m.*) – 3eíd el kabír
passada (roupa) – *adj.* : مِكوة – mekua, مِكويّة – mekuíia
passado – *s.m./adj.* : ماضي (*s.m.*) – máDi
passageiro – *adj.* : عابِر – 3áber, وَقْتي – uáqti
passageiro – *s.m.* : مْسافِر (*s.m.*) – mssêfer, راكِب – rákeb, راكبين – rákebin
passagem (caminho) – *s.f.* : مَمَرّ (*s.m.*) – mammár
passagem (tíquete) – *s.f.* : بِطاقة (*s.f.*) – biTTáqa, بِطاقات – biTTáqat
passaporte – *s.m.* : جَواز سَفَر (*s.m.*) – jauêz sáfar
passar – *v* : امْرُق – êmroq, مَرَق – máraq
passarinho – *s.m.* : عصْفور (*s.m.*) – 3aSSfúr, عَصافير – 3aSSáfir
passear – *v.* : اتْنَزَه – etnázzaH, تْنَزَه – tnázzaH
passear (ir) – *v.* : شِمّ الهَوأ – chím al Háua
passeata – *s.f.* : مُظاهَرة (*s.f.*) – muZáHara, مُظَهَرات – muZáHarat

passeio – s.m. : جَولة (s.f.) – jáula, مِشوار (s.m.) – michuár
pasta – s.f. مَحْفَظَة (s.f.) – má7faZa
pasta (creme) – s.f. : مَعجون (s.m.) – ma3jún
pasta dental – s.f. : مَعجون أَسْنان (s.m.) – ma3jún assnân
pastor – s.m. قسيس (s.m.) – qassíss
pastor (de animais) – s.m. : راعي حَيوانات (s.m.) – rá3i 7aiuanát
pátio – s.m. : ساحة (s.f.) – sâ7a, ساحات – sa7át
pato – s.m. : بَطّ (s.m.) – báTT
patrão – s.m. : رَب عَمَل (s.m.) – ráb 3âmal
pátria – s.f. : وَطَن (s.m.) – uáTTan
patrimônio – s.m. : إرْث – irT, تِراث – teráT, مال (s.m.) – mal
patriota – s.m. : وَطَني (s.m.) – uáTTani
patriotismo – s.m. : وَطَنِيّة (s.f.) – uaTTaníia
patrocinadores – s.m.pl. متَبني (s.m.) – matábnni
pau – s.m. : خَشَب (s.m.) – KHacháb, أَخْشاب – aKHcháb
pausa – s.f. : اسْتِراحَة (s.f.) – estirá7a
pavão – s.m. : طاوُس (s.m.) – TTaúss
pavimento – s.m. : طابِق (s.m.) – TTábeq, طَوابِق – TTauábeq
paz de espírito – loc. subst. : مُرتاح البال (s.f.) – murtá7 al bál
paz – s.f. : سَلم (s.m.) – salêm – salâm
pé – s.m. : قَدَم (s.f.) – qádam, أَقْدام – aqdám
pé – s.m. : ساق (s.f.) – sáq, ساقين – saqín
pé – adj. : واقِف – uáqef, واقْفين – uaqfín
peça – s.f. : قِطْعَة (s.f.) – qêTT3a
pecado – s.m. : حَرَج (s.m.) – 7áraj, خَطيئة – KHaTTía, ذَنْب – THánb
pecador – s.m./adj. : مُخْطي (s.m.) – múKH-TTi
pechinchar – v. : فاصِل – fáSSel, فاصَل – fáSSal

pedaço – s.m. : شَقْفة (s.f.) – cháqfa, شَقفات – cháqfat
pedido – s.m. : طَلَب (s.m.) – TTálab
pedir – v. : اطْلُب – êTTlob, طَلَب – TTálab
pedra – s.f. : حَجَر (s.m.) – 7ájar, حْجار – 7jár
pedregoso – adj. : حَجَري – 7ájari
pedreiro – s.m. : حَجّار (s.m.) – 7ajjár
pegar – v. : امْسُك – emssuk, مَسَك – mássak
peito – s.m. : صِدر (s.m.) – Sêder
peixe – s.m. : سَمَك (s.m.) – sâmak
peixeiro – s.m. : سَماك (s.m.) – samák
pelado – adj. : بالزُلْط – biz-zulTT, عاري – 3ári
pele – s.f. : جِلد (s.m.) – jêld, جْلود – jlúd
pelo – s.m. : شَعَر (s.m.) – chá3er, شعور – cha3úr
pena (de ave) – s.f. : ريشة (s.f.) – rícha
pena (dó) – s.f. : شَفَقَة (s.f.) – cháfaqa
pendurar – v. : عَلِّق – 3álleq, عَلَّق – 3állaq
peneira – s.f. : مصْفاية (s.f.) – miSfêia, مُنْخُل (s.m.) – múnKHol
peneirar – v. : نَخِل – náKHel, نَخَل – náKHal
penhora – s.f. : رَهْنة (s.f.) – ráHna
penhorar – v. : ارْهُن – êrHon, رَهَن – ráHan
pensador – adj./s.m. : مُفَكِّر – mufáker, مُفَكِرين – mufákerín
pensamento – s.m. : تَفْكير – tafkír, فِكْرة (s.f.) – fîkra, فُكَر – fukár
pensão (aposentadoria) – s.f. : معاش (s.m.) – ma3ách, معاشات – ma3áchat
pensão (aposentadoria) – s.f. : تَقاعُد (s.m.) – taqá3od
pensar – v. : فَكِّر – fákker, فَكَّر – fákkar
pente – s.m. : مِشط (s.m.) – mêcheTT, أَمْشاط – amcháTT
pentear – v. : مَشِّط – machchêTT, مَشَّط – machcháTT
penúltimo – adj. : قَبَل الاخير – qábel al êKHer

pepino – *s.m.* : خيار (*s.m.*) – KHiár
pequeno – *adj.* : صَغير – SaGHír áu, صغير – S-GHir
pera – *s.f.* : إنْجاص (*s.m.*) – injáSS, إجاص – ijáSS
perda – *s.f.* : خِسارة (*s.f.*) – KHissára
perdão – *interj.* : عَفواً – 3áfuan
perdão – *s.m.* : سامِح (*s.m.*) – sâme7, عُذْرّ – ôTHorr
perder – *v.* : اخْسَر – êKHssar, خِسِر – KHêsser
perdiz – *s.f.* : حَجَلة (*s.f.*) – 7ájala, حَجَل – 7ájal
perdoado – *adj.* : مَعذور – ma3THôr, مَعذورة – ma3THora
perdoar – *v.* : عُذُرّ – 3ôTHor, عَذَر – 3aTHar
perdoar – *v.* : سامِح – sâme7, سامَح – sâma7
perdoe-me – *exp.* : سامِحْنّي – samê7ni, عُذُرّني – 3oTHôrni
peregrinação – *s.f.* : الحاجّ (*s.m.*) – al 7ájj
peregrino – *s.m.* : حَج (*s.m.*) – 7ájj, الحاجّ – al 7ájj
perfeito – *adj.* : صَحيح – sa7í7, كامِل – kámel
perfumado – *adj.* : مُعطر – mu3eTTer, مُعطرة – mu3eTTera
perfume – *s.m.* : ريحة (*s.f.*) – rí7a, عُطْر – 3ôTTr
pergunta – *s.f.* : سؤَال (*s.m.*) – suál, أسئلة – ass-ile
perguntar – *v.* : اسأل – êssal, سأل – sáal
perigo – *s.m.* : خَطَر (*s.m.*) – KHáTTar
perigoso – *adj.* : خَطِر – KHáTTer
período – *s.m.* : وَقْت (*s.m.*) – uáqet
período (dia) – *s.m.* : نَهار (*s.m.*) – naHár, نَهرات – nHárat
período (meio) – *s.m.* : نُصْف نَهار (*s.m.*) – núSSf naHár
período (todo) – *s.m.* : أَلْوَقْت كُلّه (*s.m.*) – al uáqet kúlluH

permanecer – *v.* : أبْقى – ebqa, بَقى – báqa
permitido – *adj.* : مَسْموح – masmú7
permitir – *v.* : اسْمَح – êsma7, سَمَح – sâma7
permuta – *s.f.* : مُبادَلة (*s.f.*) – mubádala
permutar – *v.* : بَدّل – báddel, بَدّل – báddal
perna – *s.f.* : ساق (*s.m.*) – sáq, ساقَين – sáqein
pernilongo – *s.m.* : بَرْغَش (*s.m.*) – bárGHach
pérola – *s.f.* : لؤْلؤْ (*s.m.*) – lú'lu'
perpendicular – *adj.* : عمودي – 3amúdi, عمودين – 3amudín
perseguir – *v.* : لاحِق – lá7eq, لاحَق – lá7aq
personalidade – *s.f.* : شَخْصية (*s.f.*) – chaKH-SSía, شَخْصيات – chaKH-SSiát
perspectiva – *s.f.* : مَنْظورية (*s.f.*) – manZúria, مَنْظورات – manZurát
perspectiva – *s.f.* : مَنْظَر (*s.m.*) – manZar, مِنْظرات – manZarát
perto (junto) – *adj.* : حَدّ – 7ádd
perto – *adj.* : قريب – qaríb
perto – *adv.* : قَريباً – qaríbâ
peru – *s.m.* : ديك حَبَش (*s.m.*) – dík 7ábach
pesado – *adj.* : ثقيل – Taqíl
pêsame – *s.m.* : تَعزية (*s.f.*) – ta3zía
pesar – *v.* : زين – zín, زان – zên
pescador – *s.m.* : صَيّاد سَمَك (*s.m.*) – Saiiád sâmak
pescar – *v.* : اتْصَيَد – etSSáiad, تْصَيَد – tSSáiad
pescoço – *s.m.* : رقْبة (*s.f.*) – raqbe
peso – *s.m.* : وَزن (*s.m.*) – uázen
pesquisa – *s.f.* : بَحث (*s.m.*) – bá7eT
pêssego – *s.m.* : دِراق (*s.m.*) – derráq
pessimista – *adj./s.m.f.* : مُتْشايم – mutcháim, مُتْشايمين – mutcháimin
péssimo – *adj.* : عاطِل – 3áTTel, عطلين – 3áTTlin
pessoa – *s.f.* : شَخِص (*s.m.*) – cháKHeS, أشْخاص – achKHáS

pessoal/pó de arroz

pessoal – *adj.* : شَخْصِي – cháKHSSi
pessoalmente – *adv.* : شَخْصِياً – chaKH-SSían
petroleiro – *s.m.* : باخِرَة بِتْرول (*s.f.*) – báKHira betrol
petróleo – *s.m.* : بِتْرول – bêtrol, نَفْط – (*s.m.*) – náfTT
pia de banheiro – *loc. subst.* : مِغْسَلِة (*s.f.*) – máGHssale
pia de cozinha – *loc. subst.* : مَجْلة (*s.f.*) – májla
piano – *s.m.* : بيانو (*s.m.*) – piano
picar – *v.* : قِصّ – qôSS, قَصّ – qáSS
piedade – *s.f.* : رَحْمَة (*s.f.*) – rá7ma, شَفَقة – cháfaqa
pilão – *s.m.* : جُرْن (*s.m.*) – jôrn
pilar – *s.m./adj.* : عمود – 3amúd, عواميد – 3uámid
piloto – *s.m.* : طَيَرْجي (*s.m.*) – TTaiárji
pimenta – *s.f.* : فُلْفُل (*s.m.*) – fúlfol
pimentão – *s.m.* : فَلَيفِلة (*s.f.*) – fláifle
pinça – *s.f.* : مَلْقَط (*s.m.*) – málqaTT
pincel – *s.m.* : فِرْشاية (*s.f.*) – firchêia, فراشي – faráchi
pingar – *v.* : نَقِّط – náqeTT, نَقَّط – náqaTT
pingente – *s.m.* : قونة (*s.f.*) – qúna
pingo – *s.m.* : نُقْطة (*s.f.*) – núqTTa, نُقاط – nuqáTT
pinho – *s.m.* : خَشَب الصَنَوبَر (*s.m.*) – KHáchab eSSSSnaôubar
pintar (arte) – *v.* : ارْسُم – êrssom, رَسَم – rássam
pintar (parede) – *v.* : ادْهَن – êdHan, دَهَن – dáHan
pintinho – *s.m.* : صوص (*s.m.*) – SúSS, صوصان – SúSSan
pintor (arte) – *s.m.* : رَسام (*s.m.*) – rassâm, رَسامين – rassâmin
pintor (parede) – *s.m.* : دَهان (*s.m.*) – daHên

piolho – *s.m.* : قمِل (*s.m.*) – qámel
pior – *adj./adv.* : اَبْشع – ábcha3
pirâmide – *s.f.* : هَرَم (*s.m.*) – Háram, أهْرَام – aHram
pires – *s.m.* : زِبْديّة (*s.f.*) – zebdía
pisar – *v.* : ادْعَسّ – ed3áss, دْعَسّ – d3áss
piscina – *s.f.* : مَسْبَح (*s.m.*) – mássba7
piso – *s.m.* : أرْضية (*s.f.*) – arDía
piso (pavimento) – *s.m.* : أرْضي (*s.m.*) – arDí, طَوابِق – TTauábeq, طابِق – TTábeq
pista – *s.f.* : آثار (*s.m.*) – aTár, آثار ات – aTárat
placa – *s.f.* : لَوحَة (*s.f.*) – láu7a
planejado – *adj.* : مُدَبَّر – mudábar, مُدَبَّرة – mudábara
planejado – *adj.* : مُخَطَّط – muKHáTTaTT, مُخَطَّطة – muKHáTTaTTa
planejar – *v.* : دَبِّر – dábber, دَبَّر – dábbar
planejar – *v.* : خَطِّط – KHáTTeTT, خَطَّط – KHáTTaTT
planeta – *s.m.* : كَوكَب (*s.m.*) – káukab, كَواكِب – kauákib
planície – *s.f.* : سَهِل (*s.m.*) – sáHel
plano (futuro) – *s.m.* : مَشْروع (*s.m.*) – machrú3
plano (guerra) – *s.m.* : اسْتِعداد (*s.m.*) – este3dêd
planta – *s.f.* : نَبْتة (*s.f.*) – nábte
plantação – *s.f.* : مَزْروعة (*s.f.*) – mazrú3a
plantado – *adj.* : مَزْروع – mazrú3
plantar – *v.* : ازْرَع – êzra3, زَرَع – zára3
platina – *s.f.* : ذَهَب أبيَض (*s.m.*) – THáHab ábiaD
pluma – *s.f.* : ريش (*s.m.*) – rích
plural – *s.m./adj.* : جَمع (*s.m.*) – jáme3
pneu – *s.m./adj.* : دولاب (*s.m.*) – duláb, دَواليب – dauálib
pó – *s.m.* : غَبَرة (*s.f.*) – GHábara
pó de arroz – *loc. subst.* : بودْرة (*s.f.*) – búdra

pobre – *adj.* : فَقِير (*s.m.*) – faqír, مِسْكِين – messkín

pobreza – *s.f.* : فُقْر (*s.m.*) – fúqer

poço – *s.m.* : بِئْر (*s.m.*) – bír, بِيُورى – biúra

podar – *v.* : شَذَّب – cháTHeb, شَذَّب – cháTHab

podar – *v.* : هَذَّب – HáTHeb, هَذَّب – HáTHab

poder – *v.* : اقْدَر – êqdar, قِدَر – qêder

poderoso – *adj.* : عَزِم – 3azím, عُزَمَة – 3úzama

poderoso – *adj.* : قَدِير – qadír, قُودَرَة – qúdara

poeira – *s.f.* : غَبَرَة (*s.f.*) – GHábara

poema – *s.m.* : شِعر (*s.m.*) – chê3r, قَصِيدة (*s.f.*) – qaSSída, أشْعار – ách3ar

poesia – *s.f.* : شِعر (*s.m.*)، قَصِيدة (*s.f.*) – chê3r, qassída, أشْعار – ach3ár

poeta – *s.m.* : شاعِر (*s.m.*) – chá3er, شاعِرين – chá3erin

pois – *conj./adv.* : إذاً – íTHa

polar – *s.f./adj.* : قُطْبِي (*s.m.*) – qúTTbi

polegada – *s.f.* : بوصَة (*s.f.*) – búSSa

polegar – *s.m.* : باهِم (*s.m.*) – bêHem

polêmico – *adj.* : جَدَلِي – jadáli

polícia – *s.f.* : بوليس (*s.m.*) – bulíss

polido – *adj.* : مُهَذَّب – múHaTHeb

polir – *v.* : لَمَّع – lámme3, لَمَّع – lámma3

política – *s.f.* : سياسة (*s.f.*) – siássa, سياسية – siássía

político – *adj.* : سياسي – siassi

polo – *s.m.* : قُطْب (*s.m.*) – qúTTb, اقْطاب – aqTTáb

polo negativo – *loc. subst.* : قُطْب سالِب (*s.m.*) – qúTTb sáleb

polo norte – *loc. subst.* : قُطْب الشَمالي (*s.m.*) – qúTTb ech-chamáli

polo positivo – *loc. subst.* : قُطْب موجِب (*s.m.*) – qúTTb mújeb

polo sul – *loc. subst.* : قُطْب الجْنوبي (*s.m.*) – qúTTb el jnúbi

poltrona – *s.f.* : كَنَباية (*s.f.*) – kanabêie

poluído – *adj.* : مُلَوَّث – muláuuaT, مُوَسَّخ – muássaKH

poluir – *v.* : لَوِّث – láuueT, لَوَّث – láuuaT

poluir – *v.* : وَسَّخ – uásseKH, وَسَّخ – uássaKH

pólvora – *s.f.* : بارود (*s.m.*) – barúd

pomada – *s.f.* : مَرْهَم (*s.m.*) – marHâm

pomar – *s.m.* : بِسْتان (*s.m.*) – bisstân, بَساتين – bassátin

pombo – *s.m.* : حَمامة (*s.f.*) – 7amâma, حَمام – 7amám

ponte – *s.f.* : جِسِر (*s.m.*) – jísser

ponto (gráfico) – *s.m.* : نُقْطة (*s.f.*) – núqTTa, نُقاط – nuqáTT

ponto (parada) – *s.m.* : مَحَطة (*s.f.*) – ma7áTTa

ponto de vista – *loc. subst.* : نَظَرِيّة (*s.f.*) – naZaría

pontual – *adj.* : دَقيق – daqíq

população – *s.f.* : سُكّان (*s.m.*) – sukên

popular – *adj.* : شَعْبي – chá3bi, شَعْبية – chá3bia

pôr – *v.* : حُطّ – 7ôTT, يِ حَط – 7áTT (ei)

pôr – *v.* : وَضَع – uáDa3, يِ وَضَع – uáDa3 (ei)

por acaso – *adv.* : صِدفَة – Sedfâ, مُصادَفَة – muSSádafâ

por quê? – *exp.* : لِماذا – lemáTHa, لَيّش – léich

porção – *s.f.* : حِصة (*s.f.*) – 7êSSa, حُصَة – 7úSSa

porção – *s.f.* : لُقْمة (*s.f.*) – loqma

porco – *s.m.* : خِنْزير (*s.m.*) – KHanzír

pôr do sol – *loc. subst.* : غروب الشَمس (*s.m.*) – GHurúb ech-châms

porém – *conj.* : لِكِن – lêken

por exemplo – *exp.* : مَثلا – máTala

porque – *conj.* : لأنو – leâno

porta – s.f. : باب (s.m.) – bêb, أبواب – abuáb
porta-malas – s.m. : صَندوق السَيارة (s.m.) – Sandúq essaiára
portão – s.m. : بَوابة (s.f.) – bauâba
porto – s.m. : مَرفأ (s.m.) – márfa'
Portugal – n.próp. : البُرْتغال – al portuGHál
português – s.m./adj. : البُرْتغالي (s.m.) – al portuGHáli
pós – pref. : بَعد – bá3d
posição – s.f. : مَركَز (s.m.) – markáz, مَوقِع – mauqi3
posição – s.f. : مَوقِف (s.m.) – maúqef, مَواقِف – mauáqef
positivo (fio) – adj. : إجابَي – ijábi
positivo – adj. : مَزْبوط – mazbúTT
posse – s.f. : مِلْك (s.m.) – mêlk, أمْلاك – âmlak
posse – s.f. : مِلْكية (s.f.) – melkía
possessivo – adj. : مِلْكي – melki, مِلْكيات – melkiêt
possibilidade – s.f. : إمكان (s.m.) – emkán, إمْكانيات – emkaniát
possível – adj. : مُمْكِن – múmken
postal – adj. : بَريد – baríd
poste – s.m. : عامود (s.m.) – 3amúd, عواميد – 3auámid
posterior – adj. : خَلفي – KHálfi
posto – adj. : مَغْروض – maGHrúD
posto – s.m. : مَحَطة (s.f.) – ma7áTTa
posto de gasolina – loc. subst. : مَحَطة بنزين (s.f.) – ma7àTTat benzín
pote – s.m. : إناء (s.f.) – iná', الإناء – el iná'
pouco – adj. : قَليل – qalíl
poupar – v. : وَفِّر – uáffer, وَفِّر – uáffar
povo – s.m. : شَعب (s.m.) – chá3eb
povoado – adj. : آهِل (s.m.) – áHel
povoado – s.m. : ضَيعة (s.f.) – Daíe3a
praça – s.f. : ساحة (s.f.) – sâ7a

praia – s.f. : شَط (s.m.) – cháTT, شْطوت – chTTút
prata – s.f. : فُضّة (s.f.) – fúDDa
prateleira – s.f. : واجْهة (s.f.) – uêjHa
prática – s.f. : خِبرة (s.f.) – KHêbra, مارَسة – márassa
praticar – v. : اتْمَرَّن – etmárran, تْمَرَّن – tmárran
praticar – v. : مارِس – máress, مارَس – márass
prático – adj. : خَبير – KHabír
prato – s.m. : صَحِن (s.m.) – Sá7en, صْحون – S7ún
prazer – s.m. : تْشَرَّفت (s.m.) – tcharráft, لِذّة (s.f.) – líTHe
prazo – s.m. : مِهْلة (s.f.) – mêHle
prece – s.f. : خِطاب (s.m.) – KHiTTáb, صَلاة (s.f.) – Salla
precioso – adj. : كَريم – karím, كَريمين – karímin
precioso – adj. : تَمين – tamín, تَمينة – tamíne
precisar – v. : احْتاج – e7táj, حْتاج – 7téj
precisar – v. : لازِم – lâzem, كان لازِم – kân lâzem
preciso (eu) – v. : لازْمني – lâzmni
preço – s.m. : حَق (s.m.) – 7áq, سِعر – sê3er
prédio – s.m. : بِنايّة (s.f.) – binâia, بِنايّات – binâiiat
predominante – adj. : طالِع (s.m.) – TTále3
prefeito – s.m. : رئيس البَلَديّة (s.m.) – raíss al baladíia
preferência – s.f. : أفْضَلية (s.f.) – afDDaliia
preferencial – adj. : أفْضَل – afDDál
preferido – adj. : مُفَضَّل – mufáDDal, مُفَضَّلة – mufáDDala
preferir – v. : فَضَّل – fáDDel, فَضَّل – fáDDal
prego – s.m. : مُسْمار (s.m.) – mussmár
preguiça – s.f. : كَسَل (s.m.) – kással

preguiçoso – *adj.* : كَسْلان – kasslân, كَسْلانة – kasslâna

prejudicar – *v.* : ضُرّ، يـ – Ḏôrr, ضَرّ – Ḏárr (ei)

prejuízo – *s.m.* : خِسارة (*s.f.*) – KHissára, ضَرّ (*s.m.*) – Ḏárr

preleção – *s.f.* : مُحاضرة (*s.f.*) – mu7áḎara, محاضرات – mu7aḎarát

preleção – *s.f.* : مناقشة (*s.f.*) – munáqacha, مناقشات – munaqchát

prêmio – *s.m.* : جايزة (*s.f.*) – jâiza

prendedor (para lenço de cabeça) *s.m.* : عِقال (*s.m.*) – 3eqál

prender – *v.* : احْبُس – ê7bos, حَبَس – 7ábas

prensar – *v.* : اكْبُس – êkbos, كَبَس – kábas

preocupado – *adj.* : مَشْغول البال – machGHúl al bál

preocupado – *adj.* : قَلِق – qáleq, مَهْموم – maHmúm

preocupar – *v.* : أحِّم – á7am, أحَّم – a7ám

preocupar – *v.* : قَلِّق – qálleq, قَلَّق – qállaq

preparação – *s.f.* : تَحْضير (*s.m.*) – ta7Ḏír

preparar – *v.* : حَضِّر – 7aḎḎer, حَضَّر – 7aḎḎar

preparar – *v.* : هَيِّي، يـ – Háiia (ei)

preposição – *s.f.* : حَرْف جَرّ (*s.m.*) – 7árf járr

presente – *adj.* : حاضِر – 7áḎer

presente – *adj.* : مَوجود – maujúd, مَوجودين – maujúdin

presente – *s.m.* : هَديّة (*s.f.*) – Hadéia, هَدايا – Hadáia

presentear – *v.* : هَدى، يـ – êHde, اهْدي – Háda (ei)

preservar – *v.* : حافِظ – 7áfeẕ, حافَظ – 7áfaẕ

presidente – *s.m.* : رئيس (*s.m.*) – rá'iss

preso – *s.m./adj.* : مَحْبوس (*s.m.*) – ma7búss, مَحْبوسين – ma7bússin

pressa – *s.f.* : سِرعة – sêr3a, عاجَلا (*s.f.*) – 3ájala

pressa (com) – *adv.* : مُستَعجِل – mustá3jel, مُستَعجِلين – mustá3jlin

pressão – *s.f.* : ضَغْط (*s.m.*) – ḎáGHTT

pressão arterial – *loc. subst.* : ضَغْط شِرياني (*s.m.*) – ḎáGHTT cheriáni

prestação – *s.f.* : تَقْسيط (*s.m.*) – taqssíTT

prestígio – *s.m.* : قيمة (*s.f.*) – qíma

preta – *adj.* : سَودة – sáuda, سود – súd

preto – *adj.* : أسوَد – ássuad, سود – súd

prezado – *adj.* : مُحْتَرَم – mu7taram

prezado sr. – *exp.* : السَيِّد (*s.m.*) – es-sáied

prima – *s.f.* : بِنْت عمّ (*s.f.*) – bínt 3âmm, بَنات عم – bannât 3âmm

prima – *s.f.* : بِنْت خال (*s.f.*) – bínt KHál, بَنات خال – bannât KHál

primavera – *s.f.* : الرَّبيع (*s.m.*) – ar-rábia3, رَّبيع – rábia3

primeira pessoa – *loc. subst.* : المُتَكَلِّم – al mutákllem

primeiro – *num.* : أوَل – áual, أوَّلة – áuala

primo – *s.m.* : إبْن عم (*s.m.*) – íbn 3âmm, أبناء عم – ábna 3âmm

primo – *s.m.* : إبْن خال (*s.m.*) – íbn KHál, أبناء خال – ábna KHál

primogênito – *adj.* : إبْن الكْبير (*s.m.*) – íbn al kbír

principado – *s.m.* : إمارة (*s.f.*) – ímara, إمارات – imarát

principal – *adj.* : أساسي – assássi, رَئيسي – raíssi

principalmente – *adv.* : أساساً – assassã

príncipe – *s.m.* : أمير (*s.m.*) – amír, أُمَراء – úmara

princípio – *s.m.* : أوَل – áual

prisão – *s.f.* : حَبِس (*s.m.*) – 7ábes, سِجِن – sêjen

privado/proteger

privado – adj. : خُصُصِي – KHuSSuSSi
probabilidade – s.f. : اِمكان (s.m.) – emkán, إمْكانيات – emkaniát
problema – s.m. : مَشْكَلة (s.f.) – máchkala, مَشاكل – machêkal
processo – s.m. : دَعوة (s.f.) – da3ua
procuração – s.f. : توكيل (s.m.) – taukíl, وَكالة (s.f.) – uákala
procurar – v. : اِبَحَاتْ – eba7áT, بَحَتْ – ba7áT
procurar – v. : فَتِّش – fátech, فَتَّش – fátach
produção – s.f. : إنْتاج (s.m.) – intáj
produtivo – adj. : نَشيط – nachííTT
professor – s.m. : استاذ (s.m.) – estêTH, مَعلِّم – ma3lêm
professora – s.f. : مَعلمة – ma3lme, مُعَلِمة (s.f.) – mu3álima
profeta – s.m. : رَسول (s.m.) – rassúl, نَبِيّ – nábe
profissão – s.f. : صَنعة – Sán3a, مِهْنَة (s.f.) – méHna
profundo – adj. : عَميق – 3amíq, عَميقة – 3ámiqa
programa – s.m. : بُرْنامِج (s.m.) – burnâmej, بَرامِج – barámij
progredir – v. : اِنجَح – ênja7, نَجَح – nája7
progresso – s.m. : تَقدُّم (s.m.) – taqddôm, عُمْران – 3umrân
proibido – adj. : مَمْنوع – mamnú3, مَمْنوعة – mamnú3a
proibido – adj. : حَرام – 7arám
proibido – adj. : مُحَرَّم – mu7áram, مُحَرَّمة – mu7árama
proibir – v. : اِمْنَع – êmna3, مَنَع – mâna3
proibir – v. : حَرِّم – 7árem, حَرَّم – 7áram
projeto – s.m. : مَشْروع (s.m.) – machrú3
prolongar – v. : طَوِّل – TTáuuel, طَوَّل – TTáuual

promessa – s.f. : نِذر (s.m.) – nêTHer, وَعِد – ua3êd
prometer – v. : وَعِد – uá3ed, وَعَد – uá3ad
promotor – s.m./adj. : مُحامي ألدفاع (s.m.) – muHami ad-defá3
pronome – s.m. : ضَمير (s.m.) – Damír, ضَميرات – Damírat
pronto – adj./adv. : حاضِر – 7áDer, حاضِرة – 7áDera
pronúncia – s.f. : لَفْظ (s.m.) – láfZ
pronunciar – v. : الْفُظ – êlfoZ, لَفَظ – láfaZ
propaganda – s.f. : دِعايّة (s.f.) – di3áiia, دِعايات – di3áiiat
proposital – adj. : مَقصود – maqSSúd
propriedade – s.f. : مِلْك (s.m.) – mêlk, مِلْكية (s.f.) – melkia, مِلْكيات – melkiát
propriedade – s.f. : مُمْتَلَك (s.m.) – mumtálak, مُمْتَلَكات – mumtalakát
proprietário – s.m. : صَحِب (s.m.) – Sá7eb, مالك – mâlk
próprio – adj.adv. : ذات – THát, ذاته – THátH
prosperar – v. : نَجِح – naje7, نَجَح – naja7
prosperidade – s.f. : سعادة (s.f.) – sa3áda, نَجاح (s.m.) – nají7
próspero – adj. : ناجِح – náje7, ناجِحة – náje7a
próspero – adj. : طالِع (s.m.) – TTále3
prosseguir – v. : كَمِّل – kâmmel, كَمَّل – kâmmal
prosseguir – v. : واصِل – uáSSel, واصَل – uáSSal
prostituta – s.f. : شَرْموطة (s.f.) – charmúTTa – قابحة – qábi7a
proteção – s.f. : حِماية (s.f.) – 7imaia
proteger – v. : اِحْفَظ – ê7faZ, حَفَظ – 7áfaZ
proteger – v. : اِحْمي – ê7me, حَمى يِ – 7âma (ei)

provar – *v.* : بَرْهِن – bárHen, بَرْهَن – bárHan

provérbio – *s.m.* : مَثَل (*s.m.*) – máTal, أمْثال – amTál

providência – *s.f.* : إجْراء (*s.m.*) – íjra'

província – *s.f.* : قِطاع (*s.m.*) – qêTTa3, مُقاطعة (*s.f.*) – muqáTTa3a

provocante – *adj.* : مُثير – muTíir

provocar – *v.* : سَبِّب – sábbeb, سَبَّب – sábbab

próximo – *adj./adv.* : إلجاي – el jéi

próximo – *adj./adv.* : قادم – qádim, قريب – qaríb

próximo ano – *loc. subst.* : السنة القادِمة – as-sínt al qadíma

proximo passado – *adj./s.m.* : ماضي – máDi

próximo vindouro – *adj./s.m.* : جاية – jêie

psiquiatra – *s.m.* : طَبيب نَفْس (*s.m.*) – TTabíb náfs

publicado – *adj.* : مَنْشور – manchúr, مَنْشورة – manchúra

publicar – *v.* : انْشُر – ênchor, نَشَر – náchar

publicar – *v.* : اتْبَع – êtba3, تابَع – tába3

público – *s.m.* : جَمْهور (*s.m.*) – jamHúr

pudim – *s.m.* : مُهَلّبية (*s.f.*) – muHllabía

pular – *v.* : اقْفُز – êqfoz, قَفَز – qáfaz

pulga – *s.f.* : بَرْغوث (*s.m.*) – barGHúT

pulmão – *s.m.* : رية (*s.f.*) – rêa, ريتاين – reatáin

pulo – *s.m.* : قَفْزة (*s.f.*) – qáfza, قَفْزات – qáfzat

pulo – *s.m.* : نَط (*s.m.*) – naTT

pulôver – *s.m.* : كنْزة صوفية (*s.f.*) – kânza Sufía

pulseira – *s.f.* : سوارة (*s.f.*) – suára, أساوَر – assáuar

pulso – *s.m.* : نَبَض (*s.m.*) – nábaD

pulverizar – *v.* : رُش – ruch, رَش – rách (ei)

punho – *s.m.* : قَبْضة (*s.m.*) – qábDa

punido – *adj.* : تَعْذيب – t3áTHib, تَعْذيبة – t3áTHiba

punir – *v.* : عَذِب – 3áTHeb, عَذَب – 3áTHab

purê – *s.m.* : هْريس (*s.m.*) – Hríss

purgante – *s.m.* : مُسْهِل (*s.m.*) – mússHel

puro – *adj.* : صافي – Sáfi, نَقّي – náqi

puxar – *v.* : اسْحَب – ês7ab, سَحَب – sá7ab

puxar – *v.* : شِدّ – chêdd, شَدّ ي – chádd

Q

quadra – s.f. : مُرَبَّعة (s.f.) – murábba3a
quadrado – adj. : مُرَبَّع – murábba3
quadragésimo – num. : أَرْبَعون – arba3ún
quadril – s.m. : وَرِك (s.m.) – uárek
quadrilha – s.f. : عِصابة (s.f.) – 3eSSába
quadro – s.m. : صورة (s.m.) – Súra, بِرواز – beruáz, صوَر – Súar
quadro-negro – s.m. : لَوح أَسوَد (s.m.) – láu7 ássuad
qual – pron. : أَيّ ؟ – áia?, مَن ؟ – mânn?
qualidade – s.f. : جِنْسّ (s.m.) – jênss, أجْناس – ajnês
qualidade – s.f. : نَوع (s.m.) – náu3, أَنواع – annuê3
qualquer – pron. : حَيَلا – 7aiála
qualquer lugar – loc. pron. : حَيَلا مَطْرَح – máTTra7
qualquer lugar – loc. pron. : أَيّ مَكان – áia
quando – adv./conj. : مَتى ؟ – máta?
quantia – s.f. : كَمِيّة (s.f.) – kamía
quantidade – s.f. : عَدَد (s.m.) – 3ádad
quanto – adj./pron./adv. : قَدِيش – qadêich
quantos – adj./pron. : كَم – kâm
quarenta – num. : أَرْبَعين – arba3ín
quarta – s.f. : رُبع (s.m.) – rûbe3
quarta-feira – s.f. : الأَرْبَعة (s.f.) – al êrb3a
quarteirão – s.m. : مُنازل (s.m.) – mnázel
quartel – s.m. : ثَكَنة عَسْكَر (s.f.) – Takânat 3áskar

quarto – num. : رابع – rábe3, رابعة – rábe3a
quarto – s.m. : غُرْفة (s.f.) – GHúrfa, غُراف – GHúraf
quarto – s.m. : قوضة (s.f.) – qúDDa, قواض – quáD
quarto de hora – num. : رُبْع ساعة (s.m.) – rubô3 sê3a
quase – adv. : تَقريباً – taqríbā
quatorze – num. : أَرْبَتعش – árbat3ach
quatro – num. : أَرْبَع – árba3
quatrocentos – num. : أَرْبَعمية – arba3míia
que – pron./conj. : أَيّ – áia, ما – má
quebrado – s.m./adj. : مَكْسور (s.m.) – makssúr, مَكْسورة – makssúra
quebrar – v. : اكْسُر – êkssor, كَسَر – kássar
queda – s.f. : سُقوط (s.m.) – súquTT
queijo – s.m. : جِبِن (s.m.) – jêben
queimado – s.m./adj. : مَحْروق (s.m.) – ma7rúq, مَحْروقة – ma7rúqa
queimadura – s.f. : حَرْق (s.m.) – 7êrq
queimar – v. : شَعِّل – chá3el, شَعَّل – chá3al
queimar – v. : احْرق – ê7roq, حَرَق – 7áraq
queixa – s.f. : شَكوة (s.f.) – chákua
queixar – v. : اشْتِكي – echtêke, يِ اشْتَكى – echtáka (ei)
queixo – s.m. : ذَقِن (s.m.) – THáqen
quem – pron. : مين ؟ ، مين – mín
quente – adj. : سُخُن – súKHon
quer – conj. : أم،... مَواء – ám, mauá'
querer – v. : بَدّ – bádd, كان بَد – kân bádd
querer – v. : يريد – iríd, أراد – arád
querido(a) – adj. : حَبيب – 7abíb, حَبيبتي – 7abíbe
questão – s.f. : سَوال (s.m.) – suál, أَسئلة – ass-ile
quiabo – s.m. : بامية (s.f.) – bêmia
quibe – s.m. : كبّة (s.f.) – kíbbe

quieto – *adj.* : ساكِن – sáken, مَسالِم –
massálem
quilo – *s.m.* : كيلو (*s.m.*) – kílo
quilômetro – *s.m.* : كيلومِتر (*s.m.*) – kilomítr
química – *s.f.* : كيمياً (*s.f.*) – kímia
quinhentos – *num.* : خَمْسْمية –
KHamssmíia
quinta-feira – *s.f.* : الخَميس (*s.m.*) – al
KHamís

quintal – *s.m.* : حَقورة (*s.f.*) – 7aqúra
quinto – *num.* : خامِس – KHâmes, خامِسة –
KHâmessa
quinze – *num.* : خَمْسْتَعشَر – KHamst3ách
quitado – *adj.* : مَدْفوع – madfú3
quitar – *v.* : ادْفَع – edfá3, دَفَعَ – dáfa3
quitar – *v.* : سِدّ – sêdd, سَدّ – sádd
quota – *s.f.* : نَصيب (*s.m.*) – naSSíb

R

rabanete – s.m. : فِجِل (s.m.) – fêjel, فِجِلات – fêjlet

rabo – s.m. : ذَنَب (s.m.) – THânab, ذَنَبات – THânabet

raça – s.f. : جِنْسّ (s.m.) – jênss, أجْناس – ajnáss

rachado – adj. : مَشْقوق – machqúq

racial – adj. : عُنْصُري – jenssí, جِنْسِي – 3unSSuri

raciocínio – s.m. : تَحْليل (s.m.) – ta7líl

racismo – s.m. : عِرْقِيّة (s.m.) – 3erqíia

racista – adj. : عِرْقِيّ – 3erqi

radar – s.m. : رادار (s.m.) – rádar

radiante – adj. : مُشَع – múcha3, نَضير – naZír

radical – adj. : أساسي – assássi, أساسيات – assassiát

rainha – s.f. : مَلَكة (s.f.) – málaka

raio – s.m. : بَرْق (s.m.) – bárq, بَرْقات – bárqat

raiva – s.f. : حِقد (s.m.) – 7êqd, كَلَب – kálab

raiz (planta) – s.f. : شُرْش (s.m.) – chûrch, شُروش – churúch

raiz (origem) – s.f. : أصل (s.m.) – áSSel, أصول – auSSúl

ralado – adj. : مَبْروش – mabrúch

ralar – v. : ابْرُش – êbroch, بَرَش – bárach

ralo – s.m. : بَلوعة (s.f.) – balu3a

ramal – s.m. : فَرَع (s.m.) – fára3

ramo – s.m. : غُصُن (s.m.) – GHuSSôn, أغْصان – aGH-SSân

rancor – s.m. : حِق (s.m.) – 7êqd

rapaz – s.m. : شَبّ (s.m.) – chább, شَبّاب – chabbáb

rapaz – s.m. : صَبي (s.m.) – Sábe, صُبيان – Subiân

rápido – adj. : بِسِرعة – bíssêre3a, عَجِّل – 3ájjel

raposa – s.f. : ثَعلب (s.m.) – Tá3lab, ثعالب – Ta3áleb

raptar – v. : خَطَف – KHaTTêf, خَطَّف – KHaTTáf

raramente – adv. : نادِراً – nadírā

raro – adj. : نادِر – náder

rasgado – adj. : مَخْزوق – maKHzúq, مَخْزوقة – maKHzúqa

rasgar – v. : اخْزُق – êKHzoq, خَزَق – KHázaq

raso – adj. : أجْرَد – ajrád, بَسيط – bassíTT

rasto – s.m. : أثار (s.m.) – aTár, أثار ات – aTárat

rato – s.m. : فارة (s.f.) – fára

razão – s.f. : حَقّ (s.m.) – 7áq

razão (com) – s.f. : بَحَق – bi7áq

reafirmar – v. : ثَبَّت – Tábbet, ثَبَّت – Tábbat

reajustar – v. : طَبَّق – TTábbeq, طَبَّق – TTábbaq

reajuste – s.m. : تَطبيق (s.m.) – taTTbiq

real – adj. : حَقيقي – 7aqíqi, مَلَكي – málaki

realidade – s.f. : حَقيقة (s.f.) – 7aqíqe

realizar – v. : عَمَل – 3ámal, عَمَل – 3êmal

realizar – v. : حَقَّق – 7áqeq, حَقَّق – 7áqaq

realmente – adv. : حَقيقاً – 7aqíqā

rebanho – s.m. : قطيع (s.m.) – qaTTí3

rebocado – adj. : مَقطور – maqTTúr

rebocador – s.m./adj. : قاطِر (s.m.) – qáTTer

rebocar – v. : قَطِر – qáTTer, قَطَر – qáTTar

recado – s.m. : رِسالة (s.f.) – rissála, رِسالات – rissálat

recado – s.m. : زاوِيّة (s.f.) – zeuíie, زاويات – zeuiêt

recarga – s.f. : حَمْلة جَديدة (s.f.) – 7âmlat jadída

receber – v. : اسْتِلِم – estêlem, اسْتَلَم – estálam

receita – s.f. : وَصْفة (s.f.) – uáSSfe

receitar – v. : وَصِف – uáSSef, وَصَف – uáSSaf

recém – adv. : حَديث – 7adíT

recém-chegado – s.m./adj. : واصِل حَديث (s.m.) – uêSSel 7adíT

recém-nascido – s.m./adj. : حَديث المَولد (s.m.) – 7adíT al máuled

recente – adj. : حَديث – 7adíT

recentemente – adv. : أخيراً – aKHírān, حَديثاً – 7adíTān

recepção – s.f. : اسْتِقبال (s.m.) – esteqbál

recheado – adj. : مِحْشي – mê7che, مِحْشين – me7chein

recheio – s.m. : حَشو (s.m.) – 7áchu

recibo – s.m. : وَصل (s.m.) – uáSSl

reclamação – s.f. : عَتَب (s.m.) – 3átab

reclamar – v. : عاتِب – 3áteb, عاتَب – 3átab

recomendar – v. : وَصّي – uáSSe, وَصّى يِ – uáSSa (ei)

recompensa – s.f. : مُكافأ (s.f.) – mukáfa'a

reconciliação – s.f. : مُصالَحَة (s.f.) – muSSála7a

reconciliar – v. : صُلّح – Sullu7, صَلَّح – Sálla7

reconhecer – v. : اتْعَرِف – eta3áref, تَعَرَف – ta3áraf

recordar – v. : اتْذَكَّر – etTHákkar, تْذَكَّر – tTHákkar

recusar – v. : ارْفُض – êrfoD, رَفَض – ráfaD

rede – s.f. : شَبَكَة (s.f.) – chábaka

redondo – adj. : مْدَوَّر – mdáuuar, مْدَوَّرة – mdáuura

redução – s.f. : تَقليل (s.m.) – taqlíl

reduzido – adj. : قَليل – qalíl, قَليلة – qalíla

reduzir – v. : قَلِّل – qállel, قَلَّل – qállal

refeição – s.f. : أكْلة (s.f.) – ákla, وَجْبة – uájba

refém – s.m.f. : رَهينة (s.f.) – raHína

refrescante – adj. : مُنَعِش – muná3ich, مُنَعِشين – muná3ichin

refresco – s.m. : عَصير (s.m.) – 3aSSír, مَشْروبات – machrubât

refrigerante – s.m. : مَشْروبات (s.m.) – machrubât

refúgio – s.m. : مَلْجأ (s.m.) – maljá'

regar – v. : اسْقي – essqê, يِ سَقى – saqá (ei)

região – s.f. : مَنْطَقة (s.f.) – mânTTaqa, مَناطِق – manáTTeq

regime militar – loc. subst. : حُكْمة العَسْكَري (s.m.) – 7ukúmat al 3áskari

regional – adj. : بَلَدية – baladía, بَلَديات – baladiát

regional – adj. : بِمَنْطَقة – bi mânTTaqa

registrado – adj. : مْسَجَّل – mssájjal, مْسَجَّلين – mssájjalin

registrar – v. : سَجِّل – sájjel, سَجَّل – sájjal

registro – s.m. : سِجِلّ (s.m.) – sijill

regra – s.f. : أساس (s.m.) – assas, أساسات – assassát

regra – s.f. : قانون (s.m.) – qanún, قَوانين – qauánin

regressar – v. : ارْجَع – êrja3, رِجِع – rêje3

regresso – s.m. : رُجوع (s.m.) – rujú3

régua – s.f. : مَسْطَرَة (s.f.) – mássTTara

regulado – adj. : مُنتَظِم – muntáZêm

regulagem – s.f. : ضَبْط (s.m.) – DábTT

regulamento – s.m. : قانون (s.m.) – qanún, قَوانين – qauánin

regular/residência

regular – *adj.* : نِظَامِيّ – neZâmi
regular – *adj.* : مُنْتَظِم – qanúni, muntáZêm – قَانُونِيّ
regular – *v.* : ضَبَّط – DábbeTT, ضَبَّط – DábbaTT
regular – *v.* : نَظَّم – náZZem, نَظَّم – náZZam
rei – *s.m.* : مَلَك (*s.m.*) – málak
reino – *s.m.* : مَمْلَكة (*s.f.*) – mamláka
rejeitar – *v.* : اِرْفُض – êrfoD, رَفَض – ráfaD
relação – *s.f.* : عَلاقة (*s.f.*) – 3aláqa
relacionado – *adj.* : عَلاقات – 3aláqat, عَلاقاتة – 3aláqata
relâmpago – *s.m.* : بَرْق (*s.m.*) – bárq, بَرّقات – bárqat
relatividade – *s.f.* : نِسْبِيّة (*s.f.*) – nessbía
relativo – *adj.* : نِسْبِيّ – nessbíi
religião – *s.f.* : دين (*s.m.*) – dín, أديان – adiên
religioso – *adj.* : دينِي – díni, دينية – dinía
religioso – *adj.* : دِيَّن – déian
relógio – *s.m.* : ساعة (*s.f.*) – sâ3a, ساعات – sê3at
relojoeiro – *s.m.* : ساعاتي (*s.m.*) – sa3áti
remar – *v.* : اِجْذُف – êjTHof, جَذَف – jáTHaf
remédio – *s.m.* : دَواء (*s.m.*) – dáua, أدُية – adúia
remendar – *v.* : رَقِع – ráqe3, رَقَّع – ráqa3
remetente – *s.m./adj.* : مُرْسِل (*s.m.*) – múrssel
remo – *s.m.* : مَجْذاف (*s.m.*) – májTHaf, مجاذيف – mjáTHif
renda (enfeite) – *s.f.* : تَنْتَنة (*s.f.*) – tântana, تَنْتَنات – tantanát
renda (financeira) – *s.f.* : دَخْل (*s.m.*) – dáKHl, مَدْخول – madKHul
renda (financeira) – *s.f.* : رِبح (*s.m.*) – rêbe7, أرْباح – arbá7
renovar – *v.* : جَدِّد – jádded, جَدَّد – jáddad
renúncia – *s.f.* : إِسْثِقالة (*s.f.*) – issTiqála

renunciar – *v.* : إِسْثِقيل – issTaqíl, إسْثِقَال – issTaqál
reparar (observar) – *v.* : لاَحِظ – lá7eZ, لاَحَظ – lá7aZ
repartição – *s.f.* : دائرة (*s.f.*) – dáera, دَوائر – dauáiir
repartir – *v.* : قَسِّم – qássem, قَسَّم – qássam
repentinamente – *adv.* : بَغْتَتاً – báGHtatã, فجأة – faj-atã
repentinamente – *adv.* : دِغْري – deGHri, قَوام – qauêm
repetir – *v.* : رَدِّد – rádded, رَدَّد – ráddad
repetir – *v.* : راجِع – ráje3, راجَع – rája3
repita (ordem) – *v.* : راجِع – ráje3
repolho – *s.m.* : مَلْفوف (*s.m.*) – malfúf
repousar – *v.* : اِسْتَريح – esstarí7, اِسْتَراح – esstará7
repouso – *s.m.* : اِسْتِراحة (*s.f.*) – esstirá7a
represa – *s.f.* : بُحَيرة (*s.f.*) – bu7áera, سَدّ – sádd
representante – *s.m.f.* : مُمَثِّل (*s.m.*) – múmaTel, مُمَثِّلين – mumaTelín
representante – *s.m.f./adj.* : وَكيل (*s.m.*) – uakel, وَكَّل – uákal
representar – *v.* : مَثِّل – máTel, مَثَّل – máTal
representar – *v.* : وَكِّل – uákkel, وَكَّل – uákkal
república – *s.f.* : جَمْهوريّة (*s.f.*) – jamHuríia
reserva – *s.f.* : حَجَز – 7ajáz, حاجز – 7ájaz
reservado – *adj.* : مَحْجوز – ma7júz
reservar – *v.* : اِحْجُز – ê7joz, حَجَز – 7ájaz
reservatório – *s.m.* : خَزّان (*s.m.*) – KHazzân, خَزّانات – KHazzânat
resfriado – *adj.* : مُرَشِّح – mráche7, مرَشحة – mráche7a
resfriado – *adj.* : رَشِح – rácha7
residência – *s.f.* : بَيت (*s.m.*) – béit, بِيوت – biút

residência – *s.f.* : دار (*s.f.*) – dár, مَنْزَل (*s.m.*) – mânzal
resistente – *adj.* : مَتين – matíin
resistir – *v.* : اِحْتَمَل – e7tâmel, – e7tâmal
resolver – *v.* : حَلّ, يِ – 7êll, يِ – 7áll (ei)
resolver – *v.* : قَرِّر – qárrer, قَرَّر – qárrar
resolvido – *adj.* : مَحْلول – ma7lúl, مَحْلولة – ma7lúla
respeitado – *adj.* : مُحْتَرَم – mu7táram
respeitar – *v.* : اِحْتِرِم – e7têrem, اِحْتَرَم – e7táram
respeito – *s.m.* : اِحْتِرام (*s.m.*) – e7tirâm
respirar – *v.* : اِتْنَفِّس – etnáffas, تْنَفِّس – tnáffas
responder – *v.* : جاوِب – jáueb, جاوَب – jáuab
responsabilidade – *s.f.* : مَسْؤولية (*s.f.*) – massulíie, مَسْؤوليات – massulíiet
responsável – *adj.* : مَسْؤول – massúl
resposta – *s.f.* : جَواب (*s.m.*) – jáuab
restante – *adj.* : باقي – báqe
restaurante – *s.m.* : مَطْعَم (*s.m.*) – maTT3ám
resto – *s.m.* : باق (*s.m.*) – báq
restrito – *adj.* : مَحدود – ma7dúd
resultado – *s.m.* : نَتيجَة (*s.f.*) – natíja, نَتايج – ntáij
resumido – *adj.* : مُجْمَل – mujmál, مُجْمَلة – mujmála
resumir – *v.* : اِجْمِل – ejmel, اِجْمَل – ejmal
resumir – *v.* : اِخْتِصَر – eKHtêSSer, اِخْتَصَر – eKHTáSSar
resumo – *s.m.*/*adj.* : اِخْتِصار (*s.m.*) – eKHtiSSár
retangular – *adj.* : مُسْتَطيل – mussTaTTíl
retina – *s.f.* : شَبَكة عين (*s.f.*) – chábaket 3áin
retirar – *v.* : اِسْحَب – ês7ab, سَحَب – sá7ab

reto – *adj.* : سَديد – sadíd
retorno – *s.m.* : رُجوع (*s.m.*) – rujú3
retrato – *s.m.* : صورة (*s.f.*) – Súra, صوَر – Súar
reunião – *s.f.* : اِجْتِماع (*s.m.*) – ejtimá3, اِجْتِمعات – ejtimé3at
reunidos – *adj.pl.* : مُجْتَمعين – mujtam3ín
reunir – *v.* : اِجْتِمِع – ejtême3, اِجْتَمَع – ejtâma3
revista – *s.f.* : مَجَلّة (*s.f.*) – majálla, مَجَلات – majllát
revolução – *s.f.* : إنْقِلاب (*s.f.*) – inqiláb, ثَورة – Táura
revólver – *s.m.* : فَرْد (*s.m.*) – fárd, مُسَدَّس – mussáddas
rico – *adj.* : غَنِيّ – GHáni, غَنِية – GHanía
rigoroso – *adj.* : شَديد – chadíd
rim – *s.m.* : كلوة (*s.f.*) – kêlua
rio – *s.m.* : نَهر (*s.m.*) – náHer, أنْهُر – anHôr
riqueza – *s.f.* : ثَروَة – Tárua, غِنى (*s.f.*) – GHína
rir – *v.* : اِضْحَك – êD7ak, ضِحِك – Dê7ek
risada – *s.f.* : ضِحْكة – Dê7ka, ضِحْكات – Dê7kat
rival – *s.m.* : مُزاحِم (*s.m.*) – muzá7em
robusto – *adj.* : مَتين – matíin, نَشيط – nachíiTT
rocha – *s.f.* : صَخْرة (*s.f.*) – SáKHra
rochoso – *adj.* : صَخْريّ – SáKHri
roda – *s.f.* : دولاب (*s.m.*) – duláb, دَواليب – dauálib
rodar – *v.* : دور – dúr, دار – dar
rodar – *v.* : اِبْرُم – êbrom, بَرَم – báram
rodoviária – *s.f.* : مَحَطة (*s.f.*) – ma7áTTa
rolar – *v.* : دَحْرَج – dá7rej, دَحْرَج – dá7raj
rolha – *s.f.* : سَدّة (*s.f.*) – sádde, فَلينة – fallína
romã – *s.f.* : رُمّان (*s.m.*) – rummân

romance – *s.m.* : قِصة (*s.f.*) – qúSSa, قِصَص – qúSSaSS

romance – *s.m.* : رواية (*s.f.*) – riuáia

roncar – *v.* : اشْخُر – êchKHor, شَخَر – cháKHar

rosa (cor) – *s.f.* : زَهْرة (*s.f.*) – záHra, وَرْدى – uárda

rosa (flor) – *s.f.* : وَرْدة (*s.f.*) – uárda, وَرْد – uárd

rosado – *adj.* : زَهْري – záHri, وَرْدي – uárdi

rosto – *s.m.* : وَجْه (*s.m.*) – uêjH

rota – *s.f.* : طَريق (*s.f.*) – TTaríq, طُرُق – TTurôq

roubar – *v.* : اسرُق – êssroq, سَرَق – sáraq

rouco – *adj.* : مَبْحوح – mab7ú7

roupa – *s.f.* : ثِياب (*s.m.*) – Tiâb

roupão de banho – *loc. subst.* : بِرْنس الحمام (*s.m.*) – barnass al 7amám, بَشْكير – Bachkír

rouxinol – *s.m.* : بُلْبُل (*s.m.*) – búlbol, بَلابِل – balábel

roxo – *adj.* : بَنَفْسَجي – banafssáji, لَيْلَكي – laílaki

rua (caminho) – *s.f.* : طَريق (*s.f.*) – TTaríq, طُرُق – TTurôq

rua (passagem pública) – *s.f.* : شارِع (*s.m.*) – châre3, شَوارِع – chauére3

rubi – *s.m.* : ياقوت (*s.m.*) – iáqut

rude – *adj.* : غَليظ – GHalíZ, فَظ – faZ

ruim – *adj.* : رَدي – radí, عاطِل – 3áTTel, عطلين – 3áTTlin

ruína(s) – *s.f.* : أثار (*s.f.*) – aTár, خِربة – KHêrba, آثارات – aTárat

ruivo – *adj.* : أشْقَر – áchqar, أصْهَب – áSSHab

rumo – *s.m.* : اتِّجاه – etejáH, صَوب (*s.m.*) – Sáub

rural – *adj.* : زِراعة – zirá3a

S

sábado – *s.m.* : السَبَت (*s.m.*) – as-sábet
sabão – *s.m.* : صابون (*s.m.*) – Sabún, صابونات – Sabúnet
sabedoria – *s.f.* : حِكْمة (*s.f.*) – 7êkma, مَعرِفة – má3refa
sabedoria – *s.f.* : معارف – m3áref, معارفة – m3árefe
saber – *v.* : أعرِف – á3ref, عِرِف – 3êref
sabido – *adj.* : مَعلوم – ma3lúm
sabido – *adj.* : مَعروف – ma3rúf, مَعروفة – ma3rúfe
sábio – *s.m./adj.* : فَيلَسوف – failassúf, عَلِم (*s.m.*) – 3álem
sábio – *s.m./adj.* : حَكيم (*s.m.*) – 7akím, حُكَّما – 7úkama
sabonete – *s.m.* : صابونة (*s.f.*) – Sabúna
sabor – *s.m.* : ذَوق (*s.f.*) – THáuq, طَعمة – TTá3me
saboroso – *adj.* : لَذيذ – laTHíTH, لَذيذين – laTHíTHin
saboroso – *adj.* : طَيِب – TTáieb, طَيِبين – TTáibin
sabotagem – *s.f.* : تَخْريب (*s.m.*) – taKHríb, تَخْرِبات – taKHribêt
sacarina – *s.f.* : سَكَرين (*s.m.*) – sakarín
sacerdote – *s.m.* : خوري (*s.m.*) – KHúri, كاهِن – káHen
saco – *s.m.* : كيس (*s.m.*) – kíss, أكياس – ákiass
sacola – *s.f.* : جُرج (*s.m.*) – júrj, جِراب – jerâb
sacola – *s.f.* : سَلّة (*s.f.*) – sálla, سَلل – sállel

sacrificar – *v.* : ضَحّي – Dá77e, يِ ضَحّى – Dá77a (ei)
sacrifício – *s.m.* : ضَحية (*s.f.*) – Da7íia
sacudir – *v.* : هَزّ – Hêzz, هَزّ – Házz
sacudir – *v.* : ذَحذِح – THá7THé7, ذَحذَح – THá7THá7
sadio – *adj.* : سَليم – salím
safado – *adj.* : أزْعَر – áz3ar, وقِح – uêqe7, وِقحين – uêq7in
safra – *s.f.* : حَصيد (*s.m.*) – 7áSSid, مَوسَم – máussam
sagaz – *adj.* : فَطِن – fáTTen, نَجيب – najíb
sagaz – *adj.* : ذَكيّ – THáki, اذْكي – êTHkia
sagrado – *adj.* : مُقَدَّس – muqáddas, مُقَدَّسة – muqáddassa
saia – *s.f.* : تَنورة (*s.f.*) – tannúra
saída – *s.f.* : خُروج (*s.m.*) – KHurúj, مَطْلَع – maTTlá3
sair – *v.* : اخْرُج – êKHroj, خَرَج – KHáraj
sair – *v.* : اطْلَع – êTTla3, طِلِع – TTêle3
sal – *s.m.* : مِلح (*s.m.*) – mêle7
sala de estar – *loc. subst.* : صالون (*s.m.*) – Salôn
sala de jantar – *loc. subst.* : قوضة الصُفرة (*s.f.*) – quDát aSS-SSúfra
sala de jantar – *loc. subst.* : صالة الاسْتِقبال (*s.f.*) – Sálat al essteqbêl
salada – *s.f.* : سَلَطة (*s.f.*) – sálaTTa
salário – *s.m.* : معاش (*s.m.*) – ma3ách, معاشات – ma3áchat
saldo – *s.m.* : باقي (*s.m.*) – báqi, رَصيد – rassíd
saleiro – *s.m.* : مَمْلَحة (*s.f.*) – mamlá7a
salgado – *adj.* : مُمَلَّح – mumála7, مُمَلَّحين – mumála7in
saliência – *s.f.* : بُروز (*s.m.*) – burúz
saliente – *adj.* : بَرِز – barêz
saliva – *s.f.* : ريق (*s.m.*) – ríq

salmo/sede

salmo – s.m. : مَزْمور (s.m.) – mazmúr, مَزامير – mazámir

salsa – s.f. : بَقدونِس (s.m.) – baqdúnes

saltar – v. : اقْفُزْ – êqfoz, قَفَزَ – qáfaz

saltar – v. : فِيز – fízz, يِ فاز – fázz (ei)

salto – s.m. : قَفْزة (s.f.) – qáfza, قَفْزات – qafzát

salto – s.m. : نَط (s.m.) – na**TT**

salto (de sapato) – s.m. : كعِب (s.m.) – ká3eb

salto alto – loc. subst. : كعِب عالي (s.m.) – ká3eb 3áli

salto baixo – loc. subst. : كعِب واطي (s.m.) – ká3eb uá**TT**i

salvador – s.m./adj. : مُخَلِّص (s.m.) – mu**KH**ále**SS**

salvar – v. : انجِّي – ênje, يِ نَجِّى – nája (ei)

salvar – v. : خَلِّص – **KH**álle**S**, خَلَّص – **KH**álla**S**

salvo – adj. : سالِم – sálem, ناج – náj

sandália – s.f. : سَنْدَل (s.m.) – sândal, سَبادِل – sanêdel

sanduíche – s.m. : شَطيرة (s.f.) – cha**TT**íra

sanfona – s.f. : أُكوردْيون (s.m.) – okordiôn

sangrar – v. : نَزيف دَمْ – názzef dâmm

sangue – s.m. : دَمْ (s.m.) – dâmm

santo – s.m./adj. : قَديس (s.m.) – qadíss, قديسة – qadíssa

são – adj. : سَليم – salím

são e salvo – exp. : سَليم و مُعافي – salím u mu3áfa

sapateiro – s.m. : كِنْدَرْجي (s.m.) – kindárji

sapato feminino – loc. subst. : سكَرْبينة – skarbíne, كينْدَرة (s.f.) – kíndara

sapato masculino – loc. subst. : صُبّاط (s.m.) – Subbá**TT**, صُبّابيط – Subbábi**TT**

sapo – s.m. : ضَفادِع (s.m.) – Dafáde3

saque – s.m. : سَلْب (s.m.) – sálb, نَهْب – náHb

saquear – v. : انْهَب – ênHab, نَهَب – náHab

saquear – v. : اسْرُق – êssroq, سَرَق – sáraq

sardinha – s.f. : سَرْدين (s.m.) – sardín

satã – s.m. : شَيطان (s.m.) – chai**TT**ân

satélite – s.m. : قَمَر اصطِناعي (s.m.) – qâmar e**SS-TT**iná3i

satisfação – s.f. : اشْبَع (s.m.) – echbá3, أنْبَساط – enbássa**TT**

satisfação – s.f. : سعادة (s.f.) – sa3áda

satisfazer – v. : سَرّ – sar, سَرَّ – sara

satisfeito – adj. : شَبعان – chab3ân

satisfeito – adj. : مَبْسوط – mabssú**TT**, مَبْسوطين – mabssu**TT**ín

saudação – s.f. : سَلام (s.m.) – sallám

saudade – s.f. : شَوق – cháuq, مِشْتاق (s.m.) – mechtáq

saúde – s.f. : صِحَّة (s.f.) – Sê7a

saúde (a sua) – s.f. : صَحْتَك (s.f.) – Sê7tak, صِحْتِك – Sê7tik

Saudi-Arábia – n.próp. : المَمْلَكة العَرَبيّة السَّوديّة – al mamlákat al 3arabíia as-saudíia

saudita – s.m./adj. : سَعودي (s.m.) – sa3udí

se – conj. : إذا – í**TH**a

se – pron. : في – fí, لأو – láu

seca – s.f. : جَفاف – jafâf, يَبَس (s.m.) – yêbes

secador – s.m. : مُنَشِّف (s.m.) – munáchef

secar – v. : نَشِّف – náchef, نَشَف – náchaf

seco – adj. : جاف – jáf, ناشِف – náchef

secreção – s.f. : إفْراز – ifráz, فَرْز (s.m.) – fárz

secretário – s.m./adj. : مُوَظَّف (s.m.) – muáZaf, مُوَظَّفين – muaZafin

secretário – s.m. : سِكْرِتير (s.m.) – secretér

secreto – adj. : خَفيّ (s.m.) – **KH**afí, سِرِّيّ – serríi

século – s.m. : قَرْن (s.m.) – qárn, قُرون – qrún

secundário – adj. : ثانَويّ – **T**ânaui

seda – s.f. : حَرير (s.m.) – 7arír

sede – s.f. : عَطْش (s.m.) – 3á**TT**ch

sedentário – adj. : كَسْلان – kasslân, كَسْلانة – kaslâna

sedento – adj. : عَطْشان – 3aTTchên

sedutor – adj. : فاتِن – fáten

seduzido – adj. : مَفْتون – maftún

segmento – s.m. : فَصّ (s.m.) – fáSS, وَتَر – uátar

segredo – s.m. : سِرّ (s.m.) – sêrr, أَسْرار – assrár

seguida – s.f. : تَوالٍ (s.f.) – tauále

seguida (em) – loc. adv. : كَفى – káfa, مِن بَعد – mên ba3d

seguidor – s.m./adj. : تابِع (s.m.) – tábe3, نَصير – naSSír

seguinte – s.m./adj. : تالٍ (s.f.) – tále

seguir – v. : تَبِع – tábe3, تَبَع – tába3

segunda pessoa – loc. subst. : المُخاطَب – al muKHáTTab

segunda vez – loc. subst. : ثاني مَرَّة – Têni márra

segunda-feira – s.f. : الاثْنَين (s.m.) – al eTnâin

segundo – num. : ثاني – Tâni, ثانية – Tânia

segundo – prep. : حَسَب – 7ássab, بِحَسَب – b7ássab

segurança – s.f. : أمْن (s.m.) – amên

segurar – v. : امْسُك – emsuk, مَسَك – mássak

seguro – adj. : مُوَكَّد – muákkad

seguro – s.m. : ضَمان (s.m.) – Damân, ضَمانة – Damâna

seguro contra acidentes – exp. : تأمين ضِدّ الحَوادث (s.m.) – támin Dêd el 7auédeT

seguro de vida – s.m./loc. subst. : تأمين عَلَى الحَياة (s.m.) – támin 3alaa el 7aiêt

seio – s.m. : بِزّ (s.m.) – bêz, بزاز – bzêz

seis – num. : ستة – sitta

seiscentos – num. : سِتْمئية – sittemiea

seita – s.f. : دين (s.m.) – dín, أَديان – adiên

seita – s.f. : طايفة (s.f.) – TTáifa

selo – s.m. : خاتِم (s.m.) – KHátem, خَواتِم – KHauêtem

selo – s.m. : طابع (s.m.) – TTabe3, طَوابِع – TTauêbe3

selva – s.f. : غابَة (s.f.) – GHába

selva (mata) – s.f. : حِرْش (s.m.) – 7êrch, أَحْراش – á7rach

selvagem – adj. : وَحِش – uá7ech

sem – prep. : بِدون – bidún

sem acento – loc. adj. : سُكُّن – sukún

sem roupa – loc. adj. : بالزُّلْط – bil zulTT

semáforo – s.m. : إشارَة سَير (s.m.) – icharát sáir

semana – s.f. : جُمعة (s.m.) – júm3a, اسْبوع – essbú3

semana que vem – s.f. : جُمعات الجاي (s.m.) – júm3at el jêi, اسْبوع الجاي – essbú3 el jêi

semana passada – s.f. : جُمعات الماضي (s.m.) – júm3at el máDie, اسْبوع الماضي – essbú3 el máDie

semear – v. : ابْذُر – êbTHor, بَذَر – báTHar

semear – v. : ازرع – êzra3, زَرَع – zára3

semelhança – s.f. : شِبَه (s.m.) – chêbeH

semelhante – adj. : مَثيل – maTíl, مُتَجانِس – mutájaness

semelhante – adj. : مُشابِه – muchêbeH

semente – s.f. : بزرة (s.f.) – bízra, بِزر – bízer

semestral – adj. : نُصْف سَنَوي (s.m.) – núSSf sanáui

semestre – s.m. : نُصْف سَنة (s.m.) – núSSf sana

semolina – s.f. : سِمْسُم (s.m.) – simsum

sempre – adv. : دايماً – dêimâ

sem-vergonha – adj. : بَلا شَرَف – bidún cháraf, بدون شَرَف – bála cháraf

senado – s.m. : مَجْلِس الشُّيوخ (s.m.) – májles ech-chuiúKH

senador/sexo

senador – s.m. : شَيخ (s.m.) – cháiKH, شُيوخ – chuiúKH
senhor – s.m. : سَيِّد (s.m.) – sáied, سَدات – sádat
senhora – s.f. : سَيِّدة (s.f.) – sáida, سَيِّدات – saidat
senhorita – s.f. : آنِسَة (s.f.) – aníssa, سِتّ – sítt
sensato – adj. : مَعقول (s.m.) – ma3qúl
sensível – adj. : حَسّاس – 7assâs, حَسّي – 7assí
sentado – adj. : جالِس – jálas, قاعِد – qa3ed
sentar – v. (popular) : أُقعُد – ôq3od, قعَد – q3ád
sentar – v. : اجلُس – êjlos, جَلَس – jálas
sentença – s.f. : حُكم (s.m.) – 7úkom, أحْكام – a7kâm
sentido – s.m. : اتِّجاه (s.m.) – etjáH
sentido – s.m. : جِهة (s.f.) – jêHa, جِهات – jiHát
sentimento – s.m. : عاطِفة (s.f.) – 3áTTfa
sentimento – s.m. : شُعور (s.m.) – chu3úr, شُعورات – chu3urát
sentimento – s.m. : حِسّ (s.m.) – 7êss, أحْساس – a7ssáss
sentir – v. : حِسّ – 7êss, حَسّ – 7áss
sentir – v. : اشْعُر – êch3or, شَعَر – chá3ar
separação – s.f. : انفِصال (s.m.) – enfiSSál, فِراق – ferráq
separado – adj. : مَفْصول – mafSSúl
separado – adj. : مُفَصِّل – mufáSSel, مُفَصِّلة – mufáSSela
separar – v. : افْصُل – êfSSol, فَصَل – fáSSal
separar – v. : فَرِّق – fárreq, فَرَّق – fárraq
sepultar – v. : ادْفُن – êdfon, دَفَن – dáfan
sepultura – s.f. : مَدْفَن (s.m.) – mádfan, مَدافِن – madêfen
sequer – adv. : أقَلّه – áqlaH
ser / estar – v. : كون – kún, كان – kân
será? – exp. : بِجوز؟ – bijúz?

sereno – adj. : ساكِن – sáken, صَف – Sáf
sereno – s.m. : نَداوة (s.f.) – nadáua
série – s.f. : سِلْسِلة (s.f.) – sílssila
sério – adj. : جَدِّيّ – jáddii, عن جِدّ – 3ân jád
serpente – s.f. : حَيّة (s.f.) – 7áiie, حَيات – 7aiiêt
serra (montanha) – s.f. : جَبَل (s.m.) – jábal
serra (ferramenta) – s.f. : مِنْشار (s.m.) – minchár
serrar – v. : انْشُر – ênchor, نَشَر – náchar
serrote – s.m. : مِنْشارة (s.f.) – minchára, مِنْشَرات – minchárat
serviço – s.m. : شُغُل – chúGHol, أشْغَل – áchGHal
servidor – adj. : شَغيل – chaGHíl, شَغيلة – chaGHíla
servidor – adj. : خِدِم – KHádem, خِدمة – KHádema
servir – v. : اخْدُم – êKHdom, خَدَم – KHádam
servo – s.m. : أجير (s.m.) – ájir, خادم – KHádem, عبد – 3ábd
sessão – s.f. : جَلْسة (s.f.) – jálssa
sessenta – num. : سِتّين – sittín
sete – num. : سَبْعة – sába3a
setecentos – num. : سبعمِئة – sáb3amie
setembro – s.m. : أيلول (s.m.) – aelúl
setenta – num. : سَبْعين – sáb3in
sétimo – num. : سابِع – sábe3, سابعة – sábe3a
setor – s.m. : دائرة (s.m.) – dáira, قِطاع – qeTTá3, دَوائِر – dauáiir
setor privado – loc. subst. : قِطاع حُرّ (s.m.) – qeTTá3 7úrr
seu – pron. : ها – Há, هُ – Hú
seu (Sr.) – s.m. : السَّيِّد – assáied
severo – adj. : شَديد – chadíd, مُشْدِّد – muchddêd
sexo – s.m. : جِنْسّ (s.m.) – jênss, أجْناس – ájness

sexta-feira – *s.f.* : الجِمَعة (*s.f.*) – al jêm3a
sexto – *s.m./num.* : سادِس (*s.m.*) – sâdes, سادسة – sâdessa
sexual – *adj.* : جُنسِي – jenssíi
shopping center – *s.m.* : مَرْكَز تَسَوّق (*s.m.*) – markáz tassúq
show – *s.m.* : اِستِعراض (*s.m.*) – este3ráD, اِستِعراضات – este3ráDet
sigilo – *s.m.* : سِرّ – sêrr, أَسْرار – assrár
sigla – *s.f.* : لَفْظة (*s.f.*) – láfZa
significado – *s.m.* : مَعنى (*s.f.*) – ma3ána, مَعاني – ma3áni
significância – *s.f.* : أَهَمّيّة – aHammeía, قيمة (*s.f.*) – qíma,
significativo – *adj.* : مُهِم – muHêm, مُهمين – muHemín
signo – *s.m.* : اشارة (*s.f.*) – echára
sílaba – *s.f.* : مَقْطَع (*s.m.*) – máqTTa3, مَقاطِع – maqáTTe3
silêncio – *s.m.* : سُكوت (*s.m.*) – sukút, صَمْت – Sâmt
silencioso – *adj.* : ساكِت – sáket, صامِت – Sâmet
sim – *adv.* : أيوه – aiuaH, نَعَم – ná3am, بَلى – bála
símbolo – *s.m.* : رَمْز (*s.m.*) – râmz, رُموز – rumúz
similar – *adj.* : مُماثِل – maTiil, مُماثَل – mumáTel
simpático – *adj.* : لَطيفة – laTTíf, لَطيفة – laTTífa
simpático – *adj.* : ظَريف – Zaríf, ظَرفين – Zarfín
simples – *adj.* : بَسيط – bassíTT
simplesmente – *adv.* : بِبَساطة – bi bassáTTe
simplicidade – *s.f.* : بَساطة (*s.f.*) – bassáTTa
sinal – *s.m.* : علامة (*s.f.*) – 3alêma, علامات – 3alêmat

sinal – *s.m.* : إشارَة (*s.f.*) – ichára, إشارات – ichárat
sinceridade – *s.f.* : إخْلاَص (*s.m.*) – iKHláS, صُدق – Súdok
sincero – *adj.* : مُخْلِص – muKHlêSS, مُخْلِصين – muKHlêSSin
sincero – *adj.* : صادِق – Sádeq, صادِقين – Sádeqin
sindicato – *s.m.* : نَقابة (*s.f.*) – naqába, نَقَبات – naqábat
singular – *adj.* : فَرِيد – faríd, مُفْرَد – múfrad
sino – *s.m.* : جَرَس (*s.m.*) – járass, أَجْراس – ajráss
síntese – *s.f.* : تَرْكيب (*s.m.*) – tarkíb
sinto muito – *exp.* : مُتَاَسَف كْتير – mutássaf ktír
Síria – *n.próp.* سورية – suríia
sírio – *s.m./adj.* : سوريّ (*s.m.*) – súri, سورين – suriin
sistema – *s.m.* : أُسْلوب (*s.m.*) – ausslúb, أَساليب – assálib
sítio – *s.m.* : مَزْرَعة (*s.f.*) – mázra3a, مَزارِع – mazêre3
sítio arqueológico – *loc. subst.* : مَوقَع اثَري (*s.m.*) – muáqa3 áTari, مواقِع أَثَريّة – muáqa3 aTaria
situação – *s.f.* : حال (*s.m.*) – 7ál, أحوال – a7uál
situação – *adj.* : الوَضَع – el uáDa3
situado – *adj.* : مَوجود – maujúd, مَوجودين – maujúdin
situado – *adj.* : مَوقِف – mauqêf, مَواقِف – muáqef, واقِع – uáqe3
só – *adj./adv.* : بَسّ – báss, واحِد – uá7ed
soalho – *s.m.* : أرْض خَشَب (*s.f.*) – árD KHáchab
sob – *prep.* : تَحْت – tá7t
soberano – *adj.* : أَعلى – á3la
sobra – *s.f.* : الباقي (*s.m.*) – al báqi

sobrancelha/sossegadamente

sobrancelha – s.f. : حاجِب (s.m.) – 7êjeb, حَواجِب – 7auájeb
sobrar – v. : فَضَّل – fáDDal
sobre – prep. : فَوق – fáuq, عن – 3ânn
sobrecarregado – adj. : مُرهَق – múrHaq
sobremesa – s.f. : حِلوة (s.f.) – 7êlue, تِحلِية – te7lêie
sobrenome – s.m. : إسْم العايلة (s.m.) – íssm al 3áila
sobretudo – adv. : خُصوصاً – KHuSSuSSan
social – adj. : اجْتِماعي – ejtmá3i
sociedade (empresarial) – s.f. : شِركة (s.f.) – chêrka, شِرْكات – chêrkat
sociedade – s.f. : جَمعية (s.f.) – jam3íia, جَمعيّات – jam3iiat
sócio – s.m. : شِريك (s.m.) – chrík, شُرَكا – chúraka
socorrer – v. : ساعَد – sê3ed, ساعَد – sê3ad
socorro – s.m. : مُساعَدة (s.f.) – mussá3da, نَجْدة – nájda
sofá – s.m. : صوفاً (s.m.) – Sôfa
sofrer – v. : اتْعَذَّب – et3áTHab, تِعَذَّب – t3áTHab
sogra – s.f. : مَرْت عم (s.f.) – mart 3âmm, حَماة – 7âmaa
soja – s.f. : صويا (s.f.) – SSoia
sol – s.m. : شَمْس (s.f.) – châms
sola – s.f. : نَعَل (s.m.) – ná3el
solar – adj. : شَمْسيّ – châmssi
solavanco – s.m. : صَدمة (s.f.) – Sádma
soldado – adj. : مَلْحوم – mal7ùm, مَلْحومة – mal7úma
soldado – s.m./adj. : عَسْكَري (s.m.) – 3áskari
soldar – v. : الْحُم – êl7om, لَحَم – lá7am
soleira – s.f. : عَتَبة (s.f.) – 3átaba, عَتَبات – 3átabat

solene – adj. : احْتِفالي – e7tifáli, احْتِفالات – e7tifálat
solicitado – adj. : مُطْلوب – muTTlúb, مُطْلوبة – muTTlúba
solicitar – v. : اطْلُب – êTTlob, طَلَب – TTálab
sólido – adj. : جامِد – jámed, قوي – qáue, مَتين – matín
solo – s.m. : أرْض (s.f.) – árDD
solteiro – adj. : أعزَب – á3zab, عزْبة – 3ázba
solução – s.f. : تَذويب (s.m.) – taTHuíb, حَلول – 7alúl, حال – 7ál
soluço – s.m. : شَهيق (s.m.) – chaHíq, نَشيج – nachíj
som – s.m. : صَوت (s.m.) – Sáut, أصوات – aSSuát
soma – s.f. : حِساب (s.m.) – 7issêb, حِسابات – 7issêbet
soma – s.f. : جَمَع (s.m.) – jâma3
somar – v. : اجْمَع – êjma3, جَمَع – jâma3
sombra – s.f. : خيال (s.m.) – KHiêl, طَيف – TTáif
somente – adv. : بَسّ – báss, فَقَط – fáqaTT
sonda – s.f. : مَسْبَر (s.m.) – massbár
sonhar – v. : احْلَم – ê7lam, حِلِم – 7êlem
sonho – s.m. : حِلِم (s.m.) – 7êlem, أحْلام – a7lâm
sono (com) – adj. : نَعسان – na3ssên, نَعَس – ná3as
sonoro – adj. : صَوتيّ – Sáuti
sopa – s.f. : شَورَبة (s.f.) – cháuraba
soprar – v. : انفُخ – ênfoKH, نَفَخ – náfaKH
sorriso – s.m. : إبتْسام (s.m.) – ibitssâm, انتِسامة – ibitssêma
sorte – s.f. : حَظّ (s.m.) – 7áZZ, نَصيب – naSSíb
sorvete – s.m. : بوظة (s.f.) – búZa
sossegadamente – adv. : مِرتاحة بال – meratá7et bál

sossegado/suspender

sossegado – *adj.* : مُرتاح البال – murtá7 al bál
sossego – *s.m.* : راحة بال (*s.f.*) – rá7et bál
sotaque – *s.m.* : لَهْجة (*s.f.*) – laHja
sozinho – *adj.* : لحال – la7ál, لوَحَد – lauá7ad
status – *s.m.* : أتاتوس (*s.m.*) – atátus, حالة – 7ála, وَضْع – uáD3
suado – *adj.* : عَرْقان – 3arqân
suar – *v.* : اعرَق – ê3raq, عِرِق – 3êreq
suave – *adj.* : لَطيف – laTTif, لَطيفة – laTTife
suave – *adj.* : ناعِم – ná3em, ناعِمة – ná3eme
subida – *s.f.* : طَلْعة (*s.f.*) – TTál3a, طَلَعات – TTála3at
subir – *v.* : اطْلَع – êTTla3, طِلِع – TTêle3
subir – *v.* : صَعَد – Se3ad, صَعَد – Sa3ad
subitamente – *adv.* : بَغْتية – baGHtíe
súbito – *adj.* : مُباغِت – mubáGHet
sublime – *adj.* : جَليل – jalíl
submarino – *s.m.* : غَوّاصَة (*s.f.*) – GHauuáSSa
subordinado – *s.m./adj.* : مَنوط (*s.m.*) – manúTT, مَنوطة – manúTTa
suborno – *s.m.* : رَشْو (*s.m.*) – rachú
subsistência – *s.f.* : عَيْش (*s.m.*) – 3aích
substância – *s.f.* : جَوهَر (*s.f.*) – jáuHar, خُلاصة – KHláSSa
substantivo – *s.m.* : إسْم (*s.m.*) – issm, أسْماء – assmá'
substituído – *adj.* : مُبَدَّل – mubáddal
substituir – *v.* : بَدِّل – báddel, بَدَّل – báddal
subterrâneo – *adj.* : تَحْت الأرْض (*s.m.*) – tá7t al árD
subtrair – *v.* : اطْرَح – eTTrá7, طَرَح – TTará7
sucesso – *s.m.* : فَوز (*s.m.*) – fáuz, نَجاح – najá7
suco – *s.m.* : عَصير (*s.m.*) – 3aSSír
suculento – *adj.* : عُصاري – 3úSSari

sudanês – *adj.* : سوداني – sudâni
Sudão – *n.próp.* : السودان – as-sudân
suficiente – *adj.* : كاف – káf, كَفاف – káfef
sugestão – *s.f.* : تَلْقين (*s.m.*) – talqín
suicidar – *v.* : انْتَحَر – entê7er, انْتَحَر – entá7ar
suicídio – *s.m.* : انْتِحار (*s.m.*) – enti7ár
sujar – *v.* : وَسِّخ – uásseKH, وَسَّخ – uássaKH
sujo – *adj.* : مُوَسَّخ – muássaKH, مُوَسَّخة – muássaKHa
sujo – *adj.* : وِسِخ (*s.m.*) – uêsseKH, وِسْخين – uêssKHin
sul – *s.m.* : جْنوب (*s.m.*) – jnúb, جْنوبي – jnúbi
sul-americano – *s.m./adj.* : أميرْكيّ جَنوبيّ (*s.m.*) – amerkíet janúbíi
sulco – *s.m.* : تَلَم (*s.m.*) – tálam
sultão – *s.m.* : سُلْطان (*s.m.*) – sulTTân, سَلاطين – saláTTin
suor – *s.m.* : عَرَق (*s.m.*) – 3áraq
superávit – *s.m.* : فايض (*s.f.*) – fáiD, فَضْلة – fáDle
superfície – *s.f.* : سَطْح (*s.m.*) – sáTT7, مِساحة (*s.f.*) – messá7a
superior – *adj.* : فَوقيّ – fáuqi
supervisão – *s.f.* : اشْراف (*s.m.*) – echráf
supervisor – *s.m.* : مُشْرِف (*s.m.*) – muchrêf
suportar – *v.* : اتْحَمَّل – et7ámmal, تْحَمَّل – t7ámmal
suporte – *s.m.* : سَنَد (*s.m.*) – sânad
suposto – *adj.* : مَفْروز – mafrúz
surdez – *s.f.* : طَرَش (*s.m.*) – TTárach
surdo – *adj.* : أطْرَش – áTTrach, أطْرَشة – áTTrache
surgir – *v.* : بَيِّن – báyen, بَيَّن – báyan
surpresa (de) – *adv.* : مُفاجَأة (*s.f.*) – mufája'a
surpresa – *s.f.* : فَجْأة (*s.f.*) – fája'a
suspeito – *adj.* : مَشْبوه (*s.m.*) – machbúH
suspender – *v.* : ارْفع – êrfa3, رَفع – ráfa3

suspensórios/sutil

suspensórios – *s.m. pl.* : سْپِنْدَس (*s.m.*) – spândas

suspirar – *v.* : اتْنَهَد – etnáHad, تْنَهَّد – tnáHad

suspiro – *s.m.* : تْنَهُّد (*s.m.*) – tnáHad

susto – *s.m.* : ارْتعاب (*s.m.*) – ert3áb

sutil – *adj.* : نَجيب – najíb

T

tabela – s.f. : جَدْولة (s.f.) – jaddúla, جَدَاديل – jadádil

tablete – s.m. : لَوحة (s.f.) – láu7a

tábua – s.f. : لَوح (s.m.) – láu7

tal – pron. : مِثل – míTel

tal qual – loc. adv. : مَثَل – máTala

talco – s.m. : طِلق (s.m.) – TTêlq

talher – s.m. : أطْباق (s.m.) – aTTbáq

talismã – s.m. : تعويذة (s.f.) – ta3uíTHa, تعويذات – ta3uíTHát

talismã – s.m. : طَلْسَم (s.m.) – TTalssam, طَلاسَم – TTaléssam

talvez – adv. : مُمْكِن – múmken

tamanho – s.m. : حَجِم (s.m.) – 7ájem

tâmara – s.f. : بَلَح (s.m.) – bála7

tâmara (passa) – s.f. : عَجوة (s.f.) – 3ájua

também – adv. : إيضاً – iíDã, كَمان – kamên

tambor (musical) – s.m. : طَبِل – TTábel, طُبول – TTbúl

tampa – s.f. : غِطَاء (s.m.) – GHaTTa', أغْظية – aGH-TTía

tampado – adj. : مُغَطى – muGHáTTa

tangerina – s.f. : لَيمون (s.m.) – laemún

tangerina – s.f. : يوسِف أفَندي (s.m.) – yússef afândi

tanque – s.m. : خَزّان (s.m.) – KHazzên, خَزَّانات – KHazzênat

tapa – s.m. : دَرْب الكَفّ (s.m.) – dárb al káff, كَفّ – káff

tapear – v. : اخدَع – êKHda3, خَدَع – KHáda3

tapete – s.m. : سَجادة (s.f.) – sajjêda

tarde – adv. : تأخُر – táaKHor

tarde – s.f. : بعد الظُهر (s.m.) – bá3d aZ-ZúHor

tarde (final de) – s.f. : العسِريات (s.m.) – al 3asseriát

tarifa – s.f. : تَعريفة (s.f.) – ta3rífa

tartaruga – s.f. : سِلحفاة (s.f.) – síl7êfaa

taxa – s.f. : ضَريبة (s.f.) – Daríbe, ضَرايَب – Daráieb

táxi – s.m. : سَيّارة أجار (s.f.) – saiarát ajár

táxi (ponto de) – s.m. : مَوقِف سَيارة الأجْرة (s.m.) – mauqêf saiarát al ájra

teatral – adj. : مَسْرَحيَ – massrá7i

teatro – s.m. : مَسْرَح (s.m.) – mássra7, مَسارِح – massáre7

tecer – v. : انْسُج – ênssoj, نَسَج – nássaj

tecido – s.m. : قِماش (s.m.) – qemâch, قِماشات – qemachet

teimoso – adj. : عنيد – 3aníd, عنيدة – 3anída

telefonar – v. : تَلْفِن – tálfen, تَلْفِن – tálfan

telefone – s.m. : تِلِفون (s.m.) – telefôn

telefonema – s.m. : مُخابَرة (s.f.) – muKHábara, مُخابَرات – muKHábarat

telégrafo – s.m. : بَرْق (s.m.) – bárq, بَرّقات – bárqat

telegrama – s.m. : بَرْقية (s.f.) – barqía, بَرْقيات – barqíat

telenovela – s.f. : مُسَلسَل (s.m.) – mussálssal

telescópio – s.m. : نَضور مُكَبِّر (s.m.) – naDúr mukábber

televisor – s.m. : تِلِفزيون (s.m.) – televiziôn

telha – s.f. : قرْميدة (s.f.) – qarmída, قرْميد – qarmíd

telhado – s.m. : قرْميد (s.m.) – qarmíd

telhado/tigre

telhado – s.m. : سَطْح (s.m.) – sáTTe7, سْطوحة – sTTú7a

temperado – adj. : مُتَبَّل – mutábbal, مُتَبَّلين – mutábbalin

temperatura – s.f. : حَرارَة (s.f.) – 7arára

tempero – s.m. : بْهار (s.m.) – bHár, تابل – tábel, توابل – tauábel

tempestade – s.f. : زوبَعة (s.f.) – zubá3a, عاصْفة – 3áSSfa

templo – s.m. : هَيكَل (s.m.) – Háikal, هَياكل – Haiékal

templo – s.m. : مَعبَد (s.m.) – m3abád, معابَد – m3ábad

tempo (clima) – s.m. : طَقس (s.m.) – TTáqess

tempo (hora) – s.m. : وَقت (s.m.) – uáqet

tenda – s.f. : خَيمِة (s.f.) – KHáima, خَيمات – KHaimát

tentar – v. : حاوِل – 7áuel, حاوَل – 7áual

tentar – v. : جَرِّب – járreb, جَرَّب – járrab

tentativa – s.f. : محاوَله (s.f.) – mu7áuala, محاوَلات – mu7áualat

teoria – s.f. : نَظَريّة (s.f.) – naZaría

ter – v. : عِند – 3ênd, كان عِند – kên 3ênd

terça-feira – s.f. : الثلاثاء – aTTalêTa

terceira pessoa – loc. subst. : الغائِب – al GHáib

terceiro – num. : ثالِث – TáleT, ثالِثة – TáleTa

terço – s.m. : ثِلْث (s.m.) – TêlT

terminar – v. : خَلِّص – KHálleS, خَلَّص – KHállasS

termômetro – s.m. : ميزان حَرارة (s.m.) – mizân 7arára

terno – s.m. : بَدْلة (s.f.) – bádle, بَدلات – bádlat

terra – s.f. : أرْض (s.f.) – árDD

terra solta – loc. subst. : تْراب (s.m.) – tráb, تْرابات – trábat

terraço – s.m. : شُرْفة (s.f.) – chúrfa

terremoto – s.m. : هَزة أَرْضية (s.f.) – Házzat arDía

terremoto – s.m. : زَلْزَلة (s.f.) – zálzala, زَلازِل – zalázel

terreno – s.m. : شَقْفة أرْض (s.f.) – cháqfet árDD

térreo – adj. : أرْضيّ – árDi

terrível – adj. : مُخيف – muKHíf

terrível – adj. : مُرعِب – mur3êb, مُرعِبين – mur3êbin

tesoura – s.f. : مَقَصّ (s.m.) – maqáSS, مَقْصات – maqSSát

testa – s.f. : جَبْهة (s.f.) – jábHa, جَبْهات – jábHat

testamento – s.m. : وصاية (s.f.) – uiSSáie

testemunha – s.f. : شاهِد (s.m.) – cháHed, شْهود – chHúd

testemunhar – v. : اشْهَد – êchHad, شِهِد – chêHed

testículo – s.m. : بَيضة (s.f.) – bâeDa, بَيضات – bâeDat

testículo – s.m. : خُصية (s.f.) – KHuSSía, خُصيات – KHuSSíat

teto – s.m. : سَقِف (s.m.) – sáqef, سُقوف – suqúf

texto – s.m. : نَص (s.m.) – náSS, نْصوص – nSSúSS

tia (minha – materna) – s.f. : خالتي (s.f.) – KHálti

tia (minha – paterna) – s.f. : عمَّتي (s.f.) – 3ámmti

tia (materna) – s.f. : خالة (s.f.) – KHále, خالات – KHálat

tia (paterna) – s.f. : عمَّة (s.f.) – 3ámme, عمّات – 3ámmat

tigre – s.m. : نِمْر – nímr, نْمورة – nmúra

tijolo (cimento) – *s.m.* : حَجَر باطون (*s.m.*) – 7ájar ba**TT**ôn

time – *s.m.* : فَريق (*s.m.*) – faríq

tingido – *adj.* : مَصْبوغ – ma**SS**bú**GH**, مَصْبوغة – ma**SS**bú**GH**a

tingir – *v.* : اصْبُغْ – ê**SS**bo**GH**, صَبَغ – Sába**GH**

tinta – *s.f.* : دْهان (*s.m.*) – dHân, دْهَنات – dHânat

tintureiro – *s.m.* : صَبّاغ (*s.m.*) – Sabbá**GH**, كَوّى – káuua

tio (meu – materno) – *s.m.* : خالي (*s.m.*) – **KH**áli

tio (meu – paterno) – *s.m.* : عمّي (*s.m.*) – 3ámmi

tio (materno) – *s.m.* : خال (*s.m.*) – **KH**ál, أخوال – a**KH**uál

tio (paterno) – *s.m.* : عَمّ (*s.m.*) – 3ámm, عمومة – 3emúma

típico – *adj.* : نَمَطيّ – nama**TT**i, نَمَطية – nama**TT**ia

típico – *adj.* : نَموذجي – namu**TH**aji, نَموذجية – namu**TH**ajia

tipo – *s.m.* : جِنْسّ (*s.m.*) – jênss, أجْناس – ajnás

tipo – *s.m.* : نَوع (*s.m.*) – náu3, أنْوَعه – anuá3H

tipografia – *s.f.* : مَطْبَعة (*s.f.*) – ma**TT**bá3a, مَطابع – ma**TT**ábe3

tirano – *s.m.* : حاكم مُطلَق – 7ákem mu**TT**láq, طاغية (*s.m.*) – **TT**á**GH**ia

tirar – *v.* : اسْحَب – ês7ab, سَحَب – sá7ab

título – *s.m.* : إسم (*s.m.*) – íssem, سَنَد – sânad

toalha – *s.f.* : مَنْشَفة (*s.f.*) – mânchafa, مَناشف – manáchef

toalha de banho – *loc. subst.* : مَنْشَفة حَمّام (*s.f.*) – mânchafet 7ammâm

toalha de mão – *loc. subst.* : مَنْشَفة إيد (*s.f.*) – manchafat íid

toalha de rosto – *loc. subst.* : مَنْشَفة وَجه (*s.f.*) – mânchafet uêj

tocar (instrumento musical – telefone) – *v.* : دِقّ – dêq, دَقّ يِ – dáq (ei)

tocar – *v.* : الْمُس – élmos, لَمَس – lámas

todo – *s.m./adj./adv./pron.* : كُل (*s.m.*) – kúll, كُلُن – kúllun

tolerar – *v.* : احتَمِل – e7tâmel, احتَمَل – e7tâmal

tolo – *adj.* : غَبيّ – **GH**ábi, مَجْنون – majnún

toma (pega) – *interj.* : خُذ – **KH**ô**TH**

tomada elétrica – *s.f.* : بْريز كَهْرَبا (*s.f.*) – bríz ká**H**raba

tomate – *s.m.* : بَنَدورة (*s.f.*) – banadúra, بَنَدورات – banadurát

tomilho – *s.m.* : زَعتَر (*s.m.*) – zá3tar

tonelada – *s.f.* : طُنّ (*s.m.*) – **TT**onn, أطْنان – a**TT**nân

tonto – *adj.* : دايّخ – dáie**KH**, دايخين – dái**KH**in

tontura – *s.f.* : دَوخَة (*s.f.*) – dáu**KH**a, دَوخات – dau**KH**át

tórax – *s.m.* : صِدِر (*s.m.*) – Sâder

torcer – *v.* : شد – chídd, شَد يِ – chádd (ei)

torcer – *v.* : اتْحَمَس – et7ámass, تْحَمَس – t7ámass

torcer – *v.* : اعصُر – ê3**SS**or, عَصَر – 3á**SS**ar

tornar – *v.* : صير – Sir, صار – Sár

torneira – *s.f.* : حَنَفيّة (*s.f.*) – 7anafíia, حَنَفيات – 7anafíiat

tornozelo – *s.m.* : كَعب (*s.m.*) – ká3b

torrada – *s.f.* : خِبز مُحَمَص (*s.m.*) – **KH**êbez mu7áma**SS**

torrado – *adj.* : مْحَمَّص – m7ámma**SS**, مْحَمَّصة – m7ámma**SS**e

torrar – *v.* : حَمِّص – 7âmme**S**, حَمَّص – 7âmma**S**

torre – *s.f.* : قِبّة (*s.f.*) – qíbbe, قِبّات – qíbbet

torre de controle – *loc. subst.* : بِرْج (*s.m.*) – bêrj, أَبْراج – ábraj
torta – *s.f.* : فَطَير (*s.m.*) – fa**TT**áir
torto – *adj.* : أَعْوَج – á3uaj, عوج – 3újj
torto – *adj.* : أَلْوَق – áluaq, لوق – lúq
tortura – *s.f.* : تْعذيب (*s.f.*) – ta3**TH**ib, تْعذيبة – ta3**TH**iba
torturado – *adj.* : تْعذيب – ta3**TH**ib, تْعذيبة – ta3**TH**iba
torturar – *v.* : عَذِب – 3á**TH**eb, عَذَّب – 3á**TH**ab
tosse – *s.f.* : سَعلَّة (*s.f.*) – sá3la, سَعلات – sá3lat
tossir – *v.* : اسْعُل – êss3ol, سَعَل – sá3al
total – *s.m./adj.* : مَجْموعَة (*s.m.*) – majmúa3a, مَجْمُعات – majmua3át
touro – *s.m.* : ثُور بَقر (*s.m.*) – **T**áur báqar
tóxico – *adj.* : سَمّي – sâmmi, مُسَمَّم – mussámmam
trabalhador – *s.m.* : شَغيل (*s.m.*) – cha**GH**íl, شَغيلة – cha**GH**íla
trabalhar – *v.* : اشْتِغَل – echtê**GH**el, اشْتَغَل – echtá**GH**al
trabalho – *s.m.* : شُغُل (*s.m.*) – chú**GH**ol
traço – *s.m.* : خَطَّ (*s.m.*) – **KH**á**TT**, خَيط – **KH**ái**TT**, خُطوط – **KH**u**TT**ú**TT**
tradição – *s.f.* : تقْليد (*s.m.*) – taqlíd, تقاليد – taqálid
tradicional – *adj.* : تَقْليديّ – taqlídii, تقاليد – taqálid
tradução – *s.f.* : تَرْجَمَة (*s.f.*) – tarjáma, تَراجَم – tarájem
tradutor – *adj.* : مُتَرْجِم – mutárjem, مُتَرْجِمين – mutárjmin
traduzido – *s.m./adj.* : مَتَرْجَم (*s.m.*) – mtárjam, مَتَرْجَمة – mtárjama
traduzir – *v.* : تَرْجِم – tárjem, تَرْجَم – tárjam

tráfego – *s.m.* : سَير (*s.m.*) – sáir
tragédia – *s.f.* : مْصيبة (*s.f.*) – m**SS**íba, مَصايِّب – ma**SS**áieb
traição – *s.f.* : خْيانة (*s.f.*) – **KH**iêna, خيانات – **KH**iênat
traidor – *s.m./adj.* : خايِّن – **KH**áien, خاينة – **KH**áina
trair – *v.* : خون – **KH**ún, خان – **KH**án
traje – *s.m.* : بَدْلة (*s.f.*) – bádla, بَدْلات – bádlet
trança – *s.f.* : جَدولة (*s.f.*) – jaddúla, جَدَديل – jadádil
tranquilidade – *s.f.* : سُكون (*s.m.*) – sukún, هُدوء – Hudú'
transbordar – *v.* : فاض – fí**D**, فيض – fá**D**
transferência – *s.f.* : تَحويل (*s.m.*) – ta7uíl, حَوالة (*s.f.*) – 7auála, نَقل – náqel
transferido – *adj.* : نَقَل – náqal, نَقَلَت – náqalat
transferir – *v.* : حَوِّل – 7áuuel, حَوَّل – 7áuual
transferir – *v.* : انْقُل – ênqol, نَقَل – náqal
transformado – *adj.* : حَولت – 7áuuelet
transformar – *v.* : حَوِّل – 7áuuel, حَوَّل – 7áuual
transformar – *v.* : غَيِّر – **GH**áier, غَيَّر – **GH**áiar
trânsito – *s.m.* : سَير (*s.m.*) – sáir
transmissão – *s.f.* : ارْسال (*s.m.*) – erssál
transmitido – *adj.* : تَنْتَقُل – tanátqol
transmitir – *v.* : انْقُل – ênqol, نَقَل – náqal
transmitir – *v.* : ارْسُل – êrssol, رَسَل – rással
transparente – *adj.* : شَفاف – chaffáf, شَفافين – chaffáfin
transpiração – *s.f.* : عَرَق (*s.m.*) – 3áraq
transpirar – *v.* : عَرِق – 3áriq, عَرَق – 3áriq
transportar – *v.* : احْمُل – ê7mol, حَمَل – 7âmal

transportar – *v.* : انْقُلْ – ênqol, نَقَل – náqal
transporte – *s.m.* : نَقِل (*s.m.*) – náqel
tratamento – *s.m.* : مُعالَجة (*s.f.*) – mu3álaja, مُعالَجات – mu3álajat
tratar (combinar) – *v.* : اتِفِق – ettêfeq, اتَفَق – ettáfaq
tratar (medicar) – *v.* : عالَج – 3álej, عالِج – 3álaj
trator – *s.m.* : تَركْتُر (*s.m.*) – tractôr
trauma – *s.m.* : صَدمة (*s.f.*) – Sádma
travessa (utensílio) – *s.f.* : جاط (*s.m.*) – ját**T**
travesseiro – *s.m.* : مْخَدَة (*s.f.*) – m<u>KH</u>áde
trazer – *v.* : اجْلُبْ – êjlob, جَلَب – jálab
trazer – *v.* : جيب – jíb, جاب – jib-jêb
treinamento – *s.m.* : تَمْرين (*s.m.*) – tamrín, تَمارين – tamárin
treinar – *v.* : اتْمَرَّنْ – etmárran, تْمَرَّن – tmárran
trem – *s.m.* : قْطار (*s.m.*) – trên, ـ q**TT**ár
tremer – *v.* : ارْجُفْ – êrjof, رَجَف – rájaf
trepidar – *v.* : رُج – rôj, رَج – ráj
três – *num.* : ثلاثة – <u>Tl</u>ê<u>T</u>a
treze – *num.* : ثلاثْعَشَر – <u>Tl</u>ê<u>T</u>a3ch
trezentos – *num.* : ثلاث مئة – <u>Tl</u>ê<u>T</u>mia
triângulo – *s.m.* : مُثَلَّث (*s.m.*) – mu<u>T</u>álla<u>T</u>
tribunal – *s.m.* : مَحْكَمة (*s.f.*) – má7kama, مَحاكِم – ma7ákem
tributo – *s.m.* : ضَريبة (*s.f.*) – <u>D</u>aríba, ضَرايَب – <u>D</u>aráieb
trigo – *s.m.* : قَمِح (*s.m.*) – qâme7, قَمْحات – qam7át
trigo grosso – *loc. subst.* : بُرغُل خِشِن (*s.m.*) – bur<u>GH</u>ol <u>KH</u>echên
trigo para quibe – *loc. subst.* : بُرغُل (*s.m.*) – bur<u>GH</u>ol
trigo verde – *loc. subst.* : فْريك (*s.m.*) – frík

trincado – *adj.* : مَفْسُّوخ – mafssú<u>KH</u>, مَفْسُّوخة – mafssú<u>KH</u>a
trincheira – *s.f.* : خَنْدَق (*s.m.*) – <u>KH</u>ândaq, خَنادِق – <u>KH</u>anêdeq
trinta – *num.* : ثلاثين – <u>Tl</u>ê<u>T</u>in
triplo – *adj./num.* : مْثالَّث – m<u>T</u>álla<u>T</u>
tripulação – *s.f.* : مْسافْرين (*s.m.*) – mssâfrin
triste – *adj.* : حَزين – 7azín, حَزينة – 7azína
tristeza – *s.f.* : حُزْن (*s.m.*) – 7úzon
triunfo – *s.m.* : انتِصار (*s.m.*) – ente<u>SS</u>ár, نَصْر – ná<u>SS</u>r
troca – *s.f.* : تَبادُل (*s.m.*) – tabadôl, مُبادَلة (*s.f.*) – mubádale
trocar – *v.* : ابْدُل – êbdol, بَدَّل – bádal
trocar – *v.* : غَيِّر – <u>GH</u>áier, غَيَّر – <u>GH</u>áiar
tromba – *s.f.* : خَرْطوم (*s.m.*) – <u>KH</u>ar**TT**úm
trombeta – *s.f.* : بوق (*s.m.*) – búq, أبواق – ábuaq
tronco – *s.m.* : جِدِع – jêde3, عِمِد (*s.m.*) – 3êmed, عِمْدان – 3êmden
trono – *s.m.* : عَرْش (*s.m.*) – 3árch
tropa – *s.f.* : فَوج (*s.m.*) – fáuj, أفواج – afuáj
tropeiro – *s.m.* : بَغّال (*s.m.*) – ba<u>GH</u>ál
trópico – *s.m.* : خَطّ الإنقلاب، خَيط الإنقلاب (*s.m.*) – <u>KH</u>á**TT** al ínqláb, <u>KH</u>ái**TT** al ínqláb
trovão – *s.m.* : رَعِد (*s.m.*) – rá3ed
tuberculose – *s.f.* : سِلّ (*s.m.*) – síll
tubo – *s.m.* : انْبوب (*s.m.*) – enbúb, أنابيب – anábib
tubo – *s.m.* : قَسْطَل (*s.m.*) – qáss**TT**al
tudo – *pron.* : كُل – kúll
tumor – *s.m.* : دِمَّلة (*s.f.*) – عارِض (*s.m.*) – dimmála, 3áre<u>D</u>
túmulo – *s.m.* : قَبِر (*s.m.*) – qáber, قْبورة – qbúra
túnel – *s.m.* : نَفَق أرْضي – mámmar, مَمَر (*s.m.*) – náfaq ár<u>D</u>i

Tunísia/turma

Tunísia – *n.próp.* : تونِس – tunís
tunísio – *adj./s.m.* : تونِسيّ – tuníssi
turismo – *s.m.* : سِياحَة (*s.f.*) – siâ7a
turista – *s.m.f.* : سايح (*s.m.*) – sáie7, سِياح – sié7

turístico – *adj.* : سِياحيّ – siá7ii
turma – *s.f.* : فَريق (*s.m.*) – faríq, أصْحَب – áSS7ab
turma – *s.f.* : جَمْعية (*s.f.*) – jam3ía, جَمْعيّات – jam3iiát

u

úbere – *s.m.* : ضَرَع (*s.m.*) – D̲ára3
úlcera – *s.f.* : قَرْحة (*s.f.*) – qár7a
ultimamente – *adv.* : أَخيراً – aK̲Hírã
último – *adj.* : اخِر – êK̲Her, اخْرين – êK̲Hrin
ultrapassar – *v.* : اسْبُق – êssboq, سَبَق – sábaq
ultrassom – *s.m.* : فَوق الصَوتي (*s.m.*) – fáuq eS̲-S̲áuti
um – *art./num.* : واحَد – uá7ad
uma – *art./num.* : واحْدة – uá7da
umbigo – *s.m.* : زِكْرة (*s.f.*) – zíkra, سُرّة – surra
umidade – *s.f.* : رُطوبة (*s.f.*) – ruT̲T̲úba, نَداوة – nadáua
úmido – *adj.* : رُطِب (*s.m.*) – ruT̲T̲êb, مُبَلَل – mubálal
unânime – *adj.* : إجْماعي – ijmá3i
unha – *s.f.* : ظُفُر (*s.m.*) – Z̲úfor
união – *s.f.* : إتْحاد (*s.m.*) – itt7ád
único – *adj.* : وَحيد – ua7íd
unidade – *s.f.* : وَحْدة – uá7da
unido – *adj.* : مُتَّحِد – muttá7ed, مُتَّحِدة – muttá7eda
unir – *v.* : إتِّحِد – ittá7ed, إتَّحَد – ittá7ad
universal – *adj.* : كَوْنيّ – káuni
universidade – *s.f.* : جامْعة (*s.f.*) – jâm3a, كُلِية – kulíia

universitário – *adj.* : جامْعيّ – jem3aíí, (*s.m.*) طالِب جامْعة – T̲T̲áleb jem3a
universo – *s.m.* : عالَم (*s.m.*) – 3álam, كَون – káun
urbano – *adj.* : مَدِينيّ (*s.m.*) – madíni
urgente – *adj.* : بِسِرعة – bí ssêre3a, بِعجَلة – bí 3ájjale
urina – *s.f.* : بَول (*s.m.*) – bául
urinar – *v.* : بَول – báuel, بَوَل – báual
urso – *s.m.* : دُب (*s.m.*) – dêbb
urubu – *s.m.* : غُراب (*s.m.*) – GHráb
usado – *adj.* : مُسْتَعمَل – mustá3mal, مُسْتَعمَلة – mustá3male
usar – *v.* : اسْتَعمِل – está3mel, اسْتَعمَل – está3mal
usina – *s.f.* : مَصْنَع (*s.m.*) – máS̲S̲na3, مَصانَع – maS̲S̲ána3
usina elétrica – *loc. subst.* : مَصْنَع كَهْرَباء (*s.m.*) – máS̲S̲na3 káHraba
uso – *s.m.* : اسْتَعمَل (*s.m.*) – está3mal
uso comum – *loc. subst.* : اسْتَعمَل عامّ (*s.m.*) – está3mal 3ámm
usual – *adj.* : مُسْتَعمَل – mustá3mal
usuário – *s.m.* : مُسْتَعمِل – mustá3mel
utensílio – *s.f.* : حاوية (*s.f.*) – 7áuie, حاويات – 7áuiat
útero – *s.m.* : بَيت وَلد (*s.m.*) – báit uêld, رَحْم – rá7m
útil – *adj.* : مُفيد – mufíd, نافِع – nêfe3
utilidade – *s.f.* : جَدوى (*s.m.*) – jadúa, نَفِع – náf3
utilizado – *adj.* : مُسْتَعمَل – musstá3mal, مُسْتَعمَلين – musstá3malin
uva – *s.f.* : عِنَّبة (*s.f.*) – 3ênaba, عِنَّب – 3ênab
uva-passa – *s.f.* : زبيب (*s.m.*) – zbíb

V

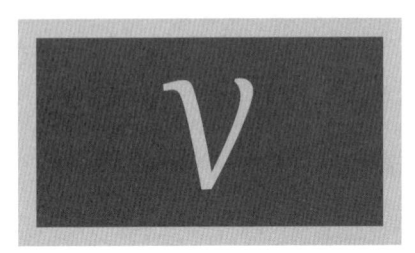

vaca – s.f. : بَقَرة (s.f.) – báqara, بَقَر – báqar
vacilante – adj. : مُتَرَدِّد – mutáraded
vacinação – s.f. : تَطْعيم (s.m.) – taTT3ím, تَلْقيح – talqí7, تَلْقيحات – talqi7át
vacinar – v. : لَقَح – láqe7, لَقَّح – láqa7
vacinar – v. : طَعَّم – TTá3emm, طَعَم – TTa3ámm
vácuo – s.m./adj. : خال (s.m.) – KHál
vagaroso – adj. : بَطيء – baTTí', بَطياء – baTTi'a
vagem – s.f. : لوبيا (s.f.) – lúbia
vagina – s.f. : مَهْبَل – máHbal
vago – adj. : فاضي – fáDi, فاضية – fáDie
vago – adj. : فَراغ – faráGH
vaidade – s.f. : زَهو (s.m.) – záHu
vaidoso – adj. : مَزْهو – mázHu
vale – s.m. : وادي (s.m.) – uádi
vale (geografia) – s.m. : سَهل (s.m.) – sáHel, سَهلين – saHelín
valente – adj. : شُجاع – chujá3, قَبَضاي – qabaDáe
valer – v. : سَوي – ssáui, سَوى يِ – ssáua (ei)
validade – s.f. : شَرَعية (s.f.) – chará3ia, صْلاحية – Sla7ía
válido – adj. : صالح – Sále7
valioso – adj. : كَريم – karím, كَريمين – karímin
valor – s.m. : اقْدام (s.m.) – eqdâm, سِعِر – sê3er, قيمة – qíme

válvula – s.f. : دِمام (s.m.) – dimâm
vantagem – s.f. : أفْضَليّة (s.f.) – afDalíia
vapor – s.m. : بُخار (s.m.) – buKHár
vara – s.f. : عَصا (s.f.) – 3áSSa
varanda – s.f. : بَلْكون (s.m.) – balkôn, فَرَندا – varânda
variado – adj. : مَنَوَّع – munáua3, مَنَوَّعة – munáua3a
variar – v. : غَيَّر – GHáier, غَيَّر – GHáiar
variedade – s.f. : نَوع (s.m.) – náu3
varíola – s.f. : جِدْري (s.f.) – jídri, حَصْبة – 7áSSbe
vários – adj. pl. : عَدة – 3áda, عَديدين – 3adidín
varredor – s.m. : كَنّاس (s.m.) – kannás
varrer – v. : كَنِّس – kânnes, كَنَّس – kânnas
vasilha – s.f. : حاوية (s.f.) – 7áuie, حاويات – 7áuiat
vasilhame – s.m. : قَنينة (s.f.) – qannína, قناني – qannéni
vaso – s.m. : مَزْهَرية (s.f.) – mazHaría
vaso – s.m. : إناء (s.f.) – iná', الإناء – el iná'
vassoura – s.f. : مَكِنسة (s.f.) – makênssa
vazamento – s.m. : سَكْب (s.m.) – sákb
vazar – v. : سَكِب – sákeb, سَكَب – sákab
vazio – adj. : فاضي – fáDi, فاضية – fáDie
vazio – adj. : فارِغ – fáreGH
veado – s.m. : غَزال (s.m.) – GHazál
vegetal – s.m. : نَباتي (s.m.) – nabáti
veia – s.f. : عِرق (s.f.) – 3êrq
vela – s.f. : شَمْعة (s.f.) – chám3a, شَمَع – cháma3
velho (idoso) – s.m./adj. : خِتيار (s.m.) – KHittiár, خِتيارة – KHittiára
velho (objeto) – adj. : عَتيق (s.m.) – 3atíq, عَتاق – 3átaq

velocidade/vestígio

velocidade – s.f. : سِرْعة (s.f.) – sêr3a, سَريع – sarí3

veloz – adj. : سَريع – sarí3

veludo – s.m. : مَخْمَل (s.m.) – máKHmal, مَخامِل – maKHámel

vencedor – s.m./adj. : غالِب (s.m.) – GHáleb, فايَز – fêiez, فايزين – fêizin

vencimento – s.m. : إسْتِحَق (s.m.) – istê7aq

venda – s.f. : بَيْع (s.m.) – bái3

vendedor – s.m. : بَيّاع (s.m.) – baiie3, بَيّاعة – baiie3in

vender – v. : باع – baíe3, بَيَع – bê3

vendido – adj. : مُباع – mubá3

veneno – s.m. : سَمّ (s.m.) – sámm

venenoso – adj. : مُسَمَّم – mussámmam

venha aqui – exp. : تاع لَهُون – tá3 la Hôn

ventilador – s.m. : مَروَحة (s.f.) – maruá7a, مَراوَح – maráue7

vento – s.m. : ريح – rí7, هَواء (s.m.) – Háua

ver – v. : شوف – chúf, شاف – chêf

ver – v. : طَلِّع – TTálle3, طَلَّع – TTálla3

verão – s.m. : صَيف (s.m.) – Sáif, الصَيف – eS-Sáif

verbo – s.m. : فِعِل (s.m.) – fê3el, أفْعال – afa3ál

verbo auxiliar – loc. subst. : فِعل مُساعد (s.m.) – fê3al mussá3ad

verbo gerúndio – loc. subst. : فِعل مُضارِع (s.m.) – fê3al muDáre3

verbo irregular – loc. subst. : فِعل شاذّ (s.m.) – fê3al cháTH

verbo regular – loc. subst. : فِعل قياسيّ (s.m.) – fê3al qiássii

verbo tempo futuro – loc. subst. : فِعل مُستَقبَل (s.m.) – fê3al mustáqbal

verbo tempo passado – loc. subst. : فِعل سابِق (s.m.) – fê3al sábeq, فِعل ماضي – fê3al máDi

verbo tempo presente – loc. subst. : فِعل حاضِر (s.m.) – fê3al 7áDer

verdade – s.f. : حَقيقة (s.f.) – 7aqíqa, صَحيح – Sa7í7

verdadeiro – adj. : حَقيقي – 7aqíqi

verdadeiro – adj. : صادِق – Sádeq, صادِقين – Sadíqin

verde – adj. : أخْضَر – áKH-Dar, خَضْرة – KHáDra, خُضْر – KHúDor

verdura – s.f. : بَقل (s.m.) – baql

verdura – s.f. : خُضْرة (s.f.) – KHúDra, خُضْدار – KHúDar

verdureiro – s.m. : خُضارجي (s.m.) – KHuDárji, بَقال – baqál

vereador – s.m. : عَضو (s.m.) – 3áDu

vergonha – s.f. : خَجَل (s.m.) – KHájal, عَيب – 3aíb

verificação – s.m. : اخْتِبار (s.m.) – eKHtêbar

verme – s.m. : دودة (s.f.) – dúda, دود – dúd

vermelho – adj. : أحْمَر – á7mar, حَمْرة – 7âmra, حُمُر – 7úmor

verruga – s.f. : شِمية (s.f.) – chemíia, شِميات – chemiát

verso – s.m. : شِعر (s.m.) – chê3r

vertical – adj. : عمودّي – 3amúdi, عمودّين – 3amudín

vertigem – s.f. : دَوْخة (s.f.) – dauKHâ, دَوخات – dauKHát

vesícula biliar – s.f. : مَرارة (s.f.) – marára

vestido – adj. : لابِس – lâbes

vestido – s.m. : فُسْتان (s.m.) – fustán, فَساتين – fassatín

vestígio – s.m. : أثار (s.m.) – aTár, آثارات – aTárat

vestir/vomitar

vestir – *v.* : الْبُس – êlbus, لِبِس – lêbes
veterinário – *s.m.* : طَبيب بَيطَرِيّ (*s.m.*) – TTabíb báiTTari
véu – *s.m.* : حِجاب – 7ijáb, طَرْحة (*s.m.*) – TTár7a, مَنْديل – mandíl
vez – *s.f.* : مَرّة (*s.f.*) – márra, مَرّات – marrát
viagem – *s.f.* : سَفْرة (*s.f.*) – safra, رَحْلة – ra7la
viajar – *v.* : سافِر – sêfer, سافَر – sáfar
vice-presidente – *s.m.* : نائب الرَّئيس (*s.m.*) – náeb arraííss
vida – *s.f.* : حَياة (*s.f.*) – 7áiet, عَيش (*s.m.*) – 3aích
vidro – *s.m.* : قَزاز (*s.m.*) – qazêz, زُجاج – zujáj
viga – *s.f.* : عَتَبة (*s.f.*) – 3átaba, جازع – jáza3
vigiar – *v.* : احْرُس – ê7ros, حَرَس – 7áras
vigilante – *s.m.* : حارِس (*s.m.*) – 7áres
vigoroso – *adj.* : نَشيط – nachííTT
vila – *s.f.* : حَيّ (*s.m.*) – 7ái, أحيا – á7ia
vilarejo – *s.m.* : ضَيعة (*s.f.*) – Daí3a, قَرية – qaria
vinagre – *s.m.* : خَلّ (*s.m.*) – KHáll
vingança – *s.f.* : إنْتِقام (*s.m.*) – intiqâm
vingar – *v.* : انْتِقِم – entêqem, انتَقَم – entáqam
vinha – *s.f.* : كَرْم (*s.m.*) – kárm
vinho – *s.m.* : نَبيذ (*s.m.*) – nbíTH
vinícola – *s.f.* : كَرْميّ (*s.m.*) – karmí
vinte – *num.* : عِشْرين – 3echrín
violão – *s.m.* : ألعود – al 3úd, عود (*s.m.*) – 3úd
violento – *adj.* : عنيف – 3nif
violeta – *s.f.* : بَنَفْسَج (*s.m.*) – banáfsaj
vir – *v.* : إجي – íje, جِت/إحا – jít-íja
virado – *adj.* : مُقْلوب – muqlûb
virar – *v.* : اقْلُب – êqlob, قَلَب – qálab

virgem – *s.f./adj.* : بتول (*s.m.*) – btúl, عَذْرا (*s.f.*) – 3áTHra
visão – *s.f.* : نَظَر (*s.m.*) – naZar
visita – *s.f.* : زيارة (*s.f.*) – ziára, زيارات – ziarát
visitante – *adj./s.m.* : زائر (*s.m.*) – zaár, أزوار – ázuar
visitar – *v.* : زور – zúr, زار – zár
vistoria – *s.f.* : تَفْتيش (*s.m.*) – taftích
vitalício – *adj.* : مَدى الحياة – máda al 7áia
vítima – *s.f.* : ضَحيّة (*s.f.*) – Da7iia
vitória – *s.f.* : فَخِز (*s.m.*) – fáKHiz, فَوز – fáuz
vitrine – *s.f.* : واجْهة (*s.f.*) – uájHa
viúvo – *s.m.* : أرْمَل (*s.m.*) – armál, أرْمَلة – armála
viva! – *interj.* : عاش! – 3ách
viver – *v.* : عِش-عاش, عيش – 3ích, 3êch -3ách
vivo – *adj.* : حَيّ – 7áy, أحياء – a7ía`
vizinhança – *s.f.* : جيران (*s.m.*) – jirân
vizinho (a) – *s.m./s.f.* : جار (*s.m.*) – jár, جارة – jára
voar – *v.* : طير – TTír, طار – TTár
vocabulário – *s.m.* : مُفْرَدات (*s.m.*) – mufrâdat, أسامي – assâme
vocábulo – *s.m.* : كَلِمة (*s.f.*) – kalíma
você – *pron.* : انْتَ – ânt, انتِ – ânte
vocês – *pron. pl.* : انْتُم – ântum
vogal – *s.f.* : مْصوَّت (*s.m.*) – mSSuêt
volta – *s.f.* : دَورة (*s.f.*) – dáura, رَجْعة – ráj3a
voltar – *v.* : عود – 3úd, عاد – 3ád
voltar – *v.* : ارْجَع – êrja3, رِجِع – rêje3
volume – *s.m.* : حَجْم (*s.m.*) – 7ájm
volume (som) – *s.m.* : جَهارة (*s.f.*) – jaHáre
vomitar – *v.* : اسْتَفْرِغ – estáfreGH – estáfraGH

vontade – *s.f.* : إرادة (*s.f.*) – irada
voo – *s.m.* : طَيَران (*s.m.*) – **TT**aiarân
vós – *pron.* : انتُم – ântum
votação – *s.f.* : تَصويت (*s.m.*) – ta**ss**uít
votar – *v.* : صَوَّت – **S**áuuet, صَوَّت – **S**áuuat

voto – *s.m.* : صَوت (*s.m.*) – **S**áut, أصوات – a**ss**uát
voz – *s.f.* : صَوت (*s.m.*) – **S**áut, أصوات – a**ss**uát
vulcão – *s.m.* : بُرْكان (*s.m.*) – burkân
vulto – *s.m.* : حَجْم (*s.m.*) – 7ájm

X

xá – s.m. : شاه (s.m.) – cháH
xador – s.m. : يَشْمَق (s.m.) – iáchmaq
xadrez – s.m. : شَّطَرَنج (s.m.) – cha**TT**áranj
xale – s.m. : شال (s.m.) – châl
xampu – s.m. : شامْبو (s.m.) – chambú
xarope – s.m. : شَراب (s.m.) – charáb
xerox – s.m. : شُعاح سينيَ (s.m.) – chu3á7 síni
xícara – s.f. : فِنْجان (s.m.) – finjân, فَناجين – fanájin
xiita – s.m.f./adj. : شيعَي (s.m.) – chí3ai
xingar – v. : صِب – صاب – صيب – Siib – Sâb – Sáb
xixi – s.m. : بَوِّل (s.m.) – báuuel
xodó – s.m. : حُب 7ôb, غَرام (s.m.) – GHarám
xucro – adj. : غَير مُروَض (s.m.) – GHáir muráuaD

Z

zangado – adj. : غَضْبان – GHaDbên, غَضْبانين – GHaDbênin
zangado – adj. : زعلان – za3lân
zangar – v. : اغْضَب – êGH-Dab, غِضِب – GHêDeb
zelo – s.m. : نَشاط (s.m.) – nachá**TT**
zelo (ciúmes) – s.m. : غَبِرة (s.f.) – GHáira
zeloso – adj. : نَشيط – nachí**TT**
zero – s.m. : صِفِر – Sífer, أَصْفار – a**SS**fár
zigue-zague – s.m. : تَعَرُّج (s.m.) – ta3arrúj
zinco – s.m. : توتيا (s.m.) – tútia
zombar – v. : أَسْخَر – ásKHar, سَخِر – saKHir
zonzeira – s.f. : دَوخَة (s.f.) – dauKHâ, دَوخات – dauKHát
zonzo – adj. : دَواري – dauári
zoológico – s.m. : حَيواني – 7auanií
zumbido – s.m. : أَزير (s.f.) – ázir, دَنْدَنة – dândana

Expressões populares

a distância seca (o amor pela família) : البعد جفت – el ba3id jáfet

a vida não para quando o homem não merece : الحياه لا تقف عند انسان لا يستحق – el 7aiaH lá taqef 3nd enssán lá iesste7aq

agradecimento ao receber algo das mãos de alguém : سَلِّم دَياتَك (*m.*) – sallêm daiétak, سَلِّم دَياتِك (*f.*) – sallêm daiétik.

Resposta do agradecimento : ودَياتَك (*m.*) – u daiétak, ودَياتِك (*f.*) – u daiétik

até a vista : إلى اللِقاء – Íla el líqa'

até amanhã (masc.) : تُصبِح عالى خَير – tuSSbeH 3ala KHeir

até amanhã (fem.) : تصبحي عالى خَير – tuSSbeHi 3ala KHeir

até breve : إلى قَريباً – Íla qaríban

até logo (fem.) : بخاطرك – biKHátrik

até logo (masc.) : بخاطرَك – biKHátrak

boa ideia : فكرة منيحَة – Fucra miníHa

boa tarde / boa noite : مَساء الخَير – máss al KHéir.

boa noite : ليلة سَعيدة – laila sa3ida

boa viagem : سَفرة سَعيدة – safrat sa3ida

boas festas (masc.) : تِنعظ علَيك – tna3áZ 3aléik

boas festas (fem.) : تِنعظ علَيكي – tna3áZ 3aléike

bom dia : صَبَح الخَير – SabaH el KHèir

bom trabalho : يعطيك العافية – iá3TTikk el 3afiê

cada um tem um gosto : كُل واحَد عندو ذَوق – kul uéHad 3endu THáuq

chega de comer (masc.) : حاج تاكل – Háj tekol

chega de comer (fem.) : حاج تاكلي – Haj tekole

cheio de energia : رَشيق – Rachiq

como está de saúde? (masc.) : كيف صِحتَك ؟ – kif Sê7tak?

como está de saúde? (fem.) : كيف صِحتِك ؟ – kif Sê7tik?

como estão as coisas? : كيف الاحوال ؟ – Kíf el á7uel?

como vai a família? : كيف العِيلة ؟ – Kíf el 3aele?

como vai? Está bem? (masc.) : كيفَك ؟ مَبْسوط ؟ – kífak? mabssúTT?

como vai? Está bem? (fem.) : كيفِك ؟ مَبْسوطة ؟ – kífik? mabssúTTa?

como vão? Estão bem? : كيفكُم مَبسوطين ؟ – kifkúm, mabssuTTín?

comunique-me (masc.) : خِبرني – KHaberní

comunique-me (fem.) : خبريني – KHaberíní
cumprimento para doentes : ألله يسَلمَك
 – ALLAH issálmak
cumprimento para doentes :
حَمداللة عالسلامة – HamdALLAH
3alssaleme
dados pessoais : تعريف – ta3ríf
de nada (resposta) : عفواً – 3fuã
de nada (resposta) : تِكرّم – Tikrâm
Deus a acompanhe (fem.) : ألله مَعَك –
ALLAH ma3ak
Deus lhe dê saúde : يعطيك العافية –
iá″TTikk el ″afiê
Deus o acompanhe (masc.) : لله مَعِك –
ALLAH ma3ik
Deus tenha piedade de nós :
ألله يَشفق علينا – ÁLLAH iechfáq 3aléina
do começo ao fim : من الأوّل ألى الآخِر –
men al aual 3ala el eKHer
ele está doido (louco) :
هوّ مَجنون – هوّ أخوَت – Húe majnún
(áKHuat)
em cima : فَوق ال – fáuq al
em cima de : من فَوق – mênn fáuq
em dias alternados : يوما بَعد يوم – íoma
ba3d íom
em frente : أمام, قَبِل – amâm, qábl
em nome de : باسم – bi íssm
em nome de Deus : بِسم ألله – bíssem
ÁLLAH, باسم ألله – bi íssem ÁLLAH
em nome de Deus, o Clemente, o Misericordioso! : بسم ألله الرحمن الرحيم
– bssêm ÁllaH al rá7man al ra7ím
em volta de : حَول ال – 7ául al
embaixo de : تحت ال – ta7t al
estou duro (sem dinheiro) : أنا مفلِس –
Ana mfáless

estou com medo : أنا فزعان – ana faz3án
estou cansado : أنا تعبان – ana ta3ben
estou com calor : أنا مشوَب – ana mchaueb
estou com fome : أنا جوعان – ana jo3an
estou com frio : أنا بَردان – ana bardên
estou com pena : أنا شَفقان – ana chafqan
estou com pressa : أنا مُستعجِل – ana
mustá3jel
estou com raiva : أنا مَقهور – ana maqHur
estou com saudade : أنا مشتاق – ana
michtaq
estou com sede : أنا عطشان – ana
3aTTchen
estou com sono : أنا نعسان – ana na3ssen
estou com vergonha : أنا مِستعجي – ana
mesté7e
estou preocupado : أنا مَشغول بالي – فِكري
– Ana machGHul belí (fíkri)
estou sem dinheiro : أنا مفلِس – Ana mfáles
faz tempo : صَر زَمان – Sár zamên
graças a Deus : ال حَمد ألله – 7amdella
graças a Deus : نشكُر ألله – nuchkor állah
há tempo : في وَقت – Fí uáqet
impossível, não adianta : ميش مُمكِن –
Mích múmken
isso não serve : هِذا ما بيَسوا – Heda ma
biêssua
juro por Deus : وحيات ألله – ue7iet ÁLLAH
lembranças a todos : سَلّم عالكُل – sallem
3al kull
meio período : نُصف النهار – nûssf el nHár
meus pêsames (masc.) : عَوَد بسلامتَك –
3auêd bi salemtak
meus pêsames (fem.) : عَوَد بسلامتِك –
3auêd bi salemtik
minha barriga está doendo :
بَطني عم يوجعني – baTTní 3am iujá3ni

minha cabeça está doendo :
راسي عم يوجعني – rássi 3am iujá3ni
minhas costas estão doendo :
دَهري عم يوجعني – daHrí 3am iujá3ni
muito : كتير – ktír
muito agradecido : مُتشَكِر كتير – mutcháker ktir
muito obrigado : مَمنون كتير – mamnún ktír
muito prazer : تشَرَّفت كتير – tcharráft ktír
na alegria e na tristeza :
في الأفراح و الأتراح – fi al áfra7 u al átra7
na beira : عالحَفة – 3ál 7áfa
na chuva : بالشتا – bich-chita
na fazenda : بالمَزرَعة – bil mazrá3a
na floresta : بالغابة – bíl GHába
na montanha : عالجَبَل – 3ál jábal
não acredito em você :
ما بصَدقك – ma biSSadaqak
não acredito no que está havendo :
ما بصَدق شو عة بيصير – ma biSSadaq chu 3m biSSir
não agradeça, é dever (é obrigação) :
لا شُكر، الى لواجِب – lá chukur, ala luájeb
não aguento mais : ما عاد اتحَمَل – ma 3ad etHamal
não aguento mais : ماعاد احتمِل – اتحَمِل – ma 3ad e7têmel
não desista : ما تبَطِل – má tbaTTel
não é justo : مِش حاق – mích 7áq
não entendo : ما افهَم – ma efHam
não esqueça : ما تنسا – ma tenssa
não faz mal : مَعليشي – ma3alei chí
não interrompendo sua conversa :
بَلا قَطعَا لحَديثَك – bala qaTT3á la 7adíTak

não se preocupe : ما تهكَل الهَم – Ma teHkal el Hamm
não vale a pena : ما بتحرُز – Ma bte7roz
nenhuma coisa : وَلا شي – Uála chí
no campo : بالحَقِل – bíl 7áqel
no céu : بالسَما – bíl sáma
no começo da semana : بِأرض الجُمة – bi árD el júma
no fim de semana : بِاخِر الجُمة – bi aKHer el juma
no fundo : بالكَعِب – bíl ká3eb
no mato : بالحِرش – bíl 7êrch
no sol : بالشَمِس – bil châms
nós sentimos sua falta :
نحنا شعرنا بغيابَك – ne7na cha3árna bi GHiêbac
nós sentimos sua falta :
نحنا حاسينا بغيابَك – ne7na 7asseina bi GHiêbac
obrigado / de nada : تِكرَّم – Tikrám
oferta e procura : عَرض و طَلَب – 3arD u TTalab
o que há? : شو في؟ – chú fi?
o que você acha? (fem.) : شو رايِك ؟ – chu ráiik?
o que você acha? (masc.) : شو رايَك ؟ – chu ráiak?
o que você deseja? : شو بتريد؟ – chú bitríd?
o que você está pensando? : شو عم تفكِر؟ – chu 3am tfakker?
o tempo está nublado : الدُنيا مغيمة – ed dúnia mGHáeme
o tempo passa depressa :
ال وَقت بيمضى بعجَلة – el uáqet biemDa bi 3ájale
obrigado : شوكرَن – chukrán

oh, que azar : يا عَيب شُؤم – iá 3áib chúum
olá, oi : مَرحَبا – már7aba
passatempo : مَضي وَقت – maDDí uáqet
período inteiro : النهار كُلو – an nHár kullo
período (meio) : نُصف النهار – nûssf el nHár
permitído e proibido : حَلال و حَرام – 7allál ua 7arám
por bem ou por mal : بِالحَلال أو بِالحَرام – bil 7alál áu bil 7arám
por favor (masc.) : عَمَل مَعروف – 3amal m3arúf
por favor (fem.) : عَمَلي مَعروف – 3amali m3arúf
por gentileza : تفَضَّل – تفَضَلي – tfáDDal (e)
por gentileza, entre : تفَضَّل فُت – tfáDDal fút (m.), تفَضَّلي فُتي – tfáDDale fúte (f.)
por querer : عَمْداً – قَصْداً – 3ámdā, qáSSdā
pouco : قَليل – qalíl
que Deus te ouça : أن الله يسمع منكم – ân AllaH issma3 menkum
quem é a senhora? : مين حَضَرتِك ؟ – min 7áDartik?
quem é o senhor? : مين حَضَرتَك ؟ – mín 7áDartak?
quem procura acha : من جَدّ وَجد – min jadd uájd
quer dizer : يعني – i3ane
querer bem : عَشِق – أحَب – á7ab, 3ácheq
resposta para despedidas : مع السَلامة – ma3 es saleme

se Deus quiser : إذا ألله راد – íTHa ÁLLAH rád
se Deus quiser : إن شاء الله – in chá' AllaH
seja bem-vindo (1) : أهلا و سَهلا – àHla u sáHla
seja bem-vindo (1) resposta : بلمأهّل – bilmá' Hel
seja bem-vindo (1) resposta : وأ ألله بأهّل فيق – ua ALLAH biá'Hel fík
seja bem-vindo (2) : أهْلين – aHlên
seja bem-vindo (2) resposta : شوكرَن – شوكراً – Chukrân
sem educação : مِش مَهَذَب – mich maHáTHab
sem querer : من دون تَعَمُد – men dún ta3ámud
silêncio, por favor : سُكوط عِمَل مَعروف – sukút e3mal ma3rúf
te conheço : أنا بَعرفَك – Ana ba3arFAC (m.)
te conheço : أنا بَعرفِك – Ana Ba3arFIC (f.)
tem neblina hoje : في غِطْغيط اليوم – Fi GHeTT-GHaeTT el liom
tenham um final de semana feliz : تقَظوا آخر الجمعة بخَير – tqáZu éKHer el jum3a bKHáir
um momento, por favor : لَحْظة، عِمَل مَعروف – La7Za, e3mal ma3rúf
vá em casa : روح لعينا – Ru7 la3ena
venha comer : تاع كول – tá3 kúl (m.), تاعي كولي – tá3e kule (f.)

Busca rápida

Números Cardinais
أرقام-أداد – arqám - adád

Um : واحَد – uá7ad / ué7ad
Dois : ثناين – Tnáin / eTnáin
Três : ثلاثة – TlêTa / TlêTe
Quatro : أربَع – árba3
Cinco : خَمسّة – KHâmsse
Seis : ستة – sítta / sítte
Sete : سبعة – sáb3a / séb3a
Oito : ثماني – Tmêne / Tmêni
Nove : تسعة – táss3a
Dez : عشَرة – 3áchara
Onze : حدَعش – 7ídá3ch
Doze : ثنعش – Tná3ch
Treze : ثلاثَعش – TleTá3ch
Quatorze : أربَعتعش – arba3tá3ch
Quinze : خَمستَعش – KHamsstá3ch
Dezesseis : ستَعس – sittá3ch
Dezessete : سَبعتعش – sab3atá3ch
Dezoito : ثمانتَعش – Tmentá3ch
Dezenove : تَسَعتَعش – tassa3tá3ch
Vinte : عشرَين – 3echrín
Vinte e um : واحَد واعشرَين – uá7ad ua 3echrín
Vinte e dois : ثناين وا عشرين – Tnáin ua 3echrin
Vinte e três : ثلاثة وا عشرين – TlêTe ua 3echrin
Vinte e quatro : أربع وا عشرين – árba3 ua 3echrin
Trinta : ثلاثين – TleTín
Quarenta : أربَعين – arba3ín
Cinquenta : خَمسين – KHamssín
Sessenta : ستين – Sittín
Setenta : سَبَعين – saba3ín
Oitenta : ثمانين – Tmênín
Noventa : تَسَعين – tassa3ín
Cem : مية – Mie
Cento e um : مية وا واحَد – mie ua uá7ad
Cento e dez : مية وا عشرة – mie ua 3áchara
Cento e vinte e um : مية وا واحَد وا عشرين – mie ua uá7ad ua 3echrín
Cento e cinquenta e um : مية وا واحَد وا خَمسين – mie ua uá7ad ua KHamssin
Duzentos : متَين – Mitáin
Trezentos : ثلاثمية – TleTmíe
Quatrocentos : أربَعمية – arba3míe
Quinhentos : خَمسمية – KHamssmíe

Seiscentos : سِتمية – Sittmíe
Setecentos : سَبعمية – sab3amie
Oitocentos : ثَمانمية – <u>T</u>menmíe
Novecentos : تَسعمية – tass3míe
Mil : ألف – Alf
Mil e cinco : ألف وا خَمسة – álf ua KHamssa
Mil e dez : ألف وا عشرة – álf ua 3áchra
Mil e quinze : ألف وا خَمستَعش – álf ua KHamst3ách
Mil cento e vinte e cinco :
ألف وا مية وا خَمسة وا عشرين
– álf ua mia ua KHámssa ua 3echrín

Mil trezentos e trinta e quatro :
ألف وا ثلاثمية وا أربع وا ثلاثين
– álf ua <u>T</u>le<u>T</u>mie ua arb3a ua <u>T</u>le<u>T</u>in
Dois mil : ألفَين – Alféin
Três mil : ثلاثة الاف – <u>T</u>le<u>T</u> alef
Quatro mil : أربع ألاف – arb3át alef
Cinco mil : خَمسة ألاف – <u>KH</u>amsst alef
Seis mil : سِتة ألاف – síttet alef
Sete mil : سَبعة ألاف – sab3át alef
Oito mil : ثَمانة ألاف – <u>T</u>ment alef
Nove mil : تَسعة ألاف – tass3át alef
Dez mil : عشرة ألاف – 3ácharat alef
Cem mil : مية ألف – mie Alf
Milhão : مَليون – Maliún

Números ordinais

الأرقام التَرتيبية – Al arqám attartiíbia
الأدَاد التَرتيبية – Al ádad attartíibia

Primeiro(a) : أوَل - أولى – áual / áuala
Segundo(a) : ثاني - ثانية – <u>T</u>eni / <u>T</u>enia
Terceiro(a) : ثالث - ثالثة – <u>T</u>ele<u>T</u> / <u>T</u>ele<u>T</u>a
Quarto(a) : رَبع - رَبعة – rábe3 / rába3a
Quinto(a) : خامِس - خامِسة – <u>KH</u>ámes / <u>KH</u>ámesa
Sexto(a) : سادس - سادسة – sêdes / Sêdessa
Sétimo(a) : سابع - سابعة – sêbe3 / sêbe3a
Oitavo(a) : ثامِن - ثامِنة – <u>T</u>êmen / <u>T</u>êmena
Nono(a) : تاسع - تاسعة – têsse3 / têsse3a
Décimo(a) : عاشِر - عاشِرة – 3ácher / 3áchera
Décimo primeiro : حادي عَشَر – 7ádi 3ácher

Decimo segundo : ثاني عَشَر – <u>T</u>êni 3ácher
Décimo terceiro : ثالث عَشَر – <u>T</u>êle<u>T</u> 3ácher
Décimo quarto : رَبع عَشَر – rábe3 3ácher
Décimo quinto : خامِس عَشَر – <u>KH</u>ámes 3ácher
Décimo sexto : سادس عَشَر – sêdes 3ácher
Décimo sétimo : سابع عَشَر – séba3 3ácher
Décimo oitavo : ثامن عَشَر – <u>T</u>êmen 3ácher
Décimo nono : تاسع عَشَر – tessa3 3ácher
Vigésimo : عِشرون – 3echrún
Vigésimo primeiro : أوَل وَ عِشْرون – áual u 3echrún
Vigésimo segundo : ثاني وَ عِشْرون – <u>T</u>êni u 3echrún

Dias da semana
أيّام الجُمعة – aiém el jum3a

Domingo : الأحَد – al á7ad
Segunda-feira : الأثنَين – al eTnáin
Terça-feira : الثلاثة – al TaleTa
Quarta-feira : الأربعة – al erb3a

Quinta-feira : الخَميس – al KHamís
Sexta-feira : الجِمعة – al jem3a
Sábado : السَبَت – al sábat

Meses do ano
أشهُر السِنة – achHor as sine

Janeiro : كانون الثاني – kanún eT Têni
Fevereiro : شباط – chbáTT
Março : آذار – aTHár
Abril : نيسان – nissên
Maio : آيار – aiár
Junho : حزَيران – 7zairán

Julho : تمّوز – tammúz
Agosto : آب – aáb
Setembro : أيلول – ailúl
Outubro : تِشرين الأوَل – techrín el áual
Novembro : تِشرين الثاني – techrín eT Têni
Dezembro : كانون الأوَل – kanún el áual

Estações do ano
فُصول السِنة – fuSSúl as-sine

Primavera : الرَبيع – ar-rábi3
Verão : الصَيف – aS-Sáif

Outono : الخَريف – al KHaríf
Inverno : الشِتا – ach-chitá

BAALBEK
Templo de Júpiter

TYRO
Arco do Triunfo

قَاموس بالدارِج

عرَبي/بُرتُغالي
بُرتُغالي/عرَبي

عُمَر فَيّاض

edipro

كُل احتِرامي الى والِدي و والِدتي.
مع حب الى أحفادي أنا لويزا، جوأو و بادرو.
"ما أعزّ من وَلَدَك، الوَلَد وَلَدَك"

شُكران خاصّ

الى السَيِّدة نجوى صفر سيف، مَعلِمة اللُغة العربية في مدينة بيلو أوريزونتي، لدعمها لي بهدا العمَل.

الى السَيِّد مَصعد كليم مضصعد، مَعلِم اللُغات، مُهِم مُتَعاوِن بهدا العمَل.

الى سَيدة أميرا سَعيد حَدّاد، بتَعليم اللُغة العَرَبي.

رسالة السيدة نجوى صفر سيف، عند صدور الطبعة الأولى من هذه القاموس:

مرحبا أخ عمر

اسمي نجوى وأعلّم اللغة العربية في مدينة بيللو أوريزونتي. شاهدت قاموسك مع أحد طلابي ووجدته جيداً وقد اشتريت 30 نسخة منه لطلابي.

أريد أن أهنئك على هذه البادرة الجيدة والمفيدة للكثيرين.

لقد ظهر العديد من القواميس العربية، هنا في البرازيل، وقد أشتريتها كلها مع عدم اقتناعي بجودتها.

أنا شخصياً أستخدم قاموس الأب ألفونسو صباغ ولكن ينقصه عربي/ برتغالي.

أتمنى أن نواصل اتصالاتنا وأنا في الخدمة لأي مساعدة

لك تحياتي.

نجوى

مقدمة

لمن فيني 60 سِنة، انا كن بدي روح عالبنان لا عرف عايلتي و كن لزم اتعلم احكي و اكتب اللغة العربية لا احكي معون. ما كن في قاموس بالدارج وا لكن انا جَمَعت كل كَلِمات سَمَعت في دَفتَر و بعدين عملت هدي لا ساعد كُلُن أيَ بَدون اتعلم احكي و اكتب اللغة العربية.

عُمَر فَيَّاض

هيكل العمل

الكلمة باللغة العربية ، الكلمة باللغة البرتغالي

الأفعال
باللغة العربية ، في الوقت الحاضر / في الماضي ، باللغة البرتغالي والمرادفات

الصفات والظروف والأسماء والضمائر
باللغة العربية ، المذكر / المؤنث ، باللغة البرتغالي والمرادفات

باللغة العربية ، المفرد / الجمع ، باللغة البرتغالي والمرادفات

تفسير :	الاسماء مُذَكَّر ياخذون الرمز	(s.m.)
	الاسماء مؤَنَّث ياخذون الرمز	(s.f.)

لطَلَع الأفعال بماضي ببُرتُغالي، لأزِم روح لحصة برتغالي- عربي.
مع التفسير التالي، فقط تبحَث لالتدريس لفظ الحروف باللغة البُرتغالية و علاقات مع الأبجدية العربية

أحرف باللغة البُرتُغالي وَ مقابِلها باللغة العَربية.

أحرُف	مقابِل من حَرف	اللفظ تقريبية بأحرف من برتغالي			
a	أ	صَوت (لفظ) مِثِل ال أ :كلمات - أب (بي) أو أَبَداً			
b	ب	صَوت (لفظ) مِثِل ال ب :كلمات - بَي أو بَد			
c	ك	قبل بالمصوِّتات a - o - u	صَوت مثل ال ك : كلمات	cabeça	كاباسا (راس)
				coragem	كوراجام (شجاعة)
				cuidado	كويدادو (انتِبه)
	س	قبل بالمصوِّتات e - i	صَوت مثل ال س : كلمات	cérebro	ساربرو (دماغ)
				cidade	سيدادي (مدينة)

13

أحرُف	مقابِل من حَرف	اللفظ تقريبية بأحرف من برتغالي		
d	د	صَوت (لفظ) مِثل ال د: كلمات - دَرَج أو دَورة		
e	ا	صَوب (لفظ) مِثل ال ا: كلمات - اشرَب أو اترُك		
f	ف	صَوت (لفظ) مِثل ال ف: كلمات - فتح أو فجر		
g	ج	لمن بتكون بالأوّل بكلمة صَوت مثل ك و لمن تكون بالنصف صَوت مثل الحرف ج.		
h		من اللُغة البُرتغالي شتلة لِمن ابتدا الكلمات، ما في صَوت. مثل:	humano	أُومانو
i	ا	صَوت (لفظ) مِثل ال ا: كلمات - ابن أو ادارة		
j	ج	صَوت (لفظ) مِثل ال ج: كلمات - جديد أو جار		
k	ك	صَوت (لفظ) مِثل ال ك: كلمات - كلمة أو كبوت		
m	م	صَوت (لفظ) مِثل ال م: كلمات - مبسوط أو مَبروك		
n	ن	صَوت (لفظ) مِثل ال ن: كلمات - نار، نام أو نبع		
o	و	صَوت (لفظ) مِثل ال عُ: كلمات - عُمَر أو عُطر		
p	ب	صَوت (لفظ) مِثل ال ب: كلمة - برتغالي		
q	ق	صَوت (لفظ) مِثل ال ق: كلمات - قول أو قهوة (لهجة بالشوف من لبنان)		
r	ه	بالأوّل و لمن بتكون بالنصف مرتين مع بعضهم، صَوت مثل ال ه قوي: كلمات	roupa	هوبا (ثياب)
			correio	كوهّيو (بريد)
	ر	بالنصف لمن بتكون لوَحدا و بالآخر الكلمة، صَوت مثل ال ر: كلمات	Amira	أميرة
			Omar	عُمَر

أحرُف	حَرف	اللفظ تقريبية بأحرف من برتغالي	مقابِل من حَرف
s	س	صَوت (لفظ) مِثل ال س :كلمات - سامرة أو سايق	
t	ت	صَوت (لفظ) مِثل ال ت :كلمات - : ترويفة أو تعَليم	
u	و	صَوت (لفظ) مِثل ال و :كلمات - واحد أو أولاد	
v	ف	صَوت (لفظ) مِثل ال ف : كلمة - ملكة فطوريا (انكلترا)	
x	سس	صَوت (لفظ) مِثل ال سّ :كلمة - تكسي (ال کس سَوا)	
y	ي	صَوت (لفظ) مِثل ال ي :كلمات - ابن أو ادارة أو يانسُن	
z	ز	صَوت (لفظ) مِثل ال ز :كلمات - زعلان أو زعتر	

بعض لفظات خُصوصين باللغة البُرتُغالية

ç	س	صَوت(لفظ) مِثل ال س :كلمات - سامرة أو سايق	
lh		في كلمات وين هدا حَرف عم موجود الحرف ل وَ الصَوت مثل لي	filho : فيايو (ابن)
nh		لِمِن موجود الحَرف ن، لفظ مثل ني	junho : جونيو (حزَيران)

توجد باللغة البُرتُغالية

أحرف عَرَبية	أحرُف مُطابِق بالبُرتُغالي	اللفظ تَقريبية بأحرف من برُتُغالي
ث	TH - th	صَوت (لفظ) مِثل ال **ث**: كلمات - ببُرتُغالي بيقول مِثل الحَرف **ت**
ح	—	ما في الحَرف ح ببُرتُغالي
خ	—	ما في الحَرف خ ببُرتُغالي
ذ	DHAL - dhal	صَوت (لفظ) مِثل ال **ز ضعيف و مَفتوح**: كلمات - ذكي أو ذوق
ش	CH - ch	صَوت (لفظ) مِثل ال **ش**: كلمات - شَمس أو شمال
ص	S - s	صَوت (لفظ) مِثل ال **سّ قويّ و مسَكّر**: كلمات - صَحيح أو صَحِب
ض	ZA - za	صَوت (لفظ) مِثل ال **ز ضعيف و مسَكّر**: كلمات - ضَبط أو ضَجِر
ط	TT - tt	صَوت (لفظ) مِثل ال **تّ**: كلمات - طابِق أو طبيب
ظ	ZA - za	صَوت (لفظ) مِثل ال **ز قويّ**: كلمات - ظل أو ظريفة
ع	AA - aa	صَوت (لفظ) مِثل ال **أ**: كلمات - عمل أو عاد
غ	GH - gh	ما في الحَرف غ ببُرتُغالي

جميع المعلومات هي من مسؤولية المؤلف

قَاموس بالدارِج

عرَبي/بُرتُغالي

١

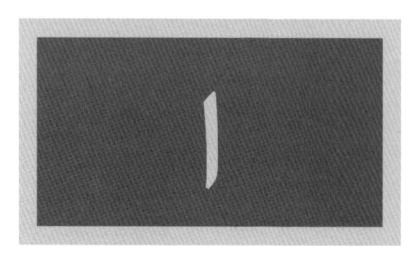

آب : .s.m. : (s.m.) – agosto
أب : .s.m. : (s.m.) – genitor, pai
ابالة : (s.f.) : .s.m. – fardo
ابّة (s.f.) / ابّات : .s.f. – torre
ابْتِدأ : .s.m. : (s.m.) – início
ابْتِداي : .s.m. : (s.m.) – curso primário
ابْتَدي / ابْتِديّ يـ : .v. – começar, iniciar
إبتْسام (s.m.) / اِنتِسامة : .s.m. – sorriso
أبْجَدية : (s.f.) : .s.m. – alfabeto
ابَحَث / بَحَث : .v. – procurar
أبَداً : .adv. – absolutamente, jamais, nunca
ابْدُل / بَدَّل : .v. – trocar
أبَدي : .adj. – eterno
ابْذُر / بَذَر : .v. – semear
ابْراز : .s.m. : (s.m.) – destaque
إبْرة : (s.f.) : .s.f. – agulha
إبْرة دَوا : (s.f.) : .s.f. – injeção
ابْرُش / بَرَش : .v. – ralar
أبْرَشيّة : (s.f.) : .s.f. – paróquia
ابْرُم / بَرَم : .v. – rodar
إبْري / بَرى يـ : .v. – apontar (lápis)
إبْريق : (s.m.) : .s.f. – bule
إبْريق شاي : (s.m.) : .s.f. – chaleira

إبْريق مَي : (s.m.) : .s.f. – moringa
أبْزيم : (s.m.) : .s.f. – fivela
أبْشَع : .adj. – pior
ابْصُق / بَصَق : .v. – cuspir
ابطال : (s.m.) : .s.m. – cancelamento
ابْعَث / بَعَث : .v. – enviar, mandar
ابْعُد / بَعَد : .v. – afastar, distanciar
أبْغُض / بَغَض : .v. – odiar
أبْقى / بَقى : .v. – ficar, permanecer
آبْكي / بِكي يـ : .v. – chorar
ابْلَع / بَلَع : .v. – engolir
أبْلَه : (s.m.) : .s.m. – idiota
إبْن : (s.m.) : .s.m. – filho
إبْن البِنْت : (s.m.) : .s.m. – neto
إبْن الكْبِير : (s.m.) : .adj. – primogênito
إبْن البيْن : (s.m.) : .s.m. – neto
إبن بالمعمودية : (s.m.) : .s.m. – afilhado
إبْن خال / أبناء خال : .s.m. – primo
إبْن عم / أبناء عم : .s.m. – primo
إبنا بالمعمودية : .s.f. – afilhada
ابني / بَنى يـ : .v. – construir
ابهام اليد : (s.m.) : .s.m. – dedo (polegar)
أبو كِرْش : .s.m. – guloso
أبَيَض، بَيْضة / بِيض : .adj. – branco(a)
أتاتوس : (s.m.) : .s.m. – status
اتأَخَر / تأَخَر : .v. – atrasar
اتأسَّف / تأسَّف : .v. – lamentar
اتْبَع / تابَع : .v. – publicar
اتْبَنّى / تْبَنّى : .v. – adotar

اتِّجادَل / آثاري

اتِّجادَل / تْجادِل : v. – discutir	اتَعَرف / تَعَرَف : v. – reconhecer
اتِّجاه : (s.m.) : s.m. – destino, rumo, sentido	اتْعَشّى / تْعَشّى يـ : v. – jantar
اتْجَنَّب / تْجَنَّب : v. – evitar	اتْعَلَّم / تْعَلَّم : v. – aprender
اتْجَنَّس / تْجَنَّس : v. – naturalizar	اتْعَوَّد / تْعَوَّد : v. – acostumar
إتّحاد : (s.m.) : s.f. – confederação, união	اتْعَوَق / تْعَوَق : v. – atrasar, demorar
إتِّحاديّ : adj. – federal	اتْغَدى / تْغَدى يـ : v. – almoçar
اتّحِد / اتّحَد : v. – unir	اتْفاق (s.m.) / اتْفاقات (s.m.) – acordo, pacto
اتْحَدَّث / تْحَدَّث : v. – conversar	اتْفَرَّج / تْفَرَّج : v. – apreciar, assistir
اتْحَسَن / تْحَسَن : v. – melhorar	اتِّفِق / اتْفَق : v. – combinar, concordar, tratar
اتْحَمَس / تْحَمَس : v. – torcer	اتَقاتَل / تَقاتَل : v. – brigar
اتْحَمَّل / تْحَمَّل : v. – suportar	اتْقاعَد / تْقاعَد : v. – aposentar
اتْخايَل / تْخايَل : v. – imaginar	اتكي / اتَّكى يـ : v. – apoiar, encostar
إتخَرَج / تخَرَج : v. – concluir, diplomar, formar	اتْلَقَح / تْلَقَح : v. – deitar
اتْداخَل / تْداخَل : v. – intervir	اتْمارْجَح / تْمارْجَح : v. – balançar
اتْذَكَّر / تْذَكَّر : v. – lembrar, recordar	اتْمام : (s.m.) – acabamento – s.m. / conclusão – s.f.
اتْرَشَح / تْرَشَح : v. – candidatar	اتْمَرَّن / تْمَرَّن : v. – ensaiar, praticar, treinar
اتْرُك / تَرَك : v. – abandonar, deixar	اتْمَنّى / تْمَنّى يـ : v. – desejar
اتْزَحْلَق / تْزَحْلَق : v. – escorregar	اتنازَل / تَنازَل : v. – abdicar
اتْزَوَج / تَزَوَج : v. – casar	اتْناوَل / تْناوَل : v. – comungar
اتْسَلى / تْسَلى يـ : v. – distrair, divertir	اتْنَزَه / تْنَزَه : v. – passear
اتْشَكَّر / تْشَكَّر : v. – agradecer	اتْنَشَق / تْنَشَق : v. – aspirar – inalar
اتصال (s.m.) / اتصالات (s.f.) – comunicação	اتْنَفَّس / تْنَفَّس : v. – expirar – respirar
اتْصَوَّر / تْصَوَّر : v. – imaginar	اتْنَهَد / تْنَهَّد : v. – suspirar
اتْصَيَد / تْصَيَد : v. – caçar, pescar	اتهَم / تَهَم : v. – culpar
اتْعادَل / تْعادَل : v. – empatar	اتوَفى / توَفى يـ : v. – falecer
اتْعَب / تَعَب : v. – cansar	آثاث : s.m. – mobília / móvel – (s.m.)
آتْعَجَّب / تْعَجَّب : v. – admirar	أثار (s.m.) / آثارات – antiguidade, pista
اتْعَذَّب / تْعَذَّب : v. – padecer, sofrer	ruína – s.f. / rasto, vestígio – s.m.
	آثاري، آثَري / آثارية : adj. – arqueológico

20

اثاوَب / ثاوَب : bocejar – v.	أجْنَبي (s.m.) / أجانِب : estrangeiro, forasteiro – s.m./adj.
أثَر : influência – s.f.	اجْهَل / جَهَل : ignorar – v.
اثلُج / ثَلِج : nevar – v.	إجي / جِت-إحا : vir – v.
اثناء : durante – prep.	أجير (s.m.) : criado – s.m.
اثنان : dois – num.	أجيرة (s.f.) : criada, doméstica – s.f.
اثْنَعش : doze – num.	احْبُس / حَبَس : deter, prender – v.
إجابيَ : positivo (fio) – adj.	احْتاج / حْتاج : necessitar, precisar – v.
إجاص (s.m.) : pera – s.f.	احْتِدام : inflamação – s.f.
اجْباري : obrigatório – adj.	احْتِراق (s.m.) : inflamação – s.f.
أجْبَر / جَبَر : forçar, obrigar – v.	احْتِرِيم (s.m.) : consideração, deferência – s.f. / respeito – s.m.
إجَباراً : obrigatoriamente – adv.	احْتِرِم / احْتَرَم : respeitar – v.
اجتْماع / اجتْمِعات : assembleia, reunião – s.f.	احْتِفال (s.m.) / احْتِفالات : festejo – s.m. / celebração, cerimônia – s.f.
اجْتِماعي : social – adj.	احْتِفالي (s.m.) / احْتِفالات : gala – s.f. / solene – adj.
اجْتِمِع / اجْتَمَع : reunir – v.	احْتِفِل / احْتَفَل ي: celebrar, comemorar, festejar – v.
اجْتِهِّد / اجْتَهَّد : esforçar – v.	احْتِقار (s.m.) : desprezo – s.m.
اجْذُب / اجْذِب : atrair – v.	احْتِقان (s.m.) : congestionamento – s.m.
اجْذُف / جَذَف : remar – v.	احْتِقِر / احْتَقَر : desprezar – v.
أجِر / أجَر : alugar, locar – v.	احْتِكار (s.m.) : monopólio – s.m.
إجراء (s.m.) : providência – s.f.	احْتِمال (s.m.) : hipótese – s.f.
اجْرَح / جَرَح : ferir, machucar – v.	احْتِمالي : eventual – adj.
أجْرَد : raso – adj.	احْتِمِل / احْتَمَل : resistir, tolerar – v.
اجْلُب / جَلَب : trazer – v.	احتيال (s.f.) : fraude – s.f.
اجْلُس / جَلَس : sentar – v.	احتيالي / احتيالية : fraudulento – adj.
اجْماعي : unânime – adj.	احْجُز / حَجَز : reservar – v.
اجْمَع / جَمَع : acumular, ajuntar, colecionar, juntar, somar – v.	احْدَب / حَدَبة (s.m.) : corcunda – s.m.f./adj.
اجْمِل / اجْمَل : resumir – v.	
أجْناب (s.m.) : lateral – s.f.	

اخرُس / اخْصي

اخْتِبار، (s.m.) : verificação – s.f. / ensaio – s.m.	احرُس / حَرَس : v. – vigiar
اخْتِبارة / (s.m.) : experiência – s.f.	احْرُق / حَرَق : v. – cremar, incendiar, queimar
اخْتِراع (s.m.) / اخْتِراعات : invenção – s.f. / invento – s.m.	احْزُر / حَزَر : v. – adivinhar
اخْتَرِع / اخْتَرَع : v. – inventar	احْزِن / حَزَن : v. – magoar
اخْتِصار (s.m.) : resumo – s.m.	احْسان : s.m. – donativo
اخْتِصاص : exclusividade – s.f.	احْسُب / حَسَب : v. – calcular
اخْتِصاصي : adj. – experto	احْسُد / حَسَد : v. – invejar
اخْتِصاصيّ (s.m.) : especialista – s.m.f.	أَحْسَن (s.m.) : s.m.f./adv./adj. – melhor
اخْتَصر / اخْتَصَر : v. – resumir	اُحْصُد / حَصَد : v. – colher
اخْتَفي / اخْتَفى يـ : v. – desaparecer	احْصُر / حَصَر : v. – bloquear
اخْتَلَف / اخْتَلَف : v. – desentender	احْصَل / حَصَّل : v. – conseguir
اخْتُم / خَتَم : v. – carimbar, cicatrizar	احْضَر / حَضَر : v. – assistir, comparecer
اخْتِناق : s.f. – asfixia	احْفَر / حَفَر : v. – cavar, escavar
اخْتَنِق / اخْتَنَق : v. – asfixiar	احْفَظ / حَفَظ : v. – conservar, decorar (texto), guardar, proteger
اخْتِياريّ : adj. – facultativo	احْكُم / حَكَم : v. – condenar, governar, julgar
اخْدَع / خَدَع : v. – enganar, tapear	احْكي / حَكى يـ : v. – contar, falar
اخْدُم / خَدَم : v. – servir	احْلُف / حَلَف : v. – jurar
اخُذ / أَخَذ : v. – levar	احْلُق / حَلَق : v. – barbear
اخِر / اخرين : adj. – último	احْلَم / حلِم : v. – sonhar
اخْرُج / خَرَج : v. – sair	أحِّم / أحَّم : v. – preocupar
اخْرُز / خَرَز : v. – espetar	آحْمَر-حَمرَة / حُمُر : adj. – vermelho
آخْرَس / خورُس : adj. – mudo	احْمُل / حَمَل : v. – carregar, transportar
اخْزُق / خَزَق : v. – rasgar	احمي / حَمى يـ : v. – defender, proteger
اخْزُن / خَزَن : v. – armazenar	أحياناً : loc. prep. – às vezes / geralmente, normalmente – adv.
اخْسَر / خِسِر : v. – perder	أخْ (s.m.) / اخوة : s.m. – irmão
اخْصاب (s.m.) : fertilidade – s.f.	اخار : adj. – final
اخْصُم / خَصَم : v. – descontar	إخْت (s.f.) / خَوات-خَيات : s.f. – irmã
اخْصي / خَصى يـ : v. – castrar	اخْتار / خْتار : v. – escolher

اخْضَر-خَضرَة / خُضْر : verde – *adj.*	ادْخال : introdução – *s.f.* : (*s.m.*)
اخْطُب / خَطَب : noivar – *v.*	ادْخُل / دَخَل : entrar, ingressar – *v.*
اُخْطُب / خَطَب : discursar – *v.*	ادْرُس / دَرَس : estudar – *v.*
اخْفي / خَفى ي : esconder – *v.*	ادَعَسّ / دَعَسّ : pisar – *v.*
اخْلاص : sinceridade – *s.f.* : (*s.m.*)	ادْفُش / دَفَش : empurrar – *v.*
أخْلاق : ética – *s.f.* / modos – *s.m.* : (*s.m.*)	ادْفَع / دَفَع : pagar, quitar – *v.*
اَخْلاقي : moral (a) – *s.f.* : (*s.m.*)	ادْفُن / دَفَن : enterrar, sepultar – *v.*
أخْلاقياً : eticamente – *adv.*	ادْمُل / دَمَل : aterrar – *v.*
اخْلُط / خَلَط : misturar – *v.*	أدْنى : abaixo – *adv.*
اخْلَق / خِلِق : nascer – *v.*	اَدهَش / دَهَش : abismar – *v.*
آخَوَت / خوتان : louco – *adj.*	ادْهَن / دَهَن : pintar (parede) – *v.*
أخَوي : fraterno – *adj.*	أَدَوات المَطبَخ : louça – *s.f.* : (*s.f.*)
أخَويّة / أخَويّن : irmandade – *s.f.* : (*s.f.*)	آديب : decente – *adj.*
أخيّراً, afinal, enfim,	أدير / أدار : administrar – *v.*
finalmente, recentemente, ultimamente – *adv.*	إذ / إذان : braço – *s.m.* : (*s.m.*)
أداة التَعريف : (*s.f.*)	إذا : assim – *adv.* / se – *conj.*
artigo definido – *loc. subst.*	إذاً، إذَن : então – *adv.* / pois – *conj.*
أداة التَنكير : (*s.f.*)	آذار : março – *s.m.* : (*s.m.*)
artigo indefinido – *loc. subst.*	اذاعة : emissora – *s.f.* : (*s.f.*)
آدابّ : educação – *s.f.* / modos – *s.m.* : (*s.m.*)	اذْبَل / ذِبِل : murchar – *v.*
ادارة، / ادارات : (*s.f.*)	ادْرُب فرام : frear – *v.*
administração, direção – *s.f.*	اذَعَف / ذَعِف : emagrecer – *v.*
أداة / أدَوات : ferramenta – *s.f.* : (*s.f.*)	اذْكُر / ذَكَر : citar, nominar – *v.*
/ instrumento, material, objeto – *s.m.*	إرادة : vontade – *s.f.* : (*s.f.*)
/ meios (de) – *adv.*	أرْبعتعش : catorze – *num.*
أدَب : decência – *s.f.* : (*s.m.*)	ارْبَح / رِبِح : ganhar, lucrar – *v.*
أدَب : literatura – *s.f.* : (*s.m.*)	ارْبُط / رَبَط : amarrar – *v.*
أدِّب / أدَّب : educar – *v.*	أربَع : quatro – *num.*
ادْبُغ / دَبَغ : curtir – *v.*	أربَعمية : quatrocentos – *num.*
اَدَبي : moral (a) – *s.f.* : (*s.m.*)	أربَعون : quadragésimo – *num.*

أرْبَعين / آسامي

أرْبَعين : num – quarenta
ارْتاح / رتاح : v – descansar
ارْتِباط (s.m.) : s.m – laço
ارْتِجاج (s.m.) : s.m – abalo
ارْتِجال (s.m.) : s.m – improviso
ارْتَخى / ارْتَخي يـ : v – amolecer
ارْتِعاب (s.m.) : s.m – susto
ارْث (s.m.) : s.m – patrimônio
ارْجَع / رِجِع : v – regressar, voltar
ارْجُف / رَجَف : v – tremer
أرِّخ / أرَّخ : v – historiar
أُرْدُنيّ (s.m.) : s.m./adj – jordaniano
أرْز لبنان (s.f.) : s.m – cedro-do-líbano
أرْز / آرْزة (s.f.) : s.m – cedro
ارْزُم / رَزَم : v – embrulhar
ارْسال (s.m.) : envio – s.m. / transmissão – s.f.
ارْسُل / رَسَل :
despachar, enviar, mandar, transmitir – v.
ارْسُم / رَسَم : v – decretar, desenhar, pintar
ارْشاد (s.m.) : s.f – orientação
ارْشُد / رَشَد : v – encaminhar, orientar
أرْض (s.f.) : terra – s.f. / chão, solo – s.m.
أرْض خَشَب (s.f.) : s.m – assoalho, soalho
ارْضَع / رَضِع : v – mamar
أرْضيّة (s.f.) : piso, térreo, – s.m./adj.
أرْضي (s.m.) : s.m – piso (pavimento)
ارْضي / رَضي : v – agradar
ارْغَب / رَغِب : v – interessar
ارْفُض / رَفَض : v – negar, recusar, rejeitar

ارْفَع / رَفَع : erguer, hastear,
levantar (peso), suspender – v.
ارْقُص / رَقَص : v – dançar
ارْكَب / رِكِب : v – montar
ارْكُض / رَكَض : v – correr
أرْمَل / أرْمَلة (s.m.) : s.m./adj – viúvo
ارْمي / رَمى يـ : v – atirar, chutar, jogar
أرْنَب / أرانِب (s.m.) : s.m – coelho
ارْهاق (s.m.) : s.f – estafa
ارْهُن / رَهَن : v – penhorar
أريج (s.f.) : s.f – fragrância
ازْحَف / زَحَف : v – arrastar
ازْرَع / زَرَع : v – plantar, semear
أزْرَق-زَرَقة / زُرُق : adj – azul
ازْعاج (s.m.) : s.m – desconforto
ازْعُج / زَعَج : v – incomodar
أزْعَر / زُعِران : adj – malandro, safado
ازْعَل / زْعَل : v – aborrecer, magoar
أزَلي : adj – eterno
أزْمَة / أزَمات (s.f.) : s.f – crise
ازْمُت / زَمَت : v – escapar
أزير : s.m – zumbido
أساس، (s.m.) / أساسات :
base, fundação, regra – s.f.
أساساً :
basicamente, essencialmente,
principalmente, radicalmente – adv.
أساسيّ / أساسيات : básico, cardeal,
essencial, fundamental, principal, radical – adj.
اسأل / سأل : v – perguntar
آسامي (s.m.) : s.m – vocabulário

اسْباني / اسْكُتّ

اسْباني : (s.m.) – espanhol – s.m./adj.	اسْتِقْبال : (s.m.) – recepção – s.f.
سَبَق / اسْبُق : – ultrapassar – v.	اسْتِقْرار : (s.m.) – estabilidade – s.f.
اسْبوع : (s.m.) – semana – s.f.	اسْتِقْلال : (s.m.) – independência – s.f.
اسْبوع الماضي : – semana passada – s.f.	اسْتَلِم / اسْتَلَم : – receber – v.
اسْبوع الجاي : – semana que vem – s.f.	اسْتَنْظِر / اسْتَنْظَر : – esperar – v.
آسْپيرين : (s.f.) – aspirina – s.f.	اسْتِهْلَك : (s.m.) – consumo – s.m.
اسْتَأجِر / اسْتَأجَر : – alugar – v.	اسْتيراد (s.m.) / اسْتيرادات : – importação – s.f.
اسْتاذ : (s.m.)/adj. – professor – s.m. / mestre – s.m./adj.	اسْتَيْقِظ / اسْتَيْقَظ : – despertar – v.
اسْتاهِل / اسْتاهَل : – merecer – v.	اسْثْقالة : (s.f.) – renúncia – s.f.
اسْتِحَقّ : (s.m.) – vencimento – s.m.	اسْثقيل / اسْثَقال : – renunciar – v.
اسْتِحِقّ / اسْتَحَق : – merecer – v.	اسْحَب / سَحَب : – puxar, retirar, tirar – v.
اسْتَحى يـ / اسْتِحي : – envergonhar – v.	أسْخَر / سَخِر : – zombar – v.
اسْتَخْراج : (s.m.) – extração – s.f.	أسَد : (s.m.) / أُسود (s.m.) – leão – s.m.
اسْتَخْرِج / اسْتَخْرَج : – extrair – v.	اسْراف : (s.m.) – abuso, excesso – s.m.
اسْتِدام (s.m.) / اسْتِدامات : – desastre – s.m.	اسَرائيل : – Israel – n.próp.
اسْتِراحة : (s.f.) – folga, pausa – s.f.	اسْرائيلي : (s.m.f./adj.) – israelense – s.m.f./adj.
/ descanso, intervalo, repouso – s.m.	اسْرُق / سَرَق :
اسْتَريح / اسْتْراح : – descansar, repousar – v.	assaltar, furtar, roubar, saquear – v.
اسْتَضيف / اسْتَضاف : – hospedar – v.	أسِّس / أسَّس : – fundar, instituir – v.
اسْتِعْداد : (s.m.) – plano (guerra) – s.m.	أُسْطوانة (s.f.) / أُسْطوانات :
اسْتِعْراض : (s.m.) – espetáculo, show – s.m.	cilindro, disco – s.m.
اسْتَعْمِل / اسْتَعْمَل : – usar – v.	أُسْطوري / أُسْطورية : – legendário – adj.
اسْتِعْمَل : (s.m.) – uso – s.m.	أُسْطول : (s.m.) – frota – s.f.
اسْتَعْمَل عامّ : – loc. subst. – uso comum	اسْعاف : (s.m.) – emergência – s.f.
اسْتَغْرِب / اسْتَغْرَب : – estranhar – v.	اسْعُل / سَعَل : – tossir – v.
اسْتَغِش / اسْتَغَش يـ : – desconfiar – v.	أسَف / أسِف : – lastimar – v.
اسْتَفْرِغ / اسْتَفْرَغ : – vomitar – v.	اسْفنجة : (s.f.) – esponja – s.f.
اسْتِفهام / اسْتِفهام : – interrogar – v.	اسْقي / سَقى يـ : – irrigar, regar – v.
اسْتِفهاميّ : – interrogativo – adj.	اسْكان : (s.m.) – alojamento – s.m.
	اسْكُتّ / سَكَتّ : – calar, emudecer – v.

25

اسْكُنْ / اصْطَبِل

اسْكُنْ / ساكِن / ساكَن : v. – habitar, morar
اسْلام : (s.m.) – s.m. – islamismo
اسْلاميّ : adj. – islâmico
اسْلُق / سَلَق : v. – cozer
اسْلوب (s.m.) :
maneira – s.f. / jeito, método, modo – s.m.
اُسْلوب / أَساليب (s.m.) : s.m. – sistema
اُسْلوب حَياة (s.m.) :
modo de viver – loc. subst.
اُسْلوب عَيْش : loc. subst. – modo de viver
اسْم / أَسامي (s.m.) : s.m. – nome, título
اسْم / أَسماء (s.m.) : s.m. – substantivo
اسْم اشارة (s.m.) : s.m. – demonstrativo
اسْم العائلة (s.m.) : s.m. – sobrenome
اسْمَح / سَمَح : v. – autorizar, permitir
أَسْمَر / سومُر (s.m.) :
moreno, mulato – s.m./adj.
اسْمَع / سَمِع : v. – escutar, ouvir
أَسَنْسِر (s.m.) : s.m. – elevador
اسْهال (s.m.) : s.f. – diarreia
اسْهام (s.m.) : s.f. – contribuição
اسْهَم / سَهَم : v. – contribuir
أَسْوَد / سَودة / سود : adj. – negro(a)
أَسْوَد / سود : adj. – preto
اسّى : adv. – agora
أَسيل : adj. – liso
اشارة (s.f.) / اشارات :
aceno, acento, gesto, signo, sinal – s.m.
اشارة (s.f.) / اشارات : s.f. – demonstração
اشارَة سَير (s.f.) : s.m. – semáforo

اشْبَع – s.f. : (s.m.) – satisfação
اشْبين / أَشابين (s.m.) : s.m. – padrinho
اشْتِراط (s.m.) : s.f. – condição
اشْتِراك (s.m.) : s.f. – participação
اشْتِرَك / اشْتَرَك : v. – participar
اشْتِري / اشْتَرى يـ : v. – adquirir, comprar
اشْتِغل / اشْتَغَل : v. – funcionar, trabalhar
اشْتِكي / اشْتَكى يـ : v. – queixar
اشْحَن / شَحَن : v. – despachar
اشْخُر / شْخَر : v. – roncar
اشْراف : (s.m.) – s.f. – supervisão
اشْرَب / شِرِب : v. – beber
اشْعال : (s.m.) – s.f. – combustão
اشْعُر / شَعَر : v. – sentir
اشْفَق / شِفِق : v. – compadecer
اشْفي / شَفى يـ : v. – curar
أَشْقَر – adj. – ruivo
اشْكُر / شَكَر : v. – agradecer
اشْنُق / شَنَق : v. – enforcar
اشْهَد / شِهِد : v. – testemunhar
اشوي / شَوى يـ : v. – assar
اصْبَع / أَصابِع (s.f.) : s.m. – dedo
اصْبَعي – adj. – digital
اصْبُغ / صَبَغ : v. – tingir
أَصْحَب : (s.m.) – s.f. – turma
اصْرار : (s.m.) – s.m. – empenho
اصْرَخ / صَرَخ : v. – gritar
اُصْرُف / صَرَف : v. – gastar
اصْطَبِل : (s.m.) – s.m. – estábulo

اصْطِدام (s.m.) : s.f. – colisão	اطْلاق (s.m.) : s.m. – envio, lançamento, palpite
اصْطِناعي : adj. – artificial	اطلاقاً : adv. – absolutamente
أصْغَر : adj. – caçula	أطْلال (s.m.) : s.f.pl. – cinzas
أَصْغَر (s.m.) / أَصْغَرة (s.f.) :	اطْلُب / طَلَب : v. – pedir, solicitar
menor – adv./s.m.f. / mínimo – adj.	اطْلع / طلع : v. – subir - sair
أَصْفَر / صَفرة / صُفُر : adj. – amarelo(a)	اطَّلَّع / طَّلَّع : v. – apreciar
أُصول (s.m.) : s.f. – origem, raiz	اطْلُق / طَلَق : v. – lançar
أُصول (s.m) : s.m – elemento, membro	اعبَد / عِبد : v. – adorar
اصْلاح (s.m.) : s.m. – conserto	أعْبُط / عَبَط : v. – abraçar
أَصْلَع / صُلع (s.m.) :	اعتَبار (s.m.) : s.f. – consideração
calvo – s.m./adj. / careca – s.f./adj.	اعتَبِر / اعتَبَر : v. – considerar
أصْليّ : adj. – original	اعتَدِل / اعتَدَل : v. – moderar
اصْنَع / صَنَع : v. – fabricar	اعتِراف (s.m.) : s.f. – confissão
أصْهَب : adj. – ruivo	اعتَرِف / اعتَرَف : v. – confessar
اضافة (s.f.) : s.f. – adição	اعتِني / اعتَنى ي : v. – cuidar
اضافي : adj. – adicional	أَعرَج : adj. – aleijado
اضْحَك / ضحك : v. – rir	اعرُج / عَرَج : v. – mancar
اضْراب (s.m.) / اضْرَبات (s.m.) : s.f. – greve	أَعرَج / عُرُج : adj. – manco
اضْرار (s.m.) : s.m. – dano	أعرِف / عِرِف : v. – conhecer, saber
اضْرُب / ضَرَب : v. – bater, multiplicar	اعرَق / عِرق : v. – suar
أضيف / أَضاف : v. – adicionar	أَعزَب / عِزبَة : adj. – solteiro
اطار : s.m. – chassi	اعزُل / عَزَل : v. – demitir
أطْباق (s.m.) : s.m. – talher	اعزُم / عَزَم : v. – convidar
اطْبُخ / طَبَخ : v. – cozinhar	أعصُر / عَصَر : v. – espremer, torcer
اطْبَع / طَبَع : v. – editar	أعطُس / عَطَس : v. – espirrar
اطْحَن / طَحَن : v. – moer	أعطي / أعطى ي : v. – ceder, dar, oferecer
اطرَح / طَرَح : v. – subtrair	اعلام (s.m.) : s.f. – informação
أُطرُد / طَرَد : v. – expulsar	اعلان (s.m.) / اعلانات (s.m.) :
أُطرَش (s.m.) / أَطرَشة (s.f.) : adj./s.m. – surdo	anúncio, edital, manifesto – s.m.
اطفِي / طَفَي ي : v. – apagar (luz)	

اعلُك / آقرَن

اعلُك / عَلَك : v. – mastigar	آفريقيا : n.próp. – África
اعلُم / عَلَم : v. – informar	افصَخ / فَصَخ : v. – descolar
أَعلى : adj. – mais alto, soberano	افصُل / فَصَل : v. – separar
أَعمى / عُميان : adj. – cego	أفضَل : adj. – preferencial
اعمي / عَمى يِ : v. – cegar	أفضَلية (s.f.) : s.f. – preferência, vantagem
أعوَج / عوج : adj. – torto	افطار (s.m.) : s.m. – desjejum
أَغبَر : adj. – empoeirado	آفغانِستان : n.próp. – Afeganistão
اغتِنِم / اغتَنَم : v. – aproveitar	آفغانيّ : s.m./adj. – afegão
اغتيال (s.m.) : s.m. – atentado	أُفُق (s.m.) : s.m. – horizonte
أغراض (s.m.) / غَرَض : bagagem – s.f. / objeto, objetivo s.m.	أَفَق : adj. – aprovado
اغرَق / غِرق : v. – afogar, naufragar	أفِق / أفَق : v. – despertar
اغضَب / غِضَب : v. – irritar, zangar	أَفعَل / فَعَل : v. – fazer
اغطس / غَطَس : v. – mergulhar	أُفُقيّ / أُفُقين : adj. – horizontal
اغلُب / غَلَب : v. – derrotar	افلاس (s.m.) : s.f. – falência
اغلَط / غِلط : v. – errar	افلَت / فَلَت : v. – escapar
أَعلى (s.f.) : s.f. – cima	آفَندي : adj. – cavalheiro
اغلي / غَلى يِ : v. – ferver	افهَم / فِهم : v. – compreender, entender
اغمى / غِمي : v. – desmaiar	قَبِل / اقبَل : v. – aceitar, admitir
أغنية / أغاني : s.f. – canção	اقتِصاد (s.m.) : s.f. – economia
افتَح / فَتَح : v. – abrir	اقتِصادي (s.m.) / اقتِصادين (s.m.) : econômico – adj. / economista – s.m.f.
افتِخِر / افتَخَر : v. – orgulhar	اقتَصِد / اقتَصَد : v. – economizar
افحَص / فَحَص : v. – examinar	اقتُل / قَتَل : v. – assassinar, matar
افراز (s.m.) : s.f. – secreção	اقداح (s.m.) / قدوحة : s.m. – furo
افراط (s.m.) : s.m. – exagero	اقدام (s.m.) : intrepidez – s.f. / valor – s.m.
افرُخ / فَرَخ : v. – germinar	اقدَح / قَدَح : v. – furar
افرَغ / فَرَغ : v. – descarregar	اقدَر / قِدِر : v. – poder
أُفرُك / فَرَك : v. – esfregar	اقدَمة : adj./adv. – direito
آفريقيّ (s.m.) : s.m./adj. – africano	اقرُص / قَرَص : v. – beliscar
	آقرَن : adj. – chifrudo

اقرى / الأَسْلاف

ler – v. : **اقرى / اِقرِي**	homenagem – s.f. : (s.m.) **اِكْرام**
arrepiar – v. : **اقشَعِر / قشَعَر يِـ**	detestar – v. : **اكْرَه / كِرِه**
extremo – adj. : **أقصى**	eczema – s.m. : (s.m.) **آكْزِما**
aقطَع / قطَع :	oxigênio – s.m. : **أُكْسِجين**
arrebentar, atravessar, interromper – v.	fraturar, quebrar – v. : **اكْسُر / كَسَر**
colher – v. : **اُقطُف / قَطَف**	garantir – v. : **اكْفَل / كِفِل**
sentar – v. : **اُقعُد / قعَد**	comer – v. : **آكُل / اَكَل**
pular, saltar – v. : **اقفُز / قفَز**	comida – s.f. : (s.m.) / **اَكْل / اَكْلات**
inferior – s.m./adj. : (s.m.) **أقَل**	refeição – s.f. : (s.f.) **أكْلة**
menos, pelo menos – adv. /	**اكْليل / أكاليل** : (s.m.) / :
mínimo – adj. : **أقل شي**	bodas – s.f. / casamento, enlace – s.m.
decolagem – s.f. : (s.m.) **اقلاع**	capturar – v. : **اكْمُش / كَمَش**
virar – v. : **اقلُب / قلَب**	sanfona – s.f. : (s.m.) **أُكورْديون**
arrancar, decolar – v. : **اقلَع / قلَع**	certeza – s.f. : (s.m.) **أكيد**
sequer – adv. : **أقلَه**	a – art. def. fem. : **أل**
fritar – v. : **اقلي / قلَى يِـ**	na – prep. : **ال**
convencer – v. : **اقنَع / قنَع**	o – art. def. masc. : **أل**
maior, máximo – adj. : **اكْبَر**	fim (o) – s.m. : **ال نِهايّة**
crescer – v. : **اكْبُر / كِبِر**	a, para – prep. : **الى**
prensar – v. : **اكْبُس / كَبَس**	dela – pron. : **إلى**
escrever – v. : **اكْتُب / كَتَب**	exceto – prep. / menos – adv. : **الا**
máximo – adj. : **اكْتَر شي**	segunda-feira – s.f. : (s.m.) **الاثنَين**
exagero – s.m. : **أكْتَر مِن اللازِم**	domingo – s.m. : (s.m.) **الاحَد**
descoberta – s.f. : (s.f.) **اكْتِشاف**	alfabeto – s.m. : (s.m.) **الأحْرُف**
meteorologia – s.f. : (s.m.) **اكْتِشاف الطَقس**	favorito – adj. : **الأحْسَن**
descobrir – v. : **اكْتِشَف / اكْتَشَف**	ética – s.f. : (s.m.) **الأخْلاق**
mais – adv. : **اكْتَر**	quarta-feira – s.f. : (s.f.) **الأربَعة**
mais que – adv. + conj. : **اكْتَر مِن**	nádegas – s.f.pl. : (s.m.) **الأرْداف**
maioria – s.f. : (s.f.) **اكْتَرِيّة**	antepassados – s.m. : (s.m.) **الأسْلاف**
afirmar, confirmar – v. : **أكِّد / اَكَّد**	

الاسْلام / العسِرِيات

الاسْلام — islã – s.m. : (s.m.)	الْحُم / لَحَم — soldar – v. :
الإصبع الخاتم — dedo (anular) – s.m. : (s.m.)	الْحَمْدُ لله! — graças a Deus – exp. :
الإصبع الوَسطى — dedo (médio) – s.m. : (s.m.)	الخَرِيف — outono – s.m. : (s.m.)
ألله — Deus – n.próp. :	الخَمِيس — quinta-feira – s.f. : (s.m.)
الباقي — sobra – s.f. : (s.m.)	الخِنصَر — dedo (mindinho) – s.m. : (s.m.)
الباليه — balé – s.m. : (s.f.)	الرَبانيه — Pai-nosso – s.m. : (s.m.)
البَرّا — fora – adv. :	الرَّبيع — primavera – s.f. : (s.m.)
البَرازيل — Brasil – n.próp. :	السَبَتْ — sábado – s.m. : (s.m.)
البُرْتغال — Portugal – n.próp. :	السَفِرْ — itinerário – s.m. : (s.m.)
البُرْتغالي — português – s.m./adj. : (s.m.)	السنة القادمة — próximo ano – loc. subst. :
البُس / لِبس — vestir – v. :	السودانْ — Sudão – n.próp. :
البُط / لَبَط — chutar – v. :	السَّيِد — seu (sr.) – s.m. : (s.m.)
آلة تَصوير — máquina (fotográfica) – s.f. : (s.f.)	السَيِدْ — prezado sr. – adj. + s.m. : (s.m.)
آلة حاسَبية — (s.f.) :	السَّيِّدة — lady – s.f. : (s.f.)
máquina (de calcular) – s.f.	الشَّباب — flor da idade – loc. subst. : (s.m.)
التِرُنِيك — eletrônica – s.f. : (s.m.)	الشِتاء — inverno – s.m. : (s.f.)
التِقي / التَقى يـ — encontrar – v. :	الشَرق الأوسَطْ — (s.m.) :
التِهاب — inflamação – s.f. : (s.m.)	Oriente Médio – n.próp.
التِهاب المَعدة — gastrite – s.f. : (s.m.)	الصُبُحْ — manhã – s.f. : (s.m.)
الثلاثة — terça-feira – s.f. : (s.f.)	الصَّليبْ — crucifixo – s.m. : (s.m.)
الجاي — próximo – adj./adv. :	الصِّينْ — China – n.próp. :
اَلجَبر — álgebra – s.f. : (s.m.)	العَبْ / لِعِبْ — brincar, jogar – v. :
الجِمَعة — sexta-feira – s.f. : (s.f.)	العربية دارج — (s.f.) :
الجَنة — paraíso – s.m. : (s.m.)	árabe (coloquial) – s.m.
الحاجّ — (s.m.) :	العربية عامّية — árabe (popular) – s.m. : (s.f.)
peregrinação – s.f. / peregrino – s.m.	العربية فُصْحى — (s.f.) :
الحَبَشة — Etiópia – n.próp. :	árabe (gramático) – s.m.
الحُرِّية — liberdade – s.f. : (s.f.)	العربية لَهْجة — árabe (dialeto) – s.m. : (s.f.)
الحَطابْ — machado – s.m. : (s.m.)	العِيراق — Iraque – n.próp. :
الحُكُم المُطلَق — ditadura – s.f. :	العسِرِيات — tarde – s.f. : (s.m.)

العَشاء السِرّي – s.f. : (s.m.) ceia (santa)	المُخاطَب – adj. : segunda pessoa
العَمود الفَقري : (s.m.) coluna vertebral, espinha dorsal – loc. subst.	المَرْفَع : (s.m.) – s.m. carnaval
ألعود ْ : (s.m.) – s.m. violão	المُس / لَمَس – v. : tocar
العيراق : n.próp. – Iraque	المَمْلَكَة العَرَبيّة السَّوديّة : Arábia Saudita – n.próp.
الغاء : (s.m.) – s.m. cancelamento	النا – pron. : nossa (o)
الغائب – loc. subst. : terceira pessoa	(s.m.) / اَلَهة – s.m. : Deus
الغَرْب – s.m. : (s.m.) oeste	الهال : (s.m.) – s.m. cardamomo
الغي / لَغى ي – v. : anular, cancelar	الهى / لَهى ي – v. : distrair
الغَيْب – s.m. : (s.m.) além	الهي / الهية – adj. : divino
اَلف / اَلاف – num. : mil	إلو – pron. : dele
اَلف / اَلَّف – v. : formar	الوَضَع – adj. : situação
لَفَظْ / الفُظْ – v. : pronunciar	ألوَق / لوق – adj. : torto
اَلفي – adj. : milenar	ألوَقت كُلُه – s.m. : (s.m.) período todo
القرآن – s.m. : (s.m.) Corão	ألوَقت كُلو – s.m. : (s.m.) período todo
القُطْ / لَقَطَ (s.m.) – v. : capturar	أليف / أليفة – s.m.f. : adestrado, domesticado
القطُرْ : (s.m.) – s.m. diâmetro	اليوم – adv. : hoje
القايدة : (s.f.) – s.f. comando, governo	(s.f.) / أُمّيات : (s.f.) – s.f. mãe, genitora أُمّ
الكُرة الأرْضية (s.f.) : globo terrestre – loc. subst.	أُمّ ثانية : (s.f.) – s.f. madrasta
الان – adj. : neste momento	أم... – conj. : quer
الأوليمْبياد – s.f. : (s.m.) olimpíada	إمارات (s.f.) / إماراة : emirado, principado – s.m.
ألله – s.m./adj. : (s.m.) eterno	أمام – loc. prep. : diante de, em frente de
ألله – n.próp./s.m. : Deus	/ defronte – adv.
اللُغة (s.f.) / اللُغات – s.m. : alfabeto	اَمانة : s.f. : (s.f.) confiança
الماز – s.m. : (s.m.) diamante	امْبارِح – adv. : ontem
اَلماني – adj. : alemão	امْبَراطور – s.m. : (s.f.) imperador
المُتَكَلِّمْ – adj. : primeira pessoa	أُمة – s.f. : (s.f.) nação
المَجْلِس، (s.m.) : câmara – s.f. / conselho de Estado – s.m.	امْتِحان (s.m.) / امْتِحانات : exame – s.m.
	امْحي / مَحى ي – v. : apagar (lousa)

امْدَح / انْتِقام

elogiar – v. : **امْدَح / مَدَح**	fiel – adj. : **أمين / أَمْنا**
mando – s.m. / ordem – s.f. : (s.m.) **أمر**	momento – s.m. : (s.m.) **آن**
ordenar – v. : **امِر / أَمَر**	oxalá – interj. : **ان شاء ألله**
mandato – s.m. : (s.m.) **أَمر رَسميّ**	eu – pron. : **أنا**
mulher – s.f. : (s.f.) **امْرأ**	pote, vaso – s.m. : (s.f.) **إناء، الإناء**
lavadeira – s.f. : (s.f.) **إمَراة غسّالة**	egoísta – adj. : **أناني**
normalmente – adv. : **أمْراراً**	egoísmo – s.m. : **أنانيّة**
passar – v : **امْرُق / مَرَق**	brotar, germinar – v. : **انبُت / نَبَت**
brincar – v. : **امْزَح / مَزَح**	mangueira – s.f. : (s.m.) **أَنْبَج**
ontem – adv. : **أمْس**	manga (fruta) – s.f. : (s.f.) **أَنْبَجة**
pegar, segurar – v. : **امْسُك / مَسَك**	alegria, satisfação – s.f. : (s.m.) **أنْبِساط**
andar, caminhar – v. : **امْشي / مِشي**	expansão – s.f. : (s.m.) **انْبِساط**
assinatura – s.f. : (s.m.) **امْضاء**	cano, tubo – s.m. / mangueira-d'água – s.f. : (s.m.) **انْبوب / أنابيب**
mastigar – v. : **امْضَغ / مَضَغ**	
assinar – v. : **امْضي / مَضى**	ampola – s.f. : (s.m.) **انْبوب دَواء**
possibilidade, probabilidade – s.f. : (s.m.) **إمكان / إمْكانيات**	você – pron. : **انْتَ / انتِ**
	produção – s.f. : (s.m.) **انْتاج**
esperança – s.f. : (s.m.) **أمَل**	atenção – interj. / cuidado – s.m. : (s.m.) **انْتبِه،**
nação – s.f. : (s.m.) **أُمَم**	fabricação – s.f. : (s.m.) **أَنْتَج**
Organização das Nações Unidas – n. próp. : (s.m.) **أُمَّم المُتَّحِدة**	suicídio – s.m. : (s.m.) **انْتِحار**
	suicidar – v. : **انْتِحِر / انْتَحَر**
segurança – s.f. : (s.m.) **أمِن**	eleição – s.f. : (s.m.) **انْتِخاب**
confiar – v. : **آمِّن / آمَّن**	mandato – s.m. : (s.m.) **انْتِداب**
alfândega – s.f. : (s.m.) **أمِن عام**	espalhar, esparramar – v. : **انْتَشِر / انْتَشَر**
impedir, interditar, proibir – v. : **امْنَع / مَنَع**	erétil – adj. : **انْتِصابي**
analfabeto – adj./s.m. : (s.m.) **أُمي**	triunfo – s.m. : (s.m.) **انْتِصار**
emir, príncipe – s.m. : (s.m.) **أمير / أُمَراء**	expectativa – s.f. : (s.m.) **انْتِظار**
sul-americano – s.m./adj. : (s.m.) **أميركيّ جَنوبيّ**	aguardar, esperar – v. : **انْتَظِّر / انْتَظَّر**
americano – s.m./adj. : (s.m.) **آميرْكي**	vingança – s.f. : (s.m.) **انْتِقام**

اِنْتَقَد / اهدي

اِنْتَقَد / اِنْتَقَد : v. – criticar	اِنْشَأ / ناشَأ : v. – crescer
اِنْتَقِم / اِنْتَقَم : v. – vingar	اِنْشُر / نَشَر : v. – editar, publicar
اِنْتُم : pron., vocês, vós	اِنْشُر / نَشَر : v. – serrar
أُنْثى : (s.f.) : s.f. – fêmea	أَنْف : (s.m.) : s.m. – nariz
اِنْجاص : (s.m.) : s.f. – pera	اِنْفِجار : (s.m.) : s.f. – explosão
اِنْجَح / نَجَح : v. – progredir	اِنْفِجاري : adj. – explosivo
اِنْجِلي : adj. – evangélico	اِنْفَجَر / اِنْفَجَر : v. – estourar, explodir
اِنْجِي / نَجّى يـ : v. – salvar	اِنْفُخ / نَفَخ : v. – soprar
اِنْجِيل، : (s.m.) : s.m. – evangelho / s.f. – bíblia	اِنْفَشِل / اِنْفَشَل : v. – fracassar
اِنْحَت / نَحَتت : v. – esculpir	اِنْفِصال : (s.m.) : s.f. – separação
اِنْحِدار : (s.m.) : s.m. – declive	اِنْقُر / نَقَر : v. – furar
اِنْحِراف : (s.m.) : s.m. – desvio	أَنْقَص : prep. – menos
اِنْحِني / اِنْحَنى يـ :	اِنْقُص / نَقَص : v. – faltar
v. – curvar, declinar, inclinar	اِنْقُل / نَقَل :
آنْدَم / نِدِم : v. – arrepender	v. – mudar, transferir, transmitir, transportar
اِنْدِماج : (s.m.) : s.f. – integração	اِنْقِلاب : (s.m.) : s.f. – revolução
اِنْدَه / نادَه : v. – chamar	اِنْكُر : v. – negar
اِنْزَح / نَزَح : v. – emigrar	اِنْكِسار، : (s.m.) : s.f. – derrota, falência, fratura
اِنْزِعاج : (s.m.) : s.m. – mal-estar	اِنْكْليزي : (s.m./adj.) : s.m./adj. – inglês
اِنْزَل / نَزَل : v. – descer, hospedar	أَنْاس : (s.m.) : s.m. – abacaxi
اِنْسا / نَسي : v. – esquecer	اِنْهَب / نَهَب : v. – saquear
اِنْساني / اِنْسانين (s.m.) : s.m./adj. – humano	أَنْهَض / نَهَض : v. – levantar
اِنْسانية : (s.f.) : s.f. – humanidade	اِنْهي / نَهى يـ : v. – acabar, concluir
آنْسَة : (s.f.) : s.f. – senhorita	إِهانة : (s.f.) : s.f. – desonra, injúria, ofensa
اِنْسُج / نَسَج : v. – tecer	اِهْتِم / اهْتَم يـ : v. – cuidar, interessar
اِنْسِجام : (s.m.) : s.f. – coerência	اِهْتِمام : (s.m.) : s.m. – interesse
اِنْسَح / نَسِح : v. – engordar	اِهْجُم / هَجَم : v. – atacar
اِنْسَحِب / اِنْسَحَب : v. – desistir	اِهْدُم / هَدَم : v. – demolir, derrubar
اِنْسِداد : (s.m.) : s.m. – bloqueio / s.f. – obstrução	اِهْدي / هَدى يـ : v. – presentear

اهْرُب / أيوه

اهْرُب / هَرَب : – v. – evadir, fugir	أوَل – s.m. – começo, princípio
آهْل : – adj. – povoado	أوَل امبارِح : – adv. – anteontem
اهْمال (s.m.) : – s.f. – negligência, omissão	أوَّلا – adv./adj. – primeiro
أهَمّيّة (s.f.) : – s.f. – importância, significância	أولِمْبي – adj. – olímpico
أهْل (s.m.) : – s.f. – família	آوُمِن / آمَن – v. – crer
أهْلا و سَهْلا : – interj. – bem-vindo	آوى : – v. – abrigar
أهْلي : – adj. – familiar	أيّ، ما : – pron. interrog. – que
أهَم : – adj. – importante (mais)	أيّ؟ : – pron./conj. – qual
أهْوَج : – adj. – afobado	أيّ مَكان : – loc. adj. – qualquer lugar
أهْيَف : – adj. – esbelto	أيّار (s.m.) : – s.m. – maio
أو – conj. – ou	ايد / ايداين (s.f.) : – s.f. – mão
اوجَع / وَجَع – v. – doer	ايرا – n.próp. – Irã
أوروبا : – n.próp. – Europa	ايرانيّ – adj. – iraniano
أوروپي : – s.m./adj. – europeu	أيْسَر : – adj. – esquerdo
أوصِل / وَصَل : – v. – ligar (aparelho)	ايضاً : – adv. – também
أُوَصَل / وصِل : – v. – chegar	ايطاليا : – n.próp. – Itália
أوعِد / وَعَد : – v. – comprometer	أيلول (s.m.) : – s.m. – setembro
أوفصُل / فَصَل : – v. – desgrudar	ايمان (s.m.) : – s.f. – crença, fé
أوَل / أوَلة : – num. – primeiro	أيوه : – adv. – sim

ب

Português	Árabe
porta – s.f. : (s.m.)	باب / أبواب
navio – s.m. : (s.m.)	بابور / بَوابير
camomila – s.f. : (s.m.)	بابونِج
petroleiro – s.m. : (s.m.)	باخِرَة بِترول
berinjela – s.f. : (s.m.)	باذِنجان
fresco – adj. :	بارْد
friagem – s.f. / frio – s.m./adj. : (s.m.)	بارِد
pólvora – s.f. : (s.m.)	بارود
espingarda – s.f. / fuzil – s.m. : (s.f.)	بارودة
ervilha – s.f. : (s.f.)	بازِلة / بازِلات
intrepidez – s.f. : (s.m.)	بأس
marginal – s.m.f./adj. : (s.m.)	بأس
nulo – adj. :	باطِل
íntimo – adj. :	باطِني
macio – adj. :	باعِم / ناعِمين
resto – s.m. : (s.m.)	باق
saldo – s.m. / restante – s.m./adj. : (s.m.)	باقي،
em – prep. :	بال / بِ
dê licença – exp. :	بالازِن
começo – s.m. : (s.m.)	بالأَوَّل
metade – s.f. : (s.m.)	بالبُصْف
exatamente – adv. :	بالتَدْقيق
no mato – loc. adv. :	بالحِرْش
no campo – loc. adv. :	بالحَقل
mesmo – adj./adv./s.m. : (s.m.)	بالذَّت
nu, sem roupa, pelado – adj. :	بالزُلْط
no céu – loc. adv. :	بالسَما
na chuva – loc. adv. :	بالشِتا
no sol – loc. adv. :	بالشَمْس
contrário – adj. :	بالضِد
contra – prep. / contrário – adj. :	بالعَكْس
maduro – adj. :	بالِغ
na floresta – loc. adv. :	بالغابة
engano – s.m. : (s.m.)	بالغَلَط
avesso – inverso – adj. :	بالقَفى
inverso – adj. :	بالقلب
no fundo – loc. adv. :	بالكَعب
na fazenda – loc. adv. :	بالمَزْرَعة
avulso – adj. :	بالمُفَرَق
conclusão – s.f. : (s.f.)	بالنهاية
felicidade – s.f. : (s.f.)	بالهناء
esgoto – s.m. : (s.f.)	بالوعة
balão – s.m. : (s.m.)	بالون
estadual – adj. :	بالوِيلاية
quiabo – s.m. : (s.f.)	بامية
polegar – s.m. : (s.m.)	باهِم
desbotado – adj. :	بايِّخ / بايّاخة
simplesmente – adv. :	بِبَساطة
papagaio – s.m. : (s.f.)	بَبّغا
virgem – s.m.f./adj. : (s.f.)	بتول
cegonha – s.f. : (s.f.) / بَجَع	بَجَعة
será? – exp. :	بِجوز؟

بَحّار / بُرْنامِج

بَحّار / بَحّارين (s.m.) (s.m.)	marinheiro – s.m.
بَحْث (s.m.)	pesquisa – s.f.
بَحِر / بْحور (s.m.) (s.m.)	mar – s.m.
بَحْريّ – adj.	náutico – adj.
بَحْري (s.m.)	marinheiro – s.m.
بَحْرية (s.f.)	marinha – s.f.
بحَسَب – prep./conj.	conforme, segundo
بحَق	com razão, razão – s.f.
بُحَيرة / بُحَيرات (s.f.)	lago – s.m. / represa – s.f.
بُخار (s.m.)	vapor – s.m.
بَخْشيش (s.m.)	gorjeta – s.f.
بُخْل (s.m.)	miséria – s.f.
بَخّور (s.m.)	incenso – s.m.
بَخيل – adj.	miserável – adj.
بَدّ / كان بَد – v.	querer
بداية (s.f.)	começo – s.m.
بَدِّل / بَدَّل – v.	permutar, substituir
بَدْلة / بَدْلات (s.f.)	terno, traje – s.m.
بِدون – prep.	sem
بِدون ثياب – adj.	desagasalhado
بِدون انْتِباه (s.m.)	descuido – s.m. / imprudência – s.f.
بِدون شَرَف (s.m.f.) / adj.	sem vergonha
بِدون نَوم (s.m.)	insônia – s.f.
بَدَويّ / بَدو (s.m.)	beduíno – s.m.
بَديع / بَديعين	magnífico, maravilhoso – adj.
بَديعة	maravilhosa – adj.

بَديل (s.m.)	alternativa, escolha – s.f.
بَدين – adj.	obeso
بَديهي – adj.	espontâneo
بَديهياً – adv.	espontaneamente
بِذُر – exp.	faz mal
بَرّات – loc. adv.	fora de
بَرّاد (s.m.)	geladeira – s.f.
بِراز / بَرَويز (s.m.)	moldura – s.f.
برازيليّ (s.m.) / برازيليّة	brasileiro – s.m./adj.
بُرْتُقال (s.m.)	laranja – s.f.
بِرْج / أبْراج (s.m.)	torre de controle – s.f.
بَرِد / بَرَد – v.	esfriar
بِرْداية / بِرْدايات	cortina – s.f.
بَرَدة / بَرَد (s.f.)	granizo – s.m.
بَرِز – adj.	saliente
بَرْغِش (s.m.)	pernilongo – s.m.
بَرْغَشة / بَرْغَش (s.f.)	mosquito – s.m.
بُرْغُل (s.m.)	trigo (para quibe) – s.m.
بُرْغُل خِشِن (s.m.)	trigo (grosso) – s.m.
بَرْغوث (s.f.)	pulga – s.f.
بِرْغي (s.m.)	parafuso – s.m.
بَرق / بَرّقات (s.m.)	raio, relâmpago, telégrafo – s.m.
بَرْقية / بَرْقيات (s.f.)	telegrama – s.m.
بُرْكان (s.m.)	vulcão – s.m.
بَرَكة (s.f.)	bênção – s.f.
بَرْميل / بَراميل (s.m.)	barril – s.m.
بُرْنامِج / بَرامِج (s.m.)	programa – s.m.

ب

بَرْنس الحَمام – (s.m.) : roupão de banho – s.m.
بُرْنَيْطة / بَرانيط – (s.m.) : chapéu, gorro – s.m.
بَرْهِن / بَرْهَن : comprovar, demonstrar, provar – v.
بِرواز – (s.m.) : quadro – s.m.
بُرودة – (s.f.) : friagem – s.f.
بُروز – (s.m.) : saliência – s.f.
بْروستَنت – adj. : evangélico
بْروش – (s.m.) : broche – s.m.
بَرّي – adj. : selvagem
بَريء – adj. : inocente
بَريد – (s.m.) : correio – s.m. / postal – adj.
بْريز كَهْرَبا – (s.f.) : tomada (elétrica) – s.f.
بِزّ / بْزاز – (s.m.) : seio – s.m.
بِزّاقة – (s.f.) : lesma – s.f.
بِزْرة / بِزر – (s.f.) : caroço – s.m. / semente – s.f.
بِزيادة – adv. : bastante – adj./adv. / demais
بَسّ – adv. / só – adj./adv. : apenas, somente
بَساطة – (s.f.) : simplicidade – s.f.
بَسالة – (s.f.) : intrepidez – s.f.
بِستان / بَساتين – (s.m.) : chácara – s.f. / pomar – s.m.
بِسُرعة – adj. : ligeiro, rápido, urgente
بُسْطَجي – (s.m.) : carteiro – s.m.
بِسْكْلات – (s.f.) : bicicleta – s.f.
بَسْكوت / بَسكوتات – (s.m.) : biscoito – s.m.
بِسُكون – adv. : calmamente
بِسُهولة – adv. : facilmente
بَسيط – (s.m.) : alvo – s.m.

بَسيط – adj. : inocente, raso, simples
بَسّين – (s.m.) : gato – s.m.
بَشاعة – adj. : feioso
بَشرة – (s.f.) : derme – s.f.
بِشِع / بِشعين – adj. : feio
بَشْكير – (s.m.) : roupão (de banho) – s.m.
بَشير – (s.m.) : mensageiro – s.m.
بَصَل / بَصَلات – (s.f.) : cebola – s.f.
بْضاعة / بَضايع – (s.f.) : mercadoria – s.f.
بَطّ – (s.m.) : pato – s.m.
بُطْء – (s.f.) : demora – s.f.
بَطارية – (s.f.) : bateria – s.f.
بَطاطا / بَطاطات – (s.f.) : batata – s.f.
بِطاقة / بِطاقات – (s.f.) : bilhete, ingresso, tíquete – s.m. / entrada, ficha, passagem – s.f.
بَطالة – (s.f.) : dia santo – s.m./adj.
بطانة – (s.f.) : forro de tecido – s.m.
بَطَل / أبطال – (s.m.) : campeão, herói – s.m.
بَطِّل / بَطَّل – v. : anular, cancelar
بَطْن / بُطون – (s.f.) : abdômen – s.m. / barriga – s.f.
بُطولة – (s.f.) : heroísmo – s.m.
بُطولة / بُطولات – (s.m.) : campeonato
بَطون – (s.m.) : cimento – s.m.
بَطيء / بَطياء : demorado, lento, lerdo, vagaroso – adj.
بَطّيخ – (s.m.) : melancia – s.f.
بَطّيخ أَصفَر – (s.m.) : melão – s.m.
بَعَث – (s.m.) : envio – s.m.
بَعَجَلة : depressa – adv. / urgente – adj.

بَعجور / بِنْت

بَعجور : (s.m.)	melão – s.m.
بَعد : adv.	ainda – adv.
بَعد : prep. / depois – adv. / pós – prep.	após
بَعدّ : adj. / alguns – pron.	diverso
بعد الظُّهُر : (s.m.)	tarde – s.f.
بَعد بوكْرا : loc. adv.	depois de amanhã
بَعِد شوَي : loc. adv.	daqui a pouco
بعد شوَي : loc. adv.	mais um pouco
بَعدين : adv.	depois
بعض الاحيأن : adv.	frequentemente, geralmente, muitas vezes
بِعمَل حِلو : (s.m.)	fingimento – s.m.
بَعيد/بَعيدين : adj.	afastado, distante, longe
بَعير : s.m.	camelo
بَغتَتاً : adv.	repentinamente
بَغتية : adv.	subitamente
بَغداد : n.próp.	Bagdá
بُغْض : (s.m.)	ódio – s.m.
بَغّال : (s.m.)	tropeiro – s.m.
بَغِل : (s.m.)	mula – s.f.
بَقَالة : (s.f.)	frutaria, mercearia – s.f.
بَقال : (s.m.)	verdureiro – s.m.
بَقدونِس : (s.m.)	salsa – s.f.
بَقَرة / بَقَر : (s.f.)	vaca – s.f.
بَقري : adj.	bovino
بُقعة : (s.f.)	mancha – s.f.
بَقل : (s.m.)	leguminosa, verdura – s.f.
بَقية : (s.f.)	destroços – s.m.pl.
بِكاء : (s.f.)	choro – s.m.
بِكامْلو : adj.	integral
بُكّة : (s.f.)	choro – s.m.
بَكِّر / بَكَّر : v.	madrugar
بِكَفّي! : interj.	basta!, chega!
بَكير : adv.	cedo
بَلى : adv.	sim
بَلا شَرَف : adj.	desonrado
بْلاد / بُلدان : (s.m.)	nação – s.f. / país – s.m.
بْلاط / بلاطات : (s.m.)	azulejo, ladrilho – s.m.
بَلاغ : (s.m.)	mensagem – s.f.
بُلبُل / بَلابِل : (s.m.)	canário, rouxinol – s.m.
بَلَح : (s.m.)	tâmara – s.f.
بَلَد / بلاد : (s.f.)	cidade – s.f.
بَلَديّ : adj.	municipal
بَلدية : (s.f.)	município – s.m.
بَلْسَم اللَيمون : (s.m.)	erva-cidreira – s.f.
بَلِّش / بَلَّش : v.	começar
بَلْطة / بَلْطات : (s.f.)	machado – s.m.
بَلْكون : (s.m.)	balcão – s.m. / varanda – s.f.
بَلِّل / بَلَّل : v.	molhar
بَلور : (s.m.)	cristal – s.m.
بَلوري : adj.	cristalino
بَلّوط / بَلوطات : (s.m.)	carvalho – s.m.
بَلوعة : (s.f.)	ralo – s.m.
بَليد : adj.	estúpido
بَنّ : (s.m.)	café (pó) – s.m.
بِناية / بِنايّات : (s.f.)	construção – s.f. / edifício, imóvel, prédio – s.m.
بِنْت / بَنات : (s.f.)	filha, menina – s.f.

بِنْت البِنْت / بيقة

بِنْت البِنْت : (s.f.) : neta (filha da filha) – s.f.	بوصَلة / بوصَلات (s.f.) : (s.f.) : bússola – s.f.
بِنْت الِبْن : (s.f.) : neta (filha do filho) – s.f.	بوظة : (s.f.) : sorvete – s.m.
بِنْت خال / بَنات خال (s.f.) : prima – s.f.	بوق / أبواق (s.m.) : trombeta – s.f.
بِنْت صُغيرة : (s.f.) : menina – s.f.	بوكْرة : (s.f.) : amanhã – adv.
بِنْت عمّ / بَنات عم (s.f.) : prima – s.f.	بَوِّل : (s.m.) : urina – s.f. / xixi – s.m.
بَنْج : (s.m.) : anestesia – s.f.	بَول / بَوَل : v. : urinar
بَنْد : (s.f.) : cláusula – s.f.	بولاذ : aço – s.m. : (s.m.)
بَنَدورة / بَنَدورات (s.f.) : tomate – s.m.	بولِفار : (s.m.) : avenida – s.f.
بُنْدوق : (s.m.) : avelã – s.f.	بوليس : (s.m.) : polícia – s.f.
بِنْزين : (s.m.) : gasolina – s.f.	بومة : (s.f.) : coruja – s.f.
بَنْطَلون / بَناطْلين (s.m.) : calça – s.f.	بويَجي : (s.m.) : engraxate – s.m.
بَنَفْسَج : (s.f.) : violeta – s.f.	بَي : (s.m.) : genitor, pai – s.m.
بَنَفْسَجي : roxo – adj.	بَيّاع / بَيّاعين : (s.m.) : negociante – s.m.
بَنْك : (s.m.) : banco – s.m.	بَيّاع / بَيّاعة : (s.m.) : vendedor – s.m.
بِنى : (s.f.) : construção – s.f.	بَيان : (s.m.) : evidência – s.f. / manifesto – s.m.
بِني، بِنية / بِنين : marrom – adj.	بَيت / بيوت (s.m.) : casa, residência – s.f. / lar – s.m.
بهار : (s.m.) : tempero – s.m.	بَيت وِلد : (s.m.) : útero – s.m.
بهُدوء : adv. : sossegadamente	بَيتي : adj. : caseiro
بَهوّ : (s.m.) : hall – saguão – s.m.	بير / بيوري (s.m.) : poço – s.m.
بو كِرْش : guloso – s.m.	بيرة : (s.f.) : cerveja – s.f.
بَوابة : (s.f.) : portão – s.m.	بَيروت : n.próp. : Beirute
بْوجَع : exp. : dói	بِيصَراحة : (s.f.) : franqueza – s.f.
بَوح : (s.m.) : desabafo – s.m.	بَيضة / بَيضات (s.f.) : testículo – s.m.
بودرة : (s.f.) : pó de arroz – s.m.	بَيضة / بَيض (s.f.) : ovo – s.m.
بوز / بواز : (s.f.) : boca – s.f.	بَيّاع / بَيّاعة (s.m.) : vendedor – s.m.
بوس / بِاس : v. : beijar	بَيْع : (s.m.) : venda – s.f.
بَوسة / بَوسات (s.f.) : beijo – s.m.	بَيِع / باع : v. : vender
بوسْطَا : (s.f.) : correio, ônibus – s.m.	بيقة : (s.f.) : ambiente – s.m.
بوصَة : (s.f.) : polegada – s.f.	

بَین / پیانو

بَین : *prep.* – dentre, entre
بَیِّن : *adj.* – evidente, óbvio
بَیِّن / بَیَّن : aparecer, comparecer
– *v.* – declarar, surgir

بِیَنفع : *exp.* – faz bem
بَینَما : *conj.* – enquanto
پتْرول (*s.m.*) : *s.m.* – petróleo
پیانو (*s.m.*) : *s.m.* – piano

ت

تابَع : adj. – anexado
تابِع : (s.m.) / s.m./adj. – seguidor
تابل (s.m.) : توابل – s.m. – tempero
تابوت / تَوابيت : s.m. – caixão
تأثير : (s.m.) / s.f. – influência
تاج / تيجان (s.m.) : s.f. – coroa
تاجِر / توجّار (s.m.) : s.m.f./adj. – comerciante, negociante
تاجِر / تاجَر : v. – comerciar
تأخُّر : (s.m.) / s.m. – atraso / tarde – adv.
تأخَّر / تأخَّر : v. – demorar
تأجير سَيارات : (s.f.) / s.f. – locadora
تاريخ (s.m.) / تَواريخ : s.f. – data, história
تاريخ / تاريخية : adj. – histórico
تازْكَرة (s.f.) / تَزاكِر : s.m. – documento
تاسِع / تاسعة : num. – nono
تاسَع عَشَر : num. – décimo nono
تأسُّف : (s.m.) / s.f. – lástima
تاع لَهون : exp. – venha aqui
تأكيد : (s.m.) – afirmação, afirmativa, confirmação – s.f.
تأكيديّ : adj. – afirmativo
تالٍ : adj. – seguinte

تأمين ضِدّ الحَوادث (s.m.) :
seguro (contra acidentes) – s.m.
تأمين عَلَى الحَياة (s.m.) :
seguro (de vida) – s.m.
تَأميم وَطَني (s.m.) : s.f. – nacionalização
تاني / تانيين : pron. – outra, outro
تَبادُل (s.m.) : s.f. – troca
تباسُلِي (s.m.) : adj. – genital
تبرع (s.m.) : s.f. – doação
تَبِع / تَبَع : v. – seguir
تَبوت (s.m.) : s.m. – ataúde
تثاوَب (s.m.) : s.m. – bocejo
تِجارة (s.f.) / تِجارات :
comércio, negócio – s.m./adj.
تجاريّ / تِجارَات : adj. – comercial
تَجانُس (s.m.) : s.f. – afinidade
تَجرِبة (s.f.) : s.f. – experiência
تجريبي : adj. – experimental
تَجَسُّس (s.m.) : s.f. – espionagem
تَجْليد (s.m.) : s.m. – congelamento
/ encadernação – s.f.
تَجْميد (s.m.) : s.m. – congelamento
تجويف (s.m.) : s.f. – cavidade, concavidade
تحادّة (s.f.) : s.m. – desafio
تَحْت : loc. adv. – abaixo de, debaixo de
/ sob – prep.
تَحْت ال : embaixo de
تَحْت الأرْض : adj. – inferior, subterrâneo
تَحْجُر (s.m.) : s.f. – esclerose
تَحْزيم (s.m.) : s.f. – embalagem

تَحْضير / تَشْريع

تَحْضير (s.m.) : preparação – s.f.	تَرْجَمة (s.f.) / تَراجَم : tradução – s.f.
تُحْفة (s.f.) / تَحَف : obra-prima – s.m.	تَرْجَمة حَياة (s.f.) : biografia – s.f.
تَحْقير (s.m.) : humilhação – s.f.	تَرْحيب : bem-vindo – adj./interj.
تَحْقيق (s.m.) : execução – s.f.	تِرْس (s.m.) / تروس : escudo – s.m.
تَحْلية (s.f.) : sobremesa – s.f.	تَرْصيص (s.m.) : obturação – s.f.
تَحْليل (s.m.) : análise – s.f. / raciocínio – s.m.	تَرك (s.m.) : abandono – s.m.
تَحويل (s.m.) : transferência – s.f.	تِرْكة (s.f.) : espólio – s.m.
تَخْت (s.m.) / تخوت : cama – s.f.	تَرَكْتُر (s.m.) : trator – s.m.
تَخْريب (s.m.) / تَخْريبات : destruição, sabotagem – s.f.	تَرْكيب (s.m.) : síntese – s.f.
تَخْفيف (s.m.) : alívio – s.m.	تَرْكيبيّ : componente – adj.
تَخْليص (s.m.) : liquidação – s.f.	ترمواي (s.m.) : bonde – s.m.
تُخْمة (s.f.) : indigestão – s.f.	ترويقة (s.f.) : café da manhã, desjejum – s.m.
تَخِن / تَخَن : engrossar – v.	تَزَلّج / تَزَلَّج : esquiar – v.
تَخَيُّل (s.f.) : fantasia, imaginação – s.f.	تَزَلُّج (s.m.) : esqui – s.m.
تَخين / تخان : grosso – adj.	تَزويد (s.m.) : abastecimento – s.m.
تَدْشين (s.m.)/تَدْشينات (s.f.) : inauguração – s.f.	تَزوير (s.f.) : falsificação, fraude – s.f.
تَدَيّي (s.m./adj.) : mamífero – s.m./adj.	تَزويق (s.m.) : enfeite – s.m.
تَدْقيق (s.m.) : consideração – s.f.	تسجيل (s.m.) : cadastro – s.m.
تذكار (s.m.) : lembrança – s.f.	تَسَعْتَعش : dezenove – num.
تَذْكِرة هَوية (s.f.) : carteira (de identidade) – s.f.	تسعة : nove – num.
تَذويب (s.m.) : solução – fundição – s.f.	تسعمية : novecentos – num.
تُراب (s.m.) : cimento – s.m. / terra (solta) – s.f.	تِسْعين : noventa – num.
تُراث (s.m.) : patrimônio – s.m.	تَسْلية (s.f.) : divertimento – s.m.
تْران (s.m.) : trem – s.m.	تَسْليم (s.m.) : entrega – s.f.
تَرْبيّة (s.f.) : educação – s.f.	تَسَمُّم (s.m.) : intoxicação – s.f.
تَرْتيبي / تَرْتيبية : ordinal – adj.	تسوية (s.f.) : ajuste – s.m.
تَرْجِم / تَرْجَم : interpretar, traduzir – v.	تَشْخيص (s.m.) : diagnóstico – s.m.
	تشرَّفت (s.m.) : prazer – s.m.
	تَشْريع (s.m.) : legislação – s.f.

تشْرين الأوَّل / تَقليديّ

تَعْقيد : (s.m.) – complicação – s.f.
تَعْليق (s.m.) / تَعْليقات :
comentário – s.m. / legenda – s.f.
تَعْليقة (s.f.) / تَعْليقات : – cabide – s.m.
تَعْليم : (s.m.) – ensino – s.m. / instrução – s.f.
تَعْويذة (s.f.) / تَعْويذات : – talismã – s.m.
تَعيس : – adj. – infeliz
تَعيّن : (s.m.) – indicação – s.f.
تَعين الطَقس (s.m.) – meteorologia – s.f.
تَغْذية (s.f.) : alimentação – s.f.
تَغْيور : (s.m.) – mudança – s.f.
تُفّاحة (s.f.) / تِفاح : – maçã – s.m.
تفتيش (s.m.) – fiscalização, vistoria – s.f.
تَفْريخ : (s.m.) – germinação – s.f.
تَفْريق : (s.m.) – discriminação, distribuição – s.f.
تَفْسير : (s.m.) – explicação – s.f.
تَفْكير – s.m. : pensamento
تَقاعُد : (s.m.) – aposentadoria, pensão – s.f.
تَقدُّم : (s.m.) – avanço, progresso – s.m.
تَقَدَّم : – exp. – frente, ir em
تَقْدِمة (s.f.) : – dedicatória – s.f. / dom – s.m.
تَقْديم (s.m.) / تَقْديمات : apresentação,
oferta – s.f. / oferecimento – s.m.
تقريباً ,
aproximadamente
quase – adv. / mais ou menos – loc. adv.
تَقْريبي : – adj. – aproximado
تَقْسيط : (s.m.) – prestação – s.f.
تَقْليد (s.m.) / تَقاليد :
fantasia, imitação, tradição – s.f.
تَقْليديّ / تَقاليد : – adj. – tradicional

تشْرين الأوَّل : (s.m.) – outubro – s.m.
تِشْرين الثاني : (s.m.) – novembro – s.m.
تَشْكيل : (s.m.) – acentuação – s.f.
تَشْليح : (s.m.) – assalto – s.m.
تَشْويش : – bagunça – s.f. / caos – s.m.
تصادُم : (s.m.) – impacto – s.m.
تَصْريح : (s.m.) – declaração – s.f.
تَصَلُّب : (s.m.) – esclerose – s.f.
تَصَنُّع : (s.m.) – fingimento – s.m.
تَصَوَّر : (s.f.) – imaginação – s.f.
تَصويت (s.m.) – votação – s.f.
تَضْليل : (s.m.) – blefe – s.m.
تَطْبيق : (s.m.) – reajuste – s.m.
تَطْرّيز : (s.m.) – bordado – s.m.
تَطْعيم : (s.m.) – enxerto – s.m. / vacinação – s.f.
تَعاوَن / تَعاوُن – v. – colaborar
تَعَب : (s.m.) – cansaço – s.m. / fadiga – s.f.
تَعْبان / تَعْبانين : – adj. – cansado, exausto
تعبير : (s.m.) – expressão – s.f.
تَعْتية : (s.f.) – donativo – s.m.
تَعْذيب (s.m.) / تَعْذيبة : – tortura – s.f.
adj. – castigado, punido, torturado /
تَعَرُّج : (s.m.) – zigue-zague – s.m.
تَعْريفة (s.f.) : – tarifa – s.f.
تَعْزياتنا / تَعازي :
condolências (nossas) – s.f.pl.
تَعْزية (s.f.) :
condolências – s.f.pl. / pêsames – s.m.pl.
تَعَصُّب : (s.m.) – fanatismo – s.m.
تَعْطيل : – adj. – desativado

تَقليل / توتيا

تَقليل (s.m.)	diminuição, redução – s.f.
تَكذيب (s.m.)	contradição, negação – s.f.
تَكييف (s.m.) / تَكييفات :	acomodação, adaptação – s.f. / ajuste, condicionamento – s.m.
تَكَيُف (s.m.)	acomodação – s.m.
تَل (s.m.) / تِلال	monte – s.m.
تَلّة (s.f.) / تَلّات	colina – s.f.
تْلاقي	encontro – s.m. (s.m.)
تِلْفزيون (s.m.)	televisor – s.m.
تَلفِن / تَلفَن	telefonar – v.
تِلفون (s.m.)	telefone – s.m.
تَلْقيح (s.m.) / تَلْقيحات :	inseminação, vacinação – s.f.
تَلْقين (s.m.)	sugestão – s.f.
تَلَم (s.m.)	sulco – s.m.
تِلميذ (s.m.) / تَلاميذ :	aluno, estudante – s.m.
تِلْميذ جديد (s.m.) / تَلاميذ جداجد :	calouro – adj./s.m.f.
تِلْميذة (s.f.) / تَلاميذ :	aluna – s.f.
تَمام (s.m.)	complemento – s.m.
تماما – adv.	bastante – adv.
تَماماً – adv.	completamente, exatamente – adv.
تِمْثال (s.m.) / تماثيل :	estátua – s.f. / monumento – s.m.
تَمْجيد (s.m.)	celebração – s.f.
تَمَدُّن (s.m.)	civilização – s.f.
تَمْرين (s.m.) / تَمارين :	ensaio, exercício, treinamento – s.m.
تِمْساح (s.m.) / تَماسيح :	jacaré – s.m.
تِمْسَل (s.m.)	monumento – s.m.
تَمَّم / تَمِّم – v.	concluir – v.
تمِنتَعش – num.	dezoito – num.
تمْهيد (s.f.)	introdução – s.f.
تَمّوز (s.m.)	julho – s.m.
تمّيع – adj.	egoísta – adj.
تَمين – adj.	precioso – adj.
تنتَنة (s.f.) / تنتَنات	renda (enfeite) – s.f.
تَنَتَقُل – adj.	transmitido – adj.
تَنْزيلات (s.m.)	liquidação – s.f.
تَنْظيف (s.m.)	faxina – s.f.
تَنْظيم (s.m.)	organizado – adj.
تَنْظيم (s.m.)	organização – s.f.
تَنَفُس (s.m.)	expiração – s.f.
تَنْفيذ (s.m.)	execução – s.f.
تنْفيذي – adj.	executivo – adj.
تَنَكة (s.f.) / تَنَك	lata – s.f.
تَنْمية (s.f.)	desenvolvimento – s.m.
تنَهُّد (s.m.)	suspiro – s.m.
تَنورة (s.f.)	saia – s.f.
تَنوير (s.m.)	iluminação – s.f.
تَهَجُم (s.f.)	agressão – s.f.
تهَكُم (s.f.)	ironia – s.f.
توازُن (s.m.)	equilíbrio – s.m.
تَوالٍ (s.f.)	seguida – s.f.
توأَم (s.m.) / توائم	gêmeo – s.m.
توت (s.m.)	amoreira – s.f.
توتيا (s.f.)	zinco – s.m.

تَوجيه	orientação – s.f. : (s.f.)
تَوزيع	distribuição – s.f. : (s.m.)
تَوزيع و ارثة	inventário – s.m. : (s.m.)
تَوسيع	extensão – s.f. : (s.m.)
تَوضيح	esclarecimento – s.m. : (s.m.)
تَوفير	economia – s.f. : (s.m.)
تَوكيل	procuração – s.f. : (s.m.)
تومّ، ثومّ	alho – s.m. : (s.m.)
تونِس	Tunísia – n.próp. :
تونِسيّ	tunísio – adj. :
تَيس / تيوس (s.m.)	bode – s.m. : (s.m.)
تينة / تيّن (s.f.)	figo – s.m. :
تينة / تِنات (s.f.)	figueira – s.f. :

ث

ثابِت / ثَبِتين :
consistente, estável, firme, fixo – adj.

ثالِث / ثالِثة : terceiro – num.

ثالِث عَشَر : décimo terceiro – num.

ثامِن / ثامِنة : oitavo – num.

ثامِن عَشَر : décimo oitavo – num.

ثانَوِيّ : secundário – adj.

ثاني / ثانية : segundo – num.

ثاني عَشَر : décimo segundo – num.

ثاني مَرَّة : segunda vez – loc. subst.

ثبات (s.m.) : estabilidade – s.f.

ثَبَّت / ثَبَّت : firmar, fixar, reafirmar – v.

ثخانة (s.f.) : grossura – s.f.

ثَروة (s.f.) : fortuna, riqueza – s.f.

ثرَيّا (s.f.) / ثرَيات : lustre – s.m.

ثَعلَب (s.m.) / ثَعالِب :
chacal – s.m. / raposa – s.f.

ثقافة (s.f.) : cultura – s.f.

ثقافي / ثقافية : cultural – adj.

ثقيل : pesado – adj.

ثَكَنة عسكَر (s.f.) : quartel – s.m.

ثلاث مئة : trezentos – num.

ثلاثة : três – num.

ثلاثعَشَر : treze – num.

ثلاثين : trinta – num.

ثُلْث (s.m.) : terço – s.m.

ثَلْج (s.m.) : neve – s.f.

ثَمّ (s.m.) / ثمام : boca – s.f.

ثِم : então – adv.

ثمانة : oito – num.

ثمانية : oitocentos – num.

ثمانين : oitenta – num.

ثَمَر (s.m.) : fruto – s.m.

ثنان (s.m.) : dual – s.m.

ثنائية (s.f.) : dupla – s.f.

ثنَعش : doze – num.

ثَور (s.m.) / ثيران : boi – s.m.

ثَور بَقَر (s.m.) : touro – s.m.

ثَورة (s.f.) : revolução – s.f.

ثورات : erupção – s.f.

ثورات بُركاني (s.m.) :
erupção (vulcânica) – s.f.

ثَول (s.m.) : enxame – s.m.

ثِياب (s.m.) : roupa – s.f.

ج

enfrentar – v. : جابَه / جابِه
debater – v. : جادَل / جادِل
vizinho(a) – s.m.f. : (s.m.) / جارة / جار
gaveta – s.f. : (s.m.) / جَوارير / جارور
viga – s.f. : (s.m.) جازع
microcomputador – s.m. : (s.m.) / جاسوب صَغيرة
espião – s.m. : (s.m.) جاسوس
travessa (utilidade doméstica) – s.f. : (s.m.) جاط
seco – adj. : (s.m.) جاف
casaco – s.m. / jaqueta – s.f. : جاكيتات (s.m.) / جاكيت
sentado – adj. : جالِس
consistente, sólido – adj. : جامِد
presunto – s.m. : (s.m.) جامبون
mesquita – s.f. : (s.m.) / جَوامِع / جامِع
faculdade, universidade – s.f. : جامعات (s.f.) / جامعة
búfalo – s.m. : (s.m.) / جَواميس / جاموس
flanco – s.m. : (s.m.) جانَب
oblíquo, lateral – adj. : جانِبي
lutar – v. : جاهَد / جاهِد
ignorante – s.m. : (s.m.) / جاهْلة / جاهِل

responder – v. : جاوَب / جاوِب
próximo vindouro – prep. : جاية
prêmio – s.m. : (s.f.) / جايزة
covarde – adj. : جَبان
covardia – s.f. : (s.f.) / جَبانة
engessar – v. : جَبَّر / جَبِّر
gesso – s.m. : (s.m.) جَبْصّين
montanha, serra – s.f. : (s.f.) / جبال / جَبَل
queijo – s.m. : (s.m.) جِبِن
fronte, testa – s.f. : (s.f.) / جَبْهات / جَبْهة
frontal – adj. : جَبْهي
cadáver – s.m. : (s.f.) / جِثات / جِثة
burrinho, jumento – s.m. : (s.m.) جَحْش
avô – s.m. : (s.m.) جِدّ
improdutivo – adj. : أجدَب / جَدِب
renovar – v. : جَدَّد / جَدِّد
varíola – s.f. : (s.m.) جِدْري
tronco – s.m. : (s.m.) جِدِع
polêmico – adj. : جَدَلّي
tabela, trança – s.f. : (s.f.) / جَدَديل / جَدولة
utilidade – s.f. : (s.f.) جَدوى
sério – adj. : جَدّيّ
cabrito – s.m. : (s.m.) جَديّ
moderno, novo – adj. : جَديد / جداد
apto – adj. : جَدير
atraente – adj. : جَذابين / جَذاب
sacola – s.f. : (s.m.) جِراب
cirurgião – s.m. : (s.f.) / جِرّاحة / جَرّاح
gafanhoto – s.m. : (s.f.) جرادة

جَرّار / جِمْلة

جَرّار / جَرَرات : – s.f. gaveta | جُغرافية (s.f.) : – s.f. geografia
جَرِّب / جَرَّب : – v. experimentar, tentar | جَفاف : (s.m.) / s.f./adj. – seca
جَرْبي : – adj. militar | جِفْن، (s.m.) / جفون : – s.m. cílio / pálpebra – s.f.
جَرّة (s.f.) / جِرار : – s.f. jarra | جَكة (s.f.) / جَكات : – s.m. paletó
جَرْثومة (s.f.) / جَراثيم : – s.f. bactéria / germe, micróbio – s.m. | جَلّاد : (s.m.) – s.m./adj. carrasco
جُرْج : – s.f. sacola (s.m.) | جَلالات : (s.m.) – s.f. majestade
جُرُح (s.m.) / جْروح : – s.f. chaga, / cicatriz, ferida, lesão, machucado – s.m. | جِلْد (s.m.) / جْلود : – s.m. couro / derme, pele – s.f.
جَرَس (s.m.) / أَجْرَس : – s.m. alarme, sino / campainha – s.f. | جَلِّد / جَلَّد : – v. congelar
جُرْن : (s.m.) – s.m. pilão | جَلِسة (s.f.) : – s.f. sessão
جَرَيان : (s.m.) – s.f. circulação / fluxo – s.m. | جَلي : – adj. flagrante
جَريح / جورَحة : – adj. ferido, machucado | جَليد : (s.m.) – s.m. gelo
جَريدة (s.f.) / جَراياد : – s.m. jornal | جَليل : – adj. digno, sublime
جَريمة (s.f.) / جَرايِّم : – s.m. assassinato, assassino, crime | جَمال : (s.m.) – s.f. beleza
جِزْأ : (s.m.) – s.f. multa | جِمْجِمة (s.f.) : – s.m. crânio
جَزار : (s.m.) – s.m. açougueiro | جَمِّد / جَمَّد : – v. congelar
جِزْدان (s.m.) / جَزادين : – s.f. bolsa, carteira | جَمر : – s.f. brasa (s.m.)
جَزَر : (s.m.) – s.f. cenoura | جُمرُك (s.m.) / جَمارك : – s.f. aduana, alfândega
جَزْمة (s.f.) : – s.f. bota | جَمِع / جَمَعة : – v. agrupar
جَزيرة (s.f.) / جُزُر : – s.f. ilha | جَمَع : (s.m.) – soma – s.f. / grupo, plural – s.m.
جَزيلًا : bastante, muitíssimo | جُمعة (s.f.) : – s.f. semana
muito, muito mais – adv. | جُمعات الجاي : – s.f. semana que vem
جَسَد (s.m.) / أَجساد : – s.m. corpo | جُمعات الماضي : – s.f. semana passada
جِسِر : (s.m.) – s.f. ponte | جَمعية (s.f.) / جَمعيّات : – s.f. entidade, sociedade, turma
جِسِم (s.m.) / أَجسام : – s.m. corpo | جَمَل (s.m.) / جِمال : – s.m. camelo
جَسيم : – adj. enorme | جِمْلة (s.f.) / جُمَل : – s.f. expressão, frase
جَشَع : (s.m.) – s.f. ganância

جَمْهور / جَيد جِداً

جَمْهور (s.m.) / **جَمَهير** :	**جَهَل** (s.m.) : – ignorância – s.f.
multidão – s.f. / público – s.m.	**جَهَنَّم** (s.m.) : – inferno – s.m.
جَمْهوريّة (s.f.) : – república – s.f.	**جَوّ** (s.m.) :
جَميل / **جَميلين** :	ambiente, clima – s.m. / atmosfera – s.f.
belo, bonito, gracioso – adj.	**جَو** (s.m.) : – esfera – s.f.
جَميل / **جَميلة** : – lindo – adj.	**جَواب** (s.m.) : – resposta – s.f.
جَميلة (s.f.) : – beleza, graça – s.f.	**جِوار** (s.m.pl.) : – arredores – s.m.pl.
/ bonita, graciosa – adj.	**جَواز سَفَر** (s.m.) : – passaporte – s.m.
جَنّة (s.f.) : – paraíso – s.m.	**جَوافة** (s.f.) : – goiaba – s.f.
جِنازة (s.f.) : – enterro, funeral – s.m.	**جوخ** (s.m.) : – casimira – s.f.
جِنازي – adj. – fúnebre	**جَودة** (s.f.) : – bondade – s.f.
جَنان (s.m.) : – alma – s.f.	**جوَر** / (s.f.) **جورة** :
جَنْب (s.m.) : – lado – s.m.	buraco – s.m. / cova, fossa – s.f.
جَنَبا الى جَنَب – loc. adv. : lado a lado	**جَوز** (s.m.) : – noz – s.f.
جَنَبي : – lateral – adj.	**جَوز الهِند** (s.m.) : – coco – s.m.
جَوانِح (s.f.) / **جنّح** : – asa – s.f.	**جوع** (s.m.) : – fome – s.f.
جُنْدي – adj. – militar	**جَوعان** / **جَوعانة** : – faminto – adj.
جِنْسّ (s.m.) / **أجْناس** : gênero, tipo,	**جوعان** / **جوعانين** : – com fome – loc. adj.
sexo – s.m. / espécie, qualidade, raça – s.f.	**جَوف** (s.m.) : – cavidade – s.f.
جِنْسيّ – adj. – racial	**جومْبأز** (s.m.) : – camisa (longa) – s.f.
جُنْسي – adj. – sexual	**جَولة** (s.f.) : – excursão – s.f. / passeio – s.m.
جِنْسيّة (s.f.) : – nacionalidade – s.f.	**جَوهَر** (s.m.) : – substância – s.f.
جَنوب (s.m.) : – sul – s.m.	**جَواهِر** (s.f.) / **جَوهَرة** : – joia – s.f.
جْنوبيّ – adj. – sul	**جَوهَرجيين** / (s.m.) **جَوهَرجي** :
جُنون (s.m.) : – loucura – s.f.	joalheiro, ourives – s.m.
جَنّن / **جَنّن** – v. : – enlouquecer	**جوّى** / interior – adj. – dentro – adv.
جَنين (s.m.) : – embrião – s.m.	**جيب** / **جِب** / **جاب** : – v. – buscar, trazer
جَنينة (s.f.) : – jardim – s.m.	**جَيبة** (s.f.) / **جِيَب** : – bolso – s.m.
جَهارة (s.f.) : – volume (som) – s.m.	**جَيد** / **جَيدين** : – bom – adj. / bem – adv.
جِهة (s.f.) / **جِهات** :	**جَيد جِداً** – adj. – excelente, muito bem
direção – s.f. / lado, sentido – s.m.	

جيران / جينة

جيران (s.m.) : s.f. – vizinhança
جيز (s.m.) : s.f. – barata (inseto)
جيزَ الصَيف (s.m.) : s.f. – cigarra

جَيش (s.m.) : s.m. – exército
جيل (s.m.) / أجيال : s.f. – geração
جينة (s.f.) : s.m. – gene

ح

حاج (s.m.) : s.m. – peregrino
حاج ! – interj. – basta!, chega!
حاجِب / حَواجِب (s.m.) : s.f. – sobrancelha
حاد – adj. – intenso
حادِث / حَوادِث (s.m.) : s.f. – ocorrência
/ acidente, desastre, incidente – s.m.
حادي عَشَر – num. – décimo primeiro
حار – adj. – apimentado
حارِس (s.m.) : s.m. – guarda, vigilante
حارِس ناطور (s.m.) : s.m. – guarda (florestal)
حاساسى – adj. – alérgico
حاسِب / حاسَب – v. – cobrar
حاشية (s.f.) : s.f. – franja
حاشية (s.f.) : s.f. – nota
حاصِل (s.m.) : s.m. – curral, depósito
حاضِر – adj. – presente, pronto
حافٍ / حافية – adj. – descalço
حافِز / حوافز (s.m.) : s.m. – incentivo
حافِظ / حافَظ – v. – preservar
حافي – adj. – marginal
حاكِم (s.m.) : s.m. – governador, magistrado
حاكِم مُطلَق (s.m.) : s.m. – ditador, tirano
حاكِم ولاية (s.m.) : s.m. – governador
حال / أَحوال (s.m.) : s.f. – situação

حال / حَلول (s.m.) : s.f. – solução
حالاً – adj. – imediato
حالاً – adv. – diretamente, imediatamente, logo
حالة (s.f.) : s.m. – status
حاليّ – adj. – atual
حالية – adj. – atual
حالياً – adv. – atualmente
حامِض – adj. – ácido, azedo
حامِض نَولي (s.m.) : s.m. – ácido úrico
حامِلُ (s.m.) : s.m. – bacharel
حامِل (s.m.) : s.f./adj. – gestante
حاوِل / حاوَل – v. – tentar
حِبّ (s.m.) : s.m. – amor, xodó
حِبّ / حَبّ يِـ – v. – amar, gostar
حَبّة (s.f.) : s.m. – grão
حَبة الصبا (s.f.) : s.f. – espinha
حَبّة دَوا / حَبّات دَوا (s.f.) :
comprimido – s.m.
حَبِس (s.m.) / حبوسة :
cárcere – s.m. / cadeia, prisão – s.f.
حَبَشي (s.m.) : s.m. – etíope
حَبَل (s.m.) : s.f. – gestação
حَبِل / حبال (s.m.) : cabo – s.m. / corda – s.f.
حَبِل صَوتي (s.m.) / حبال صَوتي :
corda (vocal) – s.f.
حبْلى / حوبَلى (s.f.) : adj. – grávida
حبْلى / حوبَلى (s.f.) : s.f./adj. – gestante
حُبوب (s.m.) : s.m. – cereal
حَبّوب / حَبّوبين – adj. – amoroso
حَبيب (s.m.) : s.m. – amor

حَبيب / (s.m.) / حَبيبتي – querido(a) – adj.
حَبيبتي / حَبايبي – (adj.f.) amor (meu)
حَبيبي / حَبيبتي – (adj.m.) amor (meu)
حَتّى – prep./adv. : até
حِجّة / (s.f.) / حِجاج – escritura – s.f.
حِجاب – (s.m.) : s.m. – lenço para cabeça, véu
حَجّار – (s.m.) : s.m. – pedreiro
حَجَر / (s.m.) / حجار – s.f. – pedra, laje (pedra)
حَجَر باطون – (s.m.) : s.m. – tijolo (de cimento)
حُجْرة – (s.f.) : s.m. – cabide
حَجَري – adj. – pedregoso
حَجَلة / (s.f.) / حَجَل – s.f. – perdiz
حَجْم – (s.m.) : s.m. – tamanho, volume
حَجْم – (s.m.) : s.m. – vulto
حَدّ – adv./adj. : junto, perto
حَدّ / (s.m.) / حُدود – s.m. – limite
حَدَ عَش – num. : onze
حَداً – pron. : alguém
حَدّاد – (s.m.) : s.m. – ferreiro
حِدّة – (s.f.) : s.f. – intensidade
حَدَث – (s.m.) : s.m. – evento
حَدِّد / حَدَّد – v. : definir, limitar
حِدّي – adj. : marginal
حَديث – (s.m.) : s.f. – conversa, conversação / s.m. – assunto, diálogo
حَديث – adj. : moderno, recente
حَديث – pref. : recém
حَديث المَولِد (s.m.) : s.m./adj. – récem-nascido
حَديثاً – adv. : recentemente

حَديد (s.m.) : s.m. – ferro
حَديقة / حَدائِق – s.m. : jardim, parque
حَذِر – adj./adv./interj. – alerta
حَذَر – (s.m.) : s.f. – cautela
حَذِر – adj. : alerta, cauteloso
حَرّ – (s.m.) : s.m. – calor
حُرّ / أَحْرار، حُرّين – adj. – liberal, livre
حَرارَة – (s.f.) : s.f. – temperatura
حَرام – adj. – ilegal, ilícito, inviolável, proibido
حِرام / (s.m.) / حِرِمات : s.f. – coberta / s.m. – cobertor
حَرَمي – (s.m.) : s.m. – ladrão
حَرْب، (s.f.) / حروب : s.m. – conflito / s.f. – guerra
حَرْب أهلِيَة – (s.f.) : s.f. – guerra (civil)
حَرْبة – (s.f.) : s.f. – lança
حَرْبي – adj. : bélico
حَرَج – s.m. : apuro, constrangimento / delito, embaraço, pecado
حَرِج – adj. : constrangedor, delicado / embaraçoso, incômodo
حَرْدان – adj. : amuado
حِرْذَون / (s.m.) / حَراذين : s.m. – lagarto
حَرِّر / حَرَّر – v. : libertar
حِرش / (s.m.) / أحْرَش : s.f. – floresta, selva, mata
حِرش صَغير – (s.m.) : s.m. – bosque
حَرْف – (s.m.) : s.m. – caráter
حُرْف – (s.m.) : s.m. – agrião
حَرف / (s.m.) / أحرُف – s.f. – letra

ح

حَرْف جَرّ / حَظّ

حَرْف جَرّ (s.m.) : – s.f. – preposição	حَسَد (s.m.) : – s.f. – inveja
حَرْف صامت (s.m.) : – s.f. – consoante	حَسَك (s.m.) : – s.f. – espinha de peixe
حَرْف صَوتي (s.m.) : – s.f. – consoante	حَسَنات (s.f.)/ حَسَنة (s.f.) – caridade, esmola – s.f.
حَرْف عَطف (s.m.) : – s.f. – conjunção	حَسّي : adj. – sensível
حَرْق (s.m.) : – s.f. – combustão, queimadura	حَسيرة (s.f.) – s.f. – esteira
حَرَّك / حَرَّك : v. – agitar, movimentar	حَشَرات (s.f.) / حَشَرة : s.m. – inseto
حَرَكات (s.f.) / حَرَكَة : s.m. – movimento	حِشْري – adj. – atrevido, curioso
حَرَّم / حَرِّم : v. – proibir	حَشو (s.m.) : – s.f. bucha (enchimento) / recheio – s.m.
حُروف (s.m.) : s.m. pl. – caracteres	حَشيش (s.m.) : – s.f. erva / capim, haxixe, mato – s.m.
حُرّية (s.f.) : – s.f. – liberdade	
حَرير (s.m.) : – s.f. – seda	حَشيشة (s.f.) : – s.f. – maconha
حَريص – adj. – ansioso, preocupado	حَصاد (s.m.) : – s.f. – colheita
حَريق (s.m.) : s.m. – incêndio	حِصان (s.m.)/ أحصنة : s.m. – cavalo, garanhão
حَريم،الحَريم (s.m.) : s.m. – harém	حَصاية (s.f.) : – s.f. – imunidade
حِزام (s.m.) : – s.f. – faixa	حَصْبة (s.f.) : – s.f. – varíola
حِزن (s.m.) : s.m. – drama	حِصّص (s.f.) / حِصّة : – s.f. – parte
حُزْمَة (s.f.) : s.m. – embrulho	حِصة، حُصة (s.f.) : – s.f. porção
حُزْن (s.m.) : – s.f. – mágoa, tristeza	حَضْري – adj. – exclusivo
حَزيران (s.m.) : s.m. – junho	حُصُن (s.m.) : – s.f. – fortaleza
حَزين / حَزينة – adj. – triste, magoado	حَصيد (s.m.) : – s.f. – safra
حِسّ / حَسّ : v. – sentir	حَصين / حَصنين : impermeável, imune, invencível – adj.
حِس (s.m.)/ أحساس : s.m. – sentimento	
حِساب (s.m.)/ حِسابات : cálculo – s.m. / conta, matemática, soma – s.f.	حَضارة (s.f.) : – s.f. – civilização, cultura
	حَضِّر / حَضَّر : v. – preparar
حَسّاس – adj. – sensível	حُضْن (s.m.) : s.m. – colo
حَساسية (s.f.) : – s.f. – alergia	حُضور (s.m.) : – s.f. – assistência
حَسَب – adj. – conforme, depende, segundo	حَطّ / حَطّ : v. – colocar, depositar, pôr
حَسْب الطَقْسّ : depende do tempo (clima) – exp.	حَطَّم / حَطَّم : v. – esmagar
حَسَب الوَقْت : depende do tempo (hora) – exp.	حَظّ (s.m.) : – s.f. – sorte

53

حَفّة / حِماية

حَفّة (s.f.) / حَفات (s.f.) : beira – s.f.
حُفرة (s.f.) / حُفَر : buraco, fosso – s.m. / cavidade, cova – s.f.
حَفلة (s.f.) / حَفلات (s.f.) : baile – s.m. / cerimônia, festa – s.f.
حَفيد (s.m.) / أحْفاد (s.m.) : neto – s.m.
حَفيدة (s.f.) / حُفدَت (s.f.) : neta – s.f.
حَقّ (s.m.) / حقوق : direito – s.m. / razão – s.f.
حَقّ (s.m.) : preço – s.m.
حَقّاً adv. : efetivamente – adv.
حِقد (s.m.) : rancor – s.m. / raiva – s.f.
حَقَر / حَقِّر : humilhar – v.
حقَّق / حقِّق : realizar – v.
حَقِل (s.m.) / حُقول : campo – s.m.
حَقورة (s.f.) : quintal – s.m.
حَقير / حَقيرة : desprezível – adj.
حَقيق : efetivo – adj.
حَقيقاً adv. : realmente – adv.
حَقيقة (s.f.) : fato – s.m. / realidade, verdade – s.f.
حَقيقي : genuíno, real, verdadeiro – adj.
حُكّ / حَكّ يِ : coçar – v.
حِكاك (s.m.) : coceira – s.f.
حُكْم (s.m.) / أحْكام (s.m.) : sentença – s.f.
حَكَّم / حَكِّم : medicar – v.
حُكْمة العسْكَري (s.m.) : regime militar – loc. subst.
حِكْمة (s.f.) : medicina, sabedoria – s.f.
حُكومة / حُكْمات : estatal – adj.

حُكومة (s.f.) / حُكْمات : constituição – s.f. / governo – s.m.
حَكَيّة (s.f.) / حَكَيّات : conto – s.m. / história, lenda, novela – s.f.
حَكيم (s.m.) / حُكَماَ (s.m.) : médico, sábio – s.m.
حَكيم سنان (s.m.f.) : dentista – s.m.f.
حِلّ / حَلّ يِ : desamarrar, dissolver, resolver – v.
حَلّاب (s.m.) : leiteiro – s.m.
حَلاق (s.m.) / حَلاقين (s.m.) : barbeiro – s.m.
حَلال : honesto, legítimo, lícito, permitido – adj.
حَلَقة (s.f.) : brinco – s.m.
حَلَّل / حَلِّل : analisar – v.
حِلِم (s.m.) / أحْلام : sonho – s.m.
حِلو (s.m.) / حِلويّات : doce – s.m./adj.
حِلو / حِلوَيات : bonito, lindo – adj.
حِلوة : bonita – adj.
حِلوة (s.f.) : sobremesa – s.f.
حَلية (s.f.) : brinco – s.m.
حَليب (s.m.) : leite – s.m.
حَليف : aliado – adj.
حَمْاة (s.f.) : sogra – s.f.
حمار (s.m.) / حَمير : burro – s.m.
حَماس (s.m.) : delírio, entusiasmo – s.m.
حَمّال (s.m.) / حَمّالين : carregador – s.m.
حَمّام (s.m.) : banheiro – s.m.
حَمامة (s.f.) : pombo – s.m.
حَمامة (s.f.) : balneário – s.m.
حِماية (s.f.) : proteção – s.f.

حَمْدَ لله! : *exp.* – graças a Deus	حِوار : (*s.m.*) – *s.m.* – diálogo
حُمْرة (*s.f.*) / حُمُر – *s.f./adj.* – vermelha	حوت : (*s.m.*) – *s.f.* – baleia
حَمَّس / حَمِّس – *v.* – entusiasmar	حودود : (*s.m.*) – *s.f.* – fronteira
حُمُّص : (*s.m.*) – *s.m.* – grão-de-bico	حَوَّل / حَوِّل – *v.* – transferir, transformar
حَمَّص / حَمِّص – *v.* – torrar	حَول ال – *loc. adv.* – em volta de
حَمْض : (*s.m.*) – *s.m.* – ácido	حَوِلت : *adj.* – transformado
حَمل : (*s.m.*) – *s.f.* – gestação	حَيّ : (*s.m.*) / أَحيا – *s.m.* bairro / *s.f.* vila
حَمْلة جديدة : (*s.f.*) – *s.f.* – recarga	حَيّ / أَحياء – *adj.* – vivo
حُموضة : (*s.f.*) – *s.f.* – acidez	حَياة : (*s.f.*) – *s.f.* – vida
حُمولة : (*s.m.*) – *s.m.* – carregamento	حَيّة : (*s.f.*) / حَيّات – *s.f.* – cobra, serpente
حَمى : – *v.* – abrigar	حِيالة : (*s.f.*) – *s.m.* – laço
حِمّى : (*s.f.*) – *s.f.* – febre	حَيران : – *adj.* – desorientado
حِمية : (*s.f.*) – *s.f.* – dieta	حيط : (*s.m.*) / حيطان : – parede – *s.f.* / muro – *s.m.*
حَنان : (*s.m.*) – *s.m.* – carinho	حَيَلا : – *pron.* – qualquer
حَنْجُرة : (*s.f.*) – *s.f.* – laringe	حَيَلا مَطرَح : – *loc. subst.* – qualquer lugar
حَنَفيّة (*s.f.*) / حَنَفيات : – *s.f.* – bica, torneira	حيلة : (*s.f.*) – *s.m.* – drible
حَنَك : (*s.m.*) / أَحْناك – *s.f.* – mandíbula	حَيَوان : (*s.m.*) / حَيَوانات – *s.m.* – animal
حَنون / حَنايّن – *adj.* – amoroso, carinhoso	حَيَوانيّ : – *s.m.* – zoológico
حَوالة : (*s.f.*) – *s.f.* – ordem de pagamento, transferência	

خ

خَبَر / أَخْبار (s.m.) : s.f. – informação, notícia / aviso, comunicado – s.m.

خَبِّر / خَبَّر : avisar, anunciar, comentar, comunicar, informar, noticiar – v.

خِبْرة (s.f.) : s.f. – experiência, prática

خِبْز (s.m.) : s.m. – pão

خِبْز مَرْقوق (s.m.) : s.m. – pão folha

خِبْز مُحَمَص (s.m.) : s.f. – torrada

خَبِّي / خَبَّا : v. – esconder

خَبيث / خَبَثا : adj. – cínico, malandro

خَبير : adj. – experiente, prático

خَتِم (s.m.) : s.m. – carimbo

خِتيار / خِتيارين (s.m.) : s.m. – idoso

خِتيار / خِتيارة : adj. – idoso, velho

خِتيارة (s.f.) : s.f. – idosa

خَتيِّر / خَتيَّر : v. – envelhecer

خَجَل (s.m.) : s.f. – vergonha

خدّ / خدود (s.m.) : s.f. – face

خِدِم / خِدمة : adj. – servidor

خُذَ : interj. – pega, toma

خَراء (s.f.) : s.f.pl. – fezes

خَرَب (s.m.) : s.f. – destruição

خَرِّب / خَرَّب : v. – danificar, destruir

خِرْبة (s.f.) : s.f. – ruína

خَرْدَل (s.m.) : s.f. – mostarda

خَرطوش (s.m.) / خَرطوشات : cartucho – s.m.

خَرْطوم (s.m.) : s.f. – tromba

خَرْفان : adj. – gagá

خُروج (s.m.) : s.f. – saída

خاتِرة (s.f.) : s.f. – velhice

خاتِم / خَواتِم (s.m.) : s.m. – anel, selo

خادِم (s.m.) / خادمة : s.m. – criado, empregado

خارِج (s.m.) : s.m. / adv. – exterior / fora

خارِج ال : loc. adv. – fora de

خارِجي : adj. – exterior, externo

خاص : adj. – característico

خاصّ : adj. – especial, particular

خاطِر / خاطَر : v. – arriscar

خالِ (s.m.) : s.m./adj. – vácuo

خال / أَخْوال (s.m.) : s.m. – tio (materno)

خالة / خالات (s.f.) : s.f. – tia (materna)

خالتي (s.f.) : s.f. – tia (minha materna)

خالِف / خالَف : v. – contrariar, desobedecer

خالي (s.m.) : s.m. – tio (meu materno)

خامِس / خامِسة : num. – quinto

خامِس عَشَر : num. – décimo quinto

خامِل : adj. – inapto

خانِق : adj. – abafado

خايف : adj. – assustado

خايِّن / خاينة : adj. – traidor

خِبّاز (s.m.) : s.m. – padeiro

خَروف / خَلْقان

خَروف / **خُرفان** (s.m.) :
carneiro, cordeiro – s.m.

خَريطة (s.f.) / **خَرايِّط** : s.m. – mapa

خَريف (s.m.) : s.m. – outono

خَزّان (s.m.) / **خَزّانات** :
reservatório, tanque – s.m.

خِزانة (s.f.) / **خِزانات** :
armário, guarda-roupa – s.m.

خِزانة الأكل (s.m.) : s.m. – armário

خَسّ (s.m.) : s.m. – alface

خِسارة (s.f.) : s.f. – perda / s.m. – prejuízo

خُسوف (s.m.) : s.m. – eclipse

خَشَب (s.m.) / **خَشَبات** :
madeira – s.f. / pau – s.m.

خَشَب الصّنَوبَر (s.m.) : s.m. – pinho

خَشد (s.m.) : s.m. – enxame

خص : adj. – exclusivo

خَصر (s.m.) / **خصور** : s.f. – cintura

خُصُصي : adj. – privado

خَصِم (s.m.) : s.m. – desconto

خُصوصاً : adv. – especialmente, sobretudo

خُصوصي / **خُضوضية** :
adj. – particular, privado

خَصيب : adj. – fértil

خُصية (s.f.) / **خُصيات** : s.m. – testículo

خُضارجي (s.m.) : s.m. – verdureiro

خُضْرة (s.f.) / **خُضار** :
verdura – s.f. / legumes – s.m.pl.

خَطّ (s.m.) / **خُطوط** :
escrita, linha, listra – s.f. / traço – s.m.

خَطّ كِتابي (s.m.) : s.f. – grafia

خَطّ الاسْتِواء (s.m.) :
Equador, Linha do Equador – s.m. / n.próp.

خَطّ الإنْقِلاب : s.m. – trópico

خَطّ مُتَوازٍ (s.m.) : s.f. – linha paralela, paralela

خِطاب (s.m.) / **خِطابات** :
discurso – s.m. / oração, prece – s.f.

خُطْبة (s.f.) : s.m. – noivado

خَطِر (s.m.) / **خَطِرين** :
adj. – grave, inseguro, perigoso

خَطَر (s.m.) : s.m. – perigo

خَطّط / **خَطط** : v. – planejar

خُطورة : s.f. – gravidade

خَطيب / **خَطيبة** : s.m. – orador

خَطيئة (s.f.) : s.m. – pecado

خَفَّض / **خَفَّض** :
v. – abaixar, baixar, diminuir

خَفيّ : adj. – oculto, secreto

خَفيف : adj. – ligeiro

خَفيف / **خفاف** : adj. – leve

خَلّ (s.m.) : s.m. – vinagre

خلاصة (s.f.) : s.f. – substância

خلاف (s.m.) :
desentendimento, discórdia – s.f.

خِلال : prep. – durante

خَلِّص / **خَلَّص** : v. – acabar, salvar, terminar

خَلَف : adj. – descendente

خَلف : adv. – atrás

خَلِّف / **حَلَّف** : v. – gerar

خَلفي : adj. – posterior

خَلْقان : adj. – nascido

57

خَلية / خَيمة

خَلية (s.f.) / خَلايا : s.f. – célula
خَليج (s.m.) / خُلوج : baía – s.f. / golfo – s.m.
خَمَّر / خَمِّر – v. : fermentar
خَمْسة – num. : cinco
خَمْستعشَر – num. : quinze
خَمْسمية – num. : quinhentos
خَمْسين – num. : cinquenta
خَمَش / خَمِش – v. : arranhar
خَميرة (s.f.) : fermento – s.m.
خَنْدَق (s.m.) / خَنادِق :
fosso – s.m. / trincheira, valeta – s.f.
خنْزير (s.m.) : porco – s.m.
خَنَق / خِنِق – v. : abafar
خَوخ (s.m.) : ameixa – s.f.
خوري (s.m.) : padre, sacerdote – s.m.
خَوَّف (s.m.) : medo – s.m.
خَوَّف / خَوِّف – v. : espantar
خون / خان – v. : trair
خَويف / خَويفين : medroso – adj.
خَي (s.m.) / اخوة (s.m.) : irmão – s.m.
خِيار (s.m.) : pepino – s.m.
خَيَّاط (s.m.) : alfaiate – s.m.

خَيَّاطة (s.f.) / خَيَّاطات : costureira – s.f.
خَيال (s.m.) / خيالات :
fantasia, ilusão, imagem, sombra – s.f.
خَيّال (s.m.) / خَيّالين – s.m. : cavaleiro
خَيالي – adj. : fabuloso
خِيانة (s.f.) / خيانات : traição – s.f.
خَيِّر – adv. : bem / benéfico – adj.
خَيبة الأمَل – s.m. : desencanto, desengano
/ desilusão – s.f.
خَيبة أمَل – adj. : decepcionado, desapontado
خَير (s.m.) : benefício – s.m.
خيْزُران (s.m.) : bambu – s.m.
خَيط (s.m.) / خُطوط :
escrita, linha, listra – s.f. / fio, traço – s.m.
خَيِّط / خَيَّط – v. : costurar
خَيط الأستِواء :
Linha do Equador – s.f. / n. próp.
خَيط الإنقلاب – s.m. : trópico
خَيط جَويّ الطيَران (s.m.) :
linha aérea – s.f.
خَيط مُتَوازٍ (s.m.) : paralela – s.f.
خَيِّل / خَيَّل – v. : cavalgar
خَيمة (s.f.) / خَيمات : cabana, tenda – s.f.

د

داجِن : adj. – doméstico
داخِلّ : adv./prep. – dentro
داخِل : adj. – interior
داخِل ال – loc. adv. – dentro de
داخِلي : adj. – interno, íntimo
دار (s.f.) / **دور** – s.f. residência / s.m. lar
دافِع / داَفَع – v. defender
دايِّخ / دايخِين – adj. tonto
دائرة (s.f.) / **دَوائر** – s.f. círculo, departamento, setor – s.m. / circunferência, repartição – s.f.
دايماً – adv. sempre
دايَن : (s.m.) – débito
دَبِّر / دَبَّر : v. – arranjar
دُب : (s.m.) – urso
دَبّاغ (s.m.) / **دَباغِين** : s.m./adj. – curtidor
دَبّاغة : (s.f.) – curtume
دَبِّر / دَبَّر – v. planejar
دَبّوس : (s.m.) – alfinete, grampo
دجاجة (s.f.) / **دَجاج** : s.f. – galinha
دَحْرِج / دَحْرَج : v. – rolar
دُخانة (s.f.) / **دُخان** : s.f. – fumaça
دَخْل : (s.m.) – renda (financeira)
دِخِل – prep. dentro
دَخْلة (s.f.) / **دَخلات** : s.m. – ingresso

دخُلِّيّة (s.f.) / **دخُلِيات** :
entrada – s.f. / bilhete, tíquete – s.m.
دَخِن / دَخَن : v. – fumar
دُخول : (s.m.) / entrada – s.f. / acesso – s.m.
دَخيل : (s.m.) / intruso – s.m./adj.
دَخين / دَخينين : adj. – fumante
دِراسَة : (s.m.) – estudo – s.m.
دِرّاق : (s.m.) – pêssego – s.m.
دَراهِم : (s.m.) – dinheiro – s.m.
دَرْب (s.m.) / **دْروب** : s.m. – caminho
دَرْب الكَفّ : (s.m.) – tapa – s.m.
دربِسّ : (s.m.) – bala – s.f.
دَرَج (s.m.) / **أَدْرَج** : s.f. – escada
دَرَج دَوّار : s.f. – escada (rolante)
دَرَجة (s.f.) / **دَرَجات** :
escala – s.f. / degrau, grau – s.m.
دَرَجة مئَوية (s.f.) :
centigrado (grau) – s.m.
حَرارَة، دَرَجة (s.f.) :
grau (temperatura) – s.m.
دُرْزي : (s.m.)/adj. – druso
دَرس (s.m.) / **دْروس** : s.f. – aula, lição / s.m. – curso (escolar), estudo
دِزّ / دَزّ يـ : v. – denunciar
دَزّة (s.f.) / **دَزّات** : s.f. – denúncia
دَزينة (s.f.) / **دَزينات** : s.f. – dúzia
دُسْتور (s.m.) / **دَساتير** :
código – s.m. / constituição – s.f.
دَشِّن / دَشَّن : v. – inaugurar
دِعايّة (s.f.) / **دِعايات** : s.f. – propaganda

دَعم / دولار

دَعم – s.m : (s.m.)	apoio – s.m
دعوة – (s.f.) : (s.m.)	processo – s.m.
دِغري – loc. adv. : (s.m.) / repentinamente – adv.	de repente – loc. adv.
دَف – s.m. : (s.m.)	flanco – s.m.
دفاع – (s.m.) : (s.f.)	defesa – s.f.
دَفتَر / دَفاتِر (s.m.) : (s.m.)	caderno – s.m.
دَفع – s.m. : (s.m.)	pagamento – s.m.
دَفن – s.m. : (s.m.)	enterro – s.m.
دَفَّى / دَقَّى يـ – v. :	aquecer, esquentar – v.
دقَّ / دَقَّ يـ – v. :	bater, tocar (inst. musical) – v.
دَقة – (s.f.) : s.f.	batida – s.f.
دَقيق – adj. :	exato, pontual – adj.
دَقيقة / دَقايَق (s.f.) : (s.m.)	minuto – s.m.
دِكان – (s.m.) : (s.m.)	armazém – s.m.
دكّانة / دَكاكين (s.f.) :	loja – s.f.
دَلْفة / دَلْفات (s.f.) : (s.f.)	goteira – s.f.
دَلو – s.m. : (s.m.)	balde – s.m.
دَلوع / دَلوعة – adj. :	mimado – adj.
دَليل – s.m. : (s.m.)	catálogo, guia – s.m.
الاستِعمِل (s.m.) :	modo de usar – loc. subst.
دَم – s.m. : (s.m.)	sangue – s.m.
دْماغ – (s.m.) : (s.m.)	cérebro – s.m.
دِمام – s.f. : (s.m.)	válvula – s.f.
دمِّر / دمَّر – v. :	destruir – v.
دَمْعة / دموع (s.f.) : s.f.	lágrima – s.f.
دمَّلة – (s.f.) : s.m.	tumor – s.m.
دَنْدَنة – (s.f.) : s.m.	zumbido – s.m.
دُنيا – (s.f.) : s.m.	mundo – s.m.

دَهان – (s.m.) : s.m.	pintor (de parede) – s.m.
دهان / دِهَنات (s.m.) : s.f.	tinta – s.f.
دَهَب – (s.m.) : s.m.	ouro – s.m.
دِهن / دهنات (s.m.) : s.m. / banha, gordura, graxa – s.f.	creme – s.m.
دَواْ / ادُية (s.m.) : s.m.	medicamento, remédio – s.m.
دَوار – adj. :	móvel – adj.
دَوارَن – (s.m.) : s.f.	circulação – s.f.
دَواري – adj. :	zonzo – adj.
دوخ / داخ – v. :	enjoar – v.
دَوخَة / دَوخات (s.f.) : tontura, vertigem, zonzeira – s.f.	
دَوخان / دَوخانين – adj. :	enjoado – adj.
دودة / دود (s.f.) : s.m.	verme – s.m.
دودة القَزّ (s.f.) : s.m.	bicho-da-seda – s.m.
دَوِّر / دَوَّر – v. :	funcionar – v.
دور / دار – v. :	rodar – v.
دَوَراني – adj. :	circulatório – adj.
دَورة (s.f.) : volta – s.f. / ciclo, circuito, círculo – s.m.	
دَورة كَهرَبائية (s.f.) : circuito (elétrico) – s.m.	
دَورة دَمَويّة (s.f.) : circulação (sanguínea) – s.f.	
دَوريّ – adj. :	circular – adj.
دوش – s.m. : (s.m.)	chuveiro – s.m.
دولاَب – s.f. : (s.m.)	roda – s.f.
دولاب / دَواليب (s.m.) : pneu – s.m. / roda – s.f.	
دولار – (s.m.) : s.m.	dólar – s.m.

دَولي / ديني

دَولي : adj. – internacional	ديمُقراطية (s.f.) : s.f. – democracia
دون رَقابة : adj. – descontrolado	أديان (s.m.) / دين : s.f. – religião, seita
دَير (s.m.) / أديار : s.m. – convento, mosteiro	دِون (s.m.) / دَين : s.f. – dívida
دَير الرَهِبات (s.m.) : s.m. – convento	دِيِّن : adj. – carola, religioso
ديك (s.m.) / ديوك : s.m. – galo	دين مَسيحي (s.m.) : s.m. – cristianismo
ديك حَبَش (s.m.) : s.m. – peru	ديني : adj. – religioso
ديمُقراطي : adj. – democrata	

د

ذ

ذابِل / ذابِلة : murcho – adj.
ذات : próprio – adj./adv.
ذات الشي : igualmente – adv.
ذات يوم : certo dia – loc. subst.
ذاكِرة / ذاكِرات (s.f.) :
lembrança, memória – s.f.
ذِبانة / ذِبانات (s.f.) : mosca – s.f.
ذِبِح / ذَبَح : abater – v.
ذَبْح : (s.m.) : abate – s.m.
ذِت : mesmo – adj./adv.
ذِت الشي (s.m.) :
mesma coisa – loc. subst.
ذَحْذِح / ذَحذَح : sacudir – v.
ذَخيرة / ذَخايِر (s.f.) : munição – s.f.
ذِراع / ذِراعات (s.f.) : braço – s.m.

ذِرة، ذِرى (s.f.) : milho – s.m.
ذَرّيّ : atômico, nuclear – adj.
ذَقِن (s.m.) : queixo – s.m.
ذَكَر وَ انثى :
macho e fêmea – s.m. + conj. + s.f.
ذَكِيّ / اذكى : sagaz – adj.
ذَلِكَ : aquilo – pron.
ذَنْب (s.m.) :
culpa, ofensa – s.f. / pecado – s.m.
ذَنَب / ذَنَبات (s.m.) : cauda – s.f. / rabo – s.m.
ذِهاب (s.m.) : ida – s.f.
ذَهَب (s.m.) : ouro – s.m.
ذَهَب أبيَض (s.m.) : platina – s.f.
ذَهَبِيّ / ذَهَبين : dourado – adj.
ذِهن (s.m.) : mente – s.f.
ذِهنِيّ : mental – adj.
ذَوِّب / ذَوَّب : derreter, dissolver, fundir – v.
ذَوَبان (s.m.) : degelo – s.m.
ذوق / ذاق : experimentar – v.
ذوق (s.m.) : gosto, sabor – s.m.
ذيب : lobo – s.m.
ذَينة (s.f.) : orelha – s.f.

ر

رابِح (s.m.) : (s.m./adj.) – ganhador
رابِع / رابِعة – num. : quarta, quarto
رابِع عَشَر – num. : décimo quarto
راجِع : v. – repita (ordem)
راجِع / راجَع : v. – repetir
راحة (s.f.) : (s.f.) – folga
راحة – s.m. – conforto, descanso, sossego /
راحة بال (s.f.) : s.m. – sossego
رادار (s.m.) : s.m. – radar
رَأس (s.m.) : s.m. – ápice
رَأس / روس (s.m.) : (s.f.) – cabeça
رَأس الصَّفحة (s.m.) : s.m. – cabeçalho
رَأساً – adv. – diretamente
راسْمال (s.m.) : s.m. – capital
راشِد – adj. – maior
راعي حَيوانات (s.m.) :
pastor (de animais) – s.m.
راغِب / راغِبة – adj. – interessado
راقِب / راقَب : v. – controlar
راقِص (s.m.) / راقَصين (s.m.) :
bailarino, dançarino – s.m.
راقَصة (s.f.) / راقصات (s.f.) :
bailarina, dançarina – s.f.
راكِب / راكِبين (s.m.) : (s.m.) – passageiro

راهِب (s.m.) / رُهْبان (s.m.) :
frade, monge – s.m.
راهْبة (s.f.) / راهْبات (s.f.) : freira – s.f.
رَأي (s.m.) : opinião – s.f.
رَبّ / رَبات (s.m.) : (s.m.) – deus
رَب عَمَل (s.m.) : s.m. – patrão
رَباط (s.f.) / ربْطات (s.f.) : s.m. – laço
رِبح (s.m.) / أرْباح (s.f.) : lucro – s.m. / renda – s.f.
رَبط (s.m.) : s.f. – conexão
رَبط / رَبَط – v. : ligar (aparelho)
رَبْطة (s.f.) : (s.f.) – gravata
رُبع – num. : um quarto (fração)
رُبع ساعة (s.m.) : s.m. – quarto de hora
رِبَع الصَرَف (s.m.) : s.m. – ágio
رَبعة (s.f.) : s.m. – muro
رَبو (s.m.) : s.f. – asma
رَبّي / رَبّى يـ : v. – criar
رَبيع (s.m.) : s.f. – primavera
رَتِّب / رَتَّب : v. – arrumar
رُج / رَج : v. – trepidar
رَجاء (s.m.) : s.f. – esperança
رِجّال (s.m.) / رِجال (s.m.) : s.m. – homem
رَجِّع / رَجَّع : v. – devolver
رَجعة (s.f.) : s.f. – volta
رُجوع (s.m.) : s.m. – regresso, retorno
رَحال (s.m.) : (s.m./adj.) – migrante
رَحب – adj. – amplo
رَحْلة (s.f.) : (s.f.) – excursão
رَحْم (s.m.) : (s.m.) – útero

رَحْمة / رَقم زَوجيّ

رَحْمة (s.f.) :
bondade, misericórdia, piedade – s.f.
رُخام (s.m.) : s.m. – mármore
رُخْصة (s.f.) : s.f. – autorização
رَخو / رَخوين : adj. – flácido, mole
رَخيص : adj. – barato
رَدِّد / رَدَّد : v. – repetir
رَدي : adj. – mau, ruim
رُزّ (s.m.) / رِزات : s.m. – arroz
رِزق (s.m.) / رِزْقات : s.m. – imóvel (terreno)
رَزْمة (s.f.) / رَزْمات : s.m. – embrulho
رِزْنامة (s.f.) / رِزْنامات : s.m. – calendário
رِسالة (s.f.) / رِسالات :
mensagem – s.f. / recado – s.m.
رَسام (s.m.) / رَسامين :
desenhista, pintor – s.m.
رَسْم (s.m.) : s.f. – gravura
رَسْمة (s.f.) / رَسّمات : s.m. – desenho
رَسْميّ : adj. – oficial
رَسول (s.m.) / رَسولين :
apóstolo, mensageiro, profeta – s.m.
رُش / رَش يـ : v. – pulverizar
رَشاشِت (s.m.) : s.m. – chuveiro
رَشاقة (s.f.) : s.f. – agilidade
رَشِح (s.m.) :
coriza, gripe – s.f. / resfriado – s.m./adj.
رَشْو (s.m.) : s.m. – suborno
رَشيد : adj. – máximo
رَشيق : adj. – ágil, cheio de energia, esbelto
رُصاص : s.m. – chumbo, grafite

رَصاصة (s.f.) : s.f. – bala (projétil)
رَصيد (s.m.) : s.m. – saldo
رَصيص (s.m.) : s.m. – conglomerado
رَصيف (s.m.) / رُصوف : s.f. – calçada
رَطانة (s.f.) : s.f. – gíria
رُطْب : adj. – úmido
رِطْبة (s.f.) : s.f. – categoria
رُطوبة (s.f.) : s.f. – umidade
رَعِد (s.m.) : s.m. – trovão
رَغبة (s.f.) / رَغبات : s.m. – anseio, desejo
رَغوة (s.f.) : s.f. – espuma
رغوب (s.m.) : s.m. – desejo
رَغيف (s.m.) / أَرْغِفة : s.m. – pão, um pão
رَفّ (s.m.) / رُفوف : s.f. – estante
رَفاهة (s.f.) : s.m. – luxo
رَفِش (s.m.) : s.f. – pá
رَفضي (s.m.) / رَفضية : s.m./adj. – negativo
رُفَقة (s.m.) : s.f. – companhia
رَفيع : adj. – fino
رَفيق (s.m.) / رُفَقا :
camarada, colega, companheiro, parceiro – s.m.
رَفيق / رُفَقا : adj. – benigno
رقبة (s.f.) : s.m. – pescoço
رَقاصة (s.f.) / رَقاصات : s.f. – dançarina
رَقاص (s.m.) / رَقاصين : s.m. – dançarino
رَقَص (s.m.) / رَقصة : s.f. – dança, folia
رَقِع / رَقَّع : v. – remendar
رَقم (s.m.) / أَرقام : s.m. – algarismo, número
رَقم زَوجيّ (s.m.) : loc. subst. – número par

رَقم صَحيح / رئيسي

رَقم صَحيح : (s.m.) loc. subst. – número inteiro	رِوايَة (s.f.) : s.m. – romance
رَقم فَرديّ : loc. subst. – número ímpar	رَوِّب / رَوَّب : v. – coalhar
رَقميّ : adj. – digital	رَوب (s.m.) : s.m. – coalho (para coalhada)
رَقيق : adj. – delgado, fino	روح / أرواح (s.m.) : s.m. – espírito / s.f. – essência
رَكِّب / رَكَّب : v. – armar, instalar	راح – روح / روح : v. – ir
رُكْبة / رِكاب (s.f.) : s.m. – joelho	روحاني / روحانين : adj. – espiritual
رَكّيض/رَكّيضة (s.m.): s.m. – corredor (atleta)	رياضة (s.f.) : s.f. – matemática
رْماد : adj. (s.m.) – cinza (cor)	رياضة (s.f.) : s.m. – esporte / s.f. – ginástica
رَماد (s.m.) : s.f.pl. – cinzas	رياضيّ / رياضين : s.m.f. – atleta
رْمادي : adj. – cinzento	رياضيّ / رياضين : adj. – esportivo
رُمّان (s.m.) : s.f. – romã	رِيَة (s.f.) / رِيَتاين : s.m. – pulmão
رَمز / رُموز (s.m.) : s.m. – lema, símbolo	ريح : (s.f.) : s.m. – vento
رَمِل (s.m.) : s.f. – areia	ريحة (s.f.) : s.m. – cheiro, odor, perfume
رَمْلي : adj. – arenoso	رَيس مال : (s.m.) s.m. – capital
رهان (s.m.) : s.m. – aposta	رَئيسة رَهْبات (s.f.) : s.f. – madre
رَهِل : adj. – flácido	ريش : s.f. – pluma
رَهِن (s.m.) : s.m. – empenho	ريشة : s.f – pena (de ave)
رَهْنة (s.f.) : s.f. – penhora	ريق (s.m.) : s.f. – saliva
رَهيب : adj. – horrível	رئيس (s.m.) : s.m. – chefe, presidente
رَهينة (s.f.) : s.m.f. – refém	رئيس بَلَديّة (s.m.) : s.m. – prefeito
رَواق (s.m.) : s.f. – galeria	رئيسي : adj. – principal

ز

زائر / أزوار : (s.m.f.)/adj. – visitante
زاحِم / زاحَم : .v – competir
زاويّة (s.f.) / زاويات : (s.f.)
esquina – s.f. / ângulo, recado – s.m.
زَبّال (s.m.) / زَبّالين : s.m. – lixeiro
زِبالة : (s.f.) – lixo – s.m.
زَبت : (s.m.) – multa – s.f.
زِبدة : (s.f.) – manteiga, margarina – s.f.
زِبْديّة : (s.f.) – pires – s.m.
زْبون (s.m.) / زَباين، زَبائن :
cliente, freguês – s.m.
زْبيب : (s.m.) – uva-passa – s.f.
زَت / زَتّ يـ : .v – atirar (objeto), chutar
زْجاج : (s.m.) – vidro – s.m.
زَخْرَفة (s.f.) / زَخارِف : .s.m./adj – enfeite
زِر : (s.m.) – botão – s.m.
زَرّاع (s.m.) / زَرّاعين : s.m. – lavrador
زِراعة : (s.f.) – agricultura, cultura, lavoura – s.f.
زِراعي / زِراعي – adj. – agrícola, rural
زَرافة (s.f.) / زَرافات : s.f. – girafa
زَرَدة : (s.f.) – fivela – s.f.
زَرْدَمة : (s.f.) – glote – s.f.
زَعتَر : (s.m.) – tomilho – s.m.
زَعَل : (s.m.) – desgosto – s.m.
زَعْلان : aborrecido, descontente
desgostoso, mal-humorado, zangado – adj.
زَعيق : (s.m.) – berro – s.m.
زَعيم (s.m.) / زوعَما : s.m. – líder
زفت : (s.m.) – asfalto – s.m.
زَفِّت / زَفَّت : .v – asfaltar
زَقِف / زَقَف : .v – aplaudir
زَكا : (s.f.) – inteligência – s.f.
زِكْرة : (s.f.) – umbigo – s.m.
زَكْزَكة : (s.f.) – cócegas – s.f.pl.
زَكي / زَكية – adj. – culto, inteligente
زُلال البَيَض : (s.m.) loc. subst. – clara de ovo
زَلة : (s.f.) – gafe – s.f.
زَلْزِل / زَلْزَل : .v – abalar
زَلْزَلة (s.f.) / زَلازِل : s.m. – abalo, terremoto
زَلَعيم (s.m.) / زَلعوم : s.f. – garganta
زَلَمة : (s.f.) – homem – s.m.
زُمُرّود (s.m.) / زُمُرّودات : s.f. – esmeralda
زَمور (s.m.) / زَمامير : s.f. – buzina
زنّار (s.m.) / زَناريْر : s.m. – cinto
زَنْبَرَك : (s.m.) – mola – s.f.
زَنْبَق / زَنابِق : s.m. – lírio
زَهِر : (s.m.) – cor-de-rosa – s.f./adj.
زَهِر : (s.m.) – dado – s.m.
زَهْرة : (s.f.) – cor-de-rosa, rosa (cor) – s.f.
زَهْرة (s.f.) / أزْهار : s.f. – flor
زَهْري : .adj – rosado
زَهو : (s.m.) – vaidade – s.f.

زَواج / زينة

زَواج (s.m.) / زَواجات : casamento – s.m.
زَواجيّ – adj. : conjugal
زوبَعة (s.f.) : ciclone – s.m. / tempestade – s.f.
زَوج (s.m.) / أَزواج :
dupla – s.f./adj.f. / par – s.m.
/ casal, cônjuge, esposo, marido – s.m.
زَوجة (s.f.) / زَوجات : esposa, mulher – s.f.
زَوِّد / زَوَّد – v. : abastecer
زور / زار – v. : visitar
زَوِّر / زَوَّر – v. : adulterar, falsificar
زَورَق (s.m.) / زَوارق :
barco – s.m. / canoa, lancha – s.f.
زومّ (s.m.) : espuma – s.f.
زوم (s.m.) / زومات : caldo – s.m.

زَيّ (s.m.) / أزياً : estilo – s.m. / moda – s.f.
زيادة (s.f.) : aumento – s.m. / demasia – s.f.
زيارات (s.f.) / زيارة، : visita – s.f.
زَيت (s.m.) : azeite, óleo – s.m.
زَيَّت / زَيَّت – v. : lubrificar
زَيتي : oleoso – adj.
زَيتون (s.m.) / زَيتونات : azeitona – s.f.
زَيتونة (s.f.) : oliveira – s.f.
زيد / زاد – v. : aumentar
زَيِّن / زَيَّن – v. : decorar, embelezar, enfeitar
زين / زان – v. : pesar
زينة (s.f.) / زينات :
decoração – s.f. / enfeite – s.m.

س

سَبّاح (s.m.) : s.m./adj. – nadador
سابِع / سابعة : num. – sétimo
سابَع عَشَر : num. – décimo sétimo
سابِق / سابَق : v. – competir
ساحة (s.f.) : s.f. praça / s.m. pátio
ساحِر : adj. – charmoso, deslumbrante
ساحِر / ساحِرين (s.m.) : (s.m.)/adj. – mágico
ساحِل (s.m.) : s.m. – litoral
ساخِر : adj. – irônico
سادِس / سادسة : num. – sexto
سادِس عَشَر : num. – décimo sexto
ساع / سِع-ساع : v. – caber
ساعاتي (s.m.) : s.m. – relojoeiro
ساعة / ساعات (s.f.) : s.f. hora / s.m. relógio
ساعِد / ساعَد :
ajudar, auxiliar, contribuir, socorrer – v.
سافِر / سافَر : v. – viajar
ساق / ساقين (s.f.) : s.m. pé / s.f. perna
ساقِط : adj. – caído
ساكِت : adj. – calado, silencioso
ساكِن (s.m.) : adj. – alojado
ساكِن : s.m. habitante / s.m./adj. morador
ساكِن : adj. – calmo, quieto, sereno
سالِف : adj. – anterior, antigo

سالِم : adj. – ileso, salvo
سامِح : (s.m.) s.m. – perdão
سامِح / سامَح : v. – desculpar, perdoar
سامِحْنيّ : exp. – perdoe-me
سامَرة : (s.f.) s.f. – morena
ساوي / ساوى يِـ : v. – arrumar
سايَح / سياح (s.m.) : s.m. – turista
سايِق : (s.m.) s.m. – chofer – motorista
سايِل : (s.m.) s.m./adj. – líquido
سَبّابة : (s.f.) s.m. – dedo (indicador)
سَبّاح : (s.m.) s.m./adj. – nadador
سِباحة : s.f. – natação
سِباق : (s.m.) s.f. – corrida
سِباق الخيَل : (s.m.)
corrida de cavalo – loc. subst.
سَبانِخ : (s.m.) s.m. – espinafre
سَبَب / أسْباب : (s.m.)
causa – s.f. / motivo – s.m.
سَبِّب / سَبَّب :
causar, motivar, ocasionar, provocar – v.
سَبعتَعش : num. – dezessete
سَبَح / سابَح : v. – nadar
سَبعة : num. – sete
سِبعمئة : num. – setecentos
سَبعين : num. – setenta
سبِّق / سبَّق : v. – adiantar
سْبيرتو : (s.m.) s.m. – álcool
سْپَنْدَس : (s.m.) s.m.pl. – suspensórios
سِتّ : (s.f.) s.f. – dama, senhorita
سِتّ : (s.f.) s.f. – avó

68

سْتار (s.m.) : cortina – s.f.
سِتة – num. : seis
سُتْرة (s.f.) : jaqueta – s.f. / jaleco – s.m.
سِتَعش num. : dezesseis
سِتْمية – num. : seiscentos
سِتين – num. : sessenta
سَجادة (s.f.) : tapete – s.m.
سِجِلّ (s.m.) : registro – s.m.
سَجَّل / سِجِّل – v. : gravar, matricular, registrar
سجَّل اصابة – loc. adv. : marcar um gol
سِجْن (s.m.) : cadeia, prisão – s.f.
سَحَّاب (s.m.) : fecho ecler – s.m.
سِحر (s.m.) : charme – s.m.
سِحر (s.m.) : magia – s.f.
سَخَان (s.m.) : aquecedor – s.m.
سُخْرية (s.f.) : deboche – s.m. / ironia – s.f.
سُخْن – adj. : quente
سَخِّن / سَخِّن – v. : esquentar
سَدّ (s.m.) : barreira, represa – s.f.
سِدّ / سَدّ – v. : bloquear, obstruir
سِدّ / سَدّ – v. : quitar
سَدّة (s.f.) : rolha – s.f.
سَديد – adj. : reto
سَديم – adj. : nebuloso, obscuro
سَر / سَرَّ – v. : agradar, alegrar-se, contentar-se, deleitar-se, satisfazer
سُر (s.m.) : cerca – s.f.
سِرّ (s.m.) / أسرار – s.m. : segredo, sigilo
سراج (s.m.) : lamparina – s.f.

سَراق (s.m.) / سَراقين – s.m. : ladrão
سُرّة (s.f.) : umbigo – s.m.
سَرْدين (s.m.) : sardinha – s.f.
سَرَطان (s.m.) : câncer – s.m.
سَرَطان (s.m.) : lagosta – s.f.
سَرْطَعون (s.m.) : caranguejo – s.m.
سِرعة (s.f.) : ligeiro – adj. / pressa, velocidade – s.f.
سَرقة – s.m. : assalto, furto
سِرِّيّ – adj. : secreto
سَرير (s.m.) : beliche, berço – s.m.
سَريع (s.m.) : velocidade – s.f.
سَريع – adj. : veloz
سَطِح (s.m.) : superfície – s.f.
سَطِح قَرْميد (s.m.) / سْطوحة : telhado – s.m.
سَطل (s.m.) : balde – s.m.
سَعة (s.f.) : conteúdo – s.m.
سعادة (s.f.) : alegria, benção, felicidade, prosperidade, satisfação – s.f. / prazer, previlégio – s.m.
سَعدان (s.m.) : macaco – s.m.
سِعر (s.m.) : custo, preço, valor – s.m.
سَعلِّة (s.f.) / سَعلات : tosse – s.f.
سَعودي – adj. : saudita
سَعيد / سَعيدين : feliz – adj.
سَفارة (s.f.) / سَفَرات : embaixada – s.f.
سَفاهة (s.f.) : desacato – s.m.
سَفَر بَحرية (s.f.) : navegação – s.f.
سَفرة (s.f.) : viagem – s.f.

سَفَرجَل / سَمِحْني

سَفَرجَل (s.m.) : s.m. – marmelo
سَفير (s.m.) / سُفَراء : s.m. – embaixador
سَقاية مَي (s.f.) : s.f. – irrigação
سَقِّط / سَقَط : v. – cair
سَقِف (s.m.) / سُقوف :
forro (construção) – s.m. / teto – s.m.
سَقِف (s.m.) / سُقوف :
coberta, cobertura – s.f.
سُقوط (s.m.) : s.f. – queda
سُكّان (s.m.) : s.f. – população
سَكب – s.m. : vazamento
سَكب / سَكَب – v. : vazar
سِكة حَديد (s.f.) :
estrada de ferro – loc. subst.
سَكِّر / سَكَّر – v. : fechar
سَكَران (s.m.) / سَكَرانين :
bêbado, ébrio – adj.
سْكَربينة (s.f.) : loc. subst. – sapato feminino
سِكْرتير (s.m.) : s.m. – secretário
سِكَّري (s.m.) : s.m.f. – diabetes
سَكَرين (s.m.) : s.f. – sacarina
سُكْن – adj. : sem acento
سُكوت (s.m.) : s.f./interj. – atenção
/ silêncio – s.m. / calmaria, tranquilidade – s.f.
سِكين (s.m.f) / سَكاكين : s.f. – faca
سُكَّر (s.m.) : s.m. – açúcar
سِلّ (s.m.) : s.f. – tuberculose
سْلاح (s.m.) / أَسْلِحة : s.f. – arma, força
سَلام (s.m.) : s.m. – cumprimento
سَلام (s.m.) : s.f. – saudação
سَلب (s.m.) : s.m. – saque

اجابي x سلبي – loc. adj. : negativo x positivo
سَلّة (s.f.) / سَلّات (s.f.) : s.f. – cesta, sacola
سلحفاة (s.f.) : s.f. – tartaruga
سِلْسِلّة (s.f.) : s.f. – série
سِلْسِلة الذَهَب (s.f.) :
corrente de ouro – loc. subst.
سِلْسِلة الظَّهِر (s.m.) :
coluna vertebral, espinha dorsal – loc. subst.
سُلْطان (s.m.) / سَلاطين (s.m.) : s.m. – sultão
سَلَطة (s.f.) : s.f. – salada
سُلْطة (s.f.) / سُلْطات :
autoridade – s.f. / mando – s.m.
سِلْف (s.m.) / سِلْفة (s.f.) : s.m.f. – concunhado(a)
سَلَفي (s.m.) / أَسْلاف : s.m./adj. – ancestral
سِلِق (s.m.) : s.f. – acelga
سِلْك كَهرَبائي (s.m.) : loc. subst. – cabo elétrico
سَلْم (s.m.) : s.f. – paz
سِلُم (s.m.) / سَلالِم (s.m.) : s.f. – escada, escala
سَلِّم / سَلَّم – v. : cumprimentar, entregar
سِلمياً – adv. : pacificamente
سَلوة (s.f.) : s.m. – divertimento
سَلّي / سَلّى يـ – v. : distrair
سَليم – adj. : ileso, sadio, são
سَليم و مُعافى – exp. : são e salvo
سَمّ (s.m.) : s.m. – veneno
سَماء (s.f.) : s.m. – céu
سَماد كيماوي (s.m.) : s.m. – adubo
سَمّاك (s.m.) : s.m. – peixeiro
سَماكة (s.f.) : s.f. – espessura, grossura
سَمِحْني – exp. : desculpe-me

سَمْسار / سَيارة شَحِن

سَمْسار (s.m.) : s.m. – corretor	
سَمْسَرة (s.f.) : s.f. – corretagem	
سِمْسُم (s.m.) : s.m. / semolina – s.f. – gergelim	
سَمَع (s.m.) : s.m. – ouvido / s.f. – audição	
سمعة (s.f.) : s.f. – conduta	
سَمَك (s.m.) : s.m. – peixe	
سَمْكَري (s.m.) : s.m. – funileiro	
سَمِّم / (s.m.) سَمَّم : v. – envenenar	
سَمْن (s.m.) : s.f. – margarina	
سَمِّي : adj. – tóxico	
سَمِّي / سَمَّى يـ : v. – benzer	
سَميك : adj./ s.m. – gordo / adj. – espesso, grosso	
سَمين : adj. – obeso	
سِنّ (s.m.) / سنان : s.m. – dente	
سِن الفيل (s.m.) : s.m. – marfim	
سَنة (s.f.) / سنين : s.m. – ano	
سنة الجاي (s.f.) : loc. subst. – ano que vem	
سنة الماضية (s.f.) : loc. subst. – ano passado	
سَنْتيمتر (s.m.) : s.m. – centímetro	
سِنْجاب (s.m.) : s.m. – esquilo	
سَنَدْ (s.m.) : s.m. – apoio, amparo, suporte	
: s.m. – título / s.f. – base / s.m. – instrumento	
سَنْدَل / سَنادل : s.f. – sandália	
سَنيورة (s.f.) : s.f. – boneca	
سَهِل : adj. – fácil	
سَهِل، (s.m.) / سَهلين : s.f. – planície / s.m. – vale	
سَهِّل / سَهَّل : v. – facilitar	
سَهِم (s.m.) / سهُم : s.f. – flecha, lança	
سُهولة (s.f.) : s.f. – facilidade	
سَوا : adj. – junto	
سوارة (s.f.) / أساوَر : s.m. – bracelete / s.f. – pulseira	
سَواق (s.m.) / صَواقين (s.m.) : s.m. – chofer	
سَواق الصاروخ (s.m.) : s.m. – astronauta	
سَوَال (s.m.) / أسئلة : s.f. – pergunta, questão	
سوداني : adj. – sudanês	
سَودة / سود : adj. – negra, preta	
سَوِّر / سَوَّر : v. – cercar	
سور (s.m.) : s.m. – muro / s.f. – muralha	
سوريّ / سورين : adj. – sírio	
سورية : n.próp. – Síria	
سوق (s.m.) / أسواق : s.f. – feira / s.m. – mercado	
سوق / ساق : v. – dirigir (auto)	
سوق العَمَل (s.m.) : loc. subst. – mercado de trabalho	
سوق حُرَّة (s.f.) : loc. subst. – mercado livre	
سوق سَودا (s.f.) : loc. subst. – mercado negro	
سوق مُشتَرَكة (s.m.) : loc. subst. – mercado comum	
سَوي / سَوى يـ : v. – custar, endireitar-se, valer	
سياج (s.m.) : s.f. – cerca	
سياحة (s.f.) : s.m. – turismo	
سياحيّ : adj. – turístico	
سيادة (s.f.) : s.m. – domínio	
سَيارة (s.f.) / سَيارات : s.m. – automóvel, carro	
سَيارة أجار (s.f.) : s.m. – táxi	
سَيارة اسعاف : s.f. – ambulância	
سَيارة شَحِن : s.m. – caminhão	

سِياسِة / سَيَلان

سِياسَة : (s.f.) : s.f. – política
سِياسِي (s.m.) : s.m./adj. – político
سِيال : adj. – fluído
سَيِّد (s.m.) / سادات :
adj./s.m. – cavalheiro, senhor
سَيِّدة (s.f.) / سَيِّدات :
dama – s.f./adj. / senhora – s.f.

سَير (s.m.) : (s.m.) – tráfego, trânsito
سِيرّي (s.m.) : adj. – confidencial
سَيطَرة (s.f.) : s.m. – domínio
سَيف (s.m.) / سيوف : s.m. – espada
سِيكارة (s.f.) : s.m. – cigarro
سَيَلان (s.m.) : s.m. – fluxo

ش

شاحِنة (s.f.) : s.m. – caminhão
شارَط / شارط – v. : apostar
شارِع / شَوارِع – s.f. : avenida, rua
شاطِر – adj. : esperto
شاعِر (s.m.) / شاعرين (s.m.) : s.m. – poeta
شال – s.m. : (s.m.) xale
شامْبو – s.m. : (s.m.) xampu
شامِل – adj. : generalizado
شاه – s.m. : (s.m.) xá
شاهِد (s.m.) / شُهود : s.f. – testemunha
شاي – s.m. : (s.m.) chá
شائخ – adj./s.m. : ancião
شَبّ (s.m.) / شَبّاب (s.m.) :
garoto, jovem, moço, rapaz – s.m.
شَبّ (s.m.) / شَبّاب (s.m.) : adj. – jovem
شباب – adj. : juventude
شباط – s.m. : (s.m.) fevereiro
شباك (s.m.) / شَبابيك (s.m.) : s.f. – janela
شَبَح (s.m.) / أشباح (s.m.) : s.m. – fantasma
شِبْر – s.m. palmo (medida)
شِبَع – s.f. : (s.m.) fartura
شَبعان – adj. : satisfeito
شَبَكة – s.f. : (s.f.) rede
شَبَكة عين – s.f. : (s.f.) retina

شِبَه (s.m.) : s.f. – semelhança
شِبِّه / شَبَّه – v. : comparar
شِبَيَب – adj. : jovem
شَبيبة (s.f.) : s.f. – juventude, mocidade
شَبين (s.m.) / شَبياين (s.m.) : s.m. – compadre
شَبينة (s.f.) / شِبينات (s.f.) : s.f. – comadre
شِتاء (s.m.) : s.f. – chuva
شَتْلة (s.f.) / شَتلات (s.f.) : s.f. – muda
شِتى (s.f.) : s.m. – inverno
شَتى – pron. indef. pl./adj. : diversos
شَتي / شَتى – v. : chover
شِجار (s.m.) : s.f. – disputa
شُجاع / شُجاعة – adj. : bravo, corajoso, valente
شَجاعة : s.f. (s.f.) – coragem
شُجاعين – adj.pl. : corajosos
شَجَرة (s.f.) / شَجَر (s.f.) : s.f. – árvore
شَجَرة التفاح : s.f. (s.f.) – macieira
شُجعان – adj.pl. : corajosos
شَحّاذ (s.m.) / شَحّادين (s.m.) : s.m. – mendigo
شَحاطة : s.m. (s.f.) – chinelo
شَحْطة : s.m. (s.f.) – fósforo
شَحِم : s.f. (s.m.) – graxa
شَحْنة (s.f.) / شَحْنات (s.f.) :
carga – s.f. / carregamento, frete – s.m.
شَختورة (s.f.) / شَخاتير (s.f.) :
barco – s.m. / canoa, lancha – s.f.
شَخْص (s.m.) / أشخاص (s.m.) : s.m. – indivíduo
شَخِص (s.m.) / أشخاص (s.m.) : s.f. – pessoa
شخصي – adj. : pessoal
شخصياً – adv. : pessoalmente

شخصية / شَغلة

شَخصية (s.m.)/ شَخصيات :
autoridade – s.f. / identidade, personalidade – adj.

شدّ / شَدَّ يـ : – v. apertar, puxar, torcer

شِدّة : (s.f.) – s.f. dureza, intensidade

شَديد : – adj. enérgico, intenso, rigoroso, severo

شَذّب / شَذِّب : – v. podar

شَرّ : (s.m.) – s.m. mal

شَرّا (s.m.)/ شَرّاين : – s.m./adj. comprador

شَراب : (s.m.) – s.m. xarope

شَرارة : (s.f.) – s.f. fagulha, faísca

شَرِس : – adj. bruto, feroz

شُرْش (s.m.)/ شُروش : – s.f. raiz

شَرْشَف (s.m.)/ شَراشِف : – s.m. lençol

شَرْط : (s.m.) – s.f. condição

شُرطي : – adj. condicional

شَرعيّ : – adj. legítimo

شَرَعية : (s.f.) – s.f. validade

شَرَف : (s.m.) – s.m. honestidade, honra

شُرْفة : (s.f.) – s.m. balcão, terraço

شَرْق : (s.m.) – s.m. leste, oriente

شَرَك : (s.m.) – s.m. cilada

شِرْكة (s.f.)/ شِركات : – s.f. companhia (comercial), empresa, firma, sociedade

شَرِكة صَغيرة : (s.f.) – s.f. microempresa

شَرموطة : (s.f.) – s.f. prostituta

شَره (s.m.)/ شَرهين : – adj. guloso

شَرّوة (s.f.)/ شَرّوات : – s.f. compra / negócio – s.m.

شُروق ألشَّمس (s.m.) : – s.m. nascer do sol

شِريان (s.m.)/ شَراين : – s.f. artéria

شَرّير (s.m.)/ شَرّيرين :
mal, malfeitor – s.m. / maldoso – adj.

شريط مَي : (s.m.) – s.f. mangueira (de água)

شريط حَديد : (s.m.) – s.m. arame

شريط مَطاطي : (s.m.) – s.m./adj. elástico

شَريطة : (s.f.) – s.f. fita

شَريف : (s.m.) – adj. honesto / nobre – s.m./adj.

شِريك (s.m.)/ شُرَكا :
parceiro, sócio – s.m. / associado – s.m./adj.

شَطّ (s.m.)/ شطوت : – s.f. aba, praia

شَطّ البَحِر : (s.m.) – s.m. litoral (praia)

شَطَرَنْج : (s.m.) – s.m. xadrez

شَطيرة : (s.f.) – s.m. sanduíche

شُعاح سينيَ : (s.m.f.) – s.m.f. xerox

شِعار : (s.m.) – s.m. brasão, emblema, lema

شَعِب : (s.m.) – s.m. povo

شَعبيّ / شَعبيّة : – adj. popular

شِعر (s.m.)/ أشعار :
poema, verso – s.m. / poesia – s.f.

شَعِر (s.m.)/ شَعور : – s.m. cabelo, pelo

شعر أبيض (s.m.) :
cabelos brancos – loc. subst. pl.

شَعَّل / شَعِّل : – v. acender (fogo)

شَعِّل / شَعَّل : – v. queimar

شُعور : (s.m.) – s.f. emoção / sentimento – s.m.

شَعير : (s.m.) – s.f. cevada / malte – s.m.

شَعيلة : (s.f.) – s.f. espoleta

شَغَل / شَغِّل : – v. ocupar

شُغُل (s.m.)/ أشغَل : – s.f. atividade
/ emprego, serviço, trabalho – s.m.

شَغلة (s.f.)/ شَغلات : – adj. emprego, negócio

شَغيل / شَوب

شَغيل (s.m.) / **شَغيلة** :
funcionário, operário, trabalhador – s.m.
شَغيل (s.m./adj.) / **شَغيلين** : servidor – s.m./adj.
شَفاف / **شَفافين** : transparente – adj.
شفة (s.f.) / **شفاف** : lábio – s.m.
شَفرة (s.f.) / **شَفرات** : lâmina – s.f.
شَفَق : (s.m.) : crepúsculo – s.m.
شَفَقة : (s.f.) :
caridade, pena, piedade – s.f. / dó – s.m.
شَفَهيّ : adj. : oral
شَق : (s.m.) : fenda, fissura – s.f.
شِقاق : (s.f.) : discórdia – s.f.
شِقّة (s.f.) / **شِقات** : apartamento – s.m.
شَقفة (s.f.) / **شَقفات** :
fatia – s.f. / fragmento, pedaço – s.m.
شَقفة أرض (s.f.) : terreno – s.m.
شَك : (s.m.) : desconfiança, dúvida – s.f.
شِكّ : (s.m.) : cheque – s.m.
شَكّ / شَكّ يِـ : v. : duvidar, espetar
شُكْر (s.m.) / **شُكور** :
agradecimento, gratidão – s.m./adj.
شُكراً : (s.m./adj.) : agradecimento, obrigado – s.m./adj.
شَكِل (s.m.) / **أشكال** :
aspecto – s.m. / figura, forma – s.f.
شَكِّل / شَكَّل : v. : formar
شَكوة : (s.f.) : queixa – s.f.
شَكوش (s.m.) / **شَواكيش** : martelo – s.m.
شَلّال (s.m.) / **شَلالات** : cachoeira, cascata – s.f.
شَلِّح / شَلَّح : v. : assaltar
شَلَل : (s.m.) : paralisia – s.f.
شِمّ / شَمّ : v. : cheirar

شِمّ الهَوا : v. : passear
شْمال : (s.m.) : esquerda – s.f. / norte – s.m.
شَمْس : (s.f.) : sol – s.m.
شَمْسيّ : adj. : solar
شَمْسية : (s.f.) : guarda-chuva – s.m.
شَمع : (s.m.) : lacre – s.m.
شَمعة (s.f.) / **شَمَع** : vela – s.f.
شَمعَدان (s.m.)/ **شَمعَدانات** : castiçal – s.m.
شَمَنْدَر : (s.f.) : beterraba – s.f.
شِمية (s.f.) / **شِميات** : verruga – s.f.
شِنْتان (s.m.) / **شَناتين** : calcinha – s.f.
شَنْطة (s.f.) / **شَنطات** : mala – s.f.
شَنْكَل (s.m.) : gancho – s.m.
شَهادة (s.f.) / **شَهادات** :
certidão – s.f. / atestado, diploma – s.m.
شَهامة (s.f.) / **شَهامات** : honestidade – s.f.
شَهِد / شَهَد : v. : assistir, testemunhar
شَهد العَسَل : (s.m.) : favo de mel – loc. subst.
شَهِر (s.m.) / **أشهُر، شُهور** : mês – s.m.
شَهر العَسَل : (s.m.) : lua de mel – loc. subst.
شُهْرة : (s.f.) : fama – s.f.
شَهْري : adj. : mensal
شَهْرية : (s.f.) : mesada, mensalidade – s.f.
شَهيّة : (s.f.) : apetite – s.m.
شَهيد (s.m.) / **شُهَداء** : mártir – s.m.
شَهير : (s.m.) : famoso – adj.
شَهيق : (s.m.) : soluço – s.m.
شو : como – adv./conj.
شوارِب : (s.m.) : bigode – s.m.
شَوب : (s.m.) : calor – s.m.

شَوَرَبة / شُيوعَي

شَوَرَبة (s.f.) : sopa – s.f.
شوف / شاف : v. – olhar, ver
شوفير (s.m.) : chofer, motorista – s.m.
شَوق (s.m.) : saudade – s.f.
شَوكة (s.f.) / شَوك (s.f.) : espinha, farpa – s.f.
شَوكة (s.f.) / شَوَك (s.f.) : garfo – s.m.
شَوكة، (s.f.) / شَوك :
espinho de rosa – loc. subst.
شي : pron. – algum
شي (s.m.) / اشيا (s.m.) : coisa – s.f.
شي جديد (s.m.) : novidade – s.f.
شي سِرّي : adj. – confidencial
شي صغير (s.m.) : s.f. – miniatura
شي كتير : adv. – demais
شَيَخ (s.m.) / شُيوخ (s.m.) : senador – s.m.
شيش لَحْمة (s.m.) : espeto – s.m.
شيطان (s.m.) : diabo – satã – s.m.
شيعَي (s.m.) : xiita – s.m.f./adj.
شَيِّق : adj. – interessante
شيل / شِل – شال : v. – tirar
شُيوعَي / شُيوعيَن : adj. – comunista

ش

ص

صابِر (s.m.) :
doente, paciente – adj./ enfermo – s.m./adj.

صابون (s.m.) / صابونات s.m. : sabão – s.m.

صابونة (s.f.) : sabonete – s.m.

صاحِب (s.m.) / أصحاب , amigo :
colega, companheiro, namorado – s.m./adj.

صاحِب / صاحْبة : acompanhado – adj.

صاحِب / صاحَب – v. : acompanhar

صاحِب العَمَل (s.m.) : empregador – s.m./adj.

صاحِب / بَنْك (s.m.) : banqueiro – s.m.

صاحِب شُغُل (s.m.) : fabricante – s.m.

صاحِب مُزرعة – s.m. : fazendeiro

صاحِب مَصرَف – s.m. : banqueiro

صاحِبة (s.f.) : namorada – s.f./adj.

صادى (s.f.) : eco – s.m.

صادِق / صادَق – v. : aprovar, homologar

صادِق / صادقين :
fiel, sincero, verdadeiro – adj.

صار زَمان – exp. : faz tempo

صارخ (s.m.) : flagrante – s.m./adj.

صارِع / صارَع – v. : lutar

صاروخ (s.m.) / صاوَريخ – s.m. : foguete

صاعِق – adj. : fulminante

صافي / صافية – adj. : puro

صالة الاسْتِقبال (s.f.) :
sala de jantar – loc. subst.

صالِح : indicado, válido – adj.

صالون (s.m.) : sala de jantar – loc. subst.

صامِت (s.m.) : silencioso – adj.

صانِع (s.m.) : fabricante – s.m.

صايَغ (s.m.) / صيّاغين (s.m.) – joalheiro – s.m.

صايَم (s.m.) : jejuador, jejum – s.m.

صَباح (s.m.) : manhã – s.f.

صَباح الخِير (s.m.) : bom-dia – s.m.

صُبّار (s.m.) : figo-da-índia – s.m.

صُبّاط (s.m.) / صُبّابيط :
sapato (masculino) – s.m.

صَبّاغ (s.m.) : tintureiro – s.m.

صُبْح (s.m.) : madrugada, manhã – s.f.

صَبِر (s.m.) : paciência – s.f.

صَبور : paciente – adj.

صَبي (s.m.) / صُبيان : menino, rapaz – s.m.

صَبيّة (s.f.) / صابايّا : moça – s.f.

صِح / صَح – v. : cicatrizar

صَحافة (s.f.) / صَحافات : imprensa – s.f.

صَحافي (s.m.) / صَحافين : jornalista – s.m.f.

صَحِب (s.m.) : proprietário – s.m.

صِحَّة (s.f.) : saúde – s.f.

صَحْتَك (s.m.) / صِحْتَك : saúde (sua) – s.f.

صَحْتَين (s.m.) : bom-proveito – s.m.

صَحِّح / صَحَّح – v. : corrigir

صَحراء، صَحْرة (s.f.) : deserto – s.m.

صَحْن (s.m.) / صْحون : prato – s.m.

صَحي – adj. : higiênico

صَحِيح / صَمَّد

صَحِيح / صَحِيحِين (s.m.) : s.f. – verdade / adj – certo, correto, exato, perfeito
صَخْرَة (s.f.) : s.f. – rocha
صَخْرِيّ : adj – rochoso
صَدَى (s.m.) : s.m. – eco
صَدَأ (s.f.) : s.f. – ferrugem
صَداقة / صَداقات (s.f.) : s.f. – amizade
صِدر (s.m.) : s.m. – peito, tórax
صِدْرية (s.f.) : s.m. – colete
صَدع (s.m.) : s.f. – falha
صُدْفة (s.m.) : s.m. – acaso
صَدَفة / صَدَف (s.f.) : s.f. – concha
صِدفةً (s.f.) : loc. adv. – acidentalmente / adv – por acaso
صُدْق (s.m.) : s.f. – sinceridade
صَدَّق / صَدَّق : v. – acreditar
صَدمة / صَدمات (s.f.) : s.f. – batida, pancada / s.m. – espanto, golpe, impacto, solavanco, trauma
صَديق / أَصْدِيقاء (s.m.) : s.m. – amigo
صَديقة / صَديقات (s.f.) : s.f. – amiga
صَراحة (s.f.) : s.f. – franqueza
صَرَّاف / صَرَّافين (s.m.) : s.m.f./adj. – agiota, cambista / s.m. – câmbio
صَرَّح / صَرَّح : v. – declarar
صَرخة : s.m. – grito
صَرْصور : s.f. – barata (inseto)
صَرِّف فِعِل / صَرَّف فِعِل : loc. adv. – conjugar verbo
صَريح : adj. – expresso, franco
صَريخ (s.m.) : s.m. – grito

ص

صَعب / صَعِبِين : adj. – difícil
صَعَد / صَعَد : v. – subir
صُعوبة : (s.f.) : s.f. – dificuldade
صَغير، صْغير (s.m.) : s.m.f. – míni
صَغير، صْغير : adj. – pequeno
صَف : adj. – sereno
صَفّ / صْفوف (s.m.) : s.f. – classe, fila
صَفار البَيَض : s.f. – gema
صِفة / صِفات (s.f.) : s.m. – adjetivo
صَفحة / صَفحات (s.f.) : s.f. – página
صِفر / أَصْفار (s.m.) : s.m. – zero
صَفِر / صَفَر : v. – apitar, assobiar
صَفوة : s.f. – elite
صَفي / صَفا يـ : v. – filtrar
صَقر / صُقور (s.m.) : s.m. – falcão
صَك : s.m. – instrumento
صَكوك ريح (s.m.) : s.m. – instrumento de sopro / loc. subst.
صَلاة : s.f. – prece
صْلاحية : s.f. – validade
صَلَّب / صَلَّب : v. – cruzar
صَلَّح / صَلَّح : v. – consertar, endireitar, reconciliar
صَلّي / صَلّى يـ : v. – orar
صَليب : s.m. – crucifixo
صَمْت : s.m. – silêncio
صَمِّخ / صَمَّخ : v. – colar
صُمْخ / صموخ (s.m.) : s.f. – cola
صَمِّد / صَمَّد : v. – acumular, ajuntar, juntar

صِناعة / صيني

صِناعة (s.f.) / صِناعات :
fabricação, indústria – s.f.
صِناعيّ – adj. : industrial
صَنْدوق (s.m.)/ صَناديق – s.m. : baú, caixote
صَنْدوق السَيارة (s.m.) : porta-malas – s.m.
صُنع (s.m.) : fabricação – s.f.
صَنِع / صَنَع : v. – confeccionar
صَنعة (s.f.) : ofício – s.m. / profissão – s.f.
صَنْف (s.m.) / أصْناف :
artigo – s.m. / espécie – s.f.
صَنية (s.f.) : garota – s.f.
صَنية (s.f.) / صَواني : bandeja – s.f.
صُهُر (s.m.) / أصْهُر : cunhado, genro – s.m.
صوّان (s.m.) : granito – s.m.
صَوب (s.m.) : rumo – s.m.
صِوَّب / صَوَّب : v. – apontar
صَوت (s.m.) / أصوات :
som, voto – s.m. / voz – s.f.
صَوَّت / صَوَّت : v. – votar
صَوت (s.m.) / أصوات : fonema – s.f.

صَوتيّ – adj. : sonoro
صَوَّر / صَوَّر : v. – filmar
صورة (s.f.) / صوَر (s.m.) : fotografia, imagem – s.f. / cópia, figura, foto, quadro, retrato – s.m.
صوص (s.m.) / صوصان : pintinho – s.m.
صوف (s.m.) / أصواف : lã – s.f.
صوفاً (s.m.) : sofá – s.m.
صَوم (s.m.) : jejum – s.m.
صوم / صام – v. : jejuar
صويا (s.m.) : soja – s.f.
صَياد (s.m.) / صّيادين : caçador – s.m.
صَياد سَمَك (s.m.) : pescador – s.m.
صيب / صِب، صاب – v. : atingir, xingar
صْيت (s.m.) : fama – s.f.
صَيَد (s.m.) : caça – s.f.
صَيدَليّ (s.m.)/صَيدَليّن : farmacêutico – s.m.
صَيدَليّة (s.f.) / صَيدَليّات :
drogaria, farmácia – s.f.
صير / صار – v. : tornar
صَيف، الصَيف (s.m.) : verão – s.m.
صيني (s.m.) : chinês – s.m./adj.

ص

ض

ضَباب : نevoeiro – s.m. : (s.m.)
ضَبْط : ajuste – s.m. / regulagem – s.f. : (s.m.)
ضَبِّط / ضَبَّط : acertar, regular – v. :
ضَجّة : barulho – s.m. : (s.f.)
ضَجِر : aborrecido – adj. :
ضِحْكة / (s.f.) / ضِحْكات : risada – s.f. :
ضَحّي / ضَحّى يـ : sacrificar – v. :
ضَحية : sacrifício – s.m. : (s.f.)
ضَحِيّة : vítima – s.f. : (s.f.)
ضِدّ : adversário, contrário – s.m. : (s.m.)
ضِدّ : contra – prep. / oposição – s.f. : (s.m.)
ضَرّ : prejuízo – s.m. : (s.m.)
ضُرّ / ضَرّ يـ : prejudicar – v. :
ضَرْبة (s.f.) / ضَرْبات :
desgraça, multiplicação – s.f. / golpe – s.m.
ضِرْس (s.m.) / أَضْراس : molar – s.m. :
ضَرَع : úbere – s.m. : (s.m.)
ضَروري : necessário – adj. :
ضَريبة (s.f.) / ضَرايَب :
imposto – s.m./adj. / taxa – s.f. / tributo – s.m.

ضُعُف : fraqueza – s.f. : (s.m.)
ضُعف : dobro – s.m. : (s.m.)
ضُعُف نَظَر : miopia – s.f. : (s.m.)
ضَعيف (s.m.) / ضعاف :
débil, fraco, magro – adj.
ضَغْط : pressão – s.f. : (s.m.)
ضَغط شِرياني : pressão arterial – loc. subst. :
ضَفادِع : sapo – s.m. : (s.m.)
ضَفاقة : desaforo – s.m. : (s.f.)
ضِفة : margem – s.f. : (s.f.)
ضِلع (s.m.) / ضلوع : costela – s.f. :
ضَمان (s.m.) / ضَمانة : seguro – s.m./adj. :
ضَمِّن / ضَمَّن : arrendar – v. :
ضَمير : consciência – s.f. : (s.m.)
ضَمير (s.m.) / ضَميرات : pronome – s.m. :
ضَوِّ / ضَوَّ يـ : acender (luz) – v. :
ضَو (s.m.) / أضوية : luz – s.f. :
ضَوء القَمَر : luar – s.m. :
ضيافة : hospitalidade – s.f. : (s.f.)
ضَيعة (s.f.) :
aldeia – s.f. / povoado – vilarejo – s.m.
ضَيف (s.m.) / ضيوف :
convidado – s.m./adj. / hóspede – s.m.f.
ضَيِّق / ضَيَقين : apertado, estreito – adj. :

ط

طابة / (s.f.) : طابات (s.f.) – bola
طابِع / (s.m.) : طَوابِع (s.m.) – selo
طابِق / (s.m.) : طَوابِق :
andar, pavimento, piso – s.m.
طابِق / طابَق – v. : corresponder
طاحِن / (s.m.)/adj. : طاحَنة (s.m.) – moedor
طازَج – adj. : fresco
طاسة حَديد : (s.f.) – capacete – s.m.
طاغية – s.f. : (s.f.) – ditador, tirano
طاقِس – s.m. : (s.m.) – atmosfera
طاقية : (s.f.) – gorro – s.m.
طالِب / طالَب – v. : cobrar
طالِب جامعة – adj. : universitário
طالِع (s.m.) :
ascendente, predominante, próspero – adj.
طالَق / طالَقة – adj. : divorciado
طامِع – adj. : ambicioso
طاهِر – adj. : inocente
طاوُس (s.m.) : (s.m.) – pavão
طاوِع / طاوَع – v. : obedecer
طاولة / (s.f.) : طاولات (s.f.) – mesa
طايفة – s.f. : (s.f.) – seita
طُبّ – s.f. : (s.m.) – medicina
طُبّ العُيون – s.f. : (s.m.) – oftalmologia

طَبّاخ (s.m.) : (s.m.) – fogareiro
طَبّاخ / طَبّاخة (s.m.) : cozinheiro – s.m.
طِباعي – adj. : gráfico
طَبْشورة (s.f.) : giz – s.m.
طَبَعاً – adv. : naturalmente
طَبْعة / طَبْعات (s.f.) : (s.f.) – edição
طَبِّق / طَبَّق – v. : reajustar
طَبِل / طُبول (s.m.) : tambor (música) – s.m.
طِبّي – adj. : médico
طَبيب / طَبيبة (s.m.) : médico – s.m.
طَبيب بَيطَريّ (s.m.) : veterinário – s.m.
طَبيب عيون (s.m.) : oculista – s.m.
طَبيب نَفس (s.m.) : psiquiatra – s.m.
طَبيعة : (s.f.) – natureza
طَبيعي – adj. : físico, natural, normal
طَبيعيّات (s.m.) : física – s.f.
طُحال (s.m.) : baço – s.m.
طَحين (s.m.) : farinha – s.f.
طَحين الذِرة (s.m.) : fubá – s.m.
طَرّاحة / طَراريح (s.f.) : colchão – s.m.
طِراز (s.m.) : estilo, modelo – s.m.
طَرّازة (s.f.) : bordadeira – s.f.
طَرْحة (s.f.) : véu – s.m.
طَرِّز / طَرَّز – v. : bordar
طَرَش (s.m.) : surdez – s.f.
طَرَف (s.m.) : extremo – s.m.
طُرْفة (s.f.) : obra-prima – s.f.
طَريق / طُرُق (smf) :
atalho, caminho – s.m. / rota, rua – s.f.
طريق عامّ (s.f.) : estrada – s.f.

طريقة / طين الفُخّار

طريقة (s.f.) / طُرُق (s.m.) : método, modo – s.m.	طَمَع (s.m.) : ambição, ganância – s.f.
طَشْت (s.m.) : bacia – s.f.	طُنّ (s.m.) / أَطْنان : tonelada – s.f.
طَصّيت (s.m.) : eleição – s.f.	طَنْجَرة (s.m.) : caçarola, panela – s.f.
طُعْم (s.m.) : isca – s.f.	طَنْجَرة ضَغط : panela de pressão – loc. subst.
طَعَّم / طَعَّم – v. : enxertar, vacinar	طُول : duradouro – adj.
طَعمة (s.f.) : sabor, paladar – s.m.	طَوَّل / طَوَّل – v. : aumentar, prolongar
طُفُل (s.m.) / أَطْفال : bebê, menino – s.m.	طُول (s.m.) / طِوال : comprimento – s.m.
/ criança de colo – loc. subst.	طَويل / طَويلة : alto – adj.
طُفولة (s.f.) : infância – s.f.	طَويل / طُول : comprido, longo – adj.
طَقْس (s.m.) : clima, tempo – s.m.	طَيّارة (s.f.) / طَيّارات : avião – s.m.
طَلاق (s.m.) : divórcio – s.m.	طَيّارجي (s.m.) / طَيّارجية : aviador – s.m.
طَلَب (s.m.) : pedido – s.m.	طَيّب / طَيِّبين : delicioso, gostoso, saboroso – adj.
طَلَب / طَلَب – v. : encomendar	طَير (s.f.) / طيور (s.m.) : ave – s.f.
طَلَبية – s.f. : encomenda	طير / طار – v. : voar
طَلْسَم (s.m.) / طَلاسَم (s.m.) : talismã – s.m.	طَيَران (s.m.) : aéreo – s.m./adj. / aviação – s.f. / voo – s.m.
طَلَّع / طَلَّع – v. : ver	طَيَراني – adj. : aeronáutico
طَلْعة (s.f.) / طَلْعات (s.f.) : subida – s.f.	طَيَرجي (s.m.) : piloto – s.m.
طَلْق (s.m.) : talco – s.m.	طَيف (s.m.) : sombra – s.f.
طَلَّق / طَلَّق – v. : desquitar, divorciar	طين (s.m.) : barro – s.m.
طَلْقة : palpite – s.m.	طين الفُخّار (s.m.) : argila – s.f.
طِلياني – adj./s.m. : italiano	
طَليق – adj. : livre	

ط

ظ

ظَريف / ظَرِفين :
elegante, gentil, gracioso, simpático – adj.

ظريفة : graciosa – adj.

ظُفُر (s.m.) / أظافِر – s.f. : unha

ظُفُر الأقدام (s.m.) / أظافِر :
unha dos pés – s.f.

ظُفُر الأيدي (s.m.) / أظافِر :
unha das mãos – s.f.

ظَلّ / ظَلّ يـ : ficar – v.

ظَهِر (s.m.) : costas – s.f./ dorso – s.m.

ظُهُر : meio-dia – s.m.

ظالِم / ظالِمين : injusto – adj.

ظاهِر : manifesto – adj.

ظاهِرة (s.f.) : fenômeno – s.m.

ظَرْف (s.m.) / ظروف : envelope – s.m.

ظَرْف (s.m.) / ظروف : advérbio – s.m.

ع

عابِث : indiferente – adj.
عابِر : passageiro – adj.
عاتِب / عاتَب : reclamar – v.
عاجّ (s.m.) : marfim – s.m.
عاجِز (s.m.) / عاجِزين (s.m.f./adj.) : deficiente – s.m./adj. / incapaz – s.m.f./adj.
عاجَلا (s.f.) : pressa – s.f.
عادة (s.f.) / عادات : costume – hábito – s.m.
عادةً : geralmente – adv.
عادِل : justo – adj.
عادي : comum – adj.
عادي / عادات : normal – adj.
عار (s.m.) : desonra – s.f.
عارِض (s.m.) : acidente – s.m.
عارض (s.m.) : tumor – s.m.
عاري : pelado – adj.
عاسْكَري (s.m.) : exército – s.m.
عاش! – interj. : viva!
عاشِر / عاشِرة : décimo – num.
عاشِق / عاشِقة : enamorado – adj.
عاصْفة (s.f.) : tempestade – s.f.
عاصْمة (s.f.) / عواصْم : capital (geografia) – s.f.
عاطِر : cheiroso – adj.

عاطْفة (s.f.) : emoção – s.f. / sentimento – s.m.
عاطِل / عَطْلين – adj. : mau, péssimo, ruim
عاقَل (s.m.) : ajuizado – adj. / juízo – s.m.
عاكِس / عاكَس – v. : contrariar
عالِج / عالَج – v. : medicar, tratar
عالجَبَل – loc. adv. : na montanha
عالحَفة – loc. adv. : na beira
عالَم (s.m.) : gente – s.f. / mundo, universo – s.m.
عالِم (s.m.) / عُلَمى (s.m.) : cientista – s.m.
عالِمة (s.f.) / عَلامات : cicatriz – s.f.
عالَمي – adj. : global, internacional, mundial
عالي – adj. : alto
عامِل (s.m.) / عوامَل : componente, fator – s.m.
عانّ قَريب – adv. : brevemente
عايلة، عائلة / عيلات – s.f. : família
عايلي، عائلي – adj. : familiar
عَبايّة (s.f.) / عبايات : manto – s.m.
عبْد (s.m.) : criado, servo – s.m.
عبْد (s.m.) / عبيد : negro – adj.
عَبْطة : abraço – s.m. (s.f.)
عَبْقَرية (s.f.) : gênio – s.m.
عَبّي / عَبّى يـ : encher – v.
عَتَبْ (s.m.) : reclamação – s.f.
عَتَبة (s.f.) / عَتَبات : soleira, viga – s.f.
عتِم (s.m.) : escuridão – s.f.
عتِم / عتّم – v. : escurecer
عَتيق (s.m.) / عِتاق : antigo, velho – adj.
عِجِب (s.m.) : omelete – s.m.f.

عَجْز / عريش

عَجْز (s.m.) :	imperícia – s.f.
عجِّل / عجَّل :	apressar – v.
عجِّل (s.m.) :	depressa – adv. / rápido – s.m./adj./adv.
عِجل (s.m.) / عِجول :	bezerro – s.m.
عَجَنَب :	ao lado de – loc. adv.
عَجوة (s.f.) :	tâmara (passa) – s.f.
عَجوز (s.m.) / عَجوزة :	idoso – s.m./adj.
عَجيب (s.m.) :	admirável – adj.
عَجيبة (s.f.) / عَجَيّب :	milagre – s.m.
عَجين (s.m.) :	massa – s.f.
عدَّ / عَدَّ يـ :	contar – v.
عَدا :	menos – adv./pron.
عدا عَن هيك :	além disto – loc. adv.
عَدالة (s.f.) :	justiça – s.f.
عداوة (s.f.) :	inimizade – s.f.
عِدّة (s.f.) :	equipamento – s.m.
عدة :	vários – adj./pron.
عدت :	alguns – pron.pl. / diversos – adj./pron.pl.
عدَد (s.m.) / عداد :	número – s.m. / quantidade – s.f.
عدَد زَوجيّ (s.m.) :	número par – loc. subst.
عدَد صَحيح (s.m.) :	número inteiro – loc. subst.
عدَد فَرْديّ (s.m.) :	número ímpar – loc. subst.
عدَد كامَل (s.m.) :	número inteiro – loc. subst.
عَدَسّ (s.m.) :	lentilha – s.f.
عدوّ (s.m.) / أعْداء :	inimigo – s.m.
عديدين :	diversos – vários – adj./pron. pl.
عَديم :	desumano – adj.
عَذِب / عَذَب :	castigar, maltratar, punir, torturar – v.
عُذُر / عَذَر :	desculpar, perdoar – v.
عُذْرً (s.m.) :	perdão – s.m.
عَذرا (s.f.) :	virgem – s.f.
عُذْرني :	desculpe-me, perdoe-me – exp.
عرّابة (s.f.) / عرّابات :	madrinha – s.f.
عِراقيّ /s.m. :	iraquiano – adj./s.m.
عَرَبيّة خَيِّل (s.f.) :	carroça, charrete – s.f.
عِرْزان (s.m.) / عَرازين :	cabana – s.f.
عِرس (s.m.) / أعرَس :	casamento – s.m.
عُرْسان (s.m.) :	namorado – adj./s.m.
عرْش (s.m.) :	trono – s.m.
عَرْض (s.m.) :	largura – s.f.
عَرِض / عَرَض :	alargar – v.
عَرَق (s.m.) :	suor – s.m. / transpiração – s.f.
عِرق (s.m.) :	etnia, veia – s.f.
عَرَق (s.m.) :	cachaça – s.f.
عَرِق / عَرِق :	transpirar – v.
عَرقان :	suado – adj.
عَرقِل / عَرَقَل :	complicar – v.
عِرقيّ :	racista – adj.
عِرْقية (s.f.) :	racismo – s.m.
عروس (s.f.) :	namorada, noiva – s.f.
عَري / عَريانين :	nu – adj.
عريس (s.m.) :	namorado – adj. / noivo – s.m.
عريش (s.m.) :	parreira – s.f.

عَريض / عَقد

عَريض / عَريضين : – largo – adj.
عَريف (s.m.) : .cabo – s.m
عَزاب (s.m.) : .castigo – s.m
عزم / عُزَمة : .poderoso – adj
عَزْم (s.m.) : .decisão – s.f
عَزْمة (s.f.) / عَزايِّم : .convite – s.m
عَسْكَري (s.m.) / عَسكَرية :
militar – s.m.f./adj. / soldado – s.m.
عَسْكَرِيَ : .marcial – adj
عَسَل (s.m.) : .mel – s.m
عسَليات : .castanhos (olhos) – adj.pl
عِشّ (s.m.) : .ninho – s.m
عَشا (s.m.) : .jantar – s.m
عِشْب (s.m.) : .mato – s.m
عِشْبة (s.f.) : .erva – s.f
عشَر سنين : .década – s.f
عَشَرة (s.f.) : .dez – num. / dezena – s.f
عَشري (s.m.) : .decimal – s.m.f./adj
عِشرين : .vinte – num
عُشْق (s.f.) : .paixão – s.f
عَصا (s.f.) : .haste, vara – s.f
عصابة (s.f.) : .atadura – s.f
عصابة (s.f.) : .quadrilha – s.f
عُصاري : .suculento – adj
عَصاي (s.m.) : .bengala – s.m
عَصَب / أعصاب (s.m.) : .nervo – s.m
عَصْر (s.m.) : .era, época – s.f
عَصَّر / عَصَّر : .modernizar – v
عَصْريّ : .moderno – adj
عُصْفور / عصافير (s.m.) : .passarinho – s.m

عصيدة (s.f.) : .mingau – s.m
عَصير (s.m.) : .refresco, suco – s.m
عُضّ / عَضّ يِد : .morder – v
عَضَب (s.m.) : .nervo – s.m
عَضَل (s.m.) / عَضَلات : .músculo – s.m
عضو (s.m.) : .vereador – s.m
عُطر (s.m.) : .aroma, odor, perfume – s.m
عَطَسة (s.f.) / عَطسات : .espirro – s.m
عَطْش (s.m.) : .sede – s.f
عَطْشان : .sedento – adj
عطِّل / عطَّل :
atrapalhar, danificar, enguiçar – v.
عُطُل (s.m.) : .defeito – s.m
عُطْلة (s.f.) : .férias – s.f.pl
عَطوب : .frágil – adj
عطوبيّة (s.f.) : .fragilidade – s.f
عطول : .ao longo de – loc. adv
عطيلة / عُطَلا : .inválido – adj
عَظِم (s.m.) / عَظَمَت : .osso – s.m
عَظيم (s.m.) / عَظيمين :
esplêndido, excelente, magnífico – adj.
عَفاف (s.m.) : .castidade – s.f
عَفَن (s.m.) : .mofo – s.m
عَفواً : .perdão – s.m./interj
عَفيف (s.m.) : .casto – adj
عَقد (s.m.) : .contrato – s.m
عَقد (s.m.) : .década – s.f
عَقَّد / عقْدة : .colar – s.m
عَقِد / عَقَد : .ligar (aparelho) – v
عَقِد / عَقَد : .complicar – v

عُقدة (s.f.) : s.m. – nó

عَقرَب (s.m.) : s.m. – escorpião

عَقل (s.m.) : s.f. – mente

عِقال (s.m.) : s.m. – prendedor (para lenço)

عَقَبة (s.f.) : s.m. – impedimento, obstáculo

عَقليّ – adj. – mental

عَكازة (s.f.) : s.f. – bengala

عَكِس :
adverso, contrário – adj. / contra – prep.

عَلاقة (s.f.) : s.f. – relação

عَلامة / علامات (s.f.) :
marca – s.f. / sinal – s.m.

عِلبة (s.f.) / عِلَب – s.m. : caixa – s.f. / estojo – s.m.

عَلِّق / عَلَّق – v. : pendurar

عِلك (s.m.) : loc. subst. – goma de mascar

عَلِّم / عَلَّم – v. : assinar, ensinar, marcar

عَلَم (s.m.) : s.f. – bandeira

عَلِم (s.m.) : s.m. – sábio

عِلم / علوم (s.m.) : s.f. – ciência, cultura

علم الأرواح (s.m.) : s.m. – espiritismo

علم الأورام (s.m.) : s.f. – oncologia

علم الطيَران (s.m.) : s.f. – aeronáutica

عَلَم الوَطَن (s.m.) :
bandeira nacional – loc. subst.

عَلْمانيّ – adj. – laico

على الأقل :
menos – adv. / pelo menos – loc. adv.

عَمّ / عمومة (s.m.) : s.m. – tio (paterno)

عم يلامِّع (s.m.) : v. – brilhando

عَمار (s.m.) : s.f. – construção

عَمّار / عَمّارين (s.m.) : s.m. – construtor

عمارة (s.f.) : s.m. – imóvel (construção)

عَمّة / عمّات (s.f.) : s.f. – tia (paterna)

عمّتي (s.f.) : s.f. – tia (minha paterna)

عِمد / عِمدان (s.m.) : s.m. – tronco

عَمِّر / عَمَّر – v. : construir

عُمُر (s.m.) : s.f. – idade

عُمْران (s.m.) : s.m. – progresso

عَمْرة (s.f.) : s.f. – boina

عَمَل (s.m.) : s.m. / obra – s.f. – ação, ato

عَمَل / عمِل – v. : funcionar, realizar

عَمَل / عمِل – v. : fazer

عِمْلاق (s.m.) : s.m. – gigante

عِمْلة (s.f.) : dinheiro – s.m. / moeda – s.f.

عَمَلية / عمَليات (s.f.) :
cirurgia, operação – s.f.

عَمَهِل (s.m.) : devagar – adv. / calma – s.f.

عَمود / عوامید (s.m.) :
haste, coluna – s.f. / pilar, poste s.m.

عَمودي / عمودیّن :
aprumado, perpendicular, vertical – adj.

عُموميّ / عُمُّميّات – adj. – geral

عَمّي (s.m.) : s.m. – tio (meu paterno)

عَميق / عَميقة – adj. – fundo, profundo

عَميل / عُمّال (s.m.) : s.m. – cliente, freguês

عن – prep. : sobre

عن اليَسار – adv. – esquerdo (do lado)

عَن جَدّ (s.m.) : certeza – s.f. / sério – adj.

عِنَّبة (s.f.) / عِنَّب – s.f. – uva

عِنْد / كان عِنْد – v. : ter

عَنْزة (s.f.) : s.f. – cabra

عُنصُري / عَيِّنة

عُنصُري : racial – adj.
عُنْق قَنينة (s.m.) : gargalo – s.m.
عَنْقود (s.m.) / عَناقيد : cacho – s.m.
عَنْكَبوت (s.m.) : aranha – s.f.
عِنوان (s.m.) : endereço – s.m.
عَنيد / عَنيدة : teimoso – adj.
عَهْد (s.m.) : era – s.f.
عَنيف : violento – adj.
عود (s.m.) : violão – s.m.
عود / عاد : voltar – v.
عَوَّض / عَوَّض : compensar – v.
عَوَّم / عِمّ / عامّ : boiar, flutuar – v.
عَوَى / عَوَى يَـ : latir – v.
عَوَينات (s.m.) : óculos – s.m.pl.
عِيادة (s.f.) / عِيادات :
clínica – s.f. / consultório, gabinete – s.m.
عَيب (s.m.) : defeito – s.m. / vergonha – s.f.

عَيد (s.m.) : jubileu – s.m.
عيد الفَصِح (s.m.) : páscoa – s.f.
عيد الكَبير (s.m.) : páscoa – s.f.
عِيد الميلاد (s.m.) : aniversário, natal – s.m.
عيد سِنة (s.m.) : aniversário – s.m.
عيد ميلاد (s.m.) : aniversário – s.m.
عَيش (s.m.) : subsistência, vida – s.f.
عيش / عِش-عاش : viver – v.
عَيِّط / عَيِّط : chamar – v.
عين (s.m.) / عيون :
fonte, mina – s.f. / nascente – s.f./adj.
عين (s.f.) / عيون : olho – s.m.
عيِّن / عيِّن : indicar, nomear – v.
عَيِّنة (s.f.) : amostra – s.f. / espécime – s.m.

ع

غ

غابة (s.f.) : – floresta, mata, selva – s.f.
غابي : – florestal – adj.
غادة (s.f.) : – beldade – s.f. - adj./ moça bonita – adj.
غاز (s.m.) : – fogão – s.m.
غاز / غازات (s.m.) : – gás – s.m.
غازَل / غازَل – v. : – namorar
غازي / (s.m.) غَزين – invasor – s.m./adj.
غال / غالات (s.f.) : – fechadura – s.f.
غالب (s.m.) : – vencedor – s.m./adj.
غالي / غالين – caro – adj.
غالبًا – frequentemente – adv.
غامِض : – confuso, misterioso, obscuro, oculto – adj.
غامِق / غامْقين – escuro – adj.
غانية (s.f.) : – bela – s.f.
غايَب (s.m.) : – ausente – adj.
غاية (s.f.) : – objetivo – s.m.
غايَم (s.m.) : – nublado – adj.
غَبَرة (s.f.) : – pó – s.m. / poeira – s.f.
غَبْطة : – euforia – s.f.
غَبِيّ : – tolo – adj.
غتى مخَدة (s.f.) : – fronha – s.f.
غَداء (s.m.) : – alimento, almoço – s.m.

غِدّة / غِدّاد (s.f.) : (s.f.) – glândula – s.f.
غراب (s.m.) : (s.m.) – corvo, urubu – s.m.
غرام (s.m.) : (s.m.) – grama – s.f.
غرام (s.m.) : (s.m.) – xodó – s.m.
غَرامة (s.f.) : (s.f.) – multa – s.f.
غَرْب (s.m.) : (s.m.) – ocidente, oeste – s.m.
غَرْبيّ – ocidental – adj.
غُرْفة / غُرَف (s.f.) : – dormitório, gabinete, quarto – s.m.
غَرَق (s.m.) : – afogamento – s.m.
غُروب الشَمْس (s.m.) : – declínio do sol, ocaso, pôr do sol – s.m.
غَريب (s.m.) / غُرَبا : – curioso, estranho – s.m./adj.
غَريب (s.m.) / غَريبة – esquisito – s.m./adj.
غَريب : – alheio – adj.
غَريق : – afogado – adj.
غَزال (s.m.) / غُزْلان : – gazela – s.f. / veado – s.m.
غَزو (s.m.) : – invasão – s.f.
غَسالة (s.f.) : – lavatório – s.m.
غَسالة كَحْرَبا (s.f.) : – lavadora, máquina (de lavar) – s.f.
غَسِّل / غَسَّل – v. : – lavar
غُش / غَش يـ : – enganar – v.
غَشيم (s.m.) / غُشاما : – bobo – s.m./adj.
غِصّ / غَصّ يـ : – engasgar – v.
غَصّة (s.f.) : – engasgo – s.m.
غُصُن (s.m.) / أغْصَن : – galho, ramo – s.m.
غَضْبان / غَضْبِانة – irritado, zangado – adj.

غِطْأً / غَير مَعقول

غِطْأً (s.m.) / أغطية :
coberta, cobertura, tampa – s.f.
غِطاء (s.f.) : s.m. – lenço (para cabeça)
غَطِّي / غَطّى يـ : v. – cobrir
غَفو (s.m.) : s.m. – cochilo
غَفي / غَفى يـ : v. – cochilar
غَلى (s.m.) : s.f. – carestia
غَلاظة (s.f.) : s.f. – espessura
غَلايَة (s.f.) : s.f. – bule
غَلبة (s.f.) / غَلبات (s.f.) : s.f. – derrota
غَلَط (s.m.) : s.m. – engano, equívoco
غَلْطان : adj. – equivocado, errado
غَلْطة (s.f.) : s.f. – erro
غَلَظ (s.m.) : s.f. – descortesia
غلِّق / غَلَّق : v. – fechar
غَليظ : adj. – descortês, estúpido, rude
غَليظ : adj. – espesso
غَليون (s.m.) / غَلاين (s.m.) : s.m. – cachimbo
غَميق / غَميقين : adj. – fundo
غِنايَة (s.f.) / غِنايات (s.f.) : s.f. – canção
غَنْغَرينة : s.f. – gangrena
غَنْمة (s.f.) / غَنَم (s.f.) : s.f. – ovelha
غِنى (s.m.) : s.f. – riqueza
غَنِيَ : adj. – rico
غَنِّي / غَنى يـ : v. – cantar
غوّاصَة (s.f.) : s.m. – submarino
غِياب (s.m.) : s.f. – ausência, falta
غِيب / غاب : v. – ausentar
غَير / غَيرون : pron. – outro

غَيِّر / غَيَّر : alterar, modificar,
transformar, trocar, variar – v.
غَير أَن : loc. adv. – apesar de
غَير آهِل : adj. – desabitado
غَير حاذِق : adj. – desajeitado
غَير حَقيقي : adj. – falso, irreal
غَير دَقيق : adj. – impreciso, infiel
غَير شَرعيّ : adj. – ilegal
غَير شَريف : adj. – desonrado
غَير شَكِل : adj. – diferente
غَير صادِق : adj. – irreal
غَير صالِح : adj. – inapto
غَير صالِح : adj. – contraindicado
غَير قانونيّ : adj. – ilegal
غَير لَبَق : adj. – desajeitado
غَير ماهِر : adj. – inábil
غَير مُتوقَّع : adj. – imprevisto
غَير مُجد : adj. – fútil
غَير مَحْمول : adj. – insuportável
غَير مُرَوَّض : adj. – xucro
غَير مُسْتَعد : adj. – indisposto
غَير مُسْتَقيم : adj. – parcial
غَير مُسْتَوٍ : adj. – desigual
غَير مسلَّح : adj. – desarmado
غَير مَسؤول : adj. – irresponsável
غَير مَشْروع : adj. – ilícito
غَير مَضبوط : adj. – desregulado
غَير مَعروف : adj. – incomum
غَير مَعقول :
absurdo, anormal, ilógico, insensato – adj.

غَير مَفهوم / غَيمِة

غَير مَفهوم (s.m.) : mal-entendido – s.m./adj.
غَير مَقصود : involuntário – adj.
غَير مُقلِص : infiel – adj.
غَير مُلموس : intacto – adj.
غَير مُناسب : inoportuno – adj.
غَير مُنْتَظَر : imprevisto – adj.
غَير مْنْظور : invisível – adj.

غَير مُهَذِب : descortês, indelicado, mal-educado, não polido – adj.
غَير مَوجود : inexistente – adj.
غَير نِظامي : irregular – adj.
غَيرة (s.m.) : ciúme, cuidado, zelo – s.m.
غَيظ (s.m.) : ira – s.f.
غَيم (s.m.) : nevoeiro – s.m.
غَيمِة (s.f.) / غَيم : nuvem – s.f.

غ

ف

فاتَح (s.m.) / فاتحين :
conquistador – s.m./adj.

فاتِح / فاتحة : claro – adj.

فاتِر / فَتْرين : morno – adj.

فاتِن (s.m.) :
deslumbrante, sedutor – s.m./adj.

فاتورة (s.f.) / فاواتير : fatura – s.f.

فاحَصْ (s.m.) / فاحَصْين :
examinador – s.m./adj.

فارة (s.f.) : rato – s.m.

فارْط (s.m.) : excesso – s.m.

فارِغ : oco, vazio – adj.

فارِق (s.m.) : diferença – s.f.

فاجِر : impuro – adj.

فاصِل / فاصَل : pechinchar – v.

فاضِح : escandaloso – adj.

فاضي / فاضية : oco, vago, vazio – adj.

فاعِل : eficaz, eficiente – adj.

فاعلية (s.f.) : eficácia – s.f.

فأفأ : gago – adj.

فاكِهة (s.f.) / فواكه : fruta – s.f.

فالِج (s.m.) : derrame – s.m.

فانَ شَعبي (s.m.) : folclore – s.m.

فانوس (s.m.) / فَوانيس :
lanterna – s.f. / farolete, lampião – s.m.

فايَز (s.m.)/adj. / فايزين : vencedor – s.m./adj.

فايض (s.m.) : juros – s.m.pl. / superavit – s.m.

فايَق / فايَقة : acordado – adj.

فَبْرِك / فَبْرَك : fabricar – v.

فَبْرِكة (s.f.) / فَبارِك : fábrica – s.f.

فُت / فيت : entrar, ingressar – v.

فَتات (s.f.) : garota – s.f.

فتاق (s.m.) : hérnia – s.f.

فَتح / فَتَّح : conquistar – v.

فَتْحة (s.f.) : vogal breve (sinal de) – s.f.

فُتْحة (s.f.) : abertura, conquista, fenda – s.f.

فَتْرة (s.f.) : intervalo – s.m.

فَتِّش / فَتَّش : fiscalizar, procurar – v.

فَتورة (s.f.) / فَتورات : nota (fatura) – s.f.

فَتيش (s.m.) / فَتيشات : fiscalização – s.f.

فَجأة (s.f.) : surpresa – s.f.

فجأةً : repentinamente – adv.

فَجر (s.m.) : alvorada, aurora, madrugada – s.f.

فِجِل (s.m.) / فِجلات : rabanete – s.m.

فَجوة (s.f.) : intervalo – s.m.

فَحِص (s.m.) / فحوصة : exame – s.m.

فَحِل (s.m.) : garanhão – s.m.

فَحِم (s.m.) / فَحمات : carvão – s.m.

فَخْ (s.m.) / فِخاخْ : armadilha, cilada – s.f.

فُخار : cerâmica – s.f.

فَخِذ (s.m.) / فخاذ : coxa, perna – s.f.

فَخِز (s.m.) : vitória – s.f.

فَخِم / فِشْلاوة

فَخْم : (s.m.) – s.m. – luxo	فَرْع : (s.m.) – s.m. – ramal
فَخِم / فَخْمة – adj. – luxuoso	فرع : (s.m.) – s.f./adj. – filial
فِدرالِيّ – adj. – federal	فَرَّغ / فَرِّغ : v. – esvaziar
فَراشة : (s.f.) – s.f. – borboleta	فَرق : (s.m.) – s.f. – diferença
فَراغ – adj. – vago	فَرَّق / فَرِّق : v. – separar
فُراق : (s.m.) – s.f. – separação	فَرق السِّعر : (s.m.) – s.m. – ágio
فَرْد / أفراد (s.m.) : s.m. – elemento	فَرق سِعر : (s.m.) – s.m. – deságio
فَرَج : (s.m.) – s.f. – esperança	فرم، فَرمَلة : (s.f.) – s.m. – freio
فَرجي ﻳ فَرجي : – v. – comprovar, exibir, mostrar	فُرْن : (s.m.) – s.m. – forno
فَرَح : (s.m.) – s.f. – alegria	فُرْن خِبز : (s.m.) – s.f. – padaria
فَرحان / فَرحانين – adj. – alegre, contente	فَرَنْدا : (s.f.) – s.f. – varanda
فَرْد : (s.m.) – s.m. – revólver	فرَنْسا – n.próp. – França
فَرْدِيّ – adj. – individual	فَرَنْسي : (s.m.) – s.m./adj. – francês
فَرْز : (s.m.) – s.f. – secreção	فَرّوج / فَرَريج : (s.m.) – s.m. – frango
فَرَس : (s.f.) – s.f. – égua	فَريد : adj. – singular
فَرْش : (s.m.) – s.f. / s.m. – mobília / móvel	فَريد / أفراد (s.m.) : s.m. – membro
فَرَّش / فَرِّش : v. – mobiliar	فَريز : (s.m.) – s.m. – morango
فِرْشاية / فَراشي (s.f.) : – escova – s.f. / pincel – s.m.	فَريق (s.m.) / فُرَق : – equipe, turma – s.f. / grupo, time – s.m.
فِرْشاية أسنان (s.f.) : – escova de dente – loc. subst.	فريك : (s.m.) – s.m. – trigo (verde)
فِرْشاية شَعِر (s.f.) : – escova de cabelo – loc. subst.	فَزَع : (s.m.) – covardia – s.f. / medo, pânico – s.m.
فِرْشِة / فِرْشات (s.f.) : s.m. – colchão	فَزِّع / فَزَّع : v. – assustar, espantar
فَرْشي / فَرْشى ﻳ : v. – escovar	فَزيع / فَزيعين – adj. – covarde, medroso
فُرْصة : (s.f.) – s.f.pl. – férias	فُسْتان / فَساتين (s.m.) : s.m. – vestido
فَرَضِيّة : (s.f.) – s.f. – hipótese	فَسِّر / فَسَّر : v. – explicar
فَرْط : (s.m.) – s.m. – excesso	فسيح – adj. – espaçoso
فَرْطوش / فَراطيش (s.m.) : s.m. – cogumelo	فَش الوَرَم : v. – desinchar
	فَشَل : (s.m.) – s.m. – fracasso
	فِشْلاوة / فِشْلاوين – adj. – canhoto

فَصّ / فَوّاح

فَصّ : (s.m.) : segmento – s.m.

فَصِل (s.m.) / فُصول :
capítulo – s.m. / estação do ano – loc. subst.

فاصولية : (s.f.) : feijão – s.m.

فُضّة : (s.f.) : prata – s.f.

فَضْل : (s.m.) : favor – s.m.

فَضّل – v. : sobrar

فَضِّل / فَضَّل – v. : preferir

فَضْلة : (s.f.) : superávit – s.m.

فُضولية (s.f.) : curiosidade – s.f.

فَضيحة (s.f.) / فَضَياح :
desonra – s.f. / escândalo – s.m.

فُطار : (s.m.) : micose – s.m.

فَطِن – adj. : sagaz

فَطَير : (s.m.) : torta – s.f.

فَطين – adj. : fino, ladino

فَظ – adj. : rude

فَعَل : (s.m.) / loc. adv. : de fato – fato – s.m.

فِعَل : (s.m.) : verbo – s.m.

فِعَل الآمِر (s.m.) :
verbo (modo imperativo) s.m.

فعَل الحاضِر (s.m.) :
verbo (tempo presente) s.m.

فعَل السابِق (s.m.) :
verbo (tempo passado) s.m.

فعَل الماضي (s.m.) :
verbo (tempo passado) s.m.

فعَل المُسْتَقْبَل (s.m.) : verbo (tempo futuro) s.m.

فعَل المُضارِع (s.m.) : verbo (gerúndio) s.m.

فِعَل شاذّ (s.m.) : verbo (irregular) – s.m.

فِعَل قِياسيّ (s.m.) : verbo (regular) – s.m.

فِعَل مُساعِد (s.m.) : verbo (auxiliar) – s.m.

فَقَط – adv. : apenas, somente

فُقر (s.m.) : carência, pobreza – s.f.

فَقير (s.m.) / s.m.f./adj. : marginal, pobre

فِك / فَك :
desamarrar, desbloquear, desligar – v.

فَكَّر / فَكَّر – v. : pensar

فِكْرة (s.f.) / فُكَر : ideia, noção,
opinião – s.f. / conceito, pensamento – s.m.

فَكَّك / فَكَّك – v. : desmontar

فَلاح (s.m.) / فَلاحين : lavrador – s.m./adj.

فَلاحة (s.f.) : lavoura – s.f.

فَلان (s.m.) : fulano – s.m.

فِلَسْطين – n.próp./s.f./adj. : Palestina

فِلَسْطيني / فِلَسْطينية :
palestino – s.m./adj.

فَلْسَفة (s.f.) : filosofia – s.f.

فَلْسَفي / فَلْسَفية – adj. : filosófico

فُلْفُل : pimenta – s.f. (s.m.)

فَلَك (s.m.) : órbita – s.f.

فُلْكْلور (s.m.) : folclore – s.m.

فَلَيْفِلة (s.f.) : pimentão – s.m.

فَلينة (s.f.) : rolha – s.f.

فَنّ (s.m.) / فنون : arte – s.f.

فَنّان (s.m.) / فَنانين : artista, escultor – s.m.

فِنْجان (s.m.) / فَناجين : xícara – s.f.

فُنْدُق (s.m.) / فَنادِق : hotel – s.m.

فَنّي – adj. : artístico

فَهْرَس (s.m.) : índice – s.m.

فَوّاح – adj. : cheiroso

فواكه | frutas – *s.f.pl.* : (*s.m.*)
فوتْبول | futebol – *s.m.* : (*s.m.*)
فَوج / أفواج | tropa – *s.f.* : (*s.m.*)
فَوراً | imediatamente, logo – *adv.*
فَوز | glória – *s.f.* / sucesso – *s.m.* : (*s.m.*)
فَوز | vitória – *s.f.* : (*s.m.*)
فوز / فاز | conquistar – *v.*
فوطة / فوطات | guardanapo – *s.m.* : (*s.f.*)
فَوق | acima – *adv.* : / em cima – *loc. adv.* / sobre – *prep.*
فَوق ال | em cima de – *loc. prep.*
فَوق الصَوتي | ultrassom – *s.m.* : (*s.m.*)
فَوقيّ | superior – *s.m./adj.* : (*s.m.*)
فول / فُلات | fava – *s.f.* : (*s.m.*)
فولاذ | aço – *s.m.* : (*s.m.*)
في | na, no – *prep.* / se – *pron.*
في المُسْتَقبَل | futuramente – *adv.*
في المُقَدَمة | tem pela frente – *exp.*

في ذاك : nisso (contração: *prep.* em + *pron.dem.* isso)
في هدا : nisto (contração: *prep.* em + *pron.dem.* isto)
فيز / فاز يـ : saltar – *v.*
فيض / فاض : transbordar – *v.*
فَيَضان (*s.m.*) : enchente, inundação – *s.f.*
فيق / فاق : acordar – *v.*
فيل (*s.m.*) / أَفيِّل : elefante – *s.m.*
فيلة (*s.f.*) : elefanta, aliá – *s.f.*
فَيلَسوف (*s.m.*) / فَيلَسوفة : filósofo, sábio – *s.m.*
فيلْم (*s.m.*) / أفلام : filme – *s.m.*
فينيقي (*s.m.*) / فينيقين : fenício – *s.m./adj.*
فيه : nele (contração: *prep.* em + *pron.pes.* ele)
فيها : nela (contração: *prep.* em + *pron.pes.* ela)

ف

ق

قابْحة (s.f.) : – prostituta – s.f.
قابِل / قابَل – v. : comparar, entrevistar
قاتِل – adj. : fatal
قاتِلْ (s.m.) / **قاتِلة** – s.m./adj. : assassino
قادِر / قادرين – adj. : capaz, competente
قادم (s.m./adj./adv.) : próximo
قارِب (s.m.) / **قَوارب** :
canoa, lancha – s.f. / barco – s.m.
قارّة (s.f.) : continente – s.m.
قارّيّ – adj. : continental
قاسي / قاسين – adj. : cruel, duro
قاصِر (s.m.f./adj.) : deficiente
قَصص / قَصَص – v. : castigar
قاضي (s.m.) / **قوضات** : juiz – s.m.
قاطِر – s.m./adj. (s.m.) : rebocador
قاطَع – s.m./adj. (s.m.) : interruptor
قاطِع – adj. : conclusivo, definitivo
قاعِد – adj. : sentado
قاعدة (s.f.) : base – s.f.
قافِلة (s.f.) : caravana – s.f.
قالِب – s.m. : fôrma
قامة (s.f.) : estatura – s.f.
قامة أوسَطة :
estatura mediana – loc. subst.

قامة قَصيرة (s.f.) :
estatura baixa – loc. subst.
قامة طويلة : estatura alta – loc. subst.
قاموس (s.m.) / **قَواميس** – s.m. : dicionário
قانون (s.m.) / **قَوانين** : s.f. – lei, norma
/ código, estatuto, regulamento – s.m.
قانونيّ – adj. – regular – legal
قايدة (s.f.) : s.m. – comando, governo
قَبّة (s.f.) : gola – s.f. / colarinho – s.m.
قبة الجراس (s.f.) : campanário – s.m.
قَبِر (s.m.) / **قبورة** – s.m. – túmulo
قَبَضاي – adj. : valente
قَبْضة (s.f.) : punho – s.m.
قَبِل – adv. : antes
قَبِل الاخير – adj. : penúltimo
قبّوع (s.m.) : s.m. – gorro
قِتال (s.m.) / **قتالات** :
combate, conflito – s.m.
قَتّال – adj. : fatal
قتُن (s.m.) : s.m. – brim
قَد – adv. : já
قَدّاحة (s.f.) / **قَدّاحات** : s.m. – isqueiro
قِداس (s.m.) / **قِداسات** – s.f. – missa
قِدام – prep. – diante, frente, em frente
قَدَح (s.m.) : s.m. – cálice / s.f. – caneca
قَدِّم / قَدِّم – v. – apresentar, avançar, oferecer
قَدَم (s.m.) / **أقدام** – s.m. – pé
قَدير / قودَرة :
eficaz, eficiente, poderoso – adj.

قَديس / (s.m.) / قَديسة :	apóstolo – s.m. / santo – s.m./adj.
قَديش : pron.ind./adv.	quanto
قَديم : adj.	antigo
قَديماً : adv.	antigamente, outrora
قِراءة (s.f.) : s.f.	leitura, literatura
قَرار : s.f. (s.m.)	decisão
قَراوي : s.m. (s.m.)	camponês
قَرايب : s.m.pl. (s.m.)	parentes
قَرْحة : s.f. (s.f.)	úlcera
قِرْد : s.m. (s.m.)	macaco
قَرَّر / قَرَّر : v.	decidir, resolver
قِرْش / قُروش : s.m.	centavo
قُرْص : s.f. (s.m.)	cápsula (medicina)
قَرَض / قُرِض : v.	emprestar
قَرَف : s.m. (s.m.)	nojo
قَرْفِض / قَرْفَض : v.	agachar-se
قِرْفة : s.f. (s.f.)	canela
قَرْقور / (s.m.) / قَراقير : s.m.	cordeiro
قَرْميدة (s.f.) / قرميد : s.f.	telha
قَرْن : s.m. (s.m.)	chifre
قَرْن / قرون (s.m.) : s.m.	século
قَرْنَبيط : (s.m.)	brócolis – s.m.pl. / couve-flor – s.f.
قُرُنْفُل : s.m. (s.m.)	cravo
قَرْنية العَين : (s.f.)	córnea
قَريب : adj./adv.	perto, próximo
قَريباً : loc. adv. / adv.	em breve / perto
قَرَيديس (s.m.)	camarão – s.m.
قَرية : s.f. (s.f.)	aldeia – s.f. / vilarejo – s.m.
قَرينة : (s.f.)	esposa – s.f.
قَزاز : (s.m.)	vidro – s.m.
قَزَم : (s.m.)	baixinho – s.m.
قَساوة : (s.f.)	dureza – s.f.
قَسْطَل : (s.m.)	cano, tubo – s.m.
قِسِم : adj.	parcial
قِسم : (s.m.)	parte – s.f.
قَسَّم / قَسَّم : v.	dividir, repartir
قَسيس : (s.m.)	pastor – s.m.
قَش : (s.m.)	palha – s.f.
قِشْرة (s.f.) / قُشور :	casca, caspa – s.f.
قِشْطة : (s.f.)	creme – s.m.
قِشَيِّرة : (s.f.)	floco – s.m.
قِصّ / قَصّ ي : v.	cortar, picar
قِصاص : (s.m.)	castigo – s.m.
قَصَب السُّكَّر : (s.m.)	cana-de-açúcar – s.f.
قَصَب ماص : (s.m.)	cachaça – s.f.
قَصَب مَص : (s.m.)	cana-de-açúcar – s.f.
قصة (s.f.) / قِصَص :	conto, romance – s.m. / lenda – s.f.
قصة (s.f.) / قِصَص :	história, novela – s.f.
قَصْد : (s.m.)	intenção – s.f.
قَصْدير : (s.m.)	estanho – s.m.
قَصِر (s.m.) / قصور :	castelo – palácio – s.m.
قصيدة : s.f. (s.f.)	poema – s.m. / poesia – s.f.
قَصير / قُصَر :	baixo, breve, curto – adv./adj. / míope – adj.
قَصيف : adj.	frágil
قَصيم : adj.	frágil
قِطار : (s.m.)	trem – s.m.

قِطاع / قَميص ناوم

قِطاع : (s.m.) / setor – s.m. / província – s.f.
قِطاع حُرّ : (loc. subst.) / setor privado
قُطْب / اقطاب : (s.m.) / polo – s.m.
قُطْب الجَنوبي : (loc. subst.) / polo sul
قُطْب الشَمالي : (s.m.)
polo norte – loc. subst.
قُطْب سالِب : (s.m.)
polo negativo – loc. subst.
قُطْب موجِب : (s.m.)
polo positivo – loc. subst.
قُطْبيَ : (s.m.) / s.f./adj. – polar
قَطَر / قَطَر : v. – rebocar
قُطُر الدائِرة : (s.m.) / diâmetro – s.m.
قَطَر السُكّر : (s.m.) / calda – s.f.
قَطْرة : (s.f.) / colírio – s.m.
قطَع / قَطَّع : v. – cortar, cruzar
قِطعة : (s.f.) / peça – s.f. / fragmento – s.m.
قَطَف / قَطفات : (s.m.) / colheita – s.f.
قُطْن : (s.m.) / algodão – s.m.
قطيع : (s.m.) / gado, rebanho – s.m.
قطيع بَقَر : (s.m.) / gado bovino – loc. subst.
كِعب : (s.m.) / calcanhar – s.m.
قِف! : interj. – pare
قُفاز / قُفازات : (s.m.) / luva – s.f.
قَفر : (s.m.) / s.m./adj. – ermo
قَفزة / قَفزات : (s.f.) / pulo, salto – s.m.
قَفَص : (s.m.) / gaiola, jaula – s.f.
قَفَص دجاج : (s.m.) / galinheiro – s.m.
قفل / أقفال : (s.m.) / fechadura – s.f.
قُفُل / قفولة : cadeado – s.m.

قَفى : adj. – avesso / inverso – s.m./adj.
قلادة / قلادات : s.m. – colar
قَلْب / قُلوب : (s.m.) / coração – s.m.
قَلْبي : adj. – cardíaco
قَلْشين / قَلاشين : (s.m.)
meias (vestuário) – s.f.pl.
قَلعة : (s.f.) / fortaleza – s.f.
قَلِّق / قَلَّق : v. – preocupar
قَلَق : (s.m.) / insônia – s.f. / mal-estar – s.m.
قَلَّل / قَلَّل : v. – diminuir, reduzir
قَلَم حِبر / أقلام حِبر : (s.m.) / caneta – s.f.
قَلَم رْصاص / أقلام رْصاص : (s.m.)
lápis – s.m.
قَليل : adj. – escasso – pouco – reduzido
قَليلا ما : adj./adv. – mal
قِماش / قِماشات : (s.m.) / tecido – s.m.
كَمالاً : adv. – completamente
قَمح / قَمْحات : (s.m.) / trigo – s.m.
قَمَر : (s.m.) / lua – s.f.
قَمَر بَدر : (s.m.) / lua cheia – loc. subst.
قَمَر مُتَناقِص : (s.m.) :
lua minguante – loc. subst.
قَمَر مُحاق : (s.m.) / lua nova – loc. subst.
قَمَر هِلال : (s.m.) / lua crescente – loc. subst.
قَمَر اصْطِناعي : (s.m.) / satélite – s.m.
قَمَري / قَمَريات : adj. – lunar
قُمع / قِموع : (s.m.) / funil – s.m.
قمِل : (s.m.) / piolho – s.m.
قَميص / قُمْصان : (s.m.) / camisa – s.f.
قَميص ناوم : (s.m.) / camisola – s.f.

98

قناة تَصْريف / قيمة

قَناة تَصْريف (s.f.) : (s.f.) – dreno
قِناع (s.m.) : s.f. – máscara
قِناع الأُكسِجين (s.f.) :
máscara de oxigênio – loc. subst.
قَناية (s.f.) / قَنايات : s.m. – canal
قُنْبُلة (s.f.) / قنابِل : s.f. – bomba, granada
قَنْديل (s.m.) / قَناديل :
lâmpada – s.f. / candeeiro, lampião – s.m.
قُنْصُل (s.m.) / قَناصِل : s.m. – cônsul
قُنصُليّة (s.f.) / قَنصُليّات : s.m. – consulado
قَنينة (s.f.) : s.m. – garrafa – s.f. / vasilhame
قَهْقَهة (s.f.) : s.f. – gargalhada
قَهوة (s.f.) : s.m. – café
قَواعِد اللُغة (s.m.) : s.f. – gramática
قَوام :
de repente – loc. adv. / repentinamente – adv.
قوّة (s.f.) : s.f. – energia, força
قودٌ / قِدّ – قادٌ : v. – comandar

قَوس (s.m.) / أَقواس : s.m. – arco
قَوَّس / قَوَّس : v. – atirar (arma)
قَوس قَزَح (s.m.) : s.m. – arco-íris
قوصة (s.f.) / قوصَص : s.f. – estória
قوضة (s.f.) : s.m. – quarto
قوضة الصُفرة (s.f.) :
sala de jantar – loc. subst.
قولٌ / قِلّ – قالَ : v. – dizer
قومٌ / قِم – قامّ : v. – levantar
قونة (s.f.) : s.m. – pingente
قوّي / قَوَى يـ : v. – fortalecer
قَويّ / قَوين : adj. – forte
قِياس (s.m.) / قِياسات : s.f. – medida
قيثار (s.m.) / قيثارة :
harpa (instrumento musical) – s.f.
قَيَّس / قاس : v. – medir
قيمة (s.f.) :
prestígio, valor – s.m. / significância – s.f.

ق

ك

كابِحة (s.f.) : – freio – s.m.
كاتِب (s.m.) / كاتْبي – escritor – s.m.
كاتدراية (s.f.) : – catedral – s.f.
كاذِب / كاذابة – mentiroso – s.m./adj.
كاراج (s.m.) : – garagem – s.m.
كاسّ (s.m.) / كاسّات – cálice – s.m.
كاف : – suficiente – adj.
كافي / كافى يـ – gratificar – v.
كامْلة / كامِل :
completo, integral, perfeito – adj.
كانون (s.m.) : – fogão, fogareiro – s.m.
كانون الاوَّل (s.m.) : – dezembro – s.m.
كانون الثاني (s.m.) : – janeiro – s.m.
كاهِن (s.m.) : – sacerdote – s.m.
كبّ / كبّ يـ – derramar – v.
كبّاس (s.m.) : – êmbolo – s.m.
كِباية (s.f.) / كِبايات – copo – s.m.
كبّة (s.f.) : – quibe – s.m.
كَبِد (s.m.) : – fígado – s.m.
كَبْريت (s.m.) : – palito de fósforo – loc. subst.
كَبْسولة (s.f.) : – cápsula, espoleta – s.f.
كَبوت (s.m.) / كَبابيت :
capa – s.f. / casaco, manto – s.m.
كْبوش (s.m.) : – amora – s.f.

كَبير (s.m.) / كْبار :
adulto – s.m./adj. / grande – adj.
كَبير في السِنة (s.m.) :
envelhecido – adj./s.m.
كَبيس (s.m.) : – conserva – s.f.
كْتاب (s.m.) / كُتُب : – livro – s.m.
كِتابة (s.f.) : – escrita – s.f.
كِتابة عَدل (s.f.) : – cartório – s.m.
كتان (s.m.) : – brim, linho – s.m.
كَتَّر / كَتَّر – aumentar – v.
كتِف (s.m.) : – ombro – s.m.
كُتَيِّب (s.m.) : – manual – s.m.
كتير – bastante – adj./adv.
كْتير / كتار – muito – adv./pron.
كَثيرًا – muito – adv./pron.
كَتير اَلقَلَم (s.m.) : – falador – s.m./adj.
كَثافة (s.f.) : – densidade – s.f.
كَثوليك – católico – adj.
كَثيف – denso – adj.
كُحول (s.m.) : – álcool (bebida) – s.m.
كَدْمة (s.f.) : – hematoma – s.m.
كَذْب / كَذْب : – mentir – v.
كِذْبة (s.f.) / كِذْبات – mentira – s.f.
كَرّازيّة (s.f.) : – cartilha – s.f.
كُرّاس (s.m.) : – cartilha – s.f.
كَرامة (s.m.) : – carisma – s.m.
كُرة (s.f.) : – esfera – s.f. / globo – s.m.
كَرْت (s.m.) / كروتة – cartão – s.m.
كَرْتون (s.m.) : – cartão – s.m.
كَرَز (s.m.) : – cereja – s.f.

كِرْسة / كَمِّل

كِرْسة (s.f.) / كَراسي : s.f. – cadeira	كَفالة (s.f.) / كَفالات : s.f. – fiança, garantia
كِرش (s.m.) : s.f. – barriga	كُفوف (s.m.) : s.f.pl. – luvas
كَرَم (s.m.) : s.f. – generosidade, hospitalidade	كَفى ! : interj. – basta
كَرم (s.m.) : s.f. – vinha	كَفّي / كَفّى يِـ : v. – continuar
كَرِّم / كَرَّم (s.m.) : v. – homenagear	كَفيل (s.m.) / كوفَلا : s.m. – avalista, fiador
كَرْميّ (s.m.) : s.f. – vinícola	كُل : pron. – cada
كَرْنَفال (s.m.) : s.m. – carnaval	كُل / كُلُّن : adj. – todo / pron. – tudo
كُرَوي : adj. – esférico, global	كُل واحَد : loc. pron. – cada um
كَريم / كَريمين : bondoso, generoso, hospitaleiro, liberal, precioso, prezado, valioso – adj.	كُل يوم : adv. – diariamente
	كُلّا : num. – ambos
	كَلَب (s.m.) : s.f. – raiva
كَسْتَنا (s.f.) : s.f. – castanha	كَلْب (s.m.) / كْلاب (s.m.) : s.m. – cachorro, cão
كَسْتَني : adj.pl. – castanhos (cabelos)	كِلْس (s.m.) : s.f. – cal
كَسِر (s.m.) : s.f. – fratura	كَلْسات (s.m.) : s.f.pl. – meias (vestuário)
كِشْفَل (s.m.) : s.m. – fardo	كَلْسون (s.m.) / كَلَسين (s.m.) : s.m. – calção
كَسَل (s.m.) : s.m. – ócio / s.f. – preguiça	كَلْسيون : s.m. – cálcio
كَسْلان / كَسلانة : adj. – preguiçoso	كَلِّف / كَلَّف : v. – custar, encarregar
كَسول : adj. – ocioso	كَلِمة : s.m. – vocábulo
كَسيح / كُسَحا : aleijado, inválido, paralítico – adj.	كَلِمة (s.f.) / كَلِمات (s.f.) : s.f. – palavra
كِشْتْبان (s.m.) : s.m. – dedal	كُلّه : adj. – inteiro
كَعب (s.m.) : s.m. – cubo	كُلّو : adj. – integral
كَعب (s.m.) : s.m. – tornozelo	كلوة (s.f.) : s.m. – rim
كَعب (s.m.) : s.m. – salto (sapato)	كُلِّية (s.f.) : s.f. – faculdade, universidade
كَعب عالي (s.m.) : loc. subst. – salto alto	كُلِّية الحُقوق (s.f.) : s.f. – faculdade de direito
كَعب واطي (s.m.) : loc. subst. – salto baixo	كَم : adj./pron.pl. – quantos
كَفّ (s.m.) : s.m. – tapa	كِمّ (s.m.) / كمام (s.m.) : s.f. – manga (roupa)
كَف (s.m.) / كفوف (s.m.) : palma da mão – loc. subst.	كَمان : adv. – também
كَفاف : adj. – suficiente	كَمَد (s.m.) : s.f. – mágoa
	كَمِّل / كَمَّل : completar, continuar, prosseguir – v.

ك

101

كَميّة / كِينْدَرة

quantia – s.f. : (s.f.)	كَميّة
emboscada – s.f. : (s.m.)	كَمين
era, estava – v. :	كُن / كَن
varredor – s.m./adj. : (s.m.)	كَنّاس
poltrona – s.f. : (s.f.)	كَنَباية
nora – s.f. : كِنات (s.f.) /	كَنّة
estava – v. :	كُنْت
sapateiro – s.m. : (s.m.)	كِنْدَرجي
pulôver – s.m. : (s.f.)	كَنْزة صوفية
varrer – v. :	كَنِّس / كَنَّس
igreja – s.f. : كَنايَس (s.f.) /	كْنيسة
catedral, igreja (matriz) – s.f. (s.f.) :	كْنيسة / الرئيسيّة
eletricidade, energia (elétrica) – s.f. (s.f.) كَهْرَباء :	
eletrodoméstico – s.m./adj. : (s.m.)	كَهْرَباي
eletricista – s.m.f./adj. : (s.m.)	كَهْرَبجيّ
elétrico – adj. :	كَهْرَبي
abobrinha – s.f. :	كوساية
borracha (industrial) – s.f. : (s.m.)	كَوطْشوك
cotovelo – s.m. / curva – s.f. : (s.m.)	كوّع
(s.m.) / گَواكِب :	كَوكَب
estrela – s.f. / planeta – s.m.	
constelação – s.f. : (s.f.)	كَوكَبة
universo – s.m. : (s.m.)	كَون
estar, ser/estar – v. : كِن-كان / كون	
universal – adj. :	كَونيّ
tintureiro – s.m./adj. : (s.m.)	كَوّى
correto – adj. :	كَوَيَس
estojo, saco – s.m. : أكياس (s.m.) /	كيس
como – adv./conj. :	كيف
: كيَّف / كيِّف	
acomodar, adaptar, ajustar – v.	
modo – s.m. : (s.f.)	كَيفية
quilo – s.m. : (s.m.)	كيلو
quilômetro – s.m. : (s.m.)	كيلومتر
química – s.f. : (s.f.)	كيمياً
sapato (feminino) – s.m. : (s.f.)	كِينْدَرة

ل

لا : *prep./adv.* – até

لأ : *adv.* – não (isoladamente)

لابِس (*s.m.*) : *adj.* – vestido

لأَبوة (*s.f.*) : *s.f.* – onça

لاحِظ / لأَحَظ : *v.* – observar, reparar

لاحِق / لاحَق : *v.* – perseguir

لارَقابة (*s.f.*) : *s.m.* – descontrole

لازِم / كان لازِم : *v.* – precisar

لازِمْني : *v.* – preciso (eu)

لاقِدّام : *loc. prep.* – na frente

لأَمَع : *adj.* – brilhante

لامِّع / لأَمَّع : *v.* – brilhar, polir

لأنو : *conj.* – porque

لاهَبة (*s.f.*) : *s.f.* – brasa

لأَو : *pron./conj.* – se

لايحة / لايحات (*s.f.*) : *s.f.* – lista

لِباس (*s.m.*) : *s.f.pl.* – cuecas

لَباقة (*s.f.*) : *s.m.* – jeito

لِبْد (*s.m.*) : *s.m.* – feltro

لَبَن (*s.m.*) : *s.f.* – coalhada

لِبْنان : *n.próp.* – Líbano

لِبْنانيّ / لِبْنانين (*s.m./adj.*) : libanês

لَبنة (*s.f.*) : *loc. subst.* – coalhada seca

لَبون (*s.m.*) / لابونات (*s.m./adj.*) : mamífero

لِتِر (*s.m.*) / لِترة (*s.m.*) : litro – *s.m.*

لِثة أَسْنان (*s.f.*) : *s.f.* – gengiva

لِجْنة (*s.f.*) / لِجْنات (*s.f.*) : comissão – *s.f.*

لحاف (*s.m.*) : *s.m./adj.* – acolchoado

لحال : *adj.* – sozinho

لَحّام (*s.m.*) : *s.m.* – açougueiro

لَحْظة (*s.f.*) / لَحْظات : instante, momento – *s.m.*

لَحْظي : *adj.* – momentâneo

لَحمة (*s.f.*) / لَحِم : carne – *s.f.*

لَحم (*s.m.*) : *s.f.* – carne

لَحم بَقَر (*s.m.*) : *loc. subst.* – carne de vaca

لَحم خَنْزير (*s.m.*) : carne de porco – *loc. subst.*

لَحم مِشوي (*s.m.*) : *s.m.* – churrasco

لَحم يابِس (*s.m.*) : *loc. subst.* – carne seca

لَحِن (*s.m.*) / ألحان : melodia – *s.f.*

لِحَية (*s.f.*) : *s.f.* – barba

لَدِن : *adj.* – flexível

لَذة (*s.f.*) : *s.m.* – gosto, prazer

لَذيذة / لَذيذات : *adj.* – deliciosa, saborosa

لَذيذ / لَذيذين : delicioso, gostoso, saboroso – *adj.*

لَزِّق / لَزَّق : *v.* – grudar

لَزْقة (*s.f.*) / لَزْقات : esparadrapo – *s.m.*

لِسان (*s.m.*) : *s.f.* – língua (órgão)

لِصّ (*s.m.*) : *s.m.* – ladrão

لَصِّق / لَصَّق : *v.* – colar

لَطافة (*s.f.*) : *s.f.* – cortesia, delicadeza, fineza

لَطْخة / ليف بَصَريّ

لَطْخة (s.f.) : mancha – s.f.
لُطْف (s.m.) : amabilidade, cortesia, fineza, gentileza – s.f.
لَطيف / لَطيفة : amável, ameno, atencioso, bondoso, cortês, delicado, gentil, simpático, suave – adj.
لَطيفة (s.f.) : mimo – s.m.
لِعِب (s.m.) / أَلعاب (s.m.) : jogo – s.m.
لِعبة (s.f.) / لِعَب : boneca, brincadeira – s.f. / brinquedo – s.m.
لَعيب (s.m.) / لَعِبين (s.m./adj.) : jogador – s.m./adj.
لُغة (s.f.) / لُغات (s.f.) : idioma – s.m. / língua – s.f.
لُغة الصَحافة (s.f.) : árabe de imprensa – loc. subst.
لُغز (s.m.) / ألغاز : charada – s.f. / enigma – s.m.
لِغْم (s.m.) / اَلغام : mina (arma) – s.f.
لفّ / لَفّ ي : embrulhar, enrolar – v.
لِفافة (s.f.) : faixa – s.f.
لَفة (s.f.) / لَفات : pacote – s.m.
لِفت (s.m.) / لِفتات : nabo – s.m.
لَفظ (s.m.) : pronúncia – s.f.
لفظة (s.f.) : sigla – s.f.
لَقِح / لَقَح : vacinar – v.
لُقمة (s.f.) : bocado – s.m. / porção – s.f.
لَقي / لَقى ي : achar – v.
لَكِن : embora, entretanto, mas – conj. / porém – conj. / então – adv.
لِمّ / لَمّ : arrecadar – v.
لِماذا : por quê? – exp.

لَمْبة (s.f.) / لَمبات (s.f.) : lâmpada – s.f.
لَمس (s.m.) : contato – s.f.
لمِّع / لَمَّع : lustrar – v.
لَمعان (s.m.) : brilho – s.m.
لِمِن : enquanto – conj.
لَمّيع (s.m.) : brilho – s.m.
لَهَب (s.m.) : chama, labareda – s.f.
لَهَث : ofegante – adj.
لَهْجة (s.f.) / لَهْجات : dialeto, sotaque – s.m.
لوبيا : vagem – s.f.
لَوِّث / لَوَّث : poluir – v.
لَوح (s.m.) : lousa, tábua – s.f.
لَوح أَسوَد (s.m.) : quadro-negro – s.m.
لَوحة (s.f.) : tablete – s.m. / placa – s.f.
لَوَحَد : individual, sozinho – adj.
لَوز (s.m.) : amêndoa – s.f.
لوكْش (s.m.) : lâmpada – s.f.
لَولَب (s.m.) : hélice – s.f.
لؤلؤ (s.m.) : pérola – s.f.
لؤلؤية (s.f.) : margarida – s.f.
لَوِّن / لَوَّن : colorir – v.
لَون (s.m.) / اَلوان : cor – s.f.
لوبية لَيمونيّة (s.f.) : erva-cidreira – s.f.
ليرة (s.f.) : libra, lira – s.f.
ليش : por quê? – exp.
ليف (s.m.) : fibra – s.f.
ليف بَصَريّ : fibra ótica – loc. subst.

104

لَيل / لِيّن

لَيل، لَيلة (s.f.) / لَيالي (s.f.) : noite – s.f.
لَيلة سَعيدة (s.f.) : boa-noite – s.f.
لَيلَكي (s.m.) : roxo – s.m./adj.
لَيليّ : noturno – adj.

لَيمون (s.m.) / لَيمونات :
laranja, tangerina – s.f.
لَيمون حامِض (s.m.) : limão – s.m.
لِيّن : flexível – adj.

م

ما : enquanto – conj.
ما : não (antes de verbo) – adv.
ما حَدى : ninguém – pron.
ما شي : nada – pron./adv.
ما عَدا : menos – adv./pron.
ما لَم : enquanto não – loc. conj.
ماجِد : glorioso – adj.
مُأجِرة / مُأجَر : alugado – adj.
مادة : matéria – s.f. : (s.f.)
مادِّي : material – adj.
مأذُنيّة : licença – s.f. : (s.f.)
مارِس / مارَس : praticar – v.
مارَسة : prática – s.f. : (s.f.)
ماضى : aguçado, agudo – adj.
ماضي : (s.m.) :
passado, próximo passado – s.m./adj.
ماكياج : maquiagem – s.f. : (s.m.)
مال : dinheiro, patrimônio – s.m. : (s.m.)
مالك : (s.m.) :
dono – s.m./adj. / proprietário – s.m.
مُأمَرة : cilada – s.f. : (s.f.)
ماهِر / ماهِرين :
ágil, hábil, esperto – adj.
مأوَى العِجِّز : asilo – s.m. : (s.m.)

مايَل : oblíquo – adj.
مايوء : maiô – s.m. : (s.m.)
مُبادَلة : permuta, troca – s.f. : (s.f.)
مُبارَك : bendito – adj.
مبارَك! : parabéns – s.m.pl. : (s.m.)
مُباشِر : imediato – adj.
مُباشَرة : imediatamente – adv.
مُباع : vendido – adj.
مُباغِت : súbito – adj.
مُبْتَدى (s.m.) / مُبْتَدئين : calouro,
debutante, iniciante, novato – adj./s.m.
مَبحوح : rouco – adj.
مُبَدَّل : substituído – adj.
مَبْرَد : lima – s.f. : (s.m.)
مَبْروش : ralado – adj.
مَبْروك! : parabéns – s.m.pl. : (s.m.)
مُبَرهَن / مُبْرَهَنة :
comprovado, demonstrado – adj.
مَبْسوط / مَبْسوطة :
contente, satisfeito – adj.
مَبْعوث (s.m.) / مَبْعوثين :
enviado – adj. / mensageiro – s.m.
مُبَلَّل : úmido – adj.
مَبْلول / مَبْلولة : molhado – adj.
مَبْنى : construção – s.f. : (s.f.)
مَبْني : construído – adj.
مَبْوَلة : bexiga (anat.) – s.f. : (s.f.)
مُبَيَّت : embutido – adj.
مُبَيَّن / مُبَيَّنة : indicado – adj.
مُتأثِّر : comovido – adj.

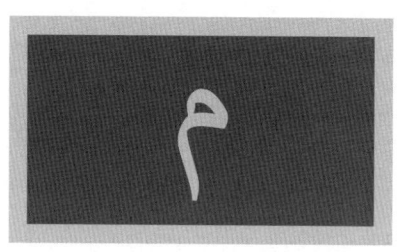

مْتاخِر / مُتْمَدِّنْ

مْتاخِر / مْتاخِرين : atrasado – adj.
مُتْأسَف كْتير – exp. : sinto muito
مُتْبايِّن – adj. : desigual
مُتْبَل / مُتْبَّلين : temperado – adj.
مُتْبَلْبِل – adj. : desorientado
مِتْبَنى – adj. : adotado
مِتْبَني – s.m.pl. : (s.m.) patrocinadores
مُتْجانِس – adj. : afim
مُتْجَنِّس – adj. : naturalizado
مُتْحَجِّر – adj. : esclerosado
مُتَّحِد / مُتَّحِدة – adj. : unido
مُتَحَرِك – adj. : animado
مُتَّحِد – adj. : unido
مَتْحَف / (s.m.) مَتْحَفين : s.m. – museu
مُتْحَمَس / مِتْحَمَسة : adj. – entusiasmado
مِتْحَمِس – s.m. : (s.m.) entusiasmo
مُتْحَيِّر – adj. : confuso
مُتْخِم – adj. : indigesto
مِتِر / أمْتار (s.m.) : s.m. – metro
مِتِر مُرَبَّع (s.m.) :
metro quadrado – loc. subst.
مِتِر مُكَعَّب (s.m.) :
metro cúbico – loc. subst.
مُتَراكِب – adj. : encavalado
مُتَرْجِم (s.m.) / مُتَرْجِمين :
intérprete – s.m.f. / tradutor – s.m./adj.
مِتَرْجَم / مِتَرْجَمة – adj. : traduzido
مُتَرَدِّد : frequente, hesitante
indeciso, vacilante – adj.

مَتْروك / مَتْروكة :
abandonado, desamparado – adj.
مُتْزازَل / مُتْزازَلة – adj. : abalado
مُتَّزِن – adj. : equilibrado
مُتْزَوِّج / مُتْزَوِجين : casado – adj.
مُتْشاكِر – adj. : agradecido
مِتْشال (s.m.) : s.m. – espécime
مُتْشايِم / مُتْشايِمين :
pessimista – adj./s.m.f.
مُتْشَتِّت – adj. : esporádico
مُتْشَكِّك – adj. : desconfiado
مُتْصَلَّب – adj. : esclerosado
مِتْضَرِّر – adj. : danificado
مُتْعاقِد – adj. : contratado
مُتْعِب – adj. : cansativo
مُتْعَجِّب – adj. : admirado
مُتْعَصِب / مُتْعَصِبين – adj. : fanático
مُتْعَلِم / مُتْعَلِمين – adj. : culto, instruído
مُتْعَوِّد / مُتْعَوِدين – adj. : habituado
مُتْفائِل / مُتْفائِلين : otimista – adj./s.m.f.
مُتْفَرِّج – s.m. : (s.m.) espectador
مُتْفَرِّق – adj. : esporádico
مُتْقارِب – adj. : convergente
مُتْقاعِد (s.m.) / مُتْقاعِدين :
aposentado – s.m./adj.
مُتْقَلِب – adj. : instável
مُتْكَبِّر – adj. : orgulhoso
مُتْلاعِب / مُتْلاعِبة – adj. : manipulador
مِتْلَقَح / مِتْلَقَحة – adj. : deitado
مُتْمَدِّنْ / مُتْمَدِّنين – adj. : civilizado

مُتْمَّم / مَجْلة

مُتْمَّم – adj. : acabado
مُتنازَع – adj. : disputado
مُتَناوب – adj. : alternado
مُتْنَوَع – adj. : diverso
مُتْهَجِم – (s.m.) : s.m. – agressor
مُتَهَكِّم – adj. : irônico
مُتَهَم – adj. : acusado
مُتَوازٍ – : correspondente,
equivalente, paralelo – adj.
مُتَوازن – adj. : equilibrado
مُتواضِع / مُتواضعين :
humilde, modesto – adj.
متَوَسَّط (s.m.) :
médio – adj. / mediterrâneo – s.m./adj.
مُتَوَفّى – adj. : falecido
مَتى؟ – conj. : quando
مَتين – adj. : firme, resistente, robusto, sólido
مثالّث – adj. : triplo
مَثالي – adj. : exemplar, ideal
مُثْبَّت / مُثْبَّتين : fixado – adj.
مَثَل (s.m.) / أمثال (s.m.) : – provérbio – s.m.
مَثَل (s.m.) / مَثَلات (s.m.) :
exemplo – s.m. / fábula, parábola – s.f.
مثل – pron. / idêntico, igual – adj. : tal
مَثِّل / مَثَّل – v. : representar
مَثلا – exp. : por exemplo, tal qual
مُثَلَّث (s.m.) : s.m. – triângulo
مُثير : comovente, empolgante,
excitante, provocante – adj.

مَثيل : equivalente, parecido,
semelhante, similar – adj.
مُجادَلة (s.f.) / مُجادَلات :
debate – s.m. / deliberação, discussão – s.f.
مَجارير (s.m.) : s.m. – esgoto
مُجاف (s.m.)/adj. : s.m./adj. – desafeto
مَجال (s.m.) : s.m. – espaço / âmbito – s.f. – área
مَحَل القَرْطاسيّة (s.m.) : s.f. – papelaria
مَجاناً – adj./adv. : grátis (de graça)
مَجانّة (s.f.) : s.m. – cemitério
مَجّاني – adj. : grátis, gratuito
مُجْبَر (s.m.) / مُجْبَرة : constrangido – adj.
مَجْبور / مَجْبورة : forçado, obrigado – adj.
مُجْتَمَع (s.m.) / مُجْتَمَعات :
congresso – s.m. / comunidade – s.f.
مُجْتَمِعين – adj.pl. : reunidos
مِجْتَهِد / مِجْتَهِدين – adj. : esforçado
مُجدّ – adj. : eficaz, eficiente
مَجد (s.m.) / أمجاد : s.f. – glória
مَجْدول – adj. : cacheado
مَجْذاف (s.m.) / مجاذيف : s.m. – remo
مُجْراب – adj. : experiente
مُجْرِم (s.m.) / مُجرِمين :
assassino, criminoso – s.m./adj.
مَجْروح / مَجروحة :
ferido, machucado, magoado – adj.
مُجَعَد / مُجَعَدة : enrugado – adj.
مجَعَد / مجَعَدين : crespo – adj.
مجَعلَك / مجَعلَكة : amassado – adj.
مَجْلة (s.f.) : s.f. – pia (de cozinha)

108

مَجَلَّة (s.f.) / مَجلات (s.f.) : – revista – s.f.
مُجَلَّد : – adj. – encadernado
مْجَلِّد / مْجَلدين : – adj. – gelado
مَجْلِس (s.m.) : s.f. – câmara – s.f. / conselho (de estado), recinto – s.m.
مَجْلِس البَلَدِيّ : – câmara municipal – loc. subst.
مَجْلِس الشيوخ (s.m.) : – câmara dos senadores – loc. subst.
مَجْلِس العَضاء : – câmara dos vereadores – loc. subst.
مَجْلِس النوّاب : – câmara dos deputados – loc. subst.
مَجْلِس الشُيوخ (s.m.) : – senado – s.m.
مَجْلِس النواب : – parlamento – s.m.
مُجَمِع / مُجَمِعة : – acumulado – agrupado – adj.
مُجْمَل / مُجْمَلة : – resumido – adj.
مَجموعة (s.f.) / مَجموعات (s.f.) : / coleção, coletividade, comunidade – s.f. grupo, total – adj. / conjunto, grupo – s.m.
مَجْنون (s.m.) / مَجْنونة : – débil mental – s.m.f./adj. / doido, maluco – s.m./ adj. / tolo – adj.
مِجْهَر : (s.m.) – microscópio – s.m.
مِجْهَري : – microscópico – adj.
مَجْهول / مَجْهولة : – desconhecido – adj.
مجَوَّف : – côncavo – adj.
مَجيد : – ilustre – adj.
مَحادثة (s.f.) : – conversação – s.f.
مُحارِب (s.m.) / مُحارِبين : – guerreiro – s.m./adj.
مَحارة (s.f.) : – ostra – s.f.

مُحاسِب (s.m.) / مُحاسَبة : – contador, economista – s.m./adj.
مُحاسَبة : (s.f.) – cobrança, contabilidade – s.f.
مُحاضَرة (s.f.) / مُحاضَرات : – conferência, palestra – s.f.
مُحاكَمة : (s.f.) – julgamento – s.m.
مُحامات : – direito – adj./adv.
مُحامي (s.m.) / مُحامية : – advogado – s.m.
مُحامي ألدفاع : – promotor – s.m.
محاوَله (s.f.) / محاوَلات : – tentativa – s.f.
مَحاية : (s.f.) – borracha (escolar) – s.f.
مُحايد : – imparcial – adj.
مُحِب / مُحِبين : – afetuoso, amoroso, carinhoso – adj.
مَحَبّة : (s.f.) – afeição – s.f.
مَحْبوس / مَحْبوسين : – preso – adj.
مِحْتاج : – necessitado – adj.
مُحْتَرِق : – ardido – adj.
مُحْتَرَم : – respeitado – adj.
مُحْتَقِن : – congestionado – adj.
مُحْتَوى : (s.f.) – conteúdo – s.m.
مَحْجوز : – reservado – adj.
مُحَرَّك : (s.m.) – motor – s.m.
مُحَرَّك / مُحَرَّكين : – agitado, movido – adj.
مُحَرَّم / مُحَرَّمة : – proibido – adj.
مَحْرَمة (s.f.) / مَحارِم : – lenço – s.m.
مَحْروق (s.m.) / مَحْروقة : – queimado – s.m./adj.
مَحْروم : – carente – adj.
مَحْرومة : – moída (carne) – adj.

مِحْشي / مُخْلِص

مِحْشي / مِحْشيين : recheado – adj.
مُحَصَّن / مُحَصَّنة : imunizado – adj.
مَحْصود (s.m.) : colheita – s.f.
مَحْصور / مَحْصورين : bloqueado – adj.
مَحْضَر (s.m.) : ata – s.f.
مَحَطة (s.f.) : ponto (de parada), posto – s.m. / emissora (de rádio), estação (rodoviária) – s.f.
مَحَطة بِنْزين (s.f.) : posto de gasolina – loc. subst.
مُحَطَّم / مُحَطَّمة : esmagado – adj.
مَحْفَظة (s.f.) : pasta – s.f.
مَحْكَمة (s.f.)/ مَحاكِم – s.m. : fórum, tribunal
مَحْكوم (s.m.) / مَحْكومة : condenado – s.m./adj.
مَحَل (s.m.) / مَحَلات : loja – s.f. / local, lugar – s.m.
مُحَلَّل / مُحَلَّلة : analisado – adj.
مَحْلول / مَحْلولة : resolvido – adj.
مَحَلي / مَحَلية : local – adj.
مُحْلِف (s.m.) / مُحْلِفين : jurado – s.m./adj.
مَحْلول / مَحْلولة : dissolvido – adj.
مُحَمَّص / مُحَمَّصة : torrado – adj.
مُحَمَّل / مُحَمَّلين : carregado – adj.
مَحْموم / مَحْمومين : febril – adj.
مَحْمي / مَحْمية : abrigado – adj.
مَحْني : inclinado – adj.
مُحَيد : neutro – adj.
مُحيط (s.m.) : ambiente, oceano – s.m.
مُخ (s.m.) : miolo – s.m.

مُخابَرة (s.f.) / مُخابَرات :
comunicação – s.f. / telefonema – s.m.
مُخاطِر : arriscado – adj.
مُخام (s.m.) : fuligem – s.f.
مخبّأ : escondido – adj.
مَخْبَز (s.m.) : padaria – s.f.
مُخَبَّى / مُخَبَّيين : guardado – adj.
مُخْتار : escolhido – adj.
مُخْتَبَر (s.m.) : laboratório – s.m.
مُخْتَرِع (s.m.)/adj. : inventor – s.m./adj.
مُخْتَصَر (s.m.) : manual – s.m.
مُخْتَفٍ / مُخْتَفية : desaparecido – adj.
مُخْتَلَط : misto – adj.
مُخْتَلَف : desigual, diferente – adj.
مَخْتوم / مَخْتومين : carimbado – adj.
مخدّة (s.f.) : travesseiro – s.m.
مخدِّر (s.m.) / مخدِّرات :
calmante – s.m./adj.
مُخَرَّب : danificado – adj.
مَخْروط (s.m.) : cone – s.m.
مَخْزَن (s.m.) / مَخْزان :
armazém, hipermercado, supermercado – s.m.
مَخْزوق / مَخْزوقة : rasgado – adj.
مُخَطَّط / مُخَطَّطة : planejado – adj.
مُخْطي (s.m.) : pecador – s.m./adj.
مَخْفَف : aliviado – adj.
مُخْفي : escondido, oculto – adj.
مُخْلِص / مُخْلِصين :
leal, salvador, sincero – adj.

مَخْلوط / مَخْلوطين : misto, misturado – adj.

مَخْمَل (s.m.) / مَخامِل (s.m.) : veludo – s.m.

مُخَيَّب – adj. : decepcionado, desapontado

مُخَيَّط / مُخَيَّطة – adj. : costurado

مُخيف – adj. : terrível

مدّ / مَدّ يـ – v. : esticar

مَدى الحياة – adj. : vitalício

مُدار / مُدارة – adj. : administrado

مَدار (s.m.) : eixo – s.m. / órbita – s.f.

مُدَب – adj. : educado

مُدَبَّر / مُدَبَّرة – adj. : planejado

مِدّة (s.f.) : duração – s.m.

مَدح (s.m.) : elogio – s.m.

مَدخَل (s.m.) : acesso – s.m. / entrada – s.f.

مُدَخِّن – adj. : fumante

مَدخَنة (s.f.) / مَداخِن : chaminé – s.f.

مَدخول (s.m.) : renda (financeira) – s.f.

مَدرَسة (s.f.) / مَدارِس : colégio – s.m. / escola – s.f.

مَدروس – adj. : estudado

مُدفَّأ – adj. : aquecido

مَدفَن (s.m.) / مَدافِن : sepultura – s.f.

مَدفوع – adj. : quitado

مَدفوع (s.m.) : pagamento – s.m.

مُدُن (s.m.) : metrópole – s.f.

مَدنية (s.f.) : civilização – s.f.

مَدَني – adj. : civil

مُدْهِش / مُدْهِشة – adj. : maravilhoso

مُدْهِن / مُدْهِنة – adj. : gorduroso

مَدهوش / مَدهوشة – adj. : abismado

مُدَوَّر (s.m.) : circular, redondo – adj. / círculo – s.m.

مَدين (s.m.) / مَدونين : devedor – s.m./adj.

مُدير (s.m.) / مُديرة : s.m.f. – chefe, gerente / administrador, diretor – s.m.

مُديريّة (s.f.) : comarca, diretoria, gerência – s.f.

مَدينة (s.f.) : cidade – s.f.

مَديني (s.m.) : urbano – s.m./adj.

مَذْبَحة (s.f.) : massacre – s.m.

مَذبوح / مَذبوحة – adj. : abatido

مُذَكَّر و مؤنَث – adj. : masculino/feminino

مَذْكور / مَذْكورة – adj. : citado, mencionado

مَذْنوب / مَذْنوبة – adj. : culpado

مْذَوَّب / مْذَوَّبة – adj. : derretido, dissolvido

مُذيع (s.m.) / مُذيعين : locutor – s.m.

مُرّ / مُرّين – adj. : amargo

مَرّات – loc. adv. : às vezes

مَرارة (s.f.) : bile – s.f., vesícula (biliar) / fel – s.m.

مَرارة – adj. : amargurado

مُراسِل (s.m.) : correspondente – s.m./adj.

مُراقِب (s.m.) : controlador – s.m.

مُراهِق (s.m.) : adolescente – s.m./adj.f.

مراية (s.f.) : espelho – s.m.

مُرَبَّع (s.m.) / مرَبَّعات : dupla, quadrado – adj. / quarteirão – s.m.

مُرَبَّعة (s.f.) : quadra – s.f.

مَرْبوط / مُزعِج

مَرْبوط / مَرْبوطة : amarrado, ligado – adj.
مربّى : (s.f.) geleia – s.f.
مربّي / مربّى : criado – adj.
مُربّية : (s.f.) babá – s.f.
مَرة : (s.f.) esposa – s.f.
مَرّة (s.f.) / مَرّات : vez – s.f.
مَرْت خَيّ : (s.f.) cunhada – s.f.
مَرْت عَمّ : (s.f.) sogra – s.f.
مُرتاح البال :
sossegado – adj. / paz de espírito – loc. subst.
مِرتاحة بال : sossegadamente – adv.
مُرْتَعِب : assustado – adj.
مَرْتين : (s.m.) dual – s.m./adj.
مَرْحَبا : olá – interj.
مَرْحَلة (s.f.) / مَراحِل : etapa, fase – s.f.
مُرْسِل : remetente – s.m.f./adj. : (s.m.)
مُرْسَل / مُرْسَلة : despachado (objeto) – adj.
مَرْسوم (s.m.) / مَراسيم : decreto – s.m.
مْرَشِّح / مْرَشَّحين : gripado, resfriado – adj.
مُرَشَّح (s.m.) / مُرَشَّحين : candidato – s.m.
مُرْشِد : (s.m.) orientador – s.m.
مَرْصوف : calçado (apoiado) – adj.
مَرَض (s.m.) / أَمْرَض :
doença, enfermidade, epidemia – s.f.
مُرْعَب : apavorado – adj.
مُرْعِب / مُرْعِبين : terrível – adj.
مَرْفأ : (s.m.) porto – s.m.
مَرْفَق : (s.f.) cotovelo – s.m. / curva – s.f.
مَرْفوع / مَرْفوعين : hasteado – adj.
مَرْكَب (s.m.) / مَراكِب : navio – s.m.

مُرَكَّب : componente – adj.
مُرَكَّب / مُرَكَّبة : composto – adj.
مَرْكَز : (s.m.) centro – s.m. / posição – s.f.
مَرْكَز تَسَوّق : (s.m.)
shopping center – loc. subst.
مَرْموق : eminente – adj.
مُرْهِق :
cansativo, exaustivo, onerado, opressivo – adj.
مُرْهَق : exausto, sobrecarregado – adj.
مَرْهَم : (s.m.) pomada – s.f.
مَرْوَحة (s.f.) / مَراوِح : circulador de ar
– loc. subst. / leque, ventilador – s.m.
مِرْوَد : (s.m.) eixo – s.m.
مُريح : confortável – adj.
مَريض / مَراضا : adoentado, doente – adj.
مَريض سُكّري : (s.m.) diabético – s.m./adj.
مَريول : (s.m.) avental – s.m.
مَزاح : (s.m.) brincadeira – s.f.
مُزاحِم : (s.m.f.) rival – s.m.f.
مُزاحَمة : (s.f.) competição – s.f.
مُزارِع : (s.m.) agricultor, fazendeiro – s.m.
مِزان : (s.m.) balança – s.f.
مَزْبوط : positivo – adj.
مَزْحة : (s.f.) brincadeira – s.f.
مُزْدَوَج / مُزْدَوَجة : duplo – adj.
مَزْرَعة (s.f.) / مَزارِع : chácara, fazenda,
propriedade (rural) – s.f. / sítio – s.m.
مَزْروع : plantado – adj.
مَزْروعة : (s.f.) plantação – s.f.
مُزعِج (s.m.) / مُزعِجين :
desconfortável – adj. / incômodo – s.m./adj.

مَزْكوم / مُسَجِّل

مُسْتَأْجِر / مُسْتَأْجِرين (s.m.) : inquilino – s.m.	مَزْكوم : congestionado (nariz) – adj.
مِسْتَحي / مِسْتَحين : envergonhado – adj.	مَزْمور / مَزامير (s.m.) : salmo – s.m.
مُسْتَشْفى (s.m.) : hospital – s.m.	مُزْهِر / مُزْهِرين : florido – adj.
مُسْتَشْفى للتَوليد (s.m.) : maternidade – s.f.	مَزْهَرية (s.f.) : vaso – s.m.
مُسْتَطيل : retangular – adj.	مَزْهو : vaidoso – adj.
مُسْتَعجِل / مُسْتَعجِلين : apressado – adj.	مُزَوَّد : equipado, fornecedor – adj.
مُسْتَعمَرة / مُسْتَعمَرات (s.m.) : colônia – s.f.	مُزَوَر / مُزَوَرة : adulterado, falso, falsificado – adj.
مُسْتَعمَل / مُسْتَعمَلين : usado, usual, utilizado – adj.	مَزّيكا (s.f.) : gaita – s.f.
مُسْتَعمِل (s.m.) : usuário – s.m.	مُزَيَّن / مُزَيَّنين : enfeitado – adj.
مُسْتَعمَل / مُسْتَعمَلة : gasto – adj.	مَس : contato – s.f. (s.m.)
مُسْتَقبَل (s.m.) : futuro – s.m.	مَسا الخير (s.m.) : boa tarde, boa noite – s.f.
مُسْتَقِر / مُسْتَقِرين : estável – adj.	مُسابَق : competidor – adj.
مُسْتَقيل / مُسْتَقيلين : independente – adj.	مُسابَقة (s.f.) : competição – s.f.
مُسْتَنَد (s.m.) : documento – s.m.	مِساحة (s.f.) : cadastro – s.m. / superfície – s.f.
مُسْتَهلَك : consumido – adj.	مُساعِد / مُساعِدين (s.m.) : ajudante, auxiliar – s.m.
مُسْتَهلِك (s.m.) : consumidor – s.m.	مُساعَدة / مُساعَدات (s.f.) : ajuda, contribuição – s.f. / auxílio, socorro – s.m.
مُسْتَودع / مُسْتَودعات (s.m.) : armazém, depósito – s.m.	مَسافة (s.f.) : distância – s.f.
مَسْتور / مَسْتورة : abafado, encoberto – adj.	مُسافِر (s.m.) : passageiro – s.m.
مُسْتَورَد / مُسْتَورَدة : importado – adj.	مُسافِرين (s.m.) : tripulação – s.f.
مُسْتَورِد / مُسْتَورِدين (s.m.) : importador – s.m.	مَسالِم : quieto, pacato, pacífico – adj.
مُسْتَوى (s.m.) : nível, padrão – s.m.	مُساهِم / مُساهمين : contribuinte – adj.
مِسْتَوي / مِسْتَويين : maduro – adj.	مُساو : igual – adj.
مَسْجِد / مساجِد (s.m.) : mesquita – s.f.	مُسَبَّب : ocasionado – adj.
مُسَجِّل (s.m.) : gravador – s.m.	مَسْبَح (s.m.) : piscina – s.f.
	مَسْبَر (s.m.) : sonda – s.f.

مْسَجَّل / مُشْتَرِع

مْسَجَّل / مْسَجَّلِين :
gravado, matriculado, registrado – adj.

مَسح (s.m.) :
cadastro – s.m.

مَسْحور : adj.
encantado – adj.

مَسْحوق / مَسْحوقة : adj.
esmagado – adj.

مُسَدَّس : (s.m.)
revólver – s.m.

مَسْدود / مَسْدودين :
entupido, obstruído – adj.

مَسْرَح / مَسارِح (s.m.) :
palco, teatro – s.m.

مَسْرَحيَ : adj.
teatral – adj.

مَسْرَحيّة : (s.f.)
comédia – s.f.

مُسْرِف / مُسْرِفة : adj.
abusivo, exagerado – adj.

مَسْرور / مَسْرورة : adj.
contente – adj.

مَسْروق / مَسْروقة : adj.
furtado – adj.

مَسْطَرة : (s.f.)
amostra, régua – s.f.

مَسْقوف : adj.
coberto – adj.

مَسْقِيَ : adj.
irrigado – adj.

مَسْكة / مَسْكات (s.f.) :
maçaneta – s.f.

مْسَكَّر / مْسَكَّرة : adj.
fechado – adj.

مَسْكَن : (s.m.)
domicílio – s.m.

مُسَكِّن : (s.m.)
calmante – s.m.

مُسْكِن / مُسْكِنين :
morador – adj.

مَسْكوب / مَسْكوبة :
derramado – adj.

مَسْكين :
coitado, miserável, pobre – adj.

مسلَّح / مسلَّحين :
armado – adj.

مَسْلَخ / مَسالِخ (s.m.) :
matadouro – s.m.

مُسَلْسَل : (s.m.)
novela, telenovela – s.f.

مَسْلَك : (s.m.)
conduta – s.f.

مُسْلِم : (s.m.)
islã – s.m.

مُسْلِم / مُسْلِمين (s.m.) :
muçulmano – s.m./adj.

مَسْلوق / مَسْلوقة :
cozidos (legumes) – adj.pl.

مُسَلّي : adj.
divertido – adj.

مُسْمار : (s.m.)
prego – s.m.

مُسَمَّم :
tóxico, venenoso – adj.

مَسْموح : adj.
permitido – adj.

مُسْهِل : (s.m.)
purgante – s.m.

مُسَوَّر : adj.
cercado – adj.

مْسَوِّس (s.m.) / مْسَوسين :
cárie – s.f. / cariado – adj.

مَسْؤُولية (s.f.)/ مَسؤُوليات :
compromisso – s.m. / responsabilidade – s.f.

مَسْوول : adj.
responsável – adj.

مَسيحيّ (s.m.) / مَسيحيّن :
cristão – s.m./adj.

مَسيرة : (s.f.)
caminhada – s.f.

مش سعيد :
infeliz – adj.

مش نِفع :
inútil – adj.

مُشابة :
conforme, semelhante – adj.

مَشاطة (s.f.) / مَشاطات :
cabeleireira – s.f.

مُشاهَرة : (s.f.)
mesada – s.f.

مُشَبَّك : (s.m.)
grade – s.f.

مَشْبوه : (s.m.)
suspeito – s.m./adj.

مِشْتاق : (s.m.)
saudade – s.f.

مُشْتَر : (s.m.)
comprador – s.m.

مُشْتَرى : (s.f.)
compra – s.f.

مُشْتَرِع : (s.m.)
legislador – s.m.

114

مُشْتَرَك (s.m.) :
associado – s.m./adj. / conjunto – adj.

مُشْتَق : derivado – adj.

مُشْتَقَّة (s.f.) : derivado – s.m.

مُشَدِّد : severo – adj.

مُشَدَّد : duplicado – adj.

مَشْرَب (s.m.) : bebedouro – s.m.

مُشْرِف (s.m.) : supervisor – s.m.

مَشْروب (s.m.) / مَشروبات s.f. : bebida

مَشْروبات (s.m.) : refresco, refrigerante – s.m.

مَشْروع (s.m.) :
projeto, plano (futuro) – s.m.

مِشْط (s.m.) / أَمْشاط : pente – s.m.

مَشَّط / مَشَّطَ : v. – pentear

مُشِعّ : engraçada, radiante – adj.

مُشْعَل / مُشْعَلة : aceso – adj.

مَشْغول / مَشْغولة : ocupado – adj.

مَشْغول البال : preocupado – adj.

مَشْقوق : rachado – adj.

مُشَكَّل : acentuado, formado – adj.

مُشَكَّل : misto, misturado – adj.

مَشْكَلة (s.f.) / مَشاكِل : problema – s.m.

مَشْلول (s.m.) :
paralisia – s.f. / paralítico – s.m./adj.

مُشْمُش (s.m.) / مُشْمُشات :
damasco – s.m.

مَشْنَقة (s.f.) : forca – s.f.

مَشْهَد : paisagem – s.f.

مَشْهور : famoso – adj.

مِشْوار (s.m.) : excursão – s.f.

مِشْوار : passear – v.

مُشَوَّش : confuso – adj.

مِشْوي (s.m.) / مِشْوين :
assado, grelhado – s.m./adj.

مُص / مَص ي : chupar – v.

مُصاحِب (s.m.) : acompanhante – s.m.f.

مُصادَفة (s.f.) :
acidentalmente – adv. / por acaso – loc. adv.

مُصادَقة (s.f.) : aprovação – s.f.

مُصارَحة (s.f.) : desabafo – s.m.

مُصارِع (s.m.) : lutador – s.m.

مَصاري (s.m.) : dinheiro – s.m. / moeda – s.f.

مُصالَحة (s.f.) : reconciliação – s.f.

مَصَبُّ نَهر (s.m.) : foz – s.f.

مِصْباح (s.m.) : abajur – s.m. / lâmpada – s.f.

مَصبوغ / مَصبوغة : tingido – adj.

مَصِّر (s.f.) : Egito – n.próp.

مُصْران (s.m.) / مَصارين : intestino – s.m.

مَصْرَف (s.m.) : banco, câmbio – s.m.

مَصْرَفيّ (s.m.) : bancário – adj.

مَصْروف (s.m.) : despesa – s.f. / gasto – adj.

مَصْروف / مَصروفة : dispensado – adj.

مَصْريّ (s.m.) : egípcio – s.m./adj.

مَصْعَد (s.m.) : elevador – s.m.

مُصَغَّرة (s.f.) : miniatura – s.f.

مِصفاية (s.f.) / مِصافي :
filtro, coador – s.m. / peneira – s.f.

مُصَفَّى / مُصَفَّين : filtrado – adj.

مُصَفَّح : blindado – adj.

مُصَلَّب / مُصَلَّبة : cruzado – adj.

مَصْلَحة / مَع بَعض

مَصْلَحة (s.f.) / مَصَلِح : s.m. – departamento
مَصْنَع (s.m.) / مَصانِع :
fábrica, usina – s.f. / fabricante – s.m.
مَصْنَع حَلويات : s.f. – confeitaria
مَصْنَع كَهْرَباء (s.m.) :
usina elétrica – loc. subst.
مَصْنوع / مَصْنوعين ,confeccionado
criado, fabricado, produzido – adj.
مُصوِّت (s.m.) : s.f. – vogal
مُصَوِّر (s.m.) / مُصَوِّرة : s.m. – fotógrafo
مصيبة مَصايِب (s.f.) : s.f. – tragédia
مُضاد الحَساسية (s.m.) : s.m. – antialérgico
مُضاد الحُموضة (s.m.) : s.m. – antiácido
مُضاد حَيَوي (s.m.) : s.m. – antibiótico
مَضاف : adj. – adicionado
مَضْبوط :
acertado, ajustado, certo, exato – adj.
مُضِرّ : adj. – nocivo
مُضيف (s.m.) / مُضيفة : s.m. – garçom
مُضيفة طَيارة (s.f.) : s.f. – aeromoça
مُضْحَك : adj. – cômico, engraçado
مُطابَق : coincidente, compatível, conforme,
correspondente, favorável, expediente – adj.
مُطابَقة (s.f.) :
coincidência, compatibilidade – s.f.
مَطار (s.m.) / مطارات : s.m. – aeroporto
مَطاط : adj. – elástico
مطَاق : adj. – absoluto
مُطالَبة (s.f.) / مُطالَبات : s.f. – cobrança

مَطْبَخ (s.m.) / مَطابِخ : s.f. – cozinha
مَطْبَعة (s.f.) / مَطابع :
gráfica, tipografia – s.f.
مَطْبَعة نَشْر (s.f.) : s.f. – editora
مَطْبوخ / مَطْبوخة : adj. – cozido
مَطْبوع (s.m.) / مَطْبوعين :
impresso – adj./s.m.
مَطْحَنة (s.f.) : s.m. – moinho
مَطْحون : adj. – moído (trigo)
مَطَر (s.m.) : s.m. – chuva
مُطْران (s.m.) / مطارنة : s.m. – bispo
مَطْرَح (s.m.) / مَطارِح : s.m. – lugar
مَطْرود : adj. – expulso
مُطَرَّز : adj. – bordado
مَطْعَم (s.m.) : s.m. – bufê, restaurante
مُطَعَّم : adj. – embutido
مطْفأة (s.f.) : s.m. – extintor
مُطْفأجي (s.m.) / مُطفأجية :
bombeiro – s.m.
مُطَلِب (s.m.) / مُطَلِبين :
cobrador – s.m./adj.
مَطْلَع (s.m.) : s.f. – saída
مطلَق / مطلَقة : adj. – desquitado
مُطْلوب / مُطْلوبة : adj. – solicitado
مُطيع / مُطيعين : adj. – obediente
مُظاهَرة (s.f.) / مُظَهَرات :
manifestação, passeata – s.f.
مَظْبوط : adj. – concreto
مَع : prep. – com
مَع بَعض : adj. – junto

مَع بَعضُن / مَعلِّم

junto – adj./adv. : **مَع بَعضُن**	desabrigado – adj. : **مُعَرَض / مُعَرَضة**
مُعارِض (s.m.) :	**مَعرِفة** (s.f.) / **معارف** – conhecimento – s.m.
adversário – s.m. / oposto – adj.	/ informação, noção, sabedoria, – s.f.
مُعارَضة (s.f.) : objeção, oposição – s.f.	**مَعرَكة** (s.f.) / **مَعارِك** :
مَعارِف (s.m.) : conhecimento – s.m.	batalha – s.f. / bombardeio, combate – s.m.
معاش (s.m.) / **معاشات** :	**مَعروَج** : irregular – adj.
aposentadoria, pensão – s.f.	**مَعروض** : exposto – adj.
/ ordenado, salário – s.m.	**مَعروف / مَعروفة** :
مُعافى : ileso – adj.	comum, conhecido – adj. / sabido – adj.
مُعاكِس : adverso – adj.	**مَعزوم** (s.m.) / **مَعزومة** :
مُعالَجة (s.f.) / **مُعالَجات** : tratamento – s.m.	convidado – s.m./adj.
معالِم (s.m.) / **مَعلِمة** : mestre – s.m./adj.	**مِعزي** (s.m.) / **معزيات** : cabrito – s.m.
مْعْبْد (s.m.) / **مْعابِد** : templo – s.m.	**مَعَصَب / مَعَصَبين** : atado – adj.
مَعبود / مَعبودة : adorado – adj.	**مُعَصَب / مُعَصَبين** : nervoso – adj.
مُعتَد (s.m.) : agressor – s.m./adj.	**مُعضِل** : difícil – adj.
مُعتَدِل / مُعتَدِلين : moderado – adj.	**مُعضلة** (s.f.) : dificuldade – s.f.
معتَدي (s.m.) : agressor – s.m./adj.	**مُعَطَّل / مُعَطَّلين** : danificado – adj.
مُعتَزّ : orgulhoso – adj.	**مُعَطَّل / مُعَطَّلين** : enguiçado – adj.
مُعتِم (s.m.) : escuridão – s.f.	**مُعطي** : dado – adj.
مُعجَزة (s.f.) / **مُعجَزات** :	**مُعظَم** (s.m.) : maioria – s.f.
maravilha – s.f. / milagre – s.m.	**مُعَفِن / مُعَفِنة** : mofado – adj.
مُعجَم (s.m.) : dicionário – s.m.	**مُعَقَد** : complicado – adj.
مَعجون (s.m.) : pasta (creme) – s.f.	**مُعَقَم** (s.m.) : antisséptico – s.m./adj.
مَعجون أسْنان : loc. subst. : creme dental	**مَعقول** : admirável, lógico, normal – adj.
مِعدة (s.f.) : estômago – s.m.	**مَعقول** (s.m.) : sensato – adj.
مَعدَن (s.m.) / **مَعدان** :	**مَعكَرون** (s.m.) : macarrão – s.m.
metal, mineral – s.m.	**مُعَلَب** (s.m.) : conserva – s.f.
مَعدَنيّ / مَعادِن : mineral – adj.	**مُعَلَب** (s.m.) : enlatado – adj./s.m.
مِعدي : gástrico – adj.	**مَعلَم** (s.m.) : baliza – s.f.
مَعرَض (s.m.) : exposição, feira, mostra – s.f.	**مَعلِّم** (s.m.) : professor – s.m.
مُعَرَض : alargado – adj.	

117

مُعَلَّم / مُفْلِس

مُعَلَّم / مُعَلَّمين : marcado – adj.
مُعَلَّمة : professora – s.f. : (s.f.)
مَعلوم : sabido – adj.
مُعَمَّر : construído – adj.
مُعَمَّم : generalizado – adj.
مَعمول / مَعمولة : feito – adj.
معنى / معاني (s.m.) : significado – s.m.
مَعنا : conosco – pron.
مَعو، مَعا : com ele/ela – prep. + pron.
مَعوَّد : acostumado – adj.
مَعي : comigo – pron.
مُعيب : malfeito – adj.
مَعيَّن : certo – adj.
معيَّن / معيَّنين : nomeado – adj.
مَغارة / مَغارات (s.f.) : caverna, gruta – s.f.
مُغامَرة : aventura – s.f. : (s.f.)
مَغباطيسيّ : magnético – adj.
مُغبَر : empoeirado – adj.
مُغتاظ : irado – adj.
مُغتَبِط : eufórico – adj.
مُغتَرِب (s.m.) : emigrante – s.m.f./adj.
مغذي : nutritivo – adj.
مَغروض : imposto, posto – adj.
مغسَّل / مغسَّلة : lavado – adj.
مْغَسَلة : pia (de banheiro) – s.f. : (s.f.)
مَغص : cólica – s.f. : (s.m.)
مَغطَس : banheira – s.f. : (s.m.)
مُغطَى : coberto, tampado – adj.
مْغَلاق : fechadura – s.f. : (s.m.)
مْغَلَّق / مْغَلَقة : fechado – adj.

مَغلوب / مغلوبة (s.m.) : derrotado – s.m./adj.
مَغنَطيس : ímã – s.m. : (s.m.)
مْغَني / مْغَنية (s.m.) : cantor – s.m.
مْغَيار / مْغَيارين :
alterado, diferente, modificado – adj.
مَغيط : elástico – s.m./adj. : (s.m.)
مُفاجَأة : de surpresa – loc. adv.
مِفتاح / مَفاتيح (s.m.) : chave – s.f.
مفتَّش / مفتَّشين (s.m.) : fiscal – s.m.f./adj.
مَفتوح / مَفتوحة : aberto, ligado – adj.
مَفتون : encantado, seduzido – adj.
مَفجوع : desastrado – adj.
مُفرَد : singular – adj.
مُفرَدات (s.m.) : vocabulário – s.m.
مُفرَدة : item – s.m. : (s.f.)
مُفرِط : exagerado, excessivo – adj.
مُفرَق : avulso – adj.
مَفروز : suposto – adj.
مَفروش : mobiliado – adj.
مَغسِلة : lavanderia – s.f. : (s.f.)
مفسَّوخ / مَفسَّوخة : trincado – adj.
مَفصِل : articulação – s.f.
مُفصِل / مُفصَّلة : separado – adj.
مفصَّلة / مفصَّلات (s.f.) : dobradiça – s.f.
مَفصول : desligado, excluído, separado – adj.
مُفضَّل / مُفضَّلة : favorito, preferido – adj.
مَفعول / مَفعولين (s.m.) : efeito – s.m.
مُفَكِّر / مُفَكِّرين :
intelectual, pensador – adj./s.m.
مُفْلِس / مُفْلِسين : falido, liso – adj.

مَفهوم / مُكَرَّم

مَفهوم : adj. – entendido
مُفيد : adj. – favorável – útil
مُقابِل : adj. – correspondente
مُقابَلة (s.f.) / مُقابلات (s.f.) :
comparação, entrevista – s.f.
مُقاتِل (s.m.) / مُقاتِلين (s.m.) : combatente – s.m.
مُقاس : adj. – medido
مُقاطْعة (s.f.) : estado,
município – s.m./adj. / província – s.f.
مَقال (s.m.) / مَقالات (s.m.) : artigo – s.m.
مَقبَرة (s.f.) / مَقابِر (s.f.) : cemitério – s.m.
مَقبول / مَقبولين :
aceito, agradável, interessante – adj.
مَقدَرة (s.f.) : brio – s.m.
/ capacidade, competência, eficácia – s.f.
مُقَدَّس / مُقَدَّسة : adj. – sagrado
مَقدَّم (s.m.) : s.f. – oferta
مُقَدِّمة (s.f.) : s.f. – introdução
مَقدوح / مَقدوحين : adj. – furado
مَقذوف : adj. – ejetado
مِقرَّر : adj. – decidido
مُقرِف : adj. – nojento
مُقَرفَص / مُقَرفَصة : adj. – agachado
مَقسّوم / مَقسّومين : adj. – dividido
مُقشَد / مُقشَدة : adj. – encaminhado
مُقشَعِر : adj. – arrepiado
مَقَصّ (s.m.) / مَقصات (s.m.) : s.f. – tesoura
مَقصود :
desacordado, desmaiado, proposital – adj.
مَقصور : adj. – exclusivo
مَقطَع (s.m.) / مَقاطِع (s.m.) : s.f. – sílaba

مُقَطَّع / مُقَطَّعة : adj. – cruzado
مَقطور : adj. – rebocado
مَقعَد : (s.m.) / banqueta – s.f. : (s.m.) – banco – s.m.
مُقفِر : adj. – ermo
مِقلاة : s.f. – frigideira
مُقَلَّم / مُقَلَّمة : adj. – listado
مَقلوب : adj. – invertido, virado
مَقلى : (s.f.) : s.f. – frigideira
مِقلي / مِقلين : adj. – frito
مُقنى : adj. – encanado
مُقيم : (s.m.) : s.m./adj. – morador
مُكافأ : (s.f.) : s.f. – recompensa
مُكافئة (s.f.) / مُكافئات (s.f.) : gratificação – s.f.
مَكان : (s.m.) : s.m. – local, lugar
مَكانة : (s.f.) : s.f. – importância
مُكَبِّر : (s.m.) : s.m. – microscópio
مِكبَس : (s.m.) : s.m. – êmbolo
مَكبوس / مَكبوسة : adj. – comprimido
مَكتَب (s.m.) / مَكاتِب (s.m.) :
escritório, gabinete – s.m.
مَكتَبة (s.f.) / مَكاتِب (s.f.) :
biblioteca, livraria – s.f.
مُكتَسَب : adj. – adquirido
مَكتوب / مَكتوبة : adj. – escrito
مَكتوب (s.m.) / مَكاتيب (s.m.) : s.f. – carta
مُكثَّف : adj. – condensado
مُكثِّف : s.m. – condensador
مُكَدَّس : adj. – amontoado
مُكَرَّس : adj. – dedicado
مُكَرَّم / مُكَرَّمين : adj. – homenageado

مَكْروه / مَليونير

مَكْروه / مَكْروهين : detestado – adj.	مُلْتَهِب : ardido, inflamado – adj.
مَكْسور / مَكْسورين : falido, fraturado, partido, quebrado – adj.	مِلَبَّك : atrapalhado – adj.
مَكْشوف / مَكْشوفة : descoberto – adj.	مُلْتيِّس : errado – adj.
مكَعَب : cúbico – adj.	مَلْجَأ (s.m.) / مَلاجي : abrigo, esconderijo, refúgio – s.m.
مُكَلَّف / مُكَلَفة : encarregado – adj.	مِلح : sal – s.m. (s.m.)
مُكَلْفَن : galvanizado – adj.	مَلْحِن (s.m.)/ مُلَحِنين : compositor – s.m.
مُكَمَّل : acabado – adj.	مَلْحوم / مَلْحومة : soldado (colado) – adj.
مَكْمَن (s.m.) : emboscada – s.f.	مَلْزوق / مَلْزوقين : grudado – adj.
مَكَنة (s.f.) / مَكَنات : máquina – s.f.	مَلْصوق / مَلْصوقة : colado – adj.
مَكَنة تران (s.f.) : locomotiva – s.f.	مَلْعَب (s.m.) / مَلاعِب : estádio – s.m.
مَكَنة حِساب : calculadora – s.f.	مَلْعقة (s.f.) / مَلاعِق : colher – s.f.
مَكْنْسة (s.f.) : vassoura – s.f.	مَلْعون (s.m.)/ مَلاعين : malandro – s.m./adj.
مِكْنْسة كَهْرَبا (s.f.) : aspirador (de pó) – s.m.	مُلْغى / مُلْغي : anulado – adj.
	مَلْفوف (s.m.) : repolho – s.m.
مِكْنيك (s.m.) : mecânico – s.m.	مَلْفوف / مَلْفوفين : enrolado, envolto – adj.
مكوة / مِكويّة : passada (roupa) – adj.	مَلْقَط : pinça – s.f. (s.m.)
مُكَوَر : esférico – adj.	ملك : posse, propriedade – s.f. (s.m.)
مكَيَّف : ajustado, condicionado – adj.	مَلَك : rei – s.m. (s.m.)
مَكين : capaz, competente, firme – adj.	مَلَكة : rainha – s.f. (s.f.)
مَلَّاح (s.m.) / مَلّاحين : navegante – s.m.f./adj.	مَلَكي : real – adj.
مِلاحة : navegação – s.f. (s.f.)	مِلكي / مِلْكيات : possessivo – adj.
مِلاحة جَوية : navegação aérea – s.f. (s.f.)	مُلْكية : monarquia – s.f. (s.f.)
مُلاحَظ : observado – adj.	مِلْكية (s.f.) / مِلكيات : posse, propriedade – s.f.
مُلاحَظة : observação – s.f. (s.f.)	مُلَوَّث : poluído – adj.
مُلاطَفة (s.f.) : afago, carinho – s.m. / carícia – s.f.	ملَوَن / ملَوَنين : colorido – adj.
مَلاك : anjo – s.m. (s.m.)	مَلّي / مَلّى : encher – v.
مَلان / مَلانة : abastecido, cheio – adj.	مَليون / مَلايين : milhão – num.
	مَليونير / مَليونارية : milionário – adj.

مُمْتاز / مَنْجَل

مُمْتاز / مُمْتازين :	excelente, ótimo, extra – adj.
مُمْتِع : adj. – divertido	
مُمْتَلَك (s.m.) / مُمْتَلَكات :	bem, propriedade – s.m.
مُمَثِّل (s.m.) / مُمَثِّلين :	ator, representante – s.m.
مُمَثِّلة : (s.f.) : s.f. – atriz	
مَمْحي / مَمْحية : adj. – apagado	
مَمَرّ (s.m.) :	passagem – s.f. / corredor, túnel – s.m.
مَمَرّ مَيّ (s.m.) : s.m. – canal	
مُمَرِّض (s.m.) / مُمَرِّضين : s.m. – enfermeiro	
مُمَرِّضة : (s.f.) : s.f. – enfermeira	
مُمْزاج : s.m. – liquidificador	
مَمْشى (s.m.) / مَماشي : s.m. – corredor	
مُمْكِن : possível – adj. / talvez – adv.	
مُمَلَّح / مُمَلَّحين : adj. – salgado	
مَمْلَحَة : (s.f.) : s.m. – saleiro	
مَمْلَكة : s.f. – reino – s.m. / monarquia	
مَمْنوع / مَمْنوعة :	impedido, interditado, proibido – adj.
مَمْنوع المُرور : adj. – interditado	
مَمْنون / مَمْنونة :	agradecido, agradeço, grato – adj.
مَمْنون جِدّاً : adj. – bem-agradecido	
مِنّ : prep. – de	
مَن ؟ : pron. – qual	
مِن بَعد : loc. adv. – em seguida	
مِن بَين : prep. – dentre	
مِن ثَمّ : assim, portanto – adv.	
مِن جَديد : adv. – novamente	
مِن دون :	exceto – prep. / menos – prep./adv./pron.
مِن فَوق : em cima de – loc. prep.	
مِن هذا : desse (contração prep. de + pron.dem. esse) / deste (contração prep. de + pron.dem. este)	
مِن يوم : prep. – desde	
مَناخ (s.m.) : s.m. – clima	
مَنارة (s.f.) / مَنارات : s.m. – farol	
منازل (s.m.) : s.m. – quarteirão	
مُناسِب : adj. – oportuno	
مُناسَبة (s.f.) :	chance, ocasião, oportunidade – s.f.
مناص (s.m.) : alternativa, escolha – s.f.	
مُنافِس (s.m.) : competidor – s.m./adj.	
مُنافَسة (s.f.) : s.f. – competição	
مناقشة(s.m.)/مناقشات : debatedor– s.m.	
مناقشة (s.f.) / مناقشات : preleção – s.f.	
مُنالِغ : adj. – exagerado	
مُناوَرة (s.f.) / مُناوَرات : s.f. – manobra	
مُنَبِّه : despertador – s.m. : (s.f.)	
مِنّة (s.f.) : s.f. – graça	
مُنْتَخَب : eleitor – s.m./adj. : (s.m.)	
مُنْتَخَب : adj. – eleito	
مُنْتَشِر / مُنْتَشِرين : adj. – espalhado	
مُنْتَصِب : adj. – ereto	
مُنْتَظَر : expectador – s.m./adj. : (s.m.)	
مُنْتَظِم : regulado, regular – adj.	
مَنْجَل (s.m.) / مَناجِل : s.f. – foice	

مُنَجِّم / مُهاجِر

مُنَجِّم (s.m.) : s.m. – astrólogo	مَنْشور (s.m.) : s.m. – edital
مَنْجَم (s.m.) / مَناجِم : s.f. – mina	مُنْطَفِئْ : adj. – extinto
مُنْحَدَر (s.m.) : s.f. – ladeira	مَنْطَقة (s.f.) / مَناطِق : s.f. – região
مُنْحَرِف : desviado, enviesado, inclinado, oblíquo – adj.	مَنْظَر (s.m.) : s.f. – perspectiva
مُنْحَط : adj. – degenerado	مُنَظِّفة (s.f.) : s.f. – faxineira
مِنْحِنة / مِنْحَنيّن : adj. – curvo	مُنَظَّم : adj. – organizado
مِنْحَني : adj. – inclinado	مُنَظِّم : s.m. – organização
مَنْحوس : adj. – azarado	مَنْظوريات (s.f.) / مَنْظورية : perspectiva – s.f.
مِنْخار (s.m.) : s.m. – nariz	مُنْعَزِل / مُنْعَزِلين : adj. – isolado
مُنْخُل (s.m.) : s.f. – peneira	مُنْعِش / مُنْعِشين : agradável, refrescante – adj.
مَنْديل (s.m.) : s.m. – cachecol, véu	مِنْفاخ (s.m.) : s.m. – fole
مِنْرفِز : adj. – nervoso	مَنْفَضة (s.f.) : s.m. – cinzeiro
مَنْزَل (s.m.) / مَنازِل : lar – s.m. / casa, residência – s.f.	مَنْفى (s.m.) : s.m. – exílio
مَنْزوع (s.m.) : s.m. – defeito	مَنْفي : adj. – exilado
مَنْزوع / مَنْزوعين : defeituoso, estragado – adj.	مُنَقَّش : adj. – estampado
مَنْزوف : adj. – esgotado	مَنْقود (s.m.) / مَناقيد : s.m. – bico
مُنْسَجِم مَع : adj. – alinhado com	مَنْقول : adj. – deslocado
مُنَسَّق : adj. – coordenado	مِنَقّى : adj. – escolhido
مُنَسِّق (s.m.) : s.m. – coordenador	مُنْكَمِش : adj. – encolhido
مِنْشار (s.m.) : s.f. – serra	مُنْهار / مُنْهارة : adj. – desabado
مِنْشارة (s.f.) / مِنْشَرات : s.m. – serrote	مَنوط / مَنوطة : adj. – subordinado
مُنَشِّف (s.m.) : s.m. – secador	مَنَوَّع / مَنَوَّعة : adj. – variado
مَنْشَفة (s.f.) / مَناشِف : guardanapo – s.m. / toalha – s.f.	منيح / مناح : bom/bem – adj./adv.
مَنْشَفة ايد : loc. subst. – toalha de mão	مُنير : adj. – luminoso
مَنْشَفة حَمّام : loc. subst. – toalha de banho	مُنيف : adj. – eminente
مَنْشَفة وَج (s.f.) : loc. subst. – toalha de rosto	مَنيهوت (s.m.) : s.f. – mandioca
	مُهاجِر (s.m.) / مُهاجِرين : emigrante, migrante – s.m.f./adj.

مُهاجَم / مُؤَسِّس

مُهاجَم : adj. – agredido
مَهارة (.s.f) : .s.f – habilidade
مَهْبَل (.s.m) : .s.f – vagina
مِهْتَري (.s.m) / مِهترين : cariado – s.m./adj. / cárie – s.f.
مُهتَم / مُهتَمين : adj. – interessado
مَهْجور / مَهْجورين : adj. – inabitado
مَهْرَجان (.s.m)/ مَهْرَجانات : festival – s.m.
مَهْزَلة (.s.f)/ مهازل : s.f. – farsa
مَهْضوم : adj. – agradável
مِهلة (.s.f) : .s.m – prazo
مُهَلَّبِية (.s.f) : .s.m – pudim
مُهِمّ / مُهِمّين :
importante, interessante, significativo – adj.
مُهِمّة (.s.f)/ مُهِمّات (.s.f) : .s.f – missão
مُهمَل : adj. – desamparado
مُهمِل : adj. – omisso
مَهْموم (.s.m)/ مَهْمُمة : aflito – s.m./adj. /
deprimido, preocupado – adj.
مِهْنة (.s.m) : .s.f – profissão / .s.m – ofício
مُهَنْدِس(.s.m)/مُهَنْدَسة : engenheiro – s.m.
مُهَنْدِس زراعي (.s.m) : .s.m – agrônomo
مُهَنْدِس عَمار (.s.m) : .s.m – arquiteto
مهووس : adj. – obcecado
مَواء ... : conj. – quer
مُوات : adj. – cômodo
مُوازَنة (.s.f) : .s.m – contrapeso, equilíbrio
مُواطِن (.s.m) : .s.m – cidadão, conterrâneo
مواطِنية (.s.f) : .s.f – cidadania
مُوافِق : acordado, combinado, conforme,
correspondente, expediente, favorável – adj.

مُوافَقة (.s.f) :
aprovação – s.f. / consenso – s.m.
مُوامَرة (.s.f) / موامرات : conspiração – s.f.
مَوت (.s.m) : .s.f – morte
موتّ / مات : .v – falecer, morrer
موتْعِب (.s.m) : .s.m./adj – incômodo
مَوَتَمَر (.s.m) :
conferência – s.f. / congresso – s.m.
موتوسيكل (.s.m) : .s.f – motocicleta
مؤَثِّر : adj. – comovente
مَوج (.s.m) : .s.f – onda
مَوجَة قَصيرة (.s.f) : .s.f – micro-ondas
مَوجي : adj. – ondulado
مَوَجَهة (.s.f) / مَوَجّهات : .s.f – entrevista
مَوجود / مَوجودين :
localizado, presente, situado – adj.
مَوجوَع : adj. – dolorido
موذي : adj. – nocivo
موراسَّلة / موراسَّلات :
correspondência – s.f.
موَرِّثة (.s.m) : .s.m – gene
موَرِّخ (.s.m) / موَرِّخين :
historiador – s.m.
مَوز (.s.m) : .s.f – banana
مُوَزَّع / مُوَزَّعين : adj. – espalhado
مَوزون : adj. – medido
موس (.s.m) : .s.f – navalha
مُوَسَّخ / مَوَسَّخة : adj. – poluído, sujo
مُوَسِّس : .s.m./adj – fundador
مُوَسِّس : adj. – fundado

مُوَسَّسة / مينا

مُوَسَّسة (s.f.) / مُوَسَّسات : (s.f.)
fundação, instituição – s.f.

مَوسَم (s.m.) : safra – s.f.

موسيقى (s.f.) / موسيقات : música – s.f.

موسيقي (s.m.) / موسيقية : músico – s.m.

مُوَصَّل (s.m.) / مُوَصَّلة : condutor – s.m./adj.

مَوضة (s.f.) / مَوض : moda – s.f.

مَوضوع (s.m.) / مَواضيع : assunto – s.m.

مُوَظَّف (s.m.) / مُوَظَّفة : funcionário – s.m.

مُوَظَّف (s.m.) / مُوَظَّفين : (s.m.)
auxiliar de escritório, secretário s.m./adj.

مَوعد (s.m.) : compromisso – s.m.

مُوَفِّر : econômico – adj.

مَوقِد (s.m.) : fogão – s.m. / estufa, lareira – s.f.

مُوَقَّر : digno – adj.

مَوقِع (s.m.) :
localidade, localização, posição – s.f.

مَوقِع أَثَري (s.m.) / مواقِع أَثَرية :
sitio arqueológico – loc. subst.

مَوقِف (s.m.) / مواقِف :
atitude, parada – s.f. / situado – adj.

مَوقِف سَيارة الأَجرة (s.m.) :
ponto de táxi – s.m.

مَوكِب (s.m.) : comboio – s.m.

مُوَكَّد : seguro – adj.

مُوَلِّد (s.m.) : (s.m./adj.) gerador –

مُؤَلِّف (s.m.) / مُؤَلِّفين : (s.m.) autor –

مُوَلِّم : doloroso – adj.

مَولود (s.m.) / nascido – adj. : filhote – s.m.

مومياء (s.f.) : múmia – s.f.

مُوَنَّث : feminino – adj.

مونَسَجِم : coerente – adj.

مَوهِبة (s.f.) / مَواهِب : dom – s.m.

مَي (s.m.) : água – s.f.

مَي الزَرقة (s.m.) : catarata (olho) – s.f.

مية : cem – num.

مية بالمية : cem por cento – num.

مَيِّت / مَيِّتة : morto – adj.

مِئتان : duzentos – num.

ميزان (s.m.) : calha – s.f.

ميزان حَرارة (s.m.) : termômetro – s.m.

ميستَقيمة : grávida – adj.

ميش : não – adv.

ميش مُمْكِن : impossível – adj.

ميل (s.m.) : milha – s.f.

مَيل (s.m.) / مَيلات :
lado – s.m. / lateral – s.f.

مين : quem – pron.

مينا (s.m.) : esmalte – s.m.

ن

نابْ (s.m.) : s.m. – canino (dente)
نابِغ : adj. – genial
نابْغة (s.f.) / **نَوابْغ** (s.m.) : s.m. – gênio
ناج : adj. – salvo
نَجاح (s.m.) : s.f. – prosperidade
ناجِح / ناجِحة : adj. – bem-sucedido, próspero
ناجِم (s.m.) : s.m. – astro
نادِر : adj. – escasso, raro
نادِراً : adv. – raramente
نادِم : adj. – arrependido
نادي (s.m.) / **نَوادي** : s.m. – clube
نار (s.f.) / **نيران** : s.m. – fogo
ناري : adj. – fogoso
ناس (s.m.) : s.f. – gente
ناسور (s.m.) : s.f. – fístula
نأشِئ (s.m.) : s.f./adj. – debutante / s.m./adj. – novato
ناشِر (s.m.) : s.m. – editor
ناشِف (s.m.) : adj. – enxuto, seco
ناشِف / ناشَف : v. – enxugar
ناصِح (s.m.) / **ناصحين** (s.m.) : s.m./adj. – gordo
ناضِج : adj. – maduro

ناعَم (s.m.) :
fofo – s.m./adj. / liso, suave – adj.
نافِّخ / نافَّخ : v. – bafejar
نافِد : adj. – esgotado
نافَس (s.m.) : s.m. – fôlego
نافِس / نافَس : v. – competir
نافِع : adj. – útil
ناقِد (s.m.) : s.m./adj. – crítico
ناقِص / نَاقصة :
imperfeito, incompleto, meio – adj.
نال / نِل – نال : v. – conseguir
نام / كان نام : v. – adormecer, dormir
ناموسيّة (s.f.) / **ناموسيّات** :
mosquiteiro – s.m.
ناي : (s.m.) : s.f. – flauta
نائب (s.m.) / **نوَب** : s.m. – deputado
نائب الرَّئيس : s.m. – vice-presidente
نائم : adj. – adormecido
نَباتي (s.m.) : adj. – botânico / s.m. – vegetal
نَبَت (s.m.) : s.f. – germinação
نَبْتة (s.f.) : s.f. – planta
نَبَض (s.m.) : s.m. – pulso
نَبع (s.m.) / **نبوَع** :
fonte – s.f. / nascente – s.f./adj.
نُبُغ (s.m.) : s.f. – genialidade
نَبيّ (s.m.) : s.m. – profeta
نْبيذ (s.m.) : s.m. – vinho
نَتيجة (s.f.) / **نتايج** :
consequência – s.f. / resultado – s.m.
نَجاح (s.m.) : s.m. – êxito, sucesso

نجّار / نَصر

نَجّار (s.m.) / نَجّارين : carpinteiro, marceneiro – s.m.
نِجارة (s.f.) : carpintaria, marcenaria – s.f.
نَجدة (s.m.) : socorro – s.m.
نَجِح / نَجَح : prosperar – v.
نِجْمة (s.f.) / نجوم : estrela – s.f.
نَجِس / نَجِسة : impuro – adj.
نَجيب : sagaz, sutil – adj.
نَحات (s.m.) : escultor – s.m.
نحّاس (s.m.) : cobre – s.m.
نحاس أصفَر (s.m.) : bronze – s.m.
نَحت (s.m.) / نْحوتات : escultura – s.f.
نَحِس (s.m.) : azar – s.m.
نَحْلة (s.f.) / نَحِل : abelha – s.f.
نِحْنا : nós – pron.
نَحَوي : gramatical – adj.
نْخاع (s.m.) / نْخاعات : miolo – s.m.
نْخالة (s.f.) / نْخالات : farelo – s.m.
نُخبة (s.f.) : elite – s.f.
نَخِل / نَخَل : peneirar – v.
نَخْلة (s.f.) : palmeira – s.f.
نَداوة (s.f.) : sereno – s.m. / umidade – s.f.
نَدَر أن : mal – adj.
نُدْفة (s.f.) : floco – s.m.
نَدى (s.f.) : orvalho – s.m.
نِذر (s.m.) : promessa – s.f.
نَرْبيج (s.m.) : mangueira – s.f.
نِزاع (s.m.) : disputa – s.f.
نُزُل (s.m.) : albergue – s.m.

نَزْلة (s.f.) / نَزَلات : descida – s.f.
نُزول (s.m.) : aterrissagem – s.f.
نَزيف دَمّ (s.m.) : hemorragia – s.f.
نَزيف دَمّ – v. : sangrar
نِسْبيّ – adj. : relativo
نِسْبيّة (s.f.) : relatividade – s.f.
نَسَخ – adj. : copiada
نَسْخة (s.f.) / نَسْخات : cópia – s.f.
نِسر (s.m.) : águia – s.f.
نَسِّق / نَسَّق – v. : coordenar
نَسْمة (s.f.) : brisa, fresca – s.f.
نِسُّين : mulher – s.f.
نَشاط (s.m.) : atividade, energia – s.f. / zelo – s.m.
نَشاقة كَهرَبا (s.f.) : aspirador (de pó) – s.m.
نَشال (s.m.) : gatuno – s.m./adj.
نَشْرة (s.f.) / نَشْرات : edição, editora – s.f.
نَشِف / نَشَف – v. : secar
نَشوان – adj. : eufórico
نَشوة (s.f.) : euforia – s.f.
نَشيج (s.m.) : soluço – s.m.
نَشيد (s.m.) : hino – s.m.
نَشيد الوَطنيّ – loc. subst. : hino nacional
نَشيط – adj. : ativo, enérgico, zeloso
نَصّ (s.m.) / نْصوص : comentário, texto – s.m. / legenda – s.f.
نُص عالم (s.m.) : hemisfério – s.m.
نُصب (s.m.) : monumento – s.m.
نَصر (s.m.) : triunfo – s.m.

نُصْف (s.m.) :
metade – s.f. / hemi, meio – s.m.

نُصْف اللّيل (s.m.) : meia-noite – s.f.

نُصْف سَنة (s.m.) : semestre – s.m.

نُصْف سَنَوِيّ (s.m.) : semestral – adj.

نُصْف عالَم (s.m.) : hemisfério – s.m.

نُصْف عَبْد (s.m./adj.) : mulato – s.m./adj.

نُصْف نَهار (s.m.) : período (meio) – s.m.

نَصيب (s.m.) :
loteria, sorte, quota – s.f. / sorteio – s.m.

نَصيحة (s.f.) / نَصائِح (s.m.) : conselho – s.m.

نَصير (s.m.) : seguidor – s.m./adj.

نَضور مُكَبِّر (s.m.) : telescópio – s.m.

نَضير (adj.) : radiante

نَط (s.m.) : pulo, salto – s.m.

نِطاق (s.f.) : faixa – s.f.

نَظّارات (s.f.) : luneta – s.f. / óculos – s.m.pl.

نَظافة (s.f.) : higiene, limpeza – s.f.

نِظاميّ (adj.) : disciplinado, regular

نَظَر (s.m.) : visão – s.f.

نَظَر / نَظَّر (v.) : enxergar

نَظَر خَفيف (s.f.) : miopia

نَظَر قَليل (s.m.) : miopia – s.f.

نَظِف (adj.) : higiênico

نَظَّف / نَظِّف (v.) : limpar

نَظَّم / نَظِّم (v.) : organizar, regular

نَظَريّة (s.f.) :
ponto de vista – loc. subst. / teoria – s.f.

نَظورة (s.f.) / نَواظير (s.m.) : binóculo

نَظيف (adj.) : limpo

نَعامة (s.f.) : avestruz – s.f.

نَعَس (s.m.) : cochilo, sono – s.m.

نَعسان (loc. adv.) : com sono

نَعِل (s.m.) : sola – s.f.

نَعَم (adv.) : sim

نَعْنَع (s.m.) : hortelã – s.f.

نَفْثة (s.f.) : jato – s.m.

نَفَس (s.m.) : bafo, espírito – s.m.

نَفْط (s.m.) : petróleo – s.m.

نَفْع (s.m.) : utilidade – s.f.

نَفَق أرضي (s.m.) : túnel – s.m.

نَفْي (s.m.) : exílio – s.m.

نَقابة (s.f.) / نَقَبات :
confederação – s.f. / sindicato – s.m.

نَقّاش (s.m.) : escultor – s.m.

نَقاش (s.m.) / نَقاشات :
debate – s.m. / discussão – s.f.

نَقّال (adj.) : móvel

نَقَص (s.m.) / نَقصين : falta – s.f.

نَقَّط / نَقِّط (v.) : pingar

نُقطة (s.f.) / نُقاط :
pingo, ponto (gráfico) – s.m.

نُقطة (s.f.) / نُقطات : gota – s.f.

نَقَل / نَقَلَت (adj.) : transferido

نَقْل (s.m.) :
transferência – s.f. / transporte – s.m.

نَقلة (s.f.) / نَقلات : mudança – s.f.

نَقِيّ (adj.) : puro

نَقِي / نَقى ي (v.) : escolher

نَكاشة أسنان (s.f.) :
palito de dente – loc. subst.

نَكْبة / نيل

نَكْبة (s.f.) / نَكْبات (s.f.) : desgraça – s.f.	نَهِي : esplêndido – adj.
نِكرُ الجَميل : ingrato – adj.	نَوِّر / نَوَّر : iluminar – v.
نِمر (s.m.) / نْمورة s.m. : tigre – s.m.	نور (s.m.) / أنوار s.f. : claridade – luz – s.f.
نُمْرَة (s.f.) : número – s.m.	نوري-نورية / نَوَر s.m. : cigano – s.m.
نَمَطيّ / نَمَطية : típico – adj.	نَوع (s.m.) / أنواعه : categoria, laia, qualidade – s.f. / tipo – s.m.
نَمْلة (s.f.) / نَملَت (s.f.) : formiga – s.f.	نَوعي : específico – adj.
نَموذَج (s.m.) : espécime – s.m.	نَوَويّ : nuclear – adj.
نَموذَجي / نَموذَجية : típico – adj.	نَيّ / نَيّن : cru – adj.
نْهار (s.m.) / نْهرات (s.m.) : dia, período – s.m.	نيسان (s.m.) : abril – s.m.
نِهاية (s.f.) : conclusão – s.f. / fim – s.m.	نيسّر (s.m.) : gavião – s.m.
نَهب (s.m.) : saque – s.m.	نيشان (s.m.) / نِشانات : condecoração, medalha – s.f.
نَهِر (s.m.) : rio – s.m.	نيل (s.m.) : anil – s.m.
نَهري : fluvial – adj.	

ﻫ

هُ، ها : *pron.* – seu

هاجِر / هاجَر : *v.* – emigrar

هادِىء : *adj.* – calmo, quieto, sossegado

هادية : *adj.* – calma

هامِش : (*s.m.*) : *s.f.* – margem

هُبوط : (*s.f.*) : *s.f.* – aterrissagem

هَجْرة : (*s.f.*) : *s.f.* – imigração

هَجْرة : (*s.f.*) : *s.m.* – êxodo

هَذا : *pron.* – este, esse

هِذا : *pron.* – isto

هَذاك / هَدوليك : *pron.* – aquele

هِدَف / أهداف (*s.m.*) :
alvo – *s.m.* / meta – *s.f.*

هُدوء : (*s.m.*) :
calma, tranquilidade – *s.f.* / sossego – *s.m.*

هَدي : *pron.* – esta, essa

هَدّي / هَدّى يِـ : *v.* – durar

هَديّة / هَدايا (*s.f.*) :
brinde, mimo, obséquio, presente – *s.m.*

هَديّة / هَدايا (*s.f.*) : *s.f.* – cortesia, dádiva

هديك : *pron.* – aquela

هَذِّب / هَذَّب : *v.* – educar, podar

هذَيان : (*s.m.*) : *s.m.* – delírio

هَرَم / أهرَام (*s.m.*) : *s.f.* – pirâmide

هَريس (*s.m.*) : *s.m.* – purê

هريسة اللَوز (*s.f.*) :
doce de amêndoas – *loc. subst.*

هَزّ / هَزَّ : *v.* – balançar, sacudir

هَزة أرْضية (*s.f.*) : *s.m.* – terremoto

هَضِم (*s.m.*) : *s.f.* – digestão

هِكْتار (*s.m.*) : *s.m.* – hectare

هليكوبْتر (*s.m.*) : *s.m.* – helicóptero

هُم : *pron.pl.* – eles

هُنا : *adv.* – aí

هَنا / هَنا يِـ : *v.* – felicitar

هناء (*s.m.*) : *s.f.* – felicidade

هُناك : *adv.* – lá

هَنْدَسّة (*s.f.*) : *s.f.* – geometria

هَنْدَسة عَمار (*s.f.*) : *s.f.* – arquitetura

هَنْدَسَي : *adj.* – geométrico

هنّي : *pron.pl.* – eles

هُنيك : *adv.* – além, lá

هُوِّ : *pron.* – ele

هَوا / هَوَيات (*s.f.*) :
ar, vento – *s.m.* / atmosfera – *s.f.*

هَوَج : (*s.m.*) : *s.f.* – afobação

هولنْدا : *n.próp.* – Holanda

هولَنْدي : *s.m./adj.* – holandês

هَون : *adv.* – aqui

هَويّة (*s.f.*) : *s.m.* – documento

هيِّ : *pron.* – ela

هيادي : *adj.* – neutro

هيدرَولي : *adj.* – hidráulico

هَيدروليات (*s.m.*) : *s.f.* – hidráulica

129

هَيك / هَيئة

هَيك : assim – adv.
هَيكَل : (s.m.) chassi – s.m.
هَيكَل : (s.m.) templo – s.m.
هَيكَل العظميّ : (s.m.) esqueleto – s.m.

هَيِّن : fácil – adj.
هَيِّي/هَيَّى ي : v. – aprontar, arrumar, preparar
هَيئة (s.f.) / هَيئات : fisionomia, imagem – s.f.

و

واقِف / واقفين :
de pé, em pé, imóvel, parado – adj.

والِد : (s.m.) – s.m. : genitor, pai

والِد علَحَدّ : (s.m.) – s.m. : bisavô

والِدة : (s.f.) – s.f. : genitora, mãe

واوي : (s.m.) – s.m. : chacal

وَبيل : (s.m.) – s.m. : jubileu

وَتَر : (s.m.) – s.f. : corda (instrumento musical) / segmento – s.m.

وَتَر صَوتي : (s.m.) – loc. subst. : corda vocal

وَثِق من : exp. – fé, ter fé em

وَثيقة : (s.f.) – s.m. : documento

وَجّ : (s.m.) – s.f. : fisionomia

وَجَب / وَجِب : (s.m.) / v. – dever

وَجْبة : (s.f.) – s.f. : dentadura

وَجْبة : (s.f.) – s.f. : refeição

وَجَد : (s.m.) – s.m. : êxtase

وَجِد : (s.m.) – adj. : extasiado

وَجَد / وجِد : v. – encontrar

أوجِع /(s.m.)وَجَع : dó – s.m. / s.f. – cólica, dor

وجه : (s.f.) – s.m. / rosto – s.f. : face

وَجَّه / وَجِّه : v. – dirigir, entrevistar, orientar

وَجْهة : (s.f.) – s.f. : faceta

وَجْهي : (s.m.) – adj. : facial

وَحْدة : (s.f.) – s.f. : unidade

وَحْشيّ : adj. – desumano, selvagem

وَحْشَية : (s.f.) – s.f. : brutalidade

وَحِل : (s.m.) – s.f. : lama

وَحيد / وَحيدة :
desacompanhado, ímpar, único – adj.

واجِب : (s.m.) – s.f. : obrigação

واجْحة / واجْحات (s.f.) : s.m. – armário / estante, fachada prateleira, vitrine – s.f.

واجِهة جانِبية (s.f.) :
fachada lateral – loc. subst.

واجِهة خلفية (s.f.) :
fachada posterior – loc. subst.

واجِهة رَيسية (s.f.) :
fachada principal – loc. subst.

واحة : (s.f.) – s.m. : oásis

واحَد : num./art. – um

واحِد : adj./adv. – só

واحْدة : num./art. – uma

وادي : (s.m.) – s.m. : vale

وارِثة /(s.m.)وارِث : s.m. – herdeiro

وازَن / وازِن : v. – equilibrar

واسِع : (s.m.) – s.m. / extenso – adj. : espaço

واسِع / واسِعين : adj. – espaçoso, largo

واصِل / واصَل : v. – prosseguir

واصِل حَديث : adj. – recém-chegado

واضِح / واضِحين : adj. – nítido

وافِر , adj. – abundante

وافِق / وافَق : v. – concordar, corresponder

واقِع : adj. – localizado, situado

وِداع / وَفي

وِداع : (s.m.) : s.f. – despedida
وَدَّع / وَدَّع – v. : despedir
وَدود : adj – carinhoso, cordial
وَذِمة : s.m. – edema
وَرا : adv. – atrás
وَرا ال – loc. adv. : atrás de
وِراثة : (s.f.) / وِرَثات : s.f. – herança
وَرْد (s.m.) / وَرْدة – s.f. – rosa (flor)
وَرْدي : adj. – rosado, rosa (cor)
وَرْشة (s.f.) / وَرَش :
s.f. – canteiro – s.m. / obra, oficina – s.f.
وَرَق (s.m.) / أُوراق – s.m. : folha
وَرَق لَعِب : (s.m.) s.m. – baralho
وَرَقة (s.f.) / وَرَق – s.m. : papel
وَرِك : (s.m.) s.m. – quadril
وَرَم / وِرِم : v. – inchar
وَرَم / وَرمين : adj. – inchado
وَزّ : (s.m.) s.m. – ganso
وِزارة (s.f.) / وَزارات : s.m. – ministério
وَزَّع / وَزِّع – v. : distribuir
وَزن : (s.m.) s.m. – peso
وَزير / وَزَراء (s.m.) : s.m. – ministro
وِسام (s.m.) / وِسامات :
s.m. – título / condecoração, medalha – s.f.
وَسَخة : (s.f.) s.f. – mancha
وَسِخ : adj – encardido, imundo
وَسِّخ / وَسَّخ – v. : poluir, sujar
وِسِخ / وِسخين : adj – sujo
وَسَط : (s.m.) s.f. – média
وَسَط : (s.m.) adj. – meio – s.m. / médio

وَش وَش / وَش وَش : v. – cochichar
وِشاية : (s.m.) s.f. – calúnia
وِصاية : (s.m.) s.m. – testamento
وَصِف / وَصَف – v. : receitar
وَصْفة : (s.m.) s.f. – receita
وَصل : (s.m.) s.m. – comprovante
وصل : (s.m.) s.f. – conexão
وَصل : (s.m.) s.m. – recibo
وُصْلة : (s.f.) s.f. – articulação, junta
وُصول : (s.m.) s.f. – chegada
وَصّي / وَصّى يـ – v. : recomendar
وَضَع / وَضَع يـ : colocar, depositar,
esclarecer, justificar, pôr – v.
وَضَع : (s.f.) adj. : situação / s.m. – status
وَطاة : s.f. – baixeza
وَطَن : (s.m.) : s.m. – país / s.f. – pátria
وَطَني : s.m.f. – patriota
وَطَني / وَطَنين : adj. – nacional
وَطَنِيّة : (s.f.) s.m. – patriotismo
وَطواط / وَطاوَط (s.m.) : s.m. – morcego
وَطِي / وَطية : adj. – baixo
وَطّي / وَطّى يـ – v. : abaixar, baixar
وَظيفة (s.f.) / وَظايّف :
s.f. – função / cargo, emprego – s.m.
وَعَد : (s.m.) s.m. – comprometimento
وَعِد : (s.m.) s.f. – promessa
وَعِد / وَعَد – v. : prometer
وَفاة : (s.f.) s.m. – óbito
وَفِّر / وَفَّر – v. : economizar, poupar
وَفي : adj – leal

وَقِت : s.m. : (s.m.) - período, tempo (hora)
وَقتي : adj. - passageiro
وِقِح / وِقحين (s.m.) : adj. - atrevido, safado
وَقَّع / وَقِّع : v. - derrotar
وَقعة : (s.f.) : s.f. - armadilha
وِقِف / وَقَف : v. - parar
وَقِف! : interj. - pare
وَقود : (s.m.) : s.m. - combustível
وَقيت : (s.m.) : s.m. - horário
وَقيد : adj. - combustível
وَكالة : (s.f.) : s.f. - procuração
وَكِّل / وَكَّل : v. - representar
وَكيل / وَكَّل (s.m.) : s.m.f./adj. - representante

وَلا حَدى : pron. - ninguém
وَلا شي : pron. - nada, nenhuma (coisa)
وَلا مَطْرَح : pron. - nenhum (lugar)
وَلاً واحَد : pron. - nenhum
وَلاً واحْدة : pron. - nenhuma
ولَادة : (s.f.) : s.m. - parto
وَلَد / أولاد (s.m.) : criança – s.f. / filho, garoto, menino – s.m.
وَلَدَت : adj. - gerado
وَلِّع / وَلَّع : v. - acender fogo
وَميض : (s.m.) : s.m. - flash
وَنْش : (s.m.) : s.m. - guincho
وَهم : (s.m.) : s.f. - ilusão
وَيلا : adv. - aliás
وِيلاية : (s.f.) : s.m. - estado
وين : adv./pron. - onde

ي

يا : – interj. : ó
يابان : .n.próp – Japão
يابِس : .adj – árido
يارِدة (.s.f) : .s.f – jarda
يَأسّة / يأسّ : .adj – desanimado
ياسْمين : (.s.m) : .s.m – jasmim
ياقوت : (.s.m) : .s.m – rubi
يانْسون (.s.m) / يانْسونات : erva-doce – s.f. / anis – s.m.
يَباني (.s.m) / يَبانين : .s.m./adj – japonês
يَبرق : (.s.m) : folha para charuto (culinária)
يَبَسة (.s.f) : .s.f – seca
يَتيم (.s.m) : .s.m – órfão
يّد / يدان (.s.f) : .s.f – mão
يَدَوي / يَدَويّن : .adj – manual
يَديّ (.s.f) : .s.f – mão (minha)
يريد / أراد : .v – querer

يَسار (.s.m) : .s.f – esquerda
يَسارًّا : .loc. adv – à esquerda
يَساري :
de esquerda – loc. adv. / esquerdo – adj.
يَسوع المَسيح : .s.m – cristo
يَسوع المَسيح : .n.próp – Jesus Cristo
يّشبّه : .adj – parecido
يَشْمَق : (.s.m) : .s.m – xador
شِمال / يَمين : .adv./adj – direita/esquerda
يَهودي / يَهود (.s.m) : .adj./s.m – judeu
يوسِف آفَنْدي (.s.m) : .s.f – tangerina
يوم / أيام (.s.m) : .s.m – dia (24h)
يوم عُطْلة : (.s.m) : .s.m – feriado
يوم المَوتى : .loc. subst – dia de finados
يوم رأَس السِنة :
dia de ano-novo – loc. subst.
يوم عَمَل : .loc. subst – dia útil
يوم عَيد : (.s.m) : .loc. subst – dia santo
يَوميّ : .adj – diário
يَوميًا : .adv – diariamente
يَوميّة (.s.f) : .s.f – diária
يونانيّ (.s.m) / يونانيّن :
grego – s.m./adj.